U0784552

山东地方史文库（第三辑）

韩寓群　主编

山东商贸史

张秀娈　陈新岗　著

山东人民出版社·济南
国家一级出版社　全国百佳图书出版单位

《山东地方史文库》编委会

学术顾问：安作璋

主　　编：韩寓群

副 主 编：蒿　峰　齐　涛

商志晓　唐　波

编　　委：王焕斌　张文新　王洪禹

万光侠　孙书文　朱亚非

位于山西省临猗县的猗顿墓

战国骨贝币（拍摄于济南考古馆）

“齐铁官印”（藏于中国国家博物馆）

出土于济南的汉代铜量（拍摄于济南考古馆）

位于济宁市任城区的太白楼

陶骆驼俑（拍摄于青州博物馆）

唐代“开元通宝”钱（2002年出土于济南高都司巷遗址，拍摄于济南考古馆）

烟台福山区出土的宋代铜钱

铜锭、银铤（拍摄于青州博物馆）

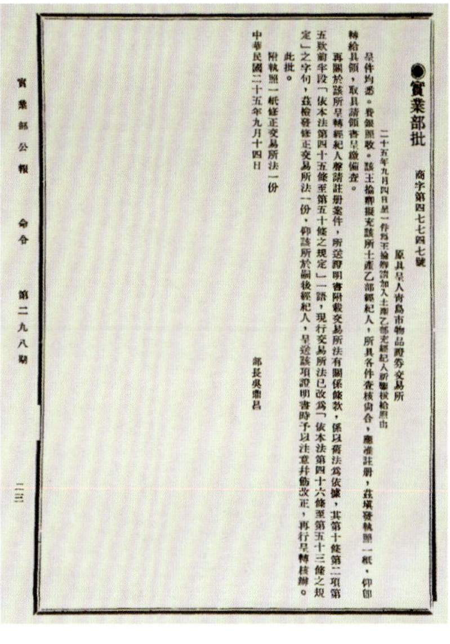

●實業部批　商字第四七七四七號

原具呈人青島市物品證券交易所

二十五年九月四日呈一件爲王掄卿請加入土產乙部充經紀人祈鑒核給照由

呈件均悉。費銀照收。該王掄卿擬充該所土產乙部經紀人，所具各件查核尚合，應准註册，茲填發執照一紙，仰即轉給具領，取具請領書呈繳備查。

再關於該所呈轉經紀人聲請註册案件，所送證明書附載交易所法有關係條款，係以舊法爲依據，其第十條第二項第五款前半段「依本法第四十五條至第五十條之規定」一語，現行交易所法已改爲「依本法第四十六條至第五十三條之規定」之字句，茲檢發修正交易所法一份，仰該所於嗣後經紀人，呈送該項證明書時予以注意幷飭改正，再行呈轉核辦。

此批。

附執照一紙修正交易所法一份

中華民國二十五年九月十四日　部長吳鼎昌

實業部公報　命令　第二九八期　二三

实业部任命王抡卿为青岛市物品证券交易所经纪人（《实业部公报》，1936 年第 298 期）

临清运河钞关

位于青岛馆陶路 5 号的英国汇丰银行旧址

位于青岛市湖南路 39 号的东莱银行旧址

位于青岛河南路 17 号的金城银行旧址

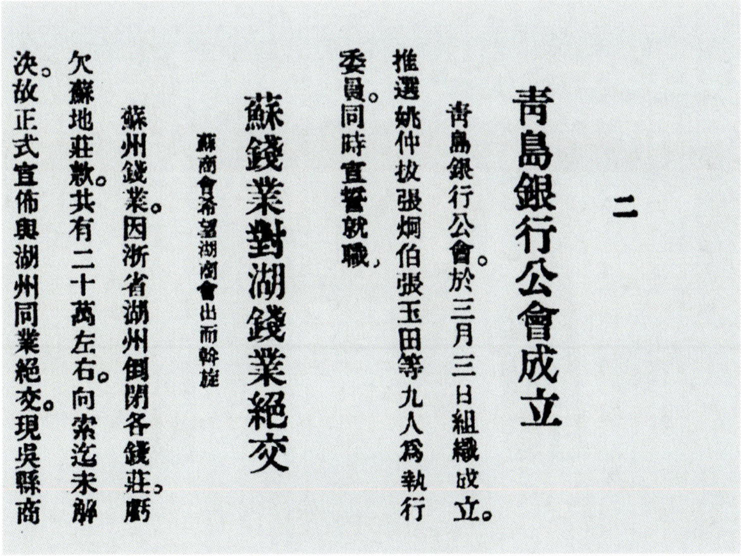

二

青島銀行公會成立

青島銀行公會。於三月三日組織成立。推選姚仲拔張炯伯張玉田等九人爲執行委員。同時宣誓就職。

蘇錢業對湖錢業絕交

蘇商會希望湖商會出而斡旋

蘇州錢業。因浙省湖州倒閉各錢莊。虧欠蘇地莊款。共有二十萬左右。向索迄未解決。故正式宣佈與湖州同業絕交。現吳縣商

青岛银行公会成立（银行周报，1931 年第 8 号）

商貨轉輸較為便利更應援照直隸秦王島福建三都澳湖南岳州府
開埠成案在於濟南城外自開通商口岸以期中外商民咸受利益至
省城迤東之濰縣及長山縣所屬之周村皆為商賈薈萃之區該兩處
又為膠濟鐵路必經之道膠關進口洋貨濟南出口土貨必皆經由於
此擬將濰縣周村一併開作商埠作為濟南分關更於商情購便統歸
濟南商埠案內辦理相應請
旨敕下外務部核議具奏俟議准後先行照會各國駐京使臣查照再由臣
等將劃界設關及一切應辦事宜督飭山東司道並東海關膠海關各
監督税司等妥議章程酌定開辦日期分別奏咨辦理所有查明山東
內地情形擬請添開商埠各緣由謹合詞恭摺具
奏伏乞
皇太后

直隶总督袁世凯等为添开济南潍县及周村商埠事奏折

位于济南章丘的孟洛川纪念馆

《山东地方史文库》总序

山东是中华文明的发祥地之一。根据考古发现,四五十万年前,我们的祖先就在今山东沂源一带劳动、生息、繁衍,过着原始社会的生活。在四五千年前的虞舜时代,相当于考古学上的龙山文化后期,山东地区即已进入了人类的文明时代。山东历史悠久,文化灿烂,名人辈出。这里曾产生许多伟大的思想家、政治家、军事家、科学家、发明家、文学家和艺术家,其中最著名的有思想家和教育家孔子,思想家墨子、孟子、庄子、荀子,政治家管仲、晏婴、诸葛亮、房玄龄、刘晏,军事家孙武、吴起、孙膑、戚继光,科学家和发明家扁鹊、鲁班、氾胜之、贾思勰、燕肃、王祯,文学家和艺术家王羲之、刘勰、颜真卿、李清照、辛弃疾、蒲松龄、孔尚任,以及中国共产党山东党组织的创始人王尽美、邓恩铭等,其余多如璀璨明星,不可胜数。这些先贤们的思想和业绩都已载入史册,成为中华优秀传统文化的一个重要组成部分,时至今日,仍具有广泛而深远的影响。

山东的历史,是一部丰富多彩的历史,是一部灿烂辉煌的历史。山东人民在历史上所创造的物质文明和精神文明值得后人去发掘、探讨、借鉴和发扬光大。自20世纪80年代以来,在中共山东省委、山东省政府的大力支持下,省内从事社会科学研究的专家学者在山东地方史的研究方面做了许多卓有成效的工作,编写出版了包括《山东通史》在内的一批研究地方史的著作,为后人探讨和研究山东历史奠定了很好的基础。

《山东通史》从纵的方面记述山东自远古至近现代的历史发展进程,包括山东社会形态的变化、重大历史事件、重要典章制度和重要历史人物的传记;《山东地方史文库》专史系列则是从横的方面研究山东历代政治、经济、军事、文化、教育、科技、社会风俗、中外交往等方方面面的历史。采取这样纵横交错、互为补充的研究方法,可以让人们更加全面和系统地了解和认识山东历史,更能领悟到我们的先人所创造的博大精深的思想、灿烂辉煌的文化以及多姿多彩的社会生活,也可以从中总结和吸取先辈们给我们留下的宝贵而丰富的经验教训。毛泽东同志曾说过:"历史的经验值得注意。"邓小平同志也说:"历史上成功的经验是宝贵财富,错误的经验、失败的经验也是宝贵财富。"邓小平同志还有一句名言:"总结历史是为了开辟未来。"研究和学习山东的历史,可以使我们更加深入认识山东的昨天,更好地把握今天,从而创造出更加美好的明天。

盛世修史,是我国的一个优良传统。多年来,中共山东省委、山东省政府在党中央领导下,以毛泽东思想、邓小平理论、"三个代表"重要思想、科学发展观以及习近平新时代中国特色社会主义思想为指导,带领山东人民沿着中国特色社会主义道路奋勇前进,无论是在发展经济还是提高人民群众的生活水平上,都取得了突出的成就,进入了山东历史上发展较快的又一个历史时期。《山东地方史文库》(第三辑)的编写出版,不仅继承和弘扬了山东悠久而丰厚的历史文化,而且有助于我们吸取前人的经验和智慧,为社会主义和谐社会建设提供有益的历史借鉴。

编写《山东地方史文库》(以下简称《文库》)的动议酝酿于 2006 年 3 月,当时担任省长的我意识到自己有义不容辞的责任。这个想法得到了山东师范大学以及省内从事山东地方史研究的专家教授的热烈响应和支持,尤其是安作璋教授,不顾年事已高,担任《文库》学术顾问,尽心竭力做了大量的组织工作、领导工作,山东师范大学的领导同志以及山东地方史研究所为此《文库》的编纂作出了很大贡献。作为主编,我感谢来自省内有关高等学校、科研院所的各位主编、作者和出版社的编辑同志为编写出版这一套高质量、高品位的《山东地方史文库》付出的辛勤劳动,感谢省党史委、史志办等有关部门领导的大力支持和帮助。《文库》的编写出版，仅是一个良好的开端，希望同志们在此基础上总结经验，再接再厉，为今后编写好出版好《文库》中的其他各类专史继续努力。

是为序。

韩寓群

2018 年 5 月

序

山东自古号称“文明礼仪之邦”，历史悠久，文化灿烂。在这块雄踞陆海、美丽而富饶的大地上，曾涌现许多伟大的思想家、科学家、发明家、政治家、军事家、文学家和艺术家。他们以博大精深的思想和智慧，与广大劳动人民共同创造了大量造福于人类的精神财富和物质财富，推动了生产力的发展和社会的进步，从而构成了山东历史丰厚而富有特色的内容，谱写了山东历史绚丽多彩的篇章。

本次编写出版的《山东地方史文库》专史系列，包括《山东工业史》《山东农业史》《山东商贸史》《山东交通史》《山东海防史》《山东艺术史》《山东宗教史》《山东慈善史》《山东盐业史》《山东天算史》10 部著作，较全面地研究和反映了山东古代至中华人民共和国成立前工业、农业、商贸、交通、海防、艺术、宗教、慈善、盐业、天算等领域发展变化的历程。《山东地方史文库》专史系列和已出版的《山东通史》一样，在编写思路和结构上都采取纵横相结合的方法。不同的是，《山东通史》以纵带横，纵中有横；《山东地方史文库》专史系列则是以横带纵，横中有纵。如果说《山东通史》是从纵的方面系统地探讨山东历史各个领域的发展演变，那么《山东地方史文库》专史系列则是从横的方面对山东历史不同领域进行重点的研究。也可以说，《山东地方史文库》专史系列是对《山东通史》中一些重要领域的细化和补充，这两个系列的著作交相辉映、相得益彰，比较系统而全面地体现了山东大地丰富的历史及厚重的文化积淀。

《山东地方史文库》专史系列各卷的作者，大都是山东省高校和科研机构中多年从事有关领域研究的教授、研究员等专家学者，他们在山东历史的研究方面均有较高的理论水平、丰富的资料积累和写作经验，因此其撰写的书稿都体现出比较高的研究水平。各卷作者在撰稿中都注意吸收当今学术界最新研究成果，并在此基础上力求有所创新；对有争议的问题则采取了比较客观的立场和实事求是的态度。10 部专史大都具有资料翔实、内容丰富、思路清晰、系统条理、文字流畅、深入浅出等优点，另附有与文中内容相关的多种图表，以便于读者更好地阅读和理解。

近年来，山东学者对于山东历史的研究取得了长足进步，推出了《山东通史》《齐鲁文化通史》《济南通史》《齐鲁历史文化丛书》《山东革命文化丛书》《山东当代文化丛书》《齐鲁诸子名家志》《山左名贤遗书》《齐鲁文化经典文库》《山东文献集成》等多部大型系列著作（省直各部门、各地市县的研究成果尚未包括在内），表明山东地方史的研究已走在全国各省地方史研究的前列，对于研究山东、宣传山东、存史求真、资政育人起到了重要作用。本次《山东地方史文库》中 10 部专史的出版，对山东地方史研究来说，无论从深度还是广度上看，都有新的开拓，也是山东省文化建设工程的又一项重大成果，对于推进山东经济建设、政治建设、文化建设、社会建设、生态文明建设，都具有重要的理论价值和现实意义。

我衷心希望参加编写的作者和出版社的同志们，在老省长、《山东地方史文库》总主编韩寓群同志的领导和山东师范大学校领导的支持下，善始善终地做好《山东地方史文库》专史系列的编写和出版工作，并预祝这项艰巨而光荣的历史任务圆满成功。

安作璋

2018 年 7 月

前　言

今天的山东省不仅是当今经济较为发达的沿海省份，也是古代经济较为先进的地区。战国时期的临淄，隋唐时期的青州，明清时期的临清，近代时期的青岛，都曾因商业贸易发达而闻名于世。当人们谈及有哪些令人印象深刻的古代、近代商贸遗产时，我们或许会想到儒商，想到丝绸之路，等等。显然，这些商贸遗产都与历史上的山东商业贸易有密切关系。儒商是对中国商界精英的一种尊称，其源于孔子和山东，出于儒家文化与齐鲁文化，后来又分化为鲁商、晋商、徽商、浙商、粤商等，直至今天，我们又重新定义了儒商。丝绸之路是中西方经济文化交流的大通道，山东地区既有陆上丝绸之路的起点——青州，又有海上丝绸之路的始发地——登州（今山东蓬莱），这条大通道不仅横向连接了中国与东方其他国家和地区以及西方，还纵向连接了古代与现代，直至今天，我们提出并积极推动了旨在实现共赢共享发展的“一带一路”倡议。其他商贸文化遗产，我们将在正文中予以展示。总之，山东的商业贸易，无论在古代还是在当代都具有重大影响。

远古时代是山东地区的商业起源时期。旧石器时代，社会生产水平极端落后，人类没有用于交换的剩余产品，所以不存在商业活动。在距今一万年前后，山东大地进入了新石器时代，农业革命也依次展开，最终进入了种植、畜牧经济占主导的农业社会。后李文化时期，山东地区出现了个别的、偶然的物物交换。北辛文化时期，山东地区从母系氏族社会逐渐向父系氏族社会过渡，交换规模进一步扩大，海岱地区和中原地区之间已经存在着一定规模与范围的文化接触和交流。大汶口文化时期,交换成为一种经常性的、有规律的现象,商业随之产生。龙山文化时期是山东历史上的一个重要时期。它与文献传说中的尧舜时代大致相当,而舜的主要活动地点多在今山东境内和今河南东部一带。此时,商业已经具备了作为一门行业所应具备的诸多要素,如商品生产、交换市场、交换手段与从业人员的出现,这说明商业在龙山文化时期已经诞生。岳石文化是龙山文化的继续和发展,山东地区的商业贸易呈现缓慢发展的态势。

奴隶制经济是农业社会的第一种经济形态。商代已经出现了独立的商人,商业已有起步,有关太公望经商谋生的记载,无论是鼓刀屠牛,还是卖食、负贩,都是商代商业发展的例证。西周实行"工商食官"制度。春秋时期,私人商业逐渐发展起来,山东地区的独立商人主要有齐国的管仲、孔子的学生子贡、人称"陶朱公"的范蠡、鲁国的猗顿等。齐国因工商业发达而成为当时国力最强盛的诸侯国。齐国是最早进行"对外开放"的国家,对远道经商的商人采取"关税讥而不征""立客舍"等措施。齐国特别擅长通过商战获得国家利益,《管子》一书记载了很多至今仍具有启发意义的商战故事。鲁国由于享"天子礼乐",所以崇尚礼乐的特点非常突出,商贸经济并没有太大起色,直至春秋中期以后,鲁国的商业活动才有所发展。商代时,山东地区的城市与市场也有了初步发展。因周天子推行"封建诸侯,以藩屏周"政策,山东地区至少有56国,齐都临淄和鲁都曲阜是代表性的国都。因为商贸或战争需要,从齐国临淄和鲁国曲阜通往其他诸侯国的交通道路逐渐形成,并在道路隘口形成了一定规模的关市贸易。商代山东地区已开始使用贝币替代以前的家猪等动产,表明山东地区的货币经济已经有了初步发展。

战国时期,齐国和鲁国等率先进入封建时代,山东地区的商业贸易开启了新篇章。齐国是战国时期工商业最发达、百姓最富裕的国家。临淄等城市商业发展迅猛。苏秦描述临淄城有人口"七万户","为天下名都"。特别是"稷下学宫"的设立,使得临淄城在原有的较为浓厚的商工之业的氛围内,又新增了几分清新的文化学术气息。除临淄和曲阜外,山东地区还有一些经济都会,如陶、莒、即墨、莱等。以今天的临沂、日照为中心的山东东南地区,因为商业贸易发达,已经开设“关”“市”。贝币日渐衰微,刀币成为最重要的流通货币。齐国是最早铸行刀币的国家。齐刀有“齐法化”等数种。“法化”就是标准化的意思,“齐法化”成为当时齐国政治、经济、文化发展的重要标志。战国晚期,齐国也开始铸行圜钱。齐国圜钱皆圆形方孔,钱文有“賹六化”“賹四化”“賹化”三种。

秦汉时期,山东地区是全国经济最为发达的地区之一,山东的商业贸易也进一步兴盛起来。山东地区商品流通活跃,商人可从中获取较高的利润。“商贾求利,东西南北各用智巧,好衣美食,岁有十二之利,而不出租税。”商人贩贱卖贵,攫取“十二之利”。私营商业中涌现出一批大商人,如《史记·货殖列传》和《汉书·货殖传》记载了秦汉30余位著名工商业者,其中曹邴氏、刀氏、姓伟、东郭咸阳等均为齐鲁之人。城市的发展体现了商业的繁荣程度。临淄是秦汉时期全国的经济中心城市之一。汉元朔三年(前126),临淄人主父偃对汉武帝说:“齐临淄十万户,市租千金,人众殷富,巨于长安,此非天子亲弟爱子不得王此。”这说明临淄的人户数和商品贸易额都超过了长安,居全国之冠。山东地区是秦汉统治者海外探险活动的大本营,也是海上贸易活动最为频繁的区域。从山东沿海各地出发,可以到达辽东半岛、朝鲜半岛和日本列岛。秦和西汉前期“半两”钱曾广泛流通,汉武帝时开始统一铸造“五铢”钱,后来,“五铢”钱成为最重要的流通货币,直至东汉。

魏晋南北朝时期,中国出现了严重的分裂割据局面,而山东地区处在战争核心地带,所以商业贸易遭到较大程度的破坏。官僚经商成为当时社会的一个显著特征。因为动荡的环境和制度的缺失,商人干政等现象不断出现,官僚经商愈加突出。曹魏西晋时期山东地区最为知名的经商的官僚是王戎。由于战争频繁,因而城市商业发展时常被阻断,城市的军事化特点愈加明显。如青州就一直处于商业城市与军事城市的角色转换之中。西晋末年,曹嶷占据齐鲁诸郡后,废弃青州城,另筑广固城。元嘉末年,宋魏之间的战争再次导致青州城市商业的衰退。北朝时,如同北魏都城洛阳一样,青州汇集了各路前来开展贸易的外商,日益成为黄河下游最为重要的商业经济中心之一。魏晋时期山东地区的货币流通较为混乱,货泉、五铢、直百五铢、剪轮钱等并行流通。北魏时期山东地区的货币流通主要以太和五铢为主，官铸数量较少，加之私铸质量较差，严重阻碍了商业贸易的发展。

隋唐时期，山东地区的商业贸易较前代有了较大的发展。城乡市场有了一定的发展。比如，“市”的设立，促进了城市商业的发展，例如齐州的治所济南、青州的治所益都，还有济州、任城、郓州等。再如“草市”“墟市”“虚市”的兴起，促进了农村集市贸易的发展。长安是丝绸之路的最大商品集散地，而山东则是丝绸之路的真正起点。山东作为丝绸的主要产地之一，其产品通过“进贡”与“赋税”的方式源源不断地运往长安。主要的陆路通行干线由今淄博、青州、莒县、诸城出发汇合于济南一带，经石家庄、太原，抵达长安。海上丝绸之路则以登州（今山东蓬莱）和密州（今山东诸城）为起点，到达朝鲜、日本、东南亚以及大食诸国。山东地区与渤海国也有频繁贸易往来。唐朝的淄青节度使往往兼任海运押新罗和渤海两蕃使，负责山东与渤海、新罗的口岸贸易、航海运输等事宜。唐高祖武德四年（621）进行币制改革，改钱文为“开元通宝”，“通宝”钱成为山东地区最重要的流通货币。五代十国时期，山东地区还流通各政权铸造的铜钱或铁钱。

宋元时期，山东地区的商业与贸易有了新发展。从金朝起，“山东”成为正式的行政区划名称。元朝，山东成为中书省直接管辖的行政区域，谓之腹里，山东地区受到统治者较多的重视，因而商业贸易得到进一步发展。“草市”和市镇的兴起，反映了宋元时期山东地区农村经济和城市商业贸易的恢复和发展。山东市镇的地区分布呈现西部地区市镇密度远远高于东部地区的特点，这表明山东经济的发达地区主要位于山东西部。北宋时期，广济河连通了开封与山东地区，山东的大量粮食通过广济河源源不断地输往开封，沿岸的定陶、济南等城市日益繁荣。元朝时，京杭大运河贯通南北，运河贸易初步发展，运河沿岸的东平、济宁、临清等城市日益发达。两宋时期山东地区的商品货币经济十分发达，其货币铸造量、流通量均远超唐代。当时山东大部分地区主要使用铜钱。除铜钱外，山东部分地区还使用铁钱。元朝主要流通纸币，山东地区曾流通中统丝钞等五种纸币。

从世界范围看，明清时期是世界近代史的开端，也是传统经济向近代经济转型的重要时期。就中国的历史发展而言,明清虽仍属皇权强化时期,但商业贸易领域已有很大发展。以徽商、晋商、鲁商等为代表的全国性商帮开始出现,商业领域中的资本主义萌芽也有所发展。山东临清、济宁、德州等运河沿岸城市,因漕运得到高度繁荣。京杭大运河沿岸城市出现繁荣景象。位于鲁中大道上的周村、潍县、济南等城镇,因陆路交通而得以迅速发展,手工业是这些城镇商业发展的基础。以《三言二拍》《金瓶梅词话》《醒世姻缘传》为代表的描述市井商业的明清小说话本得到广泛传播。在通宝铜钱制得到继续推行的同时,以大明宝钞、大清宝钞、户部官票为代表的纸币制度也得以实行,更重要的是,从明朝中后期开始,白银逐渐进入流通领域并成为主要货币,至清朝,形成了银两并用制度。传统金融机构如当铺等,因资本规模小、信誉高而得以广泛设立;钱庄由最初从事简单的银钱兑换发展到存放款业务并印制庄票,从而成为影响力最大的传统金融机构;票号起于晋商,因长途贸易而发达,山东地区的票号或多或少都与山西总号有联系。山东沿海的海上贸易则因明清政府的海禁政策而日益没落。

1840 年是中国近代史的开端,也是山东经济现代化的开始。在商业现代化方面,从 1861 年烟台成为"约开商埠"开始,省内又有济南等城市于 1901 年"自开商埠",山东传统商业布局开始改变,并逐渐走上了商业现代化的道路。传统商业组织仍在继续发展,如牙行、旧式零售批发商号等。新型商业组织纷纷建立,如洋行、大型百货公司、货栈业、商品博览会、物品交易所等。传统商业向近代商业的转变,主要表现为新旧商业中心的交替,即胶济铁路和沿海经济带成为全省的经济重心,从而结束了西部运河地区作为全省经济轴心的时代,"东强西弱""北强南弱"的经济格局最终形成。在金融现代化方面,在传统金融业缓慢发展的同时,新式金融业也得到迅速发展。1896 年山东巡抚崇恩奏准创立山东通济官钱局,1901 年更名为山东官银号,成为旧式金融业向近代银行过渡的重要形式。20 世纪 30 年代,银行逐步取代了传统金融机构,居主导地位,青岛成为山东半岛的重要港口和金融中心。此外,金融同业组织与保险业的发展,也可视为区域金融现代化的重要内容。在贸易现代化方面,近代山东的对外贸易主要集中于沿海地区和胶济铁路沿线地区的开放口岸。在外国资本和民族资本的双重作用下，这些口岸城市的对外贸易都得到了相应发展，也带动了其他行业的发展，从而促进了山东经济的现代化进程。在政府现代化方面，山东地方政府亦采取多种措施来振兴商业，如通过自开商埠吸引各种资本介入商业行业，通过设立劝业道指导商业建立，通过广设商会协调商业发展等。

山东革命根据地的商业贸易有了突出发展。1945 年 8 月 13 日，山东省政府成立，这是全国范围内第一个由中国共产党领导的省级民主政府，1949 年 3 月 30 日，山东省政府改称山东省人民政府。有了军事斗争的保障，山东革命根据地的商业贸易也不断发展。山东省工商管理局等领导了贸易斗争，在防止敌人到山东革命根据地套取物资的同时，又能通过贸易换取所需物资。北海银行通过货币斗争，不仅获得了金融领导权，还通过钞票发行、农业放款等方式有力支撑了山东革命根据地的商业贸易发展。

山东商业贸易的发展历史给后人留下了许多经验教训。国力强大，商业贸易有条不紊；国力衰微，商业贸易难以为继。和平盛世，商业贸易繁荣兴盛；战争乱世，商业贸易破败不堪。改革开放，商业贸易生机勃勃；闭关自守，商业贸易萎靡不振。总结历史的目的是为了改进现实，希望我们能从商业贸易的历史梳理中总结得出更真实的历史智慧，进而指导和改进当今的商业贸易发展。

目　录

第一章　远古时代山东地区商业贸易的起源

山东地区是中华文明的发祥地之一。商业活动是商品交换发展到一定历史阶段的结果。从考古发掘材料和古代文献资料记载来看，作为中国人类历史发源地之一的山东地区，有着悠久的商业文化传统。本章主要探究山东商业贸易的起源。

迄今所知的山东地区的原始居民，是距今四五十万年的"沂源猿人"。这些处于与自然等同状态的山东先民，因社会生产水平极端落后，主要通过采集和渔猎获取自然界的天然物质。人们彼此简单协作，共同劳动，共同消费，没有什么剩余产品可以用来交换。摩尔根称这一时期为人类社会的"蒙昧时代"。在距今一万年前后，山东大地进入了以磨制石器和陶器为主要标志的新石器时代，开始了稳定的农业定居新阶段。史前文明的发展则是沿着后李文化(距今约8500—7500年)—北辛文化(约距今7500—6200年)—大汶口文化(约距今6200—4600年)—龙山文化(约距今4600—4000年)—岳石文化(约距今4000—3500年)的序列自成系统发展的。后李文化开始有定居农业，其遗址主要包括淄博后李遗址、潍坊前埠下遗址、章丘小荆山、西河遗址、长清月庄遗址等。北辛文化是全新世以来的最暖期，山东居民的活动范围已经遍及当地各个角落，社会经济有了较大发展。人们已能建造居室，居址固定，农业生产初步兴起。北辛文化遗址主要有滕县(今山东滕州)北辛遗址、兖州王因遗址等。大汶口文化时期，山东区域内的人口越来越多，经济生活得到较大改善，人类活动空间进一步扩大，遗址由北辛文化的50余处增至大汶口文化的550余处，主要有泰安大汶口遗址，鲁中南地区的建新遗址、六里井遗址、前埠下遗址，鲁北地区的五村遗址、三里河遗址等。龙山文化时期，原始农业更是得到了空前发展，遗址主要有章丘城子崖遗址、鲁家口遗址、兖州西吴寺遗址、栖霞杨家圈遗址、滕州庄里西遗址、日照两城镇遗址等。岳石文化则是龙山文化的继续和发展，遗址主要有平度岳石遗址、泗水尹家城遗址、牟平照格庄遗址、青州郝家庄遗址等。原始社会随着生产水平的提高，由原始群居时代进入氏族制时期，开始是母系氏族制，后来又进入父系氏族制。

一、母系氏族公社时期个别的、偶然的物物交换的出现

探究商业的起源，必然要追溯到个别的、偶然的物物交换。山东地区个别的、偶然的物物交换出现于后李文化时期。

交换的前提是产品有剩余，交换的基础是社会分工。在漫长的原始社会，随着生产力水平的逐渐提高，人们的生活出现了生产者生产的单一性与需要多样性的矛盾，于是有了分工，人们之间需要相互交换各自的产品。后李文化时期，人们在采集的植物果实以及猎取的动物有了剩余的情况下，慢慢地学会了种植粮食和饲养家畜，于是就产生了原始农业和原始畜牧业。随着原始农业的发展，人们对原始手工业的要求日益迫切，因而原始手工业在这一时期作为农业和畜牧业的副业产生了。当时的原始手工业主要是陶器的制作和纺织缝纫，以满足日益复杂的生产工具的制作和对生活多样性的追求。原始农业、原始畜牧业和原始手工业初步形成，使剩余产品的产生不仅成为可能，并且逐步发展到一定程度，这就为交换的产生奠定了物质基础。

在每个考古学文化的初期，以独立资格互相接触的不是个人，而是家庭氏族。后李文化时期，“已经存在规模可观的聚落”，小荆山遗址“仅从窑场取土残余断崖和已经发掘的部分，就发现三十余座房址，而在砖窑取土场采集的石支脚，更是多达数百件，可知聚落内房址数量之多”①。房址数量多

① 栾丰实：《海岱地区考古研究》，山东大学出版社1997年版，第2—3页。

意味着这一时期的居民已经进入稳定的定居生活阶段。各聚落利用自然环境开挖壕沟，除作为氏族纠纷及战争的防御措施外，在很大程度上也起到了防御野兽侵犯的作用，构建了原始社会较早的防护系统。与此同时，在氏族内部，生产资料属于氏族公社公有，生产物在公社内平均分配，私有制还没有产生。这些都决定了当时氏族成员之间还不可能发生什么交换关系。但是，氏族与氏族之间则有可能开始了一定的物资接触。考古学研究发现，后李文化与地域相邻、时代接近的其他考古学文化有一定的联系。如后李文化与辽西的兴隆洼文化，两者因时代相近、生产力发展水平相当、社会发展阶段大体一致而具备一些共同因素与特征。“陶器方面……在后李遗址，出土了一件大口、斜腹、平底的浅筒形罐（图 1－1），口沿外侧还加饰四周绳状凹弦纹，这与兴隆洼文化的敞口平底筒形罐不仅器形相近，而且口沿外侧多施数周凹弦纹的做法也十分接近。”①而这种器形在后李文化各遗址中仅为个例。可见，山东的原始先民在不断的迁徙中或许与更遥远的外界有了直接或者间接的文化交流。在距今约 9000 年开始到距今 6000 年左右的日本鹿儿岛县上野原文化遗址、北海道中野 A 文化遗址等许多遗址中，发现了一种颇有特色的以筒形釜为代表的由釜、壶、罐、钵等组合而成的陶器群。这些筒形釜与后李文化遗址、兴隆洼文化遗址出土的以筒形釜为代表的陶器文化群的特点非常相似。“我们还假设，偏于海岱地区北部、东北部的部分后李文化居民，甚至渡海东去，首先到达朝鲜半岛中、西部一带，与当地居民融合，但始终保持着固有的筒形圜底釜文化。而其一部再辗转南下，逐渐扩及和影响到九州一带。”②原始聚落迁徙的具体情况不可考，但可以肯定的是，

图 1－1　后李文化时期的陶罐

① 栾丰实：《海岱地区考古研究》，山东大学出版社 1997 年版，第 11 页。
② 栾丰实：《海岱地区考古研究》，山东大学出版社 1997 年版，第 22 页。

不同的氏族聚居区域,不同的自然环境,会促使各个家庭氏族聚落寻找到不同的生产资料和生活资料,“通过人所处的自然环境的变化,促使他们自己的需要、能力、劳动资料和劳动方式趋于多样化”①。这样,不同氏族部落的自然差别,在公社互相接触时引起了产品的互相交换,他们把一部分剩余产品当作商品,用来获得自己不能生产的产品,偶然的物物交换的可能性变成了现实。人类社会尚未发生大分工以前,极为低下的生产力水平决定了人们不可能经常有剩余产品拿来交换,更谈不上专门为交换而进行生产,所以商品交换只是偶然现象。

二、父系氏族公社时期交换的扩大

后李文化以后的北辛文化和大汶口文化早期,原始农业有了明显的进步,人们过着定居生活,农作物以粟类为主,同时兼种黍和水稻。生产工具作为农业发展水平的重要标志,其制作技术与后李文化时期相比有了很大提高。生产工具中农业工具的比重加大,如用于翻土的工具石铲在北辛遗址中出土的数量占全部石器总数的近 2/3。大汶口遗址 133 座墓葬共出土石铲 27 件(含玉铲 2 件)、石斧 10 件、石刀 11 件、牙刀 53 件、牙镰 21 件、蚌镰 3 件。在这些生产工具中,收割工具数量较多,反映了当时农业已跨越刀耕火种阶段,粮食的收获量是很大的。

北辛文化时期已经形成完整的聚落,和后李文化时期相比,房址遗址显示的房屋面积比起后李文化小得多,“面积一般 10 平方米左右,个别最大的也不到 20 平方米,有些房子都只有 4—6 平方米,房内只有一灶”②。小房子的普遍出现,意味着个体经济已成为社会经济单位的趋势。由此表明,后李文化以后的北辛文化时期和大汶口文化早期的社会形态处于按世系划分的由母系社会向父系社会的过渡阶段,按所有制形态划分的氏族公有制向家庭所有制转变的时期。属于大汶口文化早期的刘林墓群和王因遗址,都显

① 马克思:《资本论》(第一卷),人民出版社 1975 年版,第 561 页。
② 张学海:《考古学反映的山东古史演进》,山东文艺出版社 2004 年版,第 49 页。

示了当时氏族内部出现初步贫富分化的情况。王因的下层墓葬，男性多陪葬带孔石斧，女性多陪葬纺轮，表现出当时的自然分工情况。

图1－2　北辛文化时期的贾柏遗址

在这一时期，部落之间的交换范围进一步扩大。长白山（邹平南部）东北孝妇河流域的苑城遗址发现的遗物，不但可在山东鲁中南地区北辛文化中找到相同或相似的器形，而且找到了与后李文化同类器有渊源关系的器物。[①] 河北省中南部地区易县北福地甲类遗存与北辛文化存在不少相似的器形，例如，“一种平沿或沿内侧微凸的小口瓶，当都来自中原地区”[②]。北辛文化还存在少量的黄河中游地区半坡类型的文化因素。贾柏遗址（图1－2）发现的小口罐，与半坡类型的尖底瓶口相似。完全相同的器形，还见于濮阳西水坡和冀南地区的部分遗址。[③] 可以发现，在北辛文化时期，东方的海岱地区和中原地区之间已经存在着较大范围与规模的文化接触和交流。

在漫长的历史进程中，到大汶口文化时期，山东各地区的社会生产力发展水平已有了不同程度的提高。在代表大汶口文化晚期的胶县三里河遗址，考古人员发现有一座大型窖穴和库房，窖穴内储存有1立方米的粟，说明当时农业生产收获量已相当可观。伴随着农业的发展，原始手工业逐渐脱离原始农业而成为独立的经济部门，例如陶器制造业正是在农业发展基础上出现的。陶器是原始居民的主要生活用具。陶器的发明，是人类历史上最早通过火的作用，使一种物质（松软的黏土）改变成另一种物质（坚固的陶器）的创造性生产活动。从后李文化发展到大汶口文化晚期，陶器的数量和种类都在不断增加。如大汶口遗址出土的黑陶高柄杯、泥质黑陶，质地细腻；其通心高柄覆斗式盖，盖柄刻斜方格纹；外表光亮，表里透黑，器壁较

① 栾丰实：《海岱地区考古研究》，山东大学出版社1997年版，第34页。
② 栾丰实：《海岱地区考古研究》，山东大学出版社1997年版，第40页。
③ 栾丰实：《海岱地区考古研究》，山东大学出版社1997年版，第36页。

薄,已近似龙山文化早期的黑陶。无论是制陶技术的进步,还是生产工具制作技术的发展,都能够说明,至迟到大汶口文化时期,就可能已经存在专门从事手工制作的人员。这些手工业者的出现,表明了原始手工业从农业中逐渐分离出来,出现了人类历史第二次大分工,这些为商业的起源、形成与发展等提供了坚实的物质基础。

图1－3　胶县三里河遗址出土的猪形灰陶鬶

马克思说:“无论在古代或现代民族中,真正的私有制只是随着动产的出现才开始的。”①在农业发展的基础上,山东地区的先民们普遍饲养了牛、羊、狗、猪等家畜,其中家猪的饲养尤为发达。大汶口文化中期普遍出现了用猪随葬的情况,有的一个墓葬中埋葬了14个猪头,有的墓葬则随葬37块猪下颌骨,这种现象正反映了猪已经是财富的象征以及重要的私有财产。1975年胶县三里河遗址出土猪形灰陶鬶,系模仿家猪身形的陶质酒具(图1－3)。牲畜不仅能为人类提供肉类、毛皮,还可以用来进行商品交换,所以牲畜应是最早的等价物及财富的标志。

大汶口晚期墓中,用猪头随葬的现象明显减少,取而代之的随葬品有各种陶器、酒器或者象牙和玉器。大汶口文化晚期,相关遗址出现大量墓葬随葬玉器。其中野店遗址墓葬出土一些玉环,由玉单环、双连环、四连环以及绿松石串饰等组成,色泽艳丽、造型美观、制作精巧,已经达到相当高的水平。大汶口墓地出土了透雕象牙梳、镶嵌绿松石的骨雕筒、花瓣纹象牙雕筒、象牙琮以及2件透雕十六齿象牙梳。这些精美的随葬品,由墓主自己制作的可能性不大,而且绿松石和象牙并非本地所产,应当是从更远的产地辗转交换而来的。恩格斯指出:“对畜群和奢侈品的私人占有,引起了单个人

① 《马克思恩格斯文集》(第1卷),人民出版社2009年版,第583页。

之间的交换，使产品变成了商品，这就包含着随之而来的全部变革的萌芽。”[①]陵阳河遗址中45座大汶口文化墓葬中，随葬的高柄杯一类饮酒器具竟多达663件。酒器的出现意味着农业生产中已有多余的粮食用来酿酒。同时，除了“尚酒”传统，数量众多的酒器也可能充当交换的等价物。大汶口出土的大量陶质明器，显然是专业制陶者为交换而生产的，从而使产品具有了商品的意义。可见，随着生产的发展，作为财富象征或等价交换物的产品已经由猪转变为陶器与酒器，以及更稀缺的玉器或者象牙。

从考古学资料看，大汶口文化时期，当劳动产品超过维持劳动力所需的物品，普遍的交换也就成为一种经常性的、有规律的现象。在原始公社制度解体的过程中，社会分工促进了私有财产的发展和贫富分化现象的加剧。生产力的发展引起社会分工的发展。畜牧业与农业分离，形成人类社会第一次社会大分工。后来，手工业又从农业中分离出来，出现了第二次社会大分工。社会分工的发达，使私有制也得到发展，于是出现直接以交换为目的的生产，即商品生产。这时生产者所生产的产品，相当一部分要用于与他人的商品交换。“由于社会分工，这些商品的市场日益扩大；生产劳动的分工，使他们各自的产品互相变成商品，互相成为等价物，使它们互相成为市场。”[②]“分工使劳动产品转化为商品，因而使它转化为货币成为必然的事情。”[③]因为许多商品起着货币的职能，商品交换已经突破氏族，在内部成员之间进行，氏族成员之间原始平等的关系渐渐向着浓郁的商品交换关系演变。商业也就随之产生。

三、山东地区商业贸易的产生

山东龙山文化时期的生产力水平较大汶口文化晚期又有了大的发展，农业占据主导地位，形成了以种植业为主、家畜饲养业为辅的综合经济。手工业制作水平达到了相当高的程度。到龙山文化时期，大汶口文化的轮制

---

① 《马克思恩格斯选集》（第4卷），人民出版社1995年版，第111页。
② 《马克思恩格斯全集》（第25卷），人民出版社1974年版，第718页。
③ 《马克思恩格斯全集》（第23卷），人民出版社1972年版，第127页。

图1－4　龙山文化时期的蛋壳黑陶杯

技术被广泛应用,制作技术也更趋精巧。蛋壳陶器更加精巧美观,细薄如纸,漆黑发亮。这表明从大汶口文化时期到龙山文化时期,人们无论对陶土性能的认识和处理,还是在陶器的成型与烧制等技术方面,都积累了丰富的经验(图1－4)。在城子崖遗址中,陶器生产普遍采用快轮技术,制陶开始成为一个专业化的生产部门。陶器的制作工艺程序也进入了一个新阶段,人们用鹅卵石等坚硬而光滑的东西,在半干的陶坯上进行精工打磨,使陶器表面光滑而带有光泽。他们已经能正确掌握高温技术和火候,一般烧制的温度高达摄氏一千度左右。因此,烧出的器物质地坚硬,又由于烧成晚期封窑严密,用烟熏法进行渗炭的结果,烧出来的陶器呈现乌黑色。玉器制作水平之高,以胶县三里河遗址墓葬中出土的鸟形、鸟头形玉饰,临沂湖台遗址出土的玉扁琼,大范庄遗址出土的玉璋,日照两城镇遗址出土的神兽纹玉铸、玉斧等为代表,均雕琢精致,造型优美。专门从事制陶、制石、冶铜的能工巧匠使手工业变成了独立的经济部门。大汶口文化时期出现的第二次大分工已经在龙山文化这里得到夯实。产品交换虽然早在第一次社会大分工之前就已经出现,但经过手工业与农业分离以后的第二次社会大分工,交换得到了长足的发展。随着交换规模与范围不断发展和扩大,生产者与消费者之间直接的产品交换越来越不便利,于是专门从事交换的媒介——商人和货币就应运而生。在山东,由交换演变成作为行业的商业可以确定出现在龙山文化时期。

商业作为行业的物质载体,是人们的聚集地——城。山东龙山文化的城址是在大汶口文化的基础上发展起来的。目前,山东地区经过正式发掘或钻探的城址主要有章丘城子崖、邹平丁公、临淄田旺、寿光边线王、阳谷景阳冈、五莲丹土等,城内居民大约有5000人。这些人中,除农业生产者外,家庭手工业者、巫医、统治者等非农业生产者和非生产者占一定比例。其时,商业作为一种行业的趋势日益明显。例如临淄皇城龙山文化遗址出土的刻字石镞，上面阴线刻的两个图画是象形字，分上下排列：上是“（豕）”字，下是“（犬）”字。“豕”字的造型很生动：嘴巴长长，身躯浑圆，根根鬃毛清晰可辨，腿作行走状，其尾巴最有特点——短而适度下垂，是一头家庭喂养猪的形象。豕和犬应是一笔远古财富的记录：一方面，这件石镞作为武器，可能是一男子墓中的随葬品，其上刻画的豕和犬二字，应和其他墓随葬的猪或狗下颌骨一样，是墓主人财富的记录和象征；另一方面，可能是当时的物质交换凭证或信物，谁持有这件石镞，谁就有一豕一犬的物质财力。①猪等家畜画像作为修饰出现于器皿上，反映当时家畜已很普遍。

山东地区是我国铜器起源的重要地区，龙山文化时期就有了铸造金属货币的技术条件。人们起初以天然铜锻制小件工具或饰物，随后发明冶铜技术。天然铜和早期冶炼的铜没有掺入其他金属，称为红铜。在铜中加适当的锡，以降低熔点并改善硬度的，即为锡青铜，通称青铜。此外，还有含一定比例锌的黄铜，含一定镍的白铜。铜器就是用铜或铜的合金制造的工具、武器、器皿以及乐器和装饰品等。山东最早发现铜器的遗址有龙山文化时期的胶县三里河两段残铜锥、诸城呈子和栖霞杨家圈等遗址的铜器残片。到岳石文化时期，青铜器在数量和种类方面有更大进步，泗水尹家城、青州郝家庄、牟平照格庄都有青铜器出土（图1－5）。整个海岱地区，“据不完全统计，所获铜器20余件，铜器品种包括了武器镞，小工具刀、削、锥、凿，佩饰品钏（镯）和杂器等（其中的铜片和铜块，可能含有青铜容器的残骸）”②。“经过科学化验、检测，以青铜制品为多，其中有锡青铜、铅青铜，另外有纯铜制品。内中还有熔铸后又经锻打成器的。凡此，似可以说明，岳石文化的创造者已懂得依器物的功能不同，采用不同的冶炼技术，生产出

图1－5　泗水尹家城出土的铜镯（岳石文化）

① 刘凤君：《中国早期文字骨刻文的释读方法》，《山东大学学报（哲学社会科学版）》2012年第6期。

② 徐基：《夏时期岳石文化的铜器补遗——东夷式青铜重器之推考》，《中原文物》2007年第5期。

基本实用的、不同合金的铜制品或纯铜制品。”[①]从考古发掘的文物资料中可以发现，从龙山文化时期开始，人们已经有意识地制作充当一般等价物的铜质产品了。

龙山文化时期山东地区已经形成从山东半岛经辽东半岛到日本以及更远地方的航路，这在考古发现上有所证明。“从在海外发现的龙山文化遗址分布状况来看，他们（龙山人）是从山东渡过渤海，沿着黄海北岸到达朝鲜半岛南端，然后借左旋环流漂航到日本北部的出云地区，再穿过津轻海峡，趁北太平洋暖流向东漂航。”[②]这条海流在北纬40度，长年西风，东流流速每日20—25海里（1海里 = 1.852公里），顺风顺水，一直可以漂航到太平洋东岸。近代考古界在朝鲜、日本、美国阿拉斯加、太平洋东岸发现的具有龙山人特有器型的有孔石斧、孔石刀和黑质陶器，便分布在左旋环流和北太平洋暖流所经地区附近，展示了龙山人乘这两条海流漂航东去的行迹。

除了考古学资料，现代历史学家的考证则佐证了山东地区商人的出现。如翦伯赞在《中国史纲》中说：“商族最初的出发点，是在今日河北平原西北之易水流域”，商族“之开始向渤海沿岸移徙，早在旧石器时代之末”。商族到达渤海沿岸后分为两支：一支沿海而北，一支循海而南。“其南徙者，则满布于山东半岛之沿海岸乃至腹部。”这一支人，在今日山东的许多地方，如山东龙口、章丘城子崖、日照两城镇等处，“留下了不少的新石器时代的文化遗存”[③]。《山海经 · 大荒东经》记载，商先公王亥“两手操鸟，方食其头”。甲骨文的“亥”字头上从鸟形，表明仍然保存了先民对鸟的崇拜，故在翦伯赞看来，东夷与殷商“实为同一种族的分支”。商族在建立王朝之前，频繁迁徙，史称“八迁”。他们利用各地贩运的机会，扩大自己的影响和势力范围。据王国维、翦伯赞先生考证，汤第十一代祖相土发明马车，即“相土做乘马”，相土之后，商族主要在山东、河南一带迁徙。第七代祖王亥被誉为商人的真正始祖（图1-6）。“王亥做服牛”，“服牛乘马，引重致远，以利天下”。以布

---

① 徐基：《夏时期岳石文化的铜器补遗——东夷式青铜重器之推考》，《中原文物》2007年第5期。

② 张炜、方堃主编：《中国海疆通史》，中州古籍出版社2003年版，第9页。

③ 翦伯赞：《中国史纲》（第一卷），商务印书馆2010年版，第144—146页。

帛做货币,驾着牛车,利用畜力在部落间做买卖。后来王亥在河北易水附近被杀,王亥之子上甲微借助河伯的力量为父报仇,从此,商族开始复兴。王亥之后,商人沿其传统进行商业贸易,并逐渐形成了专门从远方贩运货物进行贸易的商贾。《周书·酒诰》载,"肇牵车牛远服贾,用孝养厥父母",即反映了这种情况。由于这些贸易之人来自商部落,所以称作"商人",他们的交易活动就是"商业"活动。直到商汤立国之前,商族的所居之地目前大多被认为应该在河南商丘或者山东曹县。《史记·殷本纪》云:"汤始居亳,从先王居。"《集解》引孔安国曰:"契父帝喾都亳,汤自商丘迁焉,故曰'从先王居'。""亳",据考证是在山东。《左传·哀公十四年》宋景公曰:"薄,宗邑也。"薄即亳,宋既为商裔,因封于先王所在之亳邑附近。《后汉书·孝明八王列传》李贤注:"薄故城在今曹州考城县东北。"即在今曹县南24里,正与宋近。《左传·昭公四年》曰:"商汤有景亳之命。"景即景山,在成武县境,距亳不远。可见,商人始祖王亥的活动范围在今河南、山东一带。三代以上的中国古史人名往往不代表个人而是代表整个氏族部落。由此可见,山东已经是当时商品交换最为发达的地区。

图1-6　中华商业始祖——王亥

关于市场,马克思曾指出:"实际上,商品交换过程最初不是在原始公社内部出现的,而是在它的尽头,在它的边界上,在它和其他公社接触的少数地点出现的。这里开始了物物交换,由此浸入公社内部,对它起着瓦解作用。"①马克思认为,部落间的边境地带应该是最早的市场。神农之时,"日中为市,致天下之民,聚天下之货,交易而退,各得其所"。这个以物物交换为主的"市"应该就处于聚集区的边界。这时的神农交易不但有较为固定的场所,时间也基本固定在"日中",说明此时的市已有一定的规模。据东汉郑

① 《马克思恩格斯全集》(第13卷),人民出版社1962年版,第39页。

玄注《礼记·月令》称:“炎帝,神农也。”炎帝又号大庭氏。而大庭氏在曲阜附近,《左传·昭公十八年》载:“宋、卫、陈、郑皆火。梓慎登大庭氏之库以望之。”杜预注:“大庭氏,古国名,在鲁城内,鲁于其处作库,高显,故登以望气。”《管子·封禅篇》中称炎帝曾到泰山封禅,将史料与现代考古出土的文物相结合,可以发现造“市”之神农氏的主要活动区域之一就是今山东地区,那么中国最早的市场出现在山东是完全有可能的。

山东地区的龙山文化时期是历史上一个重要的时代。它与文献传说中尧舜时代大致相当,而舜的主要活动地点,多在今山东省境内和河南东部一带。从山东地区龙山文化时期许多特大型墓葬随葬品中可以发现,这一时期的社会生产力获得了空前的发展,而且社会财富占有的不平等、阶级和等级分化均达到一定水平。此时商品交换已经发展到成为一个行业的程度。如《尚书·禹贡》指出,“兖州……厥贡漆丝,厥篚织文”,“浮于济、漯,达于河”。这说明,兖州所产丝绸质地轻柔、薄软,故用筐子盛着的锦绮等织品向天子进贡,济、漯连接黄河成为纳贡的重要通道。据《古史考》,“黄帝作车,引重致远。少昊时加牛,禹时奚仲加马”,说明当时的交通运输技术发展使远距离贸易成为可能。等到“尧之治天下”,“得以所有易所无,以所工易所拙”。尧舜时期,诸如“北用禺氏之玉,南贵江汉之珠”,大夫“散其邑粟与其财物,以市武豹之皮”的记载屡见于古代文献。《史记·五帝本纪》载,传说舜“作什器于寿丘,就时于负夏”,“就时”意即根据市场行情的变化,乘时逐利,贩运贸易。《尸子·存疑》言,舜“顿丘买贵,于是贩于顿丘;传虚卖贱,于是债于传虚”,反映出“市”中已出现交易的商人。商业出现的诸多要素已经具备,产品的生产、部落内部与部落之间交换的产生、进行交换的市场、交换手段与商人的出现等,说明商业在龙山文化时期已经诞生。

第二章　夏商西周和春秋时期山东地区的商业与贸易

发生于新石器时代的农业革命，不仅改变了人类经济发展的历史，它使人类从狩猎采集经济发展到农业种植经济，也改变了人类社会发展的历史，它使人类从原始社会发展到奴隶社会。山东至晚商文化阶段基本上纳入商文化圈，共有169个古国。周灭商，周王朝大封诸侯，山东地区呈现诸侯林立的状态。齐、鲁为其中最大也是最为重要的两个国家。夏商周时期，山东地区的奴隶制经济进一步发展。与之相呼应，山东地区的商业与贸易也开始起步。

一、商业发展的经济基础

商品经济是生产发展到一定阶段产生的经济形态。奴隶制经济是农业经济时代的第一种社会经济形态。山东商业贸易发展是建立在农业、畜牧业、手工业等社会生产力发展基础之上的。

（一）农业发展水平的提高

夏商周时期是山东地区传统农业形成的关键时期。农业水平的提高首先体现在农具的变化上。从山东境内商代遗址的出土物品看，石制及青铜制生产工具的应用日益广泛，其中以济南大辛庄遗址出土的农业生产工具最为典型，共有石斧、石刀、石镰、砺石、刀形器、铜镞等101件。另外，青州苏埠屯遗址出土青铜器类工具锯、锛、凿、斧、锤、削、针、雕刻刀等。1957年，长清县发现一批青铜器生产工具，如凿、锛、斧、雕刻刀、锤等。由此不难看出，商代的山东，已大量使用石制及青铜工具，社会生产力有了很大的发展。

西周时期，山东居民更加广泛地使用青铜质农业生产工具。1973年，从济南一个收购站中拣出一件青铜犁铧。"这件铜犁铧为等腰三角形，器身中部隆起，有扁锥形銎，左上端及正面中间隆起部分的右侧，均已残缺。边长13.5(厘米)、上端宽14.5厘米，重400克。底面有简单纹饰，穿二孔，可以用钉或木楔把犁头固定在犁底木上。犁面有明显使用磨损痕迹，尖端刃口微卷。犁身锈迹斑驳，有的与土屑黏结(在)一起。可以确认，这是一件出土时间未久的古代实用的铜犁铧。"[①]这件(青)铜犁铧，因未经发掘所得，失去了确切时代的证据，但据推测，大致在西周时期前后。青铜犁铧的发明，标志着农业耕作技术的重大进步。

在山东地区齐鲁封国之前，东夷人的农业生产已有发展。齐鲁封国之后，姬姓周人将周族农业生产技术带到山东来，鲁、滕等姬姓国又都被封在土质肥沃的平原地区，该地的农业发展迅速。春秋时期，山东居民开始使用铁制农具。管仲曾说："美金以铸戈、剑、矛、戟，试诸狗马；恶金以铸斤、斧、锄、夷、锯、欘，试诸壤土。"其中的"恶金"即指铁，说明春秋初期齐国已使用铁制农具。《管子·海王》篇还说："今铁官之数曰：耕者必有一耒、一耜、一铫，若其事立。"可见，在齐国耕田必备工具"耒""耜""铫"中，"耜"与"铫"均是铁制。《管子·度地》篇说："其耕之不深，芸之不谨，地宜不住，草田多秽。"《国语·齐语》说："及耕，深耕而疾耰之，以待时雨。"人们已认识到深耕的重要性，而且这种深耕的前提必须是牛耕的普及和铁器的普遍应用。

农业水平的提高还体现在粮食作物品种和产量的增加上。当时，主要的粮食作物有粟、麦、黍等。2014年在对济南唐冶商周遗址的再次发掘中，出土了粟、黍、小麦、水稻、大豆和大麻六种农作物，出土概率为96.77%，其

---

① 中航：《济南市发现青铜犁铧》，《文物》1979年第12期。

中以粟黍为主，小麦、大麻和大豆次之，水稻极少，反映当时多种农作物并存、旱作为主的农业生产格局。[①]

（二）畜牧业的发展

商周时期畜牧业有所发展。在济南唐冶遗址发现的非农作物中，旱作农业杂草马唐作为马饲料占非农作物种类的 89.10%，出土概率 88.28%，与同时发掘的农作物、工具等印证，马唐是伴随粟黍收割有意识进入遗址的。遗址内出土了大量猪、羊、牛和马的骨骼。[②] 可见，当时畜牧业的发展已促使饲料被有意识收割。

齐、鲁两国的家畜饲养业都很兴盛。如春秋时期齐景公“聚狗马”，其墓葬周围发现了占地三四千平方米的殉马坑，殉马达六百匹以上。《元和郡县图志》卷十记载：“齐景公有马千驷，畋于青丘。”可见齐国养马业的发达。孔子“尝为乘田矣，曰牛羊茁壮而已矣”。“乘田”乃是管理苑囿的小吏，专门职掌六畜兴牧之事。周礼中有用牛、羊、猪三牲宴饮宾客之礼。鲁国即有“七牢之礼”“五牢之礼”。管仲曾说“无夺民时，则百姓富；牺牲不略，则牛羊遂”，正是看到了祭祀与六畜饲养的关系。鲁国的养马业也比较兴盛。鲁国当时“公车千乘”，至少需要 4000 匹马驾驶。《左传·定公十年》记载，叔孙氏的郈邑中，既有专管养马事宜的家臣“马正”，其下还有具体牧羊马匹的“圉人”。畜牧业的发展，不但丰富了商品的种类，还为商品物资的运输提供了重要工具。

（三）手工业的发展

夏商周三代山东地区的手工业在农业经济基础上得到很大发展。

山东地区丝织业发展比较早。早在岳石文化时期，桑树就在山东地区种植。山东益都（今青州）苏埠屯商代大墓中出土了一些玉饰，其中一种是玉

① 安静平、董文斌、郭荣臻、靳桂云：《山东济南唐冶遗址（2014）西周时期炭化植物遗存研究》，《农业考古》2016 年第 6 期。

② 安静平、董文斌、郭荣臻、靳桂云：《山东济南唐冶遗址（2014）西周时期炭化植物遗存研究》，《农业考古》2016 年第 6 期。

蚕，其形态十分逼真。姜尚受封之后，面对“地泻卤，人民寡”的实际状况，“于是太公劝其女工，极技巧，通鱼盐”，大力发展丝织业和渔盐业，加之齐地“宜桑麻”，为“女工”之业提供了充足的原料。齐地出产的“齐纨”，鲁国出产的“鲁缟”，都是当时名闻遐迩的丝织产品。杜甫在《忆昔》诗中曾云：“齐纨鲁缟车班班，男耕女桑不相失。”“齐纨”是一种细致光滑的白绢，以光滑亮丽为特点。“鲁缟”则是一种细白的生绢，以精细轻薄而著称，成语“强弩之末”便出自“‘强弩之极，势不能穿鲁缟’者也”。《左传·成公二年》载，楚人伐鲁，“孟孙请往赂之，以执斫、执针、织纴皆百人”。据杜预注，执斫为木工，执针为女缝工，执纴为布帛工，一次贿赂300名有手工专长的人，其手工业状况可见一斑。以上可以佐证，鲁国丝织业实居当时各国前列。《管子·轻重丁》篇也载：“昔莱人善染，练茈之于莱纯锱，緺绶之于莱亦纯锱也。其周中十金。”即莱国出产紫草，擅长染色工艺，紫色的绢丝、紫青色的丝带价格比周地要便宜十倍。可见最晚在商末周初的莱国时期，胶东的蚕丝业、染织业就有一定的规模和较高的技术了。临淄郎家庄一号墓出土五种丝织品，其中有迄今发现的最早的织锦遗物，这种织锦工艺成为中国早期织锦的通式，至少流行六七百年之久。①

图2-1　曲阜鲁国故城

通过对临淄故城的发掘可知，春秋时期的临淄已是著名的冶铁中心，临淄故城遗址内有6个冶铁遗址，最大的1处面积达40多万平方米。《敬夷钟》上的铭文记载，齐灵公曾赏赐了四千造铁徒给叔夷和莱夷，可见齐国铸铁业的规模之大。临淄有多处始自西周后期直至春秋时期的炼铜遗址，存有大量铜渣、炉渣、烧土等遗物。2011年，淄博市临淄区刘家新村春秋墓出土铜器220件。鲁都曲阜(图2-1)共发现春秋时期冶铜遗址两

① 山东省博物馆：《临淄郎家庄一号东周殉人墓》，《考古学报》1977年第1期。

处:一处是位于鲁城北部的盛果寺冶铜遗址,另一处是位于鲁城西北部的药圃冶铜遗址,面积约 14000 平方米。益都苏埠屯商墓自 1931 年以来出土过多件“亚醜”铭记的铜器(图2－2)。临淄郎家庄一号墓出土随葬金属器物 300 件左右,有铁削、金带钩、铜带钩、刻纹金箔、铜镞等,不仅数量多,而且制造精美,反映了当时山东地区金属制造手工业技术水平之高。

图 2－2　益都苏埠屯商墓出土的亚醜钺

山东地区的手工业还有漆器业、制陶业等。漆器业的历史悠久,兖州“其贡漆丝”,因其特产是漆和丝,故作为贡品。商周和春秋时期,山东制陶技术的水平已相当高超。济南大辛庄遗址中最能代表商文化特征的就是丰富多样、富于变化的陶器群。器具有陶质锥足鬲、矮足鬲、圜底尊、大口尊、假腹豆,还有釉陶器和刻纹白陶等。章丘小董家村出土的商代盛水器双耳褐陶罐,系泥质硬褐陶,颈部阴刻陶文“田”字。长岛珍珠门遗址出土的商代晚期或西周早期炊煮器素面鬲,粗砂陶,红褐、灰黑二色杂驳,大敞口,外卷沿,浑圆腹,下部为 3 个乳状高袋足,具有山东东部的地方特色。莱阳前河前村出土有铭灰陶,系晚商或西周盛酒器,其两侧及颈部、腹部皆有刻画的圆形符号,有鹿、龟、鱼、蟹等。农业与手工业的发展,也带来了量具的发展。邹城邾国故城遗址出土的一件陶量,是当时邾国的官量(图2－3)。大量出土的陶器,充分反映了当时制陶业的发达。

图 2－3　春秋时期的陶量(邹城市邾国故城遗址出土)

山东地区煮盐业历史非常悠久。《世本·作篇》曰“夙沙氏煮海为盐”,是山东半岛南岸胶州湾一带煮盐的最早记载。禹执掌九州时，青州之盐被定为贡品。《尚书·禹贡》记载：“海岱惟青州。嵎夷既略，潍、淄其道。厥土白坟，海滨广斥。厥田惟上下，厥赋中上。厥贡盐絺，海物惟错。”海盐在远古时期便是山东地区重要的物产。西周姜尚根据齐国的资源优势，“劝其女工，极技巧，通鱼盐”。春秋时期，齐桓公在管仲辅佐下将这种资源优势加以强化，使齐国的“渠展之盐”与楚国的“汝汉之金”、燕国的“辽东之煮”并列为当时天下最具争夺价值的物质资源，为齐国的强盛奠定了坚实的经济基础。

山东地区手工业水平的发展，为商业贸易提供了丰富的商业产品，手工业和农业分离后，以交换为目的的商品生产进一步扩大。商品交换在个人与个人之间、地区与地区之间的交换活动中得以不断拓展，由此促使专门从事商品交换活动的商人群体的出现和商业的发展。

二、独立商人的出现与商业的发展

商代商业已有起步，有关太公望经商谋生的记载，无论是鼓刀屠牛，还是卖食、负贩，都是商代商业发展的例证。如《战国策·秦策五》载姚贾曰：“太公望，齐之逐夫，朝歌之废屠。”《盐铁论·颂贤》载：“太公之穷困，负贩于朝歌也。”就山东地区而言，无疑受到商代重商、重贾之风的熏染。济南商代大辛庄遗址的勘探表明，这里曾是海岱地区盐、海贝、漆、丝、木材、铜矿石等大宗物资运输内地的码头和中转站（图2－4）。大辛庄聚落出土玉器所用玉料上乘，制作精美，不排除外地舶来的可能。

图2－4　济南商代大辛庄遗址石牌

（一）独立商人的出现

随着商业的发展，西周时期独立的商人阶层开始出现。西周时期，不仅有官府经营的商业，也有私人经营的商业，二者并存。官府设立“司市”“质人”管理市场中的民间贸易。西周晚期青铜器兮甲盘上的铭文记述了周王要求淮夷，即今山东、河北等地要向西周王朝进纳布帛、委积、奴隶等贡物，其中规定，诸侯和百姓从事商贸应在规定的市肆进行，不得到荒蛮偏僻的地方做生意，否则会给予处罚。可见当时山东地区不仅存在私人商业，而且有经营商业的市场。

图 2－5　鲁方彝盖（藏于陕西历史博物馆）

1981 年，陕西省岐山县出土鲁方彝盖，上有一段六行五十字的铭文，铭文不长，但对认识西周时期山东的社会经济有重要关系（图 2－5）。铭文云：“佳（惟）八年十又二月初吉丁亥，齐生鲁肇贾休多赢，佳（惟）朕文考乙公永启余，鲁用乍（作）朕文考乙公宝蹲彝，鲁其万年子子孙孙永宝用。”铭文上的“齐生鲁”，经李学勤先生考证，“推测为齐乙公得之子。他从事商贾之事，证明齐国确有商业的传统”[①]。这种明确地出现“贾”的身份的人“齐生鲁”在金文中是很罕见的，具有很高的研究价值，说明贵族也经商，以营利为主要目的。

周宣王继位后，社会危机加重，井田制度废除，周天子权力衰落。诸侯之间私下交换土地的行为逐渐出现。土地作为商品初露端倪。据《左传・隐公八年》载：“郑伯请释泰山之祀而祀周公，以泰山之祊易许田。三月，郑伯使宛来归祊，不祀泰山也。”许田原来是成王赐给周公作为鲁君朝见周王时的住宿

① 李学勤：《鲁方彝与西周商贾》，《史学月刊》1985 年第 1 期。

之邑，祊则是郑桓公助祭泰山时的汤沐之邑。按说许田有周公之祀，鲁国是不该放弃的，但两邑交换，各近本国，对双方都有好处。现实的经济利益压倒了传统的礼制观念，两国终于完成了这桩交易，而完全把周天子撇在了一边。《左传·襄公四年》记载了晋国购地的事："戎狄荐居，贵货易土，土可贾焉。"范蠡也曾说过："阴且尽之岁，亟卖六畜货财，以益收五谷，以应阳之至也；阳且尽之岁，亟发籴，以收田宅、牛马，积敛货财，聚棺木，以应阴之至也。此皆十倍者也。"[①]"田宅"被包含在"货财"中，应"五谷"的价格变化而收购或抛售。

春秋时期山东地区的商业发展，一方面上承西周，继续保持"工商食官"制度的特点；另一方面，私人商业开始逐渐发展起来，为战国时期私人商业的大发展打下了基础。春秋时期山东出现了独立商人，著名的大商人如管仲，本与好友鲍叔牙合伙经商，到齐国为齐桓公所用后，通过经济手段使齐国的工商业得到了发展，市场日益活跃，商品丰富，货币充盈。为解决"兴时化"，管仲"不侈，本事不得立"，鼓励消费，以消费刺激商品的需求，以生产解决就业。管仲的侈靡观，也正是为发展商业、扩大商品生产和商品交换制造理论根据。

孔子的学生端木赐，复姓端木，字子贡，善于经商之道，常往来于曹、鲁之间经商。《史记·货殖列传》载，子贡"废著鬻财于曹、鲁之间，七十子之徒，赐最为饶益……子贡结驷连骑，束帛之币以聘享诸侯，所至，国君无不分庭与之抗礼"。子贡在经商时能够预测市场变化，从而获得有用信息，抓住机遇。所谓"好废举，与时转货资"[②]。孔子也夸赞子贡："赐不受命而货殖焉，亿则屡中。"子贡也常与孔子探讨价格问题。《荀子·法行》记载："子贡问于孔子曰：'君子之所以贵玉而贱珉者，何也？为夫玉之少而珉之多邪？'孔子曰：'恶！赐，是何言也？夫君子岂多而贱之，少而贵之哉！'"子贡与孔子在谈论玉与珉的价格问题时表达出商品价格取决于商品数量的观点，这正是出于子贡作为商人的经商实践而得出的，不过因孔子将贵贱当作纯粹的道德问题而遭斥责。子贡富致千金，为孔子弟子中的首富。"端木遗风"

---

① 《越绝书·计倪内经第五》。

② 《史记·仲尼弟子列传》。

即指子贡遗留下来的诚信经商的风气。

范蠡，又名陶朱公，是春秋时期影响最大的商人之一(图2-6)。《史记·越王勾践世家》载："范蠡浮海出齐，变姓名，自谓鸱夷子皮，耕于海畔，苦身戮力，父子治产。居无几何，致产数十万……间行以去，止于陶，以为此天下之中，交易有无之路通，为生可以致富矣。于是自谓陶朱公。复约要父子耕畜，废居，候时转物，逐什一之利。居无何，则致赀累巨万。天下称陶朱公……故范蠡三徙，成名于天下，非苟去而已，所止必成名。卒老死于陶，故世传曰陶朱公。"从历史记载来看，陶地位于山东菏泽地区，是当时的交易枢纽，交通发达，适宜货物交换。

图2-6　中华商圣——陶朱公(范蠡)墓碑

(二) 商业意识萌发与商业的发展

春秋时期，人们认识到商贸活动的重要性，从事商业活动并不受到歧视。孔子虽然主张"罕言利"，但仍对子贡喜爱有加，《论语》所记孔子也承认"富与贵，人之所求""贫与贱，人之所恶"，如果"富而可求，虽执鞭之士，吾亦为之"，肯定了人们追求财富欲望的合理性。子贡问孔子："这里有一块美玉，是把它收藏在柜子里呢？还是找一个识货的商人卖掉呢？"孔子回答说："沽之哉！沽之哉！我待贾者也。"孔子自称是"待贾者"。孔子赞同商业，但反对官员经商，他将臧文仲让家人经商的行为称为"不仁"。《孔子家语·王言解》记载孔子的话说："若乃十一而税，用民之力，岁不过三日，入山泽以其时而无征，关讥市廛皆不收赋。此则生财之路，而明王节之，何财之费乎？"他极力主张降低关市税，开放山泽之禁，给商业经营一定的自由和便利。

春秋时期，商品经济最发达的地区是齐国。山东沿海地区"海濒广泻"，海水常侵蚀沿岸土地，土壤多为盐碱之地。齐国从建国伊始，就在政策上大力提倡"通商工之业，便鱼盐之利"，"通利末之道，极女工之巧，是以邻国交于齐，财蓄货殖，世为大国"，为齐国工商业的发展奠定了基础。齐桓公任用管仲为相，更使齐国成为一个工商业非常发达的国家。春秋时期，齐国专门设轻重九府等机构发展商业。《史记·齐太公世家》载："桓公既得管仲，与鲍叔、隰朋、高傒修齐国政……设轻重鱼盐之利，以赡贫穷。"《史记·货殖列传》载，春秋时期，"管子修之，设轻重九府，则桓公以霸，九合诸侯，一匡天下"。为加强对商人的组织和管理，实行士农工商四民分居。《管子·小匡》载："今夫商，群萃而州处，观凶饥，审国变，察其四时，而监其乡之货，以知其市之贾。负任担荷，服牛辂马，以周四方，料多少，计贵贱，以其所有，易其所无，买贱鬻贵。是以羽旄不求而至，竹箭有余于国，奇怪时来，珍异物聚。旦昔从事于此，以教其子弟。相语以利，相示以时，相陈以知贾。少而习焉，其心安焉，不见异物而迁焉。是故其父兄之教，不肃而成。其子弟之学，不劳而能。夫是，故商之子常为商。"这一系列措施保证了工商业队伍的稳定。

齐国是春秋时期最早进行"对外开放"的国家，针对远道经商的商人，采取了两条有力措施：一是减少关税，"通齐国之鱼盐东莱，使关市几而不正，壥而不税，以为诸侯之利，诸侯称宽焉"①；二是为外地经商之人提供食宿方便，"立客舍"，"一乘者有食，三乘者有刍菽，五乘者有伍养"，根据商货规模提供待遇，一乘的提供伙食，三乘的提供牲口饲料，五乘的提供可以自由调遣的仆人。结果"天下之商贾归齐若流水"②。管仲还发挥商人的精明，主张国与国之间的商业贸易活动，甚至在诸国之间做转手买卖，用低价购买东莱的渔盐，然后运输到别国。《管子·海王》载："因人之山海，假之名有海之国。雠盐于吾国，釜十五，吾受而官出之以百"，即依靠别国的山海资源加以利用。让有海盐的国家，把盐卖给本国，本国以每釜十五钱的价格买进，又以每釜一百钱的价格售出。因此本国虽不参与制盐，但可以转手获得数倍的厚利。《管子·轻重甲》篇曰："楚有汝、汉之黄金，而齐有渠展之盐，燕有辽东之煮"，"请以令粜之梁、赵、宋、卫、濮阳。彼尽馈食之也"。把齐国的盐卖到梁、赵、宋、卫和濮阳等缺盐的地区，可"得成金万一千余斤"。2008 年，山东省考古研究所

① 《管子·小匡》。
② 《管子·轻重乙》。

与北京大学考古文博学院在中国南水北调东线工程山东段寿光双王城水库建设工地进行了大面积盐业考古发掘，发现商周时期的盐业古遗迹30多处（图2-7）。2010年，山东大学对山东北部进行盐业专题考古，发现晚商西周时期山东北部地区煮盐作坊遗址的分布呈现明显的聚群现象，生产组织规模较大，这佐证了《管子》所记载齐国通过盐的外销控制诸侯国的事实。

图2-7　寿光双王城商代制盐遗址（新华社记者吴增祥拍摄）

公元前651年，齐桓公在葵丘大会诸侯，盟约中有“无忘宾旅”“无曲防，无遏籴”的规定。“曲防”，即“遍设堤防”，朱熹集注：“无曲防，不得曲为隄防，壅泉激水，以专小利，病邻国也。”“遏籴”指禁止购买谷米，盟约强调诸侯国之间要保护过往的宾客和商旅，保障彼此之间粮食买卖的顺利进行。这是春秋时期诸侯会盟中有关商业条约的最早记载。公元前562年，晋、鲁、郑、宋、卫、曹、齐、莒、邾、滕、薛、杞等国在亳（今河南商丘）会盟，盟约的主要内容为：“凡我同盟，毋蕴年，毋壅利，毋保奸……同好恶，奖王室。”①“毋蕴年”，杨伯峻先生解释为：“此谓毋积粮而不救邻国之灾。”“利”指山林川泽之利。盟约要求各同盟国要保证彼此之间粮食和山林川泽的产品相互流通。这对于扩大春秋时期山东地区商业的发展无疑具有重要意义。齐国沿用《周礼》，对商业税进行调整，规定：“征于关者勿征于市，征于市者勿征于关，虚车勿索，徒负勿入，以来远人。”②就是说，关税和市税不能同时征收，对商人的空车和挑担子的小商贩都不能收税。这些优惠政策实施的结果是，“四邻宾客入者悦，出者誉，光名满天下”③，天下商贾接踵而来，招商工作大见成效。

---

① 《左传·襄公十一年》。
② 《管子·问》。
③ 《管子·中匡》。

《管子·轻重甲》载，“使夷吾得居楚之黄金，吾能令农毋耕而食，女毋织而衣”，是说本国即使不生产，只要有黄金便可以从他国购买消费品而使人民不缺衣食，说明春秋时列国之间的贸易确实繁荣。

图2-8 《管子》是中国古代经济思想最为丰富的著作之一

齐国特别擅长商战，通过商战获得国家利益。《管子》一书记载了很多至今仍具启发意义的商战故事（图2-8）。如《管子·轻重戊》记载了一个重金逐鹿的故事。“桓公问于管子曰：‘楚者，山东之强国也，其人民习战斗之道。举兵伐之，恐力不能过，兵弊于楚，功不成于周。为之奈何?’管子对曰：‘即以战斗之道与之矣。’公曰：‘何谓也?’管子对曰：‘公贵买其鹿。’桓公即为百里之城，使人之楚买生鹿。楚生鹿当一而八万。管子即令桓公与民通轻重，藏谷什之六。令左司马伯公将白徒而铸钱于庄山，令中大夫王邑载钱二千万，求生鹿于楚。楚王闻之，告其相曰：‘彼金钱，人之所重也，国之所以存，明王之所以赏有功。禽兽者，群害也，明王之所弃逐也。今齐以其重宝贵买吾群害，则是楚之福也，天且以齐私楚也。子告吾民，急求生鹿，以尽齐之宝。’楚民即释其耕农而田鹿。管子告楚之贾人曰：‘子为我至生鹿，二十赐子金百斤。什至而金千斤也。’则是楚不赋于民而财用足也。楚之男子居外，女子居涂。隰朋教民藏粟五倍。楚以生鹿藏钱五倍。管子曰：‘楚可下矣。’公曰：‘奈何?’管子对曰：‘楚钱五倍，其君且自得而修谷。钱五倍，是楚强也。’桓公曰：‘诺。’因令人闭关，不与楚通使。楚王果自得而修谷。谷不可三月而得也，楚籴四百。齐因令人载粟处芊之南，楚人降齐者十分之四。三年而楚服。”齐桓公想征服楚国，管仲出了一个主意，即齐国重金求购楚国的鹿，楚国上下因出售鹿大获其利，无暇农耕。齐国趁机掐断了楚国的粮食供给，最终楚国臣服于齐国。齐国很好利用了货币、粮食与一般商品之间的关系，在保证本国粮食供给的前提下，通过一般商品（鹿）的高价购买让楚国获得大量货币，楚国拥有货币但缺乏粮食，齐国最终通过粮食战胜楚国。管仲真不愧是商战的高手。

《管子》一书不仅记载了齐楚之间的商战，还记载了齐国与莱国、莒国之间的"柴田之战"、齐国与代国之间的"白狐之战"、齐国与衡山国之间的"械器之战"等。齐国周边的莱国与莒国盛产柴薪，并且农业发达，形成对齐国的军事防御。管仲建议齐桓公高价购买莱、莒柴薪，莱莒自认为把握商机，故弃农而专门从事柴薪生产。两年后，齐国停止购买柴薪，莱、莒两国的粮价高达每石 370 钱，齐国每石 10 钱。于是，莱、莒百姓纷纷投降齐国。

从考古资料与文献记载可以看出，早在商代，山东半岛就开始了远航贸易。《诗经·商颂》记载："相土烈烈，海外有截。""海外有截"即从山东半岛远航至海外。1984 年，在胶东半岛最东端的荣成龙须岛郭家村毛子沟，发掘了国内发现的年代最早的独木舟。这艘独木舟的年代不会晚于商周时期。与造船业相联系的便是航海业。《管子》中已有齐国与朝鲜商业往来的记录。《管子·揆度》篇中提到，齐桓公问管仲："吾闻海内玉币有七策（筴），可得而闻乎？"管子对曰："……发、朝鲜之文皮，一策也。""发"，孙星衍注云"北狄国名"，北宋邢昺疏："文皮，虎豹之属，其皮毛有文采、细缛，故谓之'文皮'焉。"朝鲜以地名第一次在文献中出现，来自朝鲜的虎豹皮在中国很受欢迎。这是我国所记载的最早的一次海外贸易。齐桓公担心四夷不肯臣服，管仲出谋划策曰："发、朝鲜不朝，请文皮毤服而以为币乎？"管子提出了主动与朝鲜做生意，用他们的兽皮、皮衣作为货币，通过经商来达到使邻国臣服的目的，"八千里之发、朝鲜可得而朝也"①。

春秋时期，商品经济发展中还出现了"质要"。《左传·文公六年》载："宣子于是乎始为国政……由质要。"郑玄注："由，用也。质要，券契也。"《周礼·地官·质人》载："质人掌成市之货贿、人民、牛马、兵器、珍异。凡

① 《管子·轻重甲》。

买卖者质剂焉，大市以质，小市以剂。”郑玄曰：“质剂者，为之券藏之也。大市，人民、牛马之属，用长券；小市，兵器、珍异之物，用短券。”就是说在春秋时期出现的“质”类似于现代的合同或凭证，大买卖用的长券叫“质”，小买卖用的短券叫“剂”，《周礼・天官・小宰》说“听卖买以质剂”。合同纠纷的处理有一定的期限，一般是都城中十天，城郊二十天，六乡以外则三十天。如《周礼・地官・质人》载：“凡治质剂者，国中一旬，郊二旬，野三旬，都三月，邦国期。期内听，期外不听。”“质”的出现可以更好地维护市场秩序和经济运行。

与齐国不同，鲁国从分封之初，由于鲁国享“天子礼乐”，所以崇尚礼乐的特点非常突出。即使如此，春秋中期以后，鲁国的商业活动也有所发展。《周礼・冬官・考工记》所记“鲁之削”已经和“郑之刀”“宋之斤”“吴粤之剑”一同成为驰名商品，满足贵族上层的需求。《左传・文公二年》载孔子批评鲁大夫臧文仲“不仁者三”，其中有“废六关”“妾织蒲”两项。杜预注：“废六关”，“塞关、阳关之属凡六，关所以禁绝末游，而废之”，即废除原有关禁，以利通商；“妾织蒲”，“妾织蒲席贩卖，言其与民争利”，是指臧文仲令家人织蒲席，到市场参加交换。孔子对臧文仲的批评也表达了反对官员经商的原始商业公平思想，被后世用作为政不仁、与民争利的典故。后来随着交通的发展，鲁国的商业得以进一步发展。当时著名的成周洛阳也“东贾齐、鲁”，鲁国的商贾之风日益兴盛。司马迁说：“及其衰，好贾趋利，甚于周人。”《左传・昭公元年》载鲁国贵族叔孙豹回国时，季孙氏的家臣曾夭驾车去慰劳他，从早晨到中午，叔孙都没有出来与他相见。曾阜劝解曾夭说：“数月于外，一旦于是，庸何伤？贾而欲赢，而恶嚣乎？”意思是：叔孙氏在外受了几个月的苦，而季孙氏仅在此等候了一个上午，又算得了什么呢？商人做买卖要赢利，难道还能讨厌别人的叨扰吗？

《左传・襄公二十七年》载：齐国崔杼杀死齐庄公之后，庄公的亲信申鲜虞恐祸及自身而出逃鲁国，“申鲜虞来奔，仆赁于野，以丧庄公”。杜预注：“为齐庄公服丧。”杨伯峻《春秋左传注》同年注云：“郊野有自由贫民可供雇佣。”可见，当时鲁国已出现了以劳动力为商品的雇佣行为。《左传・昭公二十五年》记载，鲁国贵族臧会从国都逃到郈邑，郈邑大夫“使为贾正”。杜预注：“贾正，掌货物，使有常价，若市吏。”孔颖达疏：“贾正，如《周礼》之贾师也。此郈邑大夫使为郈市之贾正。”“贾正”即为掌管城市商业、调节物价的官职。说明由于从事商贾之人增多，鲁国在春秋末已经设有掌管商业的“贾正”。这些都是鲁国商业发展的明证。鲁庄公大兴工程建筑，旱灾严重到颗粒无收，不得不派臧孙辰到齐国去购买粮食，“臧孙辰告籴于齐”①。由推可见，鲁国的对外贸易也应该有所发展。

三、城市与市场的初步发展

山东是远古时期古城址分布最密集的地区之一。齐鲁地区已发现的“城”出现于大汶口文化时期，繁盛于龙山文化时期。距今4500年前的章丘城子崖古城是当时的政治、军事要地，已经具备了一定的经济职能（图2-9）。史前时期的商业，碍于生产力水平不高、城的经济职能尚处萌芽阶段、交通不便等因素，仍未形成具备相当规模的商业中心。所以在建城过程中，作为贸易中心和商品集散地的“市”，并没有被列入城的整体规划之中。在考古资料中尚未发现山东地区史前明确的“市”之所在。山东地区的章丘城子崖、邹平丁公、临淄田旺、阳谷景阳冈城等几座龙山文化、岳石文化城进入夏代纪年。到西周时期，伴随周天子推行“封建诸侯，以藩屏周”的政策，山东地面上至少有56国，由邹、滕、梁山以至济水流域，以及鲁南地区是西周诸侯国分布的密集区域之一。各诸侯国都有自己的都城。其中齐都临淄和鲁都曲阜都在西周时期即已初具规模，其城市发展在一定程度上代表了山东地区的最高水平，在以后经济、

图2-9　龙山文化时期的城子崖遗址

① 《左传·庄公二十八年》。

政治、文化的历史发展中占有极其重要的地位。到春秋时期,民间手工业作坊增多,规模扩大,以经商谋生的人越来越多,并且出现了一批运用资本进行经商活动的大商人,中国古代第一批商业城市也逐步形成了。

(一) 齐国临淄及市场发展

西周初期,吕尚被封于营丘,后筑城于淄水,又称临淄。今临淄故城大致始建于西周后期,与文献记载齐献公徙都临淄基本相符。此后,齐以工商立国,到春秋时临淄已经成为齐国的政治、经济、思想文化中心,成为列国中最繁华的都市之一。齐桓公曾以临淄为中心,打出“尊王攘夷”的旗号,南伐楚国,北击山戎,成为中原第一个霸主,受到周天子赏赐,从而成为“春秋五霸”之首。齐国故城东临淄水,西依系水,范围很大,总面积约 15 平方公里,在先秦古城中当属最大城市之一。临淄城由大、小二城组成,大城处东北,小城处西南。大城始建于西周时期,其平面略呈长方形,南北长约 4200 米、东西长约 3300 米,周长约为 14600 米,超过“方九里”的王都之制。然因营筑在前,制礼在后,故不被视为有违于周礼。发展至春秋时期,外郭中央设宫城。《史记・齐太公世家》载:“晋兵遂围临淄,临淄城守不敢出,晋焚郭中而去。”由晋、鲁等国军队焚烧临淄外城而未进入宫城,可知齐宫城当时应在外郭内的中心地带,有利于防守。《水经注・淄水注》载:“(齐城)北门外东北二百步,有齐相晏婴冢宅。《左传》:晏子之宅近市,景公欲易之,而婴弗更。”可见,晏子之宅在宫城北门,距国君所住不远,同时距离市场颇近。临淄城内交通干道宽大,其“康庄大衢”,为临淄城内最为繁华之所。《左传・襄公二十八年》载陈桓子曰:“得庆氏之木百车于庄。”杜预注:“庆封时有此木,积于六轨之道。”当时干道可并行“六轨”,可知其宽以及当时市井之繁盛。

齐国商品经济的发展使临淄城内出现了市的建置。为了促进商品贸易的发展,齐国政府设有工商之乡和聚市。《国语・齐语》载:管仲治国以为 21 乡,其中仅“工商之乡”就有 6 个,而且“工立三族,市立三乡,泽立三虞,山立三衡”。韦昭注,“工、商各三也”,“市,商也。商处市井,故曰市”。除临淄外,各地乡村也都设有“聚市”。《管子・乘马》云:“天下乘马服牛,而任之轻重有制。”“方六里命之曰暴。五暴命之曰部,五部命之曰聚。聚者有市,无市则民之(乏)。”《左传·昭公三年》载,齐国贵族田氏采邑内的市场上“山木如市,弗加于山;鱼、盐、蜃、蛤,弗加于海”,山上的木材运到市场上卖,价钱不比山上贵;鱼盐蚌蛤运到市上卖,价钱不比海边贵。可见,春秋时期城市商品流通比较繁荣。《左传·昭公三年》载,齐景公想给晏子换住宅,晏子谢绝说“小人近市,朝夕得所求,小人之利也”,并以市场上“国之诸市,屦贱踊贵”为喻,劝齐景公“省刑”。《列子·说符》载:“齐有贫者,常乞于城市。”“昔齐人有欲金者,清旦衣冠而之市,适鬻金者之所,因攫其金而去”。这里的“城市”或“市”当是指国市或都市。临淄城居民已达四万余户,商工兴而礼乐存,远远大于同一时期的诸侯大国都城,如鲁都鲁城、蔡都蔡城、宋都宋城等。总之,春秋时期的临淄,不仅是齐国的政治和经济中心,也是一个工商业比较发达的工商业城市。随着工商业和交通的发展,城市人口也大大增加,临淄发展成为“海岱之间”的一个大都会。

(二)鲁国曲阜及市场发展

《史记·周本纪》载,周武王“封弟周公旦于曲阜,曰鲁”。《史记·鲁周公世家》云:“封周公旦于少昊之虚曲阜,是为鲁公。周公不就封,留佐武王……使其子伯禽代就封于鲁。”《括地志》云:“兖州曲阜县外城即周公旦子伯禽所筑也。”张学海先生认为:“鲁城是一座始于西周初年、一直延续到西汉的古城。”①鲁都曲阜,同齐都临淄一样,也是早在西周时期就已初建规模,为此后曲阜政治、经济、思想文化的发展奠定了基础。春秋时期,鲁国自给自足的经济占重要地位,但对外贸易有一定发展。鲁国北通齐,东通莒,南通楚,西通中原各国。日益兴起的私营工商业者大都致力于城市间的贸易,使各城市尤其是大中城市之间建立了较密切的经济联系。诸如鲁国子贡,经商主要就是往来于自定陶至鲁都一线,“家累千金”。历事鲁国庄、闵、僖、文四世的臧文仲不顾传统,“废六关”“妾织蒲”,鼓励人们从事工商业活

---

① 张学海:《浅谈曲阜鲁城的年代和基本格局》,《文物》1982 年第 12 期。

动，表明鲁国社会中独立于官府控制以外的工商业行为已经普遍存在。

鲁国的“市”在城中的地位也较高。《周礼·地官·司市》载：“国君过市则刑人赦，夫人过市罚一幕（帐幕），世子过市罚一帟（小帐幕），命夫（卿大夫、士）过市罚一盖（车盖），命妇（有封号的妇女）过市罚一帷。”西周时期入市是有失身份的事情，但在春秋中期则发生了翻天覆地的变化，如《左传·文公十八年》载，鲁哀姜大归于齐时，“将行，哭而过市，曰：‘天乎！仲为不道，杀嫡立庶。’市人皆哭”。这里的“市”当是设在鲁国都城里的市场。

四、道路交通与关市贸易

齐国重视发展商业，并为此创造了四通八达的交通条件。齐国以国都临淄为中心，形成了通往全国各地的交通干线。李启谦和王钧林先生认为当时齐国的交通干道主要有六条：第一条西起今济南，东到今荣成，横贯临淄的东西大道，“通齐国之鱼盐于东莱”就借助此道；第二条起自临淄，经安丘、诸城到日照，是通往东南的大道；第三条起自临淄，南经益都、莒县，到莒南，为齐、楚交通大道；第四条起自临淄，西经平陵，到兖州，是齐、鲁交通大道，所谓“鲁道有荡”；第五条由济南到长清，是通往陶邑，与宋、郑、韩、魏联系的交通大道；第六条由济南到平原，是通往燕、赵的商业途径。

此外，齐国有水路通往其他国家。《管子·小匡》篇记载，齐桓公在称霸过程中，“东救徐州，分吴半，存鲁蔡陵，割越地。南据宋、郑，征伐楚，济汝水，逾方地，望文山”，“中救晋公，禽狄王，败胡貉，破屠何，而骑寇始服。北伐山戎，制泠支，斩孤竹”，“西征，攘白狄之地，遂至于西河。方舟投柎，乘浮济河。至于石沈，县车束马，逾大行。与卑耳之貉，拘秦夏。西服流沙西虞，而秦戎始从”。齐军伐楚时渡“汝水”；救晋公时，进攻辽西凌河流域的“屠何”；西征时乘筏渡“西河”。四通八达的水路使齐桓公得以“大朝诸侯于阳谷。故兵车之会六，乘车之会三，九合诸侯，一匡天下”。汉人刘向的著作《说苑·正谏》篇说：“齐景公游于海上而乐之，六月不归。”齐景公在海上游乐，整整六个月不返航，必定有大批随行人员和护卫的将士，其航海规模应当相当可观。可见，春秋时期的齐国陆路水路交通都很发达，地理位置优越。这些便利的交通条件，为临淄城“天下之商贾，归齐若流水”创造了条件。

鲁国的交通也很发达。如《国语·吴语》所记：吴国“夫差……起师北征。阙为深沟，通于商、鲁之间，北属之沂，西属之济，以会晋公午于黄池”。夫差挖深沟连通沂水、济水，经鲁地形成吴国到中原的航路。当时，著名的西周都城洛阳也“东贾齐、鲁”。可见，鲁国的南北交通颇为通畅，有利于商业的发展。

五、货币经济的萌发

货币同商业、贸易市场密不可分。货币产生于商品流通，它随着商品经济的发展而发展。正如司马迁所说：“农工商交易之路通，而龟贝金钱刀布之币兴焉。”当交换处于初步阶段，尚未达到经常性大规模交换的时期，交换的主要形式是物物交换，如《诗经》云：“氓之蚩蚩，抱布贸丝。”随着商品交换的发展，在各种商品中游离出一种或者几种商品起着货币的作用。新兴的奴隶制经济促进了商品交换的发展，为满足商业活动的频繁和长途贸易的需要，海贝开始替代以前的家猪等动产，成为一种常见的“实物货币”。

商代山东地区已开始出现贝币。大辛庄遗址的几次发掘均曾零星发现海贝。商代益都苏埠屯1号墓随葬海贝3790枚。这些海贝背后均有磨孔。大者长2.8厘米、宽2.2厘米，小者长1.4厘米、宽1厘米。[①] 济阳刘台子西周早期墓群先是在80年代出土77枚海贝[②]，后来M4出土1枚海贝[③]，M6出土460枚海贝[④]（有的背削平，腹部中缝锯齿状，长2.7厘米、宽1.9厘米、厚0.9厘米；有的背部隆起，尖头凿有一孔，长2厘米、宽1.5厘米、厚0.9厘米）。此时海贝尚可猜测为装饰品，进而具有一定交换价值（图2－10）。1977年鲁故城勘探中药圃第20号墓出土26枚海贝，18号墓出土26枚石贝，望父台第34号墓出土7枚海贝，11号墓出土2枚海贝。海贝以货币贝为多，石贝是仿货币贝形状。1981年，鲁故城第二次勘探中，在曲阜林前村

---

① 山东省博物馆：《山东益都苏埠屯第一号奴隶殉葬墓》，《文物》1972年第8期。

② 陈俊：《山东济阳刘台子西周早期墓发掘简报》，《文物》1981年第9期。

③ 陈骏：《山东济阳刘台子西周墓地第二次发掘》，《文物》1985年第12期。

④ 佟佩华：《山东济阳刘台子西周六号墓清理报告》，《文物》1996年第12期。

图 2－10　济阳刘台子墓出土海贝时的场景

的一座春秋晚期墓葬中出土约 588 枚铜贝。这 500 多枚铜贝不是器物的构件或装饰品，而是鲁国的青铜铸币。[①] 西周兮甲盘上的铭文出现从贝字的“责”“赋”，表明海贝已是财富的象征，并由饰物向一般等价物演变。完整意义上的商业贸易，必须有一般等价物出现在流通领域。齐国素以工商业的发达而见长，《管子·乘马》篇：“无市则民乏矣”，交易在当时成为民间日常生活中的大事。繁荣的商业贸易必然促成发达的货币文化。《管子·小匡》篇中管仲提出罪犯可按等级赎罪，其中，“小罪入以金钧”，“钧”，三十斤。另据李剑农先生考证，《左传》中关于货币的记载，“赏赐、馈赠、献纳、犒聘者二十九，或以器饰，或以车马牲畜，或以璧玉，或以帛锦，或以衣服，以生金者一，无以钱刀者”，“言掳掠盗窃夺取者十四，或禾麦米粟，或木材，或璧玉，或实用之器，或马，或钟，夺币者一，不言为钱刀之币”[②]。也就是说，以《左传》所证，春秋时代钱、刀等金属币尚未成为通行货币，但等价物的种类极为丰富，而且春秋时期的齐国具备了产生货币的历史条件。

考古发掘出土的春秋齐国货币主要有贝币和刀币两大类，其他货币如“布”“圜钱”等都在民间流通过。临淄齐故城于家村春秋墓曾出土无文铜贝。1993 年，莒县沈刘庄春秋墓出土石仿贝 250 余枚。[③] 1977 年，沂水县院东头刘家店子春秋墓出土一件嵌金勺，上嵌金贝 65 枚。[④] 1996 年苍山县东

① 朱活：《鲁币管窥——兼谈建国以来山东出土的鲁国货币》，《史学月刊》1983 年第 2 期。
② 李剑农：《中国古代经济史稿》（上），武汉大学出版社 2011 年版，第 72 页。
③ 张开学、刘云涛：《山东莒县大沈刘庄春秋墓》，《考古》1999 年第 1 期。
④ 罗勋章：《山东沂水刘家店子春秋墓发掘简报》，《文物》1984 年第 9 期。

周墓出土百余枚海贝、骨贝。[1] 甚至战国时期，山东地区仍有贝币流通。1990年沂水县埠子村战国墓出土仿贝680余枚(图2-11)，这些贝币分为骨贝和石贝两种，骨质贝破碎较多，石质次之。

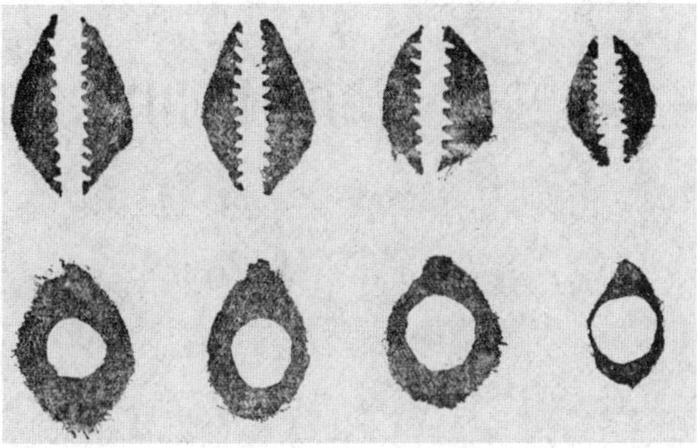

图2-11 山东沂水出土的货贝

石贝是利用一种软质石料加工而成的。这批货贝型制大致相同，加工精细，外表光滑，多呈灰白色，少数呈灰色或褐色。货贝顶端略突于底端，形似天然贝。[2]

春秋时期山东地区贝币与其他区域相比，种类齐全，仿贝制作精细，成为当时商贸发展的印证之一。

---

① 孔繁刚:《山东东南地区春秋战国时期各国货币述略》,《中国钱币》2001年第2期。

② 孔繁刚等:《山东沂水县出土一批货贝》,《中国钱币》1991年第3期。

第三章　战国时期山东地区的商业与贸易

公元前453年，韩、赵、魏三家分晋，标志着春秋时代的结束和战国时代的开始，以及中国奴隶社会和封建社会两种社会形态的交替。战国前期各诸侯国先后进行的变法改革，使中国社会从经济基础到上层建筑发生了全面的变革。社会变革中最重要的内容是经济改革，而经济改革最重要的内容是土地所有制和产品分配制度的变化。以齐国、鲁国为代表的山东地区率先进入封建时代，商业贸易也谱写了新的篇章。

一、商业发展的经济基础

战国前后，以奴隶主贵族为代表的独占型利益集团日益衰落，以诸侯国为代表的创新型利益集团日益兴起，宗族土地所有制逐步向国家土地所有制转变。井田制已不适应社会生产力的发展，处于逐渐瓦解的过程中。《春秋公羊传·宣公十五年》载："初税亩。初者何？始也。税亩者何？履亩而税也。"何休注云："宣公无恩信于民，民不肯尽力于公田。故履践案行，择其善亩谷最好者，税取之。"[①]劳动者的懈怠，导致公田收入急剧下降，而劳动者的私田收成非常好，于是鲁国统治者改按私田亩收税制。《诗经·齐风·甫田》载："无田甫田，维莠骄骄，无思远人，劳心忉忉；无田甫田，维莠桀桀，无思远人，劳心怛怛。"大块的公田上野草丛生，与私田的兴起形成鲜明对

---

① 《春秋公羊传注疏》卷十六。

比,表明井田制已成为农业生产力发展的阻碍。齐国通过实施土地国有制和“相地而衰征”财税制度等措施逐渐建立了封建经济制度,土地私有制和封建租佃关系也迅速发展。国家承认了土地私有和买卖,封建租佃关系与土地私有产权逐渐明确。进入战国时期,齐、鲁等山东诸国经济发展呈现崭新的面貌,经济的发达为商业的发展奠定了基础。

(一) 农业发展

农业是商业得以发展的最重要的经济基础。战国时期的齐国已是一个农业大国。其时,齐国统治者实施奖励开荒政策,对于组织人民开辟田野有成绩的地方官员予以奖励,而对于不开辟田野的地方官进行严厉的惩罚。开荒政策的实施,使以前的泻卤之地变成了千里沃野。苏秦形容齐地“地方二千余里,带甲数十万,车六百乘,骑六千匹,粟支数年”[①]。鲁仲连也形容孟尝君的封地“厩马百乘,无不被绣衣而食菽粟者”[②]。战国时期,齐国已有较先进的农业生产工具,如临淄发现有“V”形铁犁铧、长方板楔形或长条形的镢、铁铲、凹形铁口锄、铁镰等。铁制农具的出现对于齐国农田的垦辟起到重要作用。

(二) 手工业发展

手工业发展为商业的发展提供物质条件与丰富的商品。春秋末年以至战国时期,山东地区手工业内部分工较前更加细密,手工门类也越来越多。鲁国出现了公输般(鲁班)和墨翟(墨子)两位能工巧匠,公输般又被誉为“机械之圣”。鲁国手工业生产的贵族性质比较明显。酒的酿造、宫殿建筑、华美的纺织品、战车的制造,以及鲁城发掘中出土的车马器、服饰器、金属器皿等,都与贵族生活有关。

1. 纺织业。从传世文献和出土资料看,山东地区的纺织业在战国时期得到很好发展。齐国即号称“冠带衣履天下”。据《史记》等文献资料记载,

① 《史记·苏秦列传》。
② 《战国策·齐四》。

“齐带山海，膏壤千里，宜桑麻，人民多文采布帛鱼盐”，“而邹鲁滨洙泗……颇有桑麻之业，无林泽之饶”，“沂、泗水以北，宜五谷桑麻六畜”。又据考古资料显示，山东境内已发现多处战国时期纺织品的实物和遗迹。山东泰安康家河村战国墓“个别器物上见有纺织品朽痕”，出土铜铃12件，“出土时铃身上多留有织物印痕，个别的厚达0.15厘米。织物线纹较粗，为平纹织”①。山东长清岗辛村战国墓出土的青铜器物表面上附有丝麻织物，在可复原为现代“帐蓬”的帷架构件上有“榫头并缠有粗麻布垫层”②。济南千佛山战国墓出土的铜器中有捆扎铜鼎的绸麻织物的痕迹。发掘报告称，贴附于铜鉴底部的麻布片，是济南地区发现年代最早的纺织品实物。捆扎铜鼎的绸类编织物，虽已腐朽，但留下了清晰的痕迹，加之出土的形态逼真的玉蚕，说明远在2000多年前这个地区的蚕桑丝织业已有很大的发展。③ 山东栖霞杨家圈战国墓，在出土的戈表面发现“有隐约的麻布纹”。该县杏家庄三座战国早期古墓的椁都是用柞木板筑成，这样的柞树直径为0.9—1.2米，需近千年才能长成，因而为研究我国的柞蚕起源提供了实物例证。2号战国墓室底部，“南、北两边发现许多漆片和木、布、绸等朽灰，厚达0.1—0.3厘米”④。

2. 冶炼业。战国曲阜故城鲁人墓葬中的随葬器有错金银铁带钩，说明铁已被用来铸造服饰。在对曲阜故城的发掘中发现，战国时期的冶铁遗址有两处：一是北关冶铁遗址，“位于曲阜县城北关一带，遗址范围东西约450（米），南北约120米……地面上暴露不少硫渣、红烧土和铁块等物”。二是立新联中冶铁遗址，位于盛果寺村东南，西距周公庙宫殿区约100米。遗址东西约250米，南北约200米，是鲁城保存最好的一处冶铁作坊址。“遗址的中部发现多处圆形炼炉，在遗址的中部、东北部和西部发现三处夯土建筑基址。中部的一处面积约200平方米；东北部的一处面积约400平方米，可

---

① 钟吉云：《山东泰安康家河村战国墓》，《考古》1988年第1期。
② 罗勋章：《山东长清岗辛战国墓》，《考古》1980年第7期。
③ 李晓峰、伊沛扬：《济南千佛山战国墓》，《考古》1991年第9期。
④ 李元章：《山东栖霞县占疃乡杏家庄战国墓清理简报》，《考古》1992年第1期。

能是冶铁作坊的有关建筑。"[①]这两处都是鲁城内战国至汉代的重要炼铁遗址。可见,战国时期的鲁国已经在生产和生活中比较普遍地利用了铁。齐都临淄故城共发现战国时期的冶铁遗址6处,共有90余万平方米,反映了齐国冶铁业的兴旺和发达。临淄故城还发现有铁制的农业生产工具,如犁铧、镢、铲、臿、凹形铁口锄等。铁制工具已广泛地应用在农业生产上,齐国冶铁业已达到相当高的水平。

3.煮盐业。战国时期,齐国的疆域基本涵盖山东地区的所有海盐产区。今山东地区出土了很多春秋战国时期的煮盐工具,比如陶瓮(图3-1)、陶罐等。鼓风设备的投入使用,大大提高了煮盐的能力,在制盐史上具有划时代意义。战国时期,丰富的海盐资源成为齐国参与大国实力比拼的重要砝码。《战国策·齐一》记载,张仪从实力的差距和从众心理出发说服齐宣王以"献鱼盐之地三百于秦"作为贿质连横秦国。《战国策·齐二》记载,苏秦举"齐必致海隅鱼盐之地"为例说服赵王听从他的提议,向秦示好和屈服。可见,在战国后期,盐业与齐国存亡关系紧密,齐国"盐业外交"在外交关系中发挥过十分重要的作用。

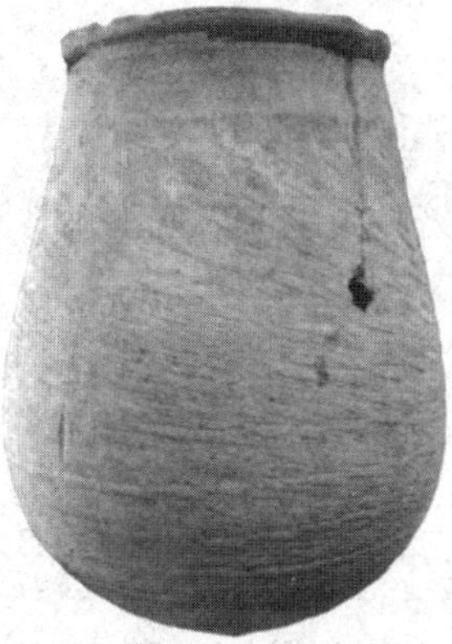

图3-1 昌邑市唐央01号遗址出土的煮盐工具——陶瓮

4.制陶业。山东地区的制陶业从史前文化时期就比较发达。山东先民至少在距今1万年之前就已经掌握了制作陶器的技术,而陶器的出现,也标志着新石器时代的开始。到战国时期,齐国民营制陶业已经有了明确的专业分工和地区分工。2002年,山东省新泰市在新泰中学发现200余片带有陶文的陶片,经拼合后共165方。其陶文皆竖排两行,以阳文为主,字数多者七字,一般四至五字。陶文的主要格式为:地名+陈某+立事岁+人名及

① 山东省文物考古研究所、山东省博物馆、济宁地区文物组、曲阜县文管会编:《曲阜鲁国故城》,齐鲁书社1982年版,第16—17页。

其省略形式，如“陈口立事仆”“平阴陈得”①。据任相宏先生考证，陶文2002XYY⑤W:125号陶文为“墜宴再侳”。“墜宴”，人名，即立事者；“再”，再次，意再次立事；“侳”，人名，即陶工匠。立事者，就是代表国家对生产进行管理的官员，写明制作者姓名，则是古代物勒工名制度的具体反映。②

二、商人崛起与城市发展

山东地区农业与手工业的发展，为商业贸易提供了丰富的产品资源。战国以后，山东地区富商大贾“周流天下”，大批私商活跃在诸侯国的政治经济舞台上。人们的商业意识浓厚，商业城市、货币经济继续发展。

（一）商人崛起

战国时期是我国古代商人群体正式崛起的时期。《荀子·王制》记载：“北海则有走马吠犬焉，然而中国得而畜使之。南海则有羽翮、齿革、曾青、丹干焉，然而中国得而财之。东海则有紫紶鱼盐焉，然而中国得而衣食之。西海则有皮革、文旄焉，然而中国得而用之。”可见，商人们辗转全国各地，互通有无，扩大了商品贸易交流的范围，各地经济联系紧密。齐国是战国时期工商业最发达、百姓最富裕的国家。《管子·轻重甲》云：“万乘之国，必有万金之贾。千乘之国，必有千金之贾。百乘之国，必有百金之贾。”可见当时商人的资本实力已相当雄厚。齐国对商人采取宽厚的优待政策，“迁封食邑，富商蓄贾，积余藏羡跱蓄之家，此吾国之豪也”。即富商大贾的财富不输于贵族。齐国延续“官山海”政策，在齐国实行盐业部分专卖，因为只是实行部分专卖，吸引富商大贾到齐国争趋鱼盐之利。《史记·货殖列传》记载：“齐俗贱奴虏，而刀间独爱贵之。桀黠奴，人之所患也，唯刀间收取，使之逐渔盐商贾之利，或连车骑，交守相，然愈益任之。终得其力，起富数千万。”在

① 刘延常、张庆法、孙英林：《山东新泰市出土的大批齐国陶文》，《中国文物报》，2004年7月16日。

② 任相宏：《新泰出土陶文十品》，载山东大学东方考古研究中心编《东方考古》（第9集），科学出版社2012年版，第329—337页。

齐国商业十分发达的情况下，田氏贵族中的许多人也从事经商活动。如司马迁云："关中富商大贾，大抵尽诸田，田啬、田兰。"齐人田氏因经商而致富，至汉代不衰。《战国策·齐六》中记载："王孙贾年十五，事闵王。王出走，失王之处。""王孙贾乃入市中，曰：'淖齿乱齐国，杀闵王，欲与我诛者，袒右！'市人从者四百人。"王孙贾在市集上号召市民参与讨伐淖齿叛乱，参战者就达四百人，可见齐国商人数目之众。

猗顿不仅是战国时期山东商人的典型代表，也是中国商贸史上第一个进行远程贸易的商人，开中国商贸之先河。猗顿，战国初期鲁国人，祖辈以耕读为业。他原是鲁国的贫寒书生，听到范蠡弃官经商致富的消息，"往而问术"。范蠡告诉他："子欲速富，当畜五牸。"猗顿于是千里迢迢来到西河（今晋南一带），定居于猗氏王寮，大畜牛羊，后又从事盐业和珠宝业，数年之间，成为与陶朱公范蠡齐名的巨商大贾，史称"陶猗之富"。

猗顿以畜牧起家。他从鲁国辗转来到西河地区，在猗氏（今山西临猗）南部畜牧牛羊。由于猗顿辛勤经营，畜牧规模日渐扩大。《孔丛子·陈士义第十五》记载："猗顿，鲁之穷士也，耕则常饥，桑则常寒。……大畜牛羊于猗氏之南，十年之间其滋息不可计，赀拟王公，驰名天下。"因起家于猗氏，遂被称为猗顿。《史记·货殖列传》载："猗顿用盬盐起。"他在靠畜牧积累了雄厚的资本后，便开发河东池盐，从事池盐生产和贸易，成为一个手工业者兼商人。猗顿为了更加有效地经营池盐，加快贩运速度，还试行改变驴驮车运的落后的运输方式，欲以舟运，开凿了山西地区第一条人工运河。这条运河从河东盐池起，通于五姓湖，又从五姓湖至蒲坂（今山西永济市）之孟明桥入黄河，遥遥百里左右。猗顿不仅产销池盐，还逐渐从事珠宝买卖。他把盐运到西域，从西域换回一批批玛瑙、珍珠、玉器等珍贵物品，不长时间就成了珠宝业的行家里手。《淮南子·汜论训》云："玉工眩玉之似碧卢者，唯猗顿不失其情。"《抱朴子·擢才》云："结绿、玄黎，非陶、猗不能市也。"意思是说，这些价值连城的珠宝，如果没有陶朱公范蠡和大商人猗顿的鉴定，是不能在市场上出售的，也没有人敢要。

猗顿通过多方经营，终成倾国巨富。《韩非子·解老》："夫弃道理而妄举动者,虽上有天子诸侯之势尊,而下有猗顿、陶朱、卜祝之富,犹失其民人,而亡其财资也。”说明猗顿之富已超过陶朱公,并可与天子诸侯并提。《盐铁论·复古》载:“宇栋之内,燕雀不知天地之高;坎井之蛙,不知江海之大;穷夫否妇,不知国家之虑;负荷之商,不知猗顿之富。”

(二)商业意识增强

首先,先秦诸子对于商贸经济的认同度越来越高。如《孟子·滕文公下》载,宋国大夫戴盈之曰:“什一,去关市之征。今兹未能,请轻之,以待来年然后已,何如?”戴盈之问孟子说,税率十分抽一,免除关卡和商品的赋税,今年还办不到,预备先减轻一些,等到明年,然后完全实行,怎么样?孟子曰:“今有人日攘其邻之鸡者,或告之曰:‘是非君子之道。’曰:‘请损之,月攘一鸡,以待来年然后已。’如知其非义,斯速已矣,何待来年?”孟子说:“现在有一个人每天偷邻人一只鸡,有人劝告他说:‘这不是正派人的行为。’他便说:‘预备减少一些,先每一个月偷一只,等到明年,然后完全不偷。’——如果晓得这行为不合道理,便赶快停止算了,为什么要等到明年呢?”孟子举“偷鸡贼”的例子来劝说官员减税,发展商贸经济。《孟子·公孙丑上》中还举出五条“天下之道”,其中,“市廛而不征,法而不廛,则天下之商,皆悦而愿藏于其市矣。关讥而不征,则天下之旅,皆悦而愿出于其路矣……廛无夫里之布,则天下之民,皆悦而愿为之氓矣”。他力主齐宣王“发施仁政”,不征收货物税,并协助商人解决商品滞销问题,使天下工商业者都想到齐国来做生意,天下的百姓都愿意居住在齐国,这样齐国就可以无敌于天下。

其次,人们对商品交换、价格和货币的认识已经比较深刻。墨家著作《墨子·墨经》多次涉及商品价格和货币问题。如“为屦以买,不为屦”,在墨子看来,鞋不单用来穿,而且可作为一种商品用来交换其他物品,工匠制鞋是为了买他所需要的其他物品。也就是说,墨子已经认识到商品具有使用价值和交换价值两种属性的差别。《经下》篇:“贾宜则售,说在尽”,价格以能够使货物全部卖出最为合适。“买无贵,说在反其价”,买是无所谓贵的,道理就在于物价与币价总是成反比。“贾尽也者,尽去其所以不售也;其所以不售去,则售”,即价格要定得让原来卖不掉的商品都能卖掉,能把它卖掉的价格就是恰当的价格。还说“宜不宜,在欲不欲”,价格合适不合适,在于能否使人们愿意购买。“买,刀籴相为贾,刀轻则籴不贵,刀重则籴不易。王刀无变,籴有变;岁变籴,则岁变刀。”其意为刀币和谷物互相表现对方的价格,讨论了金属铸币的轻重变化与谷价贵贱变化的相互联系,已经把货币视为商品。[①] 墨子还肯定了远距离的商业贸易,主张发展交通,“商人之四方,市贾信徙,虽有关梁之难,盗贼之危,必为之。今士坐而言义,无关梁之难,盗贼之危……士之计利,不若商人之察也”[②],他认识到远程贩卖较之坐贾利润高,但风险大,主张应该加强对商人的重视和抚恤。这些商业思想无疑受到当时商贸经济繁盛的影响,并反过来对商贸经济起到促进作用。

（三）商业城市发展

随着商业经济的发展,山东商业城市兴起。城市人口数量增加,人口结构有所变化。西周到春秋时期,城市人口一般都是几千家,到了战国时期城市迅猛发展为“万家之邑”“万家之县”“万家之都”。如齐国都临淄就是一个人文商业荟萃的中心。《史记·货殖列传》云:“临淄亦海岱之间一都会也。”齐国都城临淄非常繁华,《战国策·齐一》载,苏秦描述临淄城有人口“七万户”,若以每户五口计算,人口为三十五万人,“为天下名都”。临淄以其特殊的地理位置成为东方地区商品流通的中心。“居五诸之冲,跨街衢之路也。故物丰者民衍,宅近市者家富。”[③]田氏代齐以后,扩建宫城,而使临淄城总面积增至 15 平方公里。为“招致贤人”,齐桓公于宫城之南,原大城稷门附近兴筑“稷下之宫”(图3－2)。而后,齐宣王又在西门外修建讲堂,“自如淳于髡以下,皆命曰列大夫,为开第康庄之衢,高门大屋,尊宠之。览天下诸侯宾客,言齐能致天下贤士也”[④]。其所“赐列第”,当即沿“康庄之

---

① 《墨子·经下》。
② 《墨子·贵义》。
③ 《盐铁论·通有》。
④ 《史记·孟子荀卿列传》。

衢”南北两侧依次而建。沿街“列第”宛若两条巨龙，颇为壮观。大夫们居此“高门大屋”，可乘车往来于西门外讲堂与城内稷下之宫，“是以齐稷下学士复盛，且数百千人”。稷下学宫的设立，使齐都临淄城在原有的较为浓厚的商工之业的氛围内，又新增几分清新的文化学术气息。其前后历150余年，已成为名副其实的诸侯国经济文化中心（图3－3）。

图3－2　稷下学宫遗址

鲁国曲阜故城西北部的药圃遗址、东北部的盛果寺村东遗址、中部的周公庙高地等，都是文化堆积较厚，商业手工业及居住区明确的区域。盛果寺村东居住址在路沟断面上有战国陶井、石砌管道和石柱础等，遗址的年代可能主要属于春秋、战国和汉代。①

图3－3　临淄齐国故城

由于社会经济发达，山东地区到战国时期，除政治都会临淄和曲阜以外，各国又出现一些经济都会。这样的经济都会成为一方或整个区域的经济中心。如“陶”地，相当于现在山东定陶，其繁荣始于春秋战国之际。范蠡即以“陶为天下之中，诸侯四通，货物所交易也”而徙居于陶。既然是“天下

① 山东省文物考古研究所、山东省博物馆、济宁地区文物组、曲阜县文管会编：《曲阜鲁国故城》，齐鲁书社1982年版，第20—21页。

之中”,必然有四通八达向外辐射的道路,以及能为诸侯封国间货物交易的市场。“陶”西可以至洛邑,东可至曲阜,南可至睢阳,北可至濮阳,东北至临淄,东南至彭城,可说是纵横交错,无所不至。齐国还有许多商业荟萃的大都邑,如莒、即墨、莱等,皆是豪华都邑。20世纪70年代,莒县故城内发现刀币陶范,部分刻有“莒冶”字样,此处被学者确认为“一大型齐明刀冶铸作坊遗址”①,也说明其商业贸易之繁盛。齐国刀币上有的标有节墨铭文,节墨(即墨)在今山东平度东南,春秋时归属莱国,齐灵公十五年(前567)灭莱,归入齐。到了战国,即墨常与临淄并称,是齐国重要城邑和商业中心。今临沂市在战国之前曾古国林立,东有莒国,南有郯国,西有费国、郓国、滕国和薛国。临沂有沂河与沭河沟通江淮地区,水上交通甚为便利,这一带当是齐、鲁、楚及周围各国经济贸易的交汇地带。正如朱活先生考证:“这一带是跟楚国进行商业贸易的接触地带,是汝汉之黄金、生鹿与齐之冠带、皮革、石璧、鱼、盐的集散地。”今临沂一带出土了数量非常多的齐刀币,也说明了这一带当时经济的繁荣和货币流通的发达。②

(四)市场的繁荣

战国时期,山东地区设有众多的“关”“市”。据孔繁刚先生考证,春秋战国时期以临沂、日照为中心的山东东南地区,因为商业贸易发达已经开设“关”“市”。如今沂水县北穆陵关,春秋时为齐南边陲,战国时期为齐境内关市。该关东去百余里,诸城市西境乔庄附近,春秋时有鲁国设“诸邑”。其向东南约60里,五莲县境内有战国时故城,俗称“盘古城”,史载设有“左横市”。向南50里即莒国故都(图3-4)设莒市,莒市东北40里沂水境内有鲁设“郓邑”,向西南80里沂境内又有鲁设“密邑”。从莒市向西南百余里,今郯城县东北地名“鄣”又有“鄣市”。在齐国临淄故地出土的陶器文字中有“中市”等印文。各关市附近屡有各国货币出土,足以证实当时货币流通与

---

① 张光明、贺传芬:《齐明刀考古发现与研究》,载中国钱币学会编《中国钱币论文集》(第三辑),1998年。

② 冯沂:《山东临沂市出土一批齐国刀币》,《中国钱币》1992年第2期。

图 3－4　莒故城垣

之有着密切联系，也充分表明关市在当时商业贸易中占有较为重要的地位。[1]

战国时期，山东地区的市场规模和管理制度都有所增强。王孙贾在齐国街市上振臂一呼，率领“市人从者四百人”杀死了淖齿。“市人”即临淄城中的市民。临淄的“市”非常热闹，“临淄甚富而实，其民无不吹竽鼓瑟，弹琴击筑，斗鸡走狗，六博蹋鞠者；临淄之途，车毂击，人肩摩，连衽成帷，举袂成幕，挥汗成雨，家殷人足，志高气扬”（图 3－5）。无论从文献记载还是考古材料看，都可以发现齐国临淄是一个规模宏大、市容繁华的都市。临淄市场上的物品琳琅满目。有占卜看相者，“公孙闬乃使人操十金而往卜于市”[2]；有卖剑者，“函冶氏为齐太公买良剑，公不知善，归其剑而责之金”[3]；还有出卖劳动力者；等等。战国时期开始有了以掷骰子为乐、设赌局的娱乐活动，延续至今。2004 年，青州战国时期齐人墓出土骰子等博具，可见在当时的齐国市场中博戏博具已经出现，其民爱好此道。

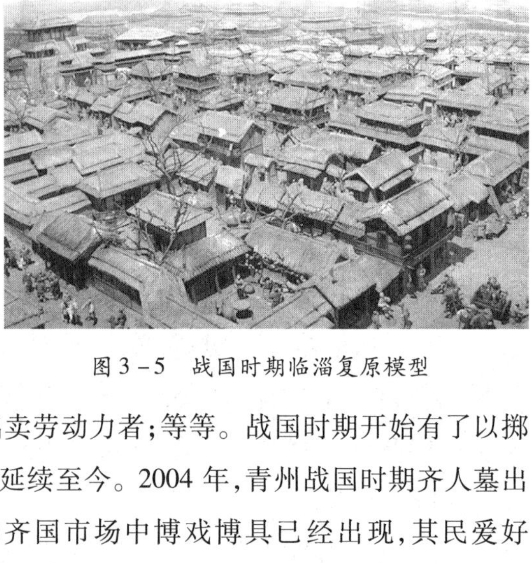

图 3－5　战国时期临淄复原模型

战国时期，山东地区市场管理制度的完善还表现在量制上。《左传·昭公三年》载齐相晏婴说：“齐旧四量，豆、区、釜、钟。四升为豆，各自其四，以登

① 孔繁刚：《山东东南地区春秋战国时期各国货币述略》，《中国钱币》2001 年第 2 期。
② 《战国策·齐一》。
③ 《战国策·西周》。

于釜。釜十则钟。陈氏三量皆登一焉，钟乃大矣。”可见，春秋晚期齐国量器有升、豆、区、釜、钟五种，并有新旧之别。新旧各量器之间的进位关系不同，1 豆 = 4 升，1 区 = 4 豆，1 釜 = 4 区，1 钟 = 10 釜。1992 年到 1994 年发现的战国时期齐国的量器共有 6 件，如编号为刘家铜量 1（大者）和刘家铜量 2（小者），两件形状均呈圆斗状带柄，敞口、平沿、斜腹、平底。内壁光洁，铭文位于柄右侧腹部。与春秋时期相比，战国时期的量器种类增多。从其铭文可见，最高统治者颁布的标准量，量值更加明确。[①]（图 3 - 6）

图 3 - 6　战国时期齐国的陶量——公区

三、交通与对外贸易

战国时期山东地区的交通道路是在春秋时期的基础上发展起来的。诸国以各自的都城为中心向外辐射，整个地区形成四通八达的交通网络。贸易或政治原因形成的交通干道必然互为表里。齐国以都城临淄为中心，“西约晋、韩、魏、赵氏，南通吴、越之使”[②]，西边同晋国、韩国、魏国、赵国订约，南方与吴国、越国互通使臣。从临淄出发，经平阴，循济水，过大梁（今河南开封），可达雒邑（今洛阳）。

齐、赵两国通道应是经过平阴、高唐一线，据《史记 · 田敬仲完世家》所载，成侯“七年，侵齐，至长城”。齐长城西端就在平阴，可知平阴是当时赵国入齐必经之地。同时，高唐也是齐国的要塞，齐威王与魏惠王“论宝”时曾说：“吾臣有朌子者，使守高唐，则赵人不敢东渔于河。”可见，高唐、平阴是齐赵通道上的两个重要据点。齐威王还有“二宝”，即“吾臣有檀子者，使守南

---

① 魏成敏、朱玉德：《山东临淄新发现的战国齐量》，《考古》1996 年第 4 期。

② 《史记 · 田敬仲完世家》。

城，则楚人不敢为寇东取，泗上十二诸侯皆来朝……吾吏有黔夫者，使守徐州，则燕人祭北门，赵人祭西门，徙而从者七千余家”①。鲁南一带的“南城”与徐州正是齐楚、齐燕赵之间的两个重镇。

关于齐、秦之间的通道，史念海先生给予精辟的考证，“正如苏秦所说的，秦军若要进攻齐国，就要过卫阳晋之道，经亢父之险。阳晋在今山东郓城县西，正在大野泽之北，亢父在今山东金乡县东北，却在大野泽之南。亢父东北距鲁国都城不远，当然可以通到鲁国，但往齐国不必绕道曲阜。亢父之险是车不得方轨，马不得并行。鲁国北部汶水两侧，山地较多，虽不能说是险阻，却是不如平原旷野的易于通行。因而经由亢父这一分支，当是绕过大野泽再与阳晋那一分支相混合，然后由平阴入齐长城，而至于临淄。这条道路乃是由魏国东北斜行趋向齐国的，和由邯郸东行至于临淄不完全相同”②。

齐、燕通道的重要据点是聊城、易县。齐桓公时齐国向北扩张，占领了燕国桑丘。桑丘，今河北易县附近。“燕齐间再次较大的战争，为燕国与秦楚三晋共攻齐，入临淄，后田单破燕军，燕将犹保守聊城。聊城在今山东聊城县西北，则聊城正当燕齐两国间的道路上。”③《战国策·赵二》中曾经有一项战略构思，即“秦攻燕，则赵守常山，楚军武关，齐涉渤海，韩、魏出锐师以佐之”，可见，齐、燕之间有海路相通。

齐、鲁通道重镇则有阳关。齐威王六年（前351），“鲁伐齐，入阳关”。“阳关”，徐广解释为“在巨平”，今宁阳县。《括地志》卷三云：“（鲁）阳关故城在兖州博城县南二十九里，西临汶水也。”

战国初，越王无强兴师伐齐，回话齐王说：“愿齐之试兵南阳、莒地，以聚常、郯之境，则方城之外不南。”南阳在“齐之南界，莒之西”，其意为齐如果对楚发兵，则楚方城之兵就不会南伐越国。可见，常、郯、南阳、莒均是处于齐、楚之间通道的重要据点。

战国时期，山东地区运河开凿蔚然成风，水路交通更加便捷通畅。司马

---

① 《史记·田敬仲完世家》。

② 史念海：《战国时期的交通道路》，《中国历史地理论丛》1991年第1期。

③ 史念海：《战国时期的交通道路》，《中国历史地理论丛》1991年第1期。

迁撰《史记·河渠书》对此曾有论述。他说:"荥阳下引河东南为鸿沟,以通宋、郑、陈、蔡、曹、卫,与济、汝、淮、泗会。于楚,西方则通渠汉水、云梦之野,东方则通沟江淮之间。于吴,则通渠三江、五湖。于齐,则通菑济之间。于蜀,蜀守冰凿离碓,辟沫水之害,穿二江成都之中。此渠皆可行舟,有余则用灌溉,百姓飨其利。"这样多的人工开凿的运河,对于当时的交通确实大有裨益。荥阳以下引水东流,联结宋、陈、蔡、曹、卫等国。曹国在今山东菏泽定陶一带,卫国则在今河北、河南、山东交界处,山东古国与外界联系更加密切。黄河下游津渡以平原津最为著名。平原津在今山东平原县南,当是其时燕齐之间往来渡河处。

交通干道的四通八达反映出当时商业贸易的布局。战国时期,山东人民更积极地向外海发展。司马迁在《史记·封禅书》中,对此种探索作过形象而生动的描述:"自威、宣、燕昭使人入海求蓬莱、方丈、瀛洲。此三神山者,其传在渤海中,去人不远;患且至,则船风引而去。"这段叙述说明齐威王、齐宣王和燕昭王等都曾多次派人出海远航寻找神山。远航是以航行的规模和技术为基础的,均应属上乘。"船风引而去"透露出当时远航已用风帆,然而不能逆风行驶,最终未能到达。

战国时期,从朝鲜半岛南端的釜山,到达对马岛,再渡过海峡到达日本北九州。这条航线在考古发现文物遗迹方面也得到了证实:航线的北端起自朝鲜半岛的庆尚南、北道,在这里发现了战国遗址 3 处,共遗文物 11 件,其中有青铜剑等;由此向南,在对马岛发现 17 处,共 59 件;日本博多湾沿岸有 22 处,共 85 件;北九州的筑后有 15 处,共 48 件;丰后 12 处,共 43 件。这些事实说明,中国制造的铜剑等远在二千几百年前的古代,就经过弁韩、辰韩、对马等地,到达日本北九州等地,这条线是当时重要的交通线。①

四、货币铸造与流通

战国时期,随着商品经济的发展,具有较大价值的金属货币日益兴起,

① ［日］木宫泰彦著,胡锡年译:《日中文化交流史》,商务印书馆 1980 年版,第 6—7 页。

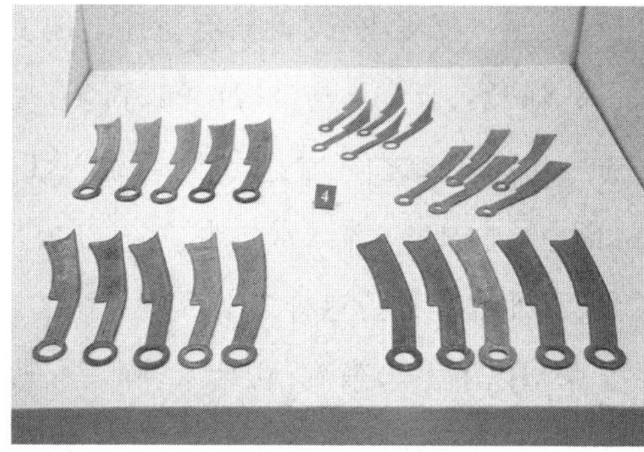

图3-7　齐国刀币(拍摄于山东博物馆)

而传统的骨贝、石贝等则日趋衰落。在贝货的颓势和向装饰品转化的过程中,刀币产生了。从刀币的形态不难看出,它是由商周时期的实用工具青铜削演变而来的。齐国是最早铸行刀币的国家。齐国刀币由刀首、刀身、刀柄和刀环四部分组成。18枚刀币首尾相接,可组成一个圆环,这就是《周礼·考工记》中所说的"筑氏为削,长尺博寸,合六而成规"。齐刀分为"三字刀""四字刀""五字刀"和"六字刀"。目前已经发现并著录的齐刀有"齐法化""齐之法化""安阳之法化""节墨之法化""齐建(造)邦长法化"等数种。(图3-7)

(一)齐国的货币控制思想

齐国统治者较早认识到控制货币这一治国法宝的意义。《管子·国蓄》篇说:"五谷食米,民之司命也。黄金刀币,民之通施也。故善者执其通施,以御其司命,故民力可得而尽也。"《管子》一书中,总是刀币、五谷、号令并举,说明货币在治国中意义非凡。齐桓公使左司马伯公"铸于庄山"一事,正说明齐国的铸币权是掌握在公室的。《管子·山国轨》篇说:"国币之九在上,一在下。币重而万物轻。敛万物,应之以币。币在下,万物皆在上,万物重十倍。""上"指货币回流到国家掌握中,"下"指市场流通。国家投放货币收购商品,商品中的绝大部分退出流通领域而被国家收藏,流通中物资缺乏,货币数量却增加了,单位数量的货币只能获得较少数量的商品,物价上升。反之,国家出售商品,则商品增加,货币减少,物价下降。物价和货币数量有着反方向的变动关系,在此体现出古典经济学中的货币数量论思想。《管子·乘马》篇云:"无市则民之(乏)。"春秋战国时期,齐国富有鱼盐之利,素以发达的工商业见长,交易成为当时民间日常生活中的大事。繁荣的商业贸易促成了发达的货币文化。齐国以刀币为主币,以圜钱为辅币,成为东方刀币流通区的代表。①

在诸国货币中,齐刀记地者地名较为单纯,有“齐”“节墨”“安阳”三地及少量尚有争议的“莒”。战国晚期,齐受燕兵之难,新出齐明刀多在今山东博山一带,表明临淄、节墨、安阳、莒是齐国的铸币重镇,其铸币行为一直为齐国政府所控制。

齐国铸造流通的刀币一般称之为“齐法化”。“齐法化”在中国货币史上占有显著的地位。“法化”就是标准化的意思,即重量、大小、形制都要合乎一定的标准。齐法化刀有近似“国币”“法币”的作用和地位,反映出作为支付手段的齐法化刀是由齐政府法定的。山东临淄等地出土的刀币钱范,几乎都是齐法化刀的钱范,而且都出在宫城之内,“齐法化”铸钱作坊均在宫城之内,其铸造权完全由政府掌握,地方私人不允许铸造货币。“齐法化刀”的铸行,是战国时期齐国的一项重要改革,成为当时齐国政治、经济、文化发展的重要标志。

(二)齐刀

战国时齐国的刀币种类很多。刀币采用手工业工具刀削的形状,应该是源于刀削在商品交换过程中逐渐成为起媒介作用的等价物。据朱活先生的猜测:在战国时期手工业发达的齐国,初期铸币就是在取得货币资格的刀削印铸上商人自己的印记,这种已经取得货币形态的刀削就进而取得了铸币形态。②

齐法化、节墨法化、安阳法化基本上始自春秋姜姓齐国国都及各大城邑,一直延续至战国中期。齐之法化是齐国最早铸行的刀币,可能始铸于齐桓公时期,是在齐国都铸造的。节墨之法化、安阳之法化晚于齐之法化,铸于齐国其他各大城邑,主要有即墨(今山东平度东南)、安阳(今山东阳谷东北),时间应在春秋晚期齐灭古莱国、莒国后。齐建邦长法化可能是田氏代齐的纪念币,故数量很少。齐法化铸行年代应为战国中期齐威、宣时期(前

---

① 刘兴林:《论齐国刀币的历史地位》,《管子学刊》2000 年第 4 期。

② 朱活:《谈山东济南出土的一批古代货币——兼论春秋战国时期有关齐国铸币的几个问题》,《文物》1965 年第 1 期。

378—前 324)，是齐国统一的货币，它的铸行在齐刀中比较晚，却是铸行的时间最长、数量最多、流通也最广的一种刀币，是当时齐国商品经济空前繁荣、货币投放量不断增加的反映。总体而言，齐国在春秋时所铸的刀币，其形体均硕大，而战国时所铸，则明显轻巧。战国时期刀币的品相、币文、重量均不及春秋时期，但数量远超春秋刀，这反映的历史事实可以推测为战国商业手工业经济的发达，导致货币流通量急剧增加，货币已规模化生产，持币者由春秋时期的大商人转换为普通商贩，因此刀币在制造方面必须减重增多来满足货币投放量。

目前齐国刀币主要出土于潍坊、烟台、淄博、临沂、济南等地。上述地区大都属于当时齐国的统治区域。货币出土数量之多、分布范围之广，也从侧面说明了当时山东地区的商品经济与货币流通是极为发达的。

1. 潍坊地区出土情况

1951 至 1985 年间，潍坊地区曾先后出土齐刀币 1700 余枚。这些齐刀币面文内容有“节墨之法化”“安阳之法化”“齐之法化”“齐之化”“齐法化”“齐建邦长法化”等六种。朱活先生考证山东历年来所发现并已著录的齐刀背面铭文有 49 种，这些文字的主要内容是纪数、天象、五行、吉语等。潍坊地区出土的齐刀币背文内容亦未超出 49 种。① 1974 年，青州出土一批齐国刀币，共计 520 枚，其中 5 枚残断，包括“节墨之法化”2 枚，“安阳之法化”10 枚，“齐之法化”15 枚，“齐建邦长法化”3 枚，“齐法化”470 枚，另有若干枚其他刀币。②

2. 烟台地区出土情况

1972 年，烟台地区的海阳县出土一批齐刀币。这批刀币共有 1800 多枚，其中完整的有 1587 枚。这批刀币中有“节墨之法化”29 枚，“安阳之法化”40 枚，“齐之法化”46 枚，“齐建邦长法化”3 枚，“齐法化”1469 枚。这批齐刀具有以下特点：(1)齐法化最多，节墨、安阳、齐之法化较少，齐建邦长法

---

① 孙敬明、王桂香、韩金城：《潍坊新出齐币与研究》，《中国钱币》1987 年第 3 期。

② 姜建成：《山东青州市出土齐国刀币》，《中国钱币》1987 年第 3 期。

化最少。(2)节墨刀和安阳刀多数重量在50克以上,可能是最早铸行的刀币。齐之法化多数重量在45克以上,比节墨、安阳刀要轻些,其铸行年代也要稍晚一些,其形制、花纹可能是采用了节墨刀和安阳刀的形式而制造的。齐法化的重量多比齐之法化略轻,估计其铸行时间更晚。建邦刀和齐法化的正面和刀背的凸缘都从刀首连续到刀环,而其他三种(节墨、安阳、齐之法化)刀背的凸缘都在刀柄的地方中断①。1993年牟平出土一批战国时期的齐刀币,包括“节墨之法化”1枚、“安阳之法化”1枚、“齐之法化”3枚、“齐法化”90余枚。②

3. 淄博地区出土情况

1983年,博兴县出土一批齐币。这些齐币主要是刀币,共有105枚,其中“安阳之法化”1枚、“齐之法化”1枚、“齐法化”99枚(完整的59枚)。③

4. 临沂地区出土情况

1989年临沂地区出土2000余枚齐刀币,窖藏刀币数量之多、种类之全,为我国仅见。这批齐刀可分为“齐法化”“齐建邦长法化”“安阳之法化”“即墨之法化”“齐之法化”五种。从其重量、长宽、形制来看,这批刀币符合“法化”铸币,应是齐国的标准法化。④

5. 济南地区出土情况

1987年,章丘县出土一批齐刀、賹化圜钱。其中刀币计308枚,完好294枚,残14枚。刀币有“齐法化”“齐之法化”“安阳之法化”和“节墨之法化”四种,其中“齐法化”285枚,“齐之法化”2枚,“安阳之法化”2枚,“节墨之法化”5枚。⑤ 2005年,济南发现一批齐刀币,这些刀币数量达1000余枚,大部分刀币散落民间,70余枚入藏济南市博物馆,经整理,这些刀币完整的共计37枚,残碎个体35块,面文单一,皆为“齐法化”。此次济南出土齐刀币数量之

---

① 孙善德:《山东海阳出土一批齐刀化》,《文物》1980年第2期。
② 林仙庭、李华杰:《山东牟平发现齐币》,《中国钱币》1997年第2期。
③ 常叙政:《山东博兴出土齐国货币》,《文物》1984年第10期。
④ 冯沂:《山东临沂市出土一批齐国刀币》,《中国钱币》1992年第2期。
⑤ 王方:《山东章丘出土齐刀、賹化圜钱》,《中国钱币》1994年第2期。

大是本地区前所未有的。①

（三）齐明刀

齐明刀是战国时期燕国占领齐国期间（前284—前279）所铸造流通的一种刀币，又称为“博山刀”或“齐匽刀”。1972年，济南千佛山战国墓出土136枚齐明刀（图3－8）。其中完整和可复原的共122枚，形制基本相同。

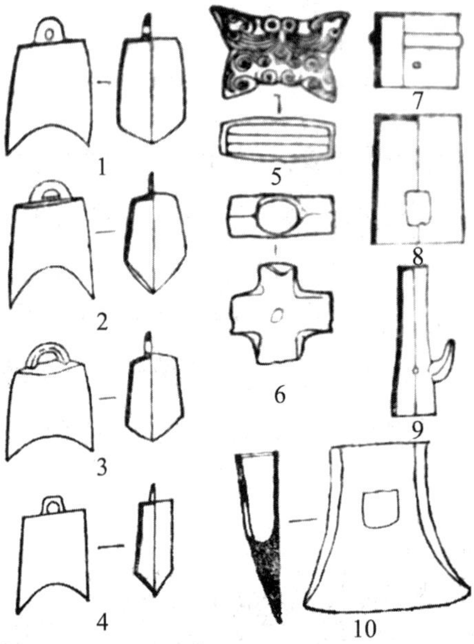

图3－8 济南千佛山战国墓出土的齐明刀示意图

除面、背皆无文字的刀币外，余皆为“明”字刀。其共同特点是：凹刃，背微弧，刀首略宽，呈斜坡状，多数有外廓，身背边廓与柄廓相连，但明显高于柄廓。窄柄，刀柄正、背面各有纵纹二道，少数刀柄背面二纵纹伸入刀身一小部分。刀环一般作圆形或椭圆形，制作粗糙，含铅量较高，可分为Ⅰ、Ⅱ、Ⅲ、Ⅳ四型。Ⅰ型29枚，面背均无文字，刀身较窄，形体较薄，个别背面无外郭。重7.4—15.3克，身长13.5—14.2厘米、刀首宽2.15厘米。Ⅱ型18枚，“明”字作方折，外笔折角上翘，无背文，重8.25—14.4克，身长13.5—13.8厘米、刀首宽1.9厘米。Ⅲ型50枚，“明”字作方折，外笔平折，下垂较长，“明”字约占刀身一半，无背文。重9.2—17.4克，身长13.4—14.2厘米、刀首宽2.05厘米。Ⅳ型25枚，“明”字写法基本属Ⅲ型，面、背铭文皆为模铸阳文，背有单字和符号两种。另有两种极个别的写法：一是“明”字瘦长，外笔下撇更

① 参见李晓峰、王健丽：《济南市最新发现的战国齐刀币》，《收藏家》2007年第4期；陈旭：《山东济南出土齐国刀币》，《中国钱币》2007年第2期。

长，字约占刀身近三分之二；一是“明”字矮短，位于刀身下部，字仅占刀身三分之一。因数量较少，且有背文，暂归Ⅳ型。①

学术界曾将“明”字的方折状作为齐国“明”刀的标志。但河北沧县肖家楼遗址出土上万枚方折、圆折两种“明”字刀以后，这一界限开始被打破。齐明刀的属别问题虽在钱币史上仍有争论，但它依然是齐燕两地商品贸易往来的力证。

（四）圜钱

除刀币外，战国晚期，在秦国圜钱制度的影响下齐国也铸行过圜钱。圜钱呈圆形圆孔，圜钱呈圆形方孔。学术界大都认为二者是由商周时期的生产工具——纺轮演变而来。齐国圜钱皆圆形方孔，面有郭，背平素，面文有“賹六化”“賹四化”“賹化”三种，大小重量依次递减（图 3－9）。“賹”同“镒”，原为重量单位名称，这里有珍贵宝藏之意，应是齐国圜钱的币面，化为刀币的单位。“賹六化”是说这枚圜钱相当于六枚齐法化，“賹四化”相当于四枚齐法化，“賹化”相当于一枚齐法化。据朱活、蔡运章等先生考证，賹化圜钱是一种虚币，其购买力远远赶不上刀型通货。但圜钱上标出相当于刀币的面值，应该是有利于流通和交易的。从战国时齐地齐刀币与圜钱往往共出的情况可知，当时齐国已有“齐法化”刀币与“賹化”圜钱相辅并行流通的制度。

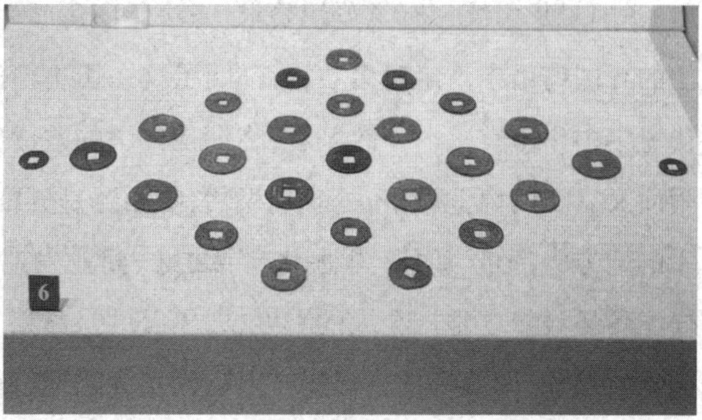

图 3－9　齐国賹化圜钱（拍摄于山东博物馆）

1960 年，济南五里牌坊出土賹六化 305 枚，賹四化 292 枚，賹化 2 枚。另外，临淄发现有賹六化石范。1968 年，青岛市发现賹六化 1 枚，賹四化

① 李晓峰、伊沛杨：《济南千佛山战国墓》，《考古》1991 年第 9 期。

2 枚。1970 年济南发现賹六化 42 枚,賹四化 40 枚。1979 年日照县出土圜钱 122 枚。1983 年博兴县出土賹四化圜钱 4 枚。[①] 1987 年,章丘县出土賹化圜钱计 243 枚,包括三种:賹化 34 枚,賹四化 80 枚,賹六化 129 枚。[②] 1993 年,牟平出土賹四化 2 枚,賹六化 1 枚。[③]

(五)货币流通与齐国商业

从公元前 850 年齐献公迁临淄以后,齐国商业得到迅速发展。山东地区出土大量战国时期的货币,反映了当时齐国商业经济之发达。据统计,山东地区大量出土齐币的地区有烟台、青岛、日照、潍坊、淄博、济南以及聊城等地区。出土齐币铸范的地区除烟台福山、潍坊地区偶有发现外,大都集中于临淄。

战国时期,齐国成为诸侯国中最强盛的国家。随着政治统一和经济发展,齐国对货币统一有了迫切要求,齐法化应运而生。齐法化在山东各地出土的齐国铸币中占绝对多数,就证明了这一历史情况。从齐币、特别是齐法化范集中出土在临淄齐故城看,临淄是齐国的政治经济中心,是一个相当热闹而又富实的商业城市,一直到汉代,临淄还是五都之一。山东境内出土齐币的地方大都是当时齐国物产丰富之地、商业发达之地或者齐国与其他诸侯国贸易频繁之地。今天的平度、即墨、日照、蓬莱等地出土大量刀币,是因为当时琅琊、即墨等地属于物产丰富的富饶之地,蓬莱、黄县、招远等地能获得渔盐之利。今天青岛市以北的流亭、女姑口、城阳一带出土大量刀币,胶县灵山卫 1957 年曾出土了三件铜量,证明齐在灵山卫一带设关征税,由此可见这个地区当时必有发达的商业。至于城阳(古高密),原系春秋末晏平仲的食邑,而贵族的食邑,往往也是集市所在。"万乘之国,必有万金之贾,千乘之国,必有千金之贾。"今天的诸城、济南、福山、平原、莒南等地出土大量刀币,是因为诸城、日照一带是当时齐国与吴越贸易的地区,济南、历城、平陵等地是齐国与西方各诸侯国进行贸易的集散地。福山、牟平一带是齐

---

① 常叙政:《山东博兴出土齐国货币》,《文物》1984 年第 10 期。

② 王方:《山东章丘出土齐刀、賹化圜钱》,《中国钱币》1994 年第 2 期。

③ 林仙庭、李华杰:《山东牟平发现齐币》,《中国钱币》1997 年第 2 期。

国的海上贸易集散地。平原是齐国与赵、卫等诸侯国进行贸易的集散地。莒南一带是齐国与楚国进行商业贸易的接触地带。[①]

战国时期,各诸侯国之间的商业往来十分频繁,货币开始跨越诸侯政治割据的樊笼,伴随商业贸易流通于各地。刀币不仅是齐国的主要流通货币,而且流通至其他诸侯国,如在陕西咸阳长陵车站南曾出土"齐法化"刀3枚。[②] 其他诸侯国的货币也曾流通到齐国。齐国境内发现的诸侯国货币主要有燕国的尖首刀等。1975年,临淄出土燕尖首刀80枚,招远出土162枚,即墨、寿光、章丘等地也有零星出土。[③] 20世纪60年代,临沭县西南与郯城县交界处出土1枚楚国铜币——铲形布,钱面文应释为"旆布当忻",背文为"十货"。[④] 20世纪70年代初,齐国故城曾出土楚铜蚁鼻钱。郯国故城曾出土楚铜蚁鼻钱。苍山县兰陵镇一带亦有蚁鼻钱出土。[⑤] 20世纪80年代,费县和日照先后发现楚金币"郢爰"和"陈爰"。1988年,菏泽发现一枚楚国郢爰[⑥],这枚战国时期楚国郢爰,呈长方形,横断面为梯形,面长1.6厘米,宽1.1厘米,底长2.1厘米,宽1.6厘米,重19克,刻有篆文"郢爰"二字。这些货币的发现正是战国时期诸侯国间经济联系密切、商业贸易发展的有力反映。

(六)货币流通与鲁国商业

相对于发达的齐国货币文化,鲁国的货币文化则要逊色很多。关于鲁国货币,仅有几次田野发掘记录可查,文献记载大多语焉不详。春秋战国时期,鲁国虽然出现了公输般等能工巧匠,但其手工业和商业总体而言仍居于全国落后地位,货币经济发展也极为有限。据仅有的几次田野发掘结果看,春秋时期鲁国主要流通海贝、石贝、骨贝、铜贝、包金贝等相对原始的货币形

---

① 朱活:《从山东出土的齐币看齐国的商业和交通》,《文物》1972年第5期。

② 陕西省博物馆等:《秦都咸阳故城遗址发现的窑址和铜器》《考古》1974年第1期。

③ 朱活:《谈山东临淄齐故城出土的尖首刀化——兼论有关尖首刀化的几个问题》,《考古与文物》1980年第3期。

④ 王亮:《山东临沭县发现战国楚币》,《考古》1985年第11期。

⑤ 孔繁刚:《山东东南地区春秋战国时期各国货币述略》,《中国钱币》2001年第2期。

⑥ 周元生等:《菏泽市首次发现楚国郢爰》,《中国钱币》1991年第3期。

式。进入战国后,鲁国终被楚国所灭,鲁国货币文化纳入楚国货币文化之内,所以曲阜、泗水等地大量出土蚁鼻钱便不足为怪了。如1972年曲阜城北董大城村发现一批蚁鼻钱,共15978枚,重19.2公斤,1973年此地又发现8枚蚁鼻钱。孔繁银先生认为,董大城村是战国末年齐国与楚国对峙的战略要地,这批蚁鼻钱的出土,对研究鲁国与楚国的经济关系提供了实物资料。①

① 孔繁银:《曲阜董大城村发现一批蚁鼻钱》,《文物》1982年第3期。

第四章 秦汉时期山东地区的商业与贸易

秦汉时期,今山东地区经济空前繁荣,是当时经济最为发达的地区之一。《史记·货殖列传》云:"汉兴,海内为一,开关梁,驰山泽之禁,是以富商大贾周流天下,交易之物莫不通,得其所欲。"经济发展为商贸发展奠定了坚实的物质基础。山东农产品与手工业产品等纷纷商品化,出现了刀间等齐鲁大商人,商业城市发展、市场管理制度的完善、交通运输与海外贸易的发展,无不体现了商业的繁荣程度。

一、商业发展的经济基础

(一)人口与土地

秦朝统一前,七国总人口在1500万到2000万之间。按照路遇、滕泽之先生的估计,今山东地区的齐国应有人口400万,鲁国人口约20万。[①] 连同其他小国,山东地区的人口在450万左右,占全国人口的五分之一以上。从西汉初期至汉元帝时期(前48—前34),山东地区的人口随同全国大势不断增加。汉朝建立后,实行休养生息政策,人口大增,山东境内的青、徐、兖等州人口已很稠密。人口总量和人口密度都仅次于河南省,居全国第二位。土地是农业生产的基础,是人类赖以生存的生活资料的源泉,特别是在传统的农业社会,商业存在和发展的前提是一定数量的人口和一定数量的土地

① 路遇、滕泽之编著:《中国人口通史》,山东人民出版社2000年版,第51、54页。

的结合。秦汉时期,包括山东在内的关东地区土地开垦量是全国最高的,占全国总耕地数的50%左右。胶东地区的莱地一带,雨水充足,水草丰美,不适宜农耕,适宜放牧,是当时著名的畜牧区。

（二）农业与冶铁技术

汉代农业生产技术进步明显,汉武帝时赵过发明代田法,把耕地整成沟垄,逐年更换休耕,保持地力。汉成帝时山东曹县人氾胜之发明区种法,把土地按照土质好坏分为三等,种植不同的农作物,使农业的精耕细作程度大大提高,促进了粮食产量。秦汉时期,山东地区已经广泛地使用了牛耕。在山东出土的汉画像石上常见"牛耕图"。大多数"牛耕图"都是二牛抬扛式的,这是秦汉时期流行全国的一种牛耕方式。19世纪初山东滕县黄家岭出土的一块汉画像石上,一牛一马共挽一犁(图4-1)。汉代山东地区的冶铁技术比较发达,出现了大型冶铁鼓风机。1939年,山东滕县宏道院汉墓出土的画像石中有一块长方形石刻冶铁鼓风机图,这块汉画像石把汉代鼓风机的基本构造予以形象描绘。汉代山东的冶铁烤蓝和淬火技术已相当高。1978年,在莱西县岱墅西汉木椁墓中出土了钢剑、刀、削,据发掘报告记载:"墓内出土的钢剑、铁刀、铁削等兵器,全系烤蓝处理,锈迹很少,淬火度很强,锋刃犀利。证明当时在胶东地区铁器业的冶炼、锻打、淬火等技术,已经达到较高水平。"[①]同时,根据对莱芜农具铁范化验的结果,铁范原料为生铁,含锰较高,含硫较低,当系以木炭为燃料的产品。含硫量(0.028%)很低,就是以现代冶铁标准看,铁的含硫量就已经达到了很高的

图4-1　汉画像石上的牛耕图(藏于滕州汉画像石馆)

① 烟台地区文物管理组等:《山东莱西县岱墅西汉木椁墓》,《文物》1980年第12期。

水平。[1] 东平在汉代也是冶铁发达地区，其冶铁是用粘土质耐火泥砌筑炉壁，并配有配料池、铸造坑、淬火坑、储铁坑等设施，用煤做燃料，使用鼓风装置，有完整的生产工序（图4-2）。这充分说明，西汉时期，山东的冶铁技术已经使铁农具得以在农业中广泛使用。

图4-2　东平博物馆内的冶铁模型

（三）土地赋税制度

随着生产力的提高，春秋战国以后原先的宗族土地所有制逐渐转化为国家土地所有制和个人土地所有制，从而奠定了后世土地私有制的基础。与此同时，与土地制度极为密切的赋税制度，也由徭役地租为主向实物地租为主转化。到秦汉时期，土地所有制存在着三种基本形式：国家土地所有制、地主土地所有制、自耕农小土地所有制。山东地区的土地私有制日益发展，其中大地主土地所有制逐渐占据主导地位，从而成为封建经济制度确立的重要标志。在赋税制度方面，口赋、算赋、更赋、献费等人头税体系建立起来，并逐步完善。

二、各类产品的商品化趋势

秦汉经济的发展，使农产品、手工业产品、土地以及劳动力开始以市场需求为导向，通过市场实现流通和资源配置，从而出现了产品商品化的趋势，为商业贸易的发展提供了产品基础和市场条件。

---

① 山东省博物馆：《山东省莱芜县西汉农具铁范》，《文物》1977年第7期。

（一）农产品

秦汉时期山东是重要的农业产区之一。司马迁言齐鲁“宜五谷桑麻”[①]。何谓“五谷”？秦汉时有不同的解释，或谓“麻、黍、稷、麦、豆”[②]；或指“稻、黍、稷、麦、菽”[③]，有稻而无麻。当时山东地区的黍、稷、麦、豆、稻等“五谷”作物已齐全，并且已经开始商品化。如水稻的种植量较大，史载：琅琊郡的稻城县（今高密西南），“蓄潍水溉田……旁有稻田万顷，断水造鱼梁，岁收亿万，号‘万匹梁’”[④]。粮食产量高，得以转运外地，秦始皇“使天下飞刍挽粟，起于黄、腄、琅邪负海之郡，转输北河”[⑤]，从山东地区与烟台地区火速运输粮食至北河。可见，秦代已开始长途运输粮食。秦汉时期，地主、农民与商品经济有着或多或少的联系。广大农民某些必备的生产资料如铁农具，某些必需的生活资料如盐，是必须到市场上通过交换才能获取的。要完成上述交换活动，农民必须拿部分农产品和手工业品到市场上出售以换取货币。地主与商品经济的联系更为密切，生产越发展，商品经济越活跃，封建地主介入商品经济的机会就越多。“秦汉以来，风俗转薄，公侯之尊，莫不殖园圃之田，而收市井之利，渐冉相放，莫以为耻”[⑥]，说明秦汉时期农产品的商业化经营活动已很普遍。山阳高平（今山东邹城）人仲长统“游学青、徐、并、冀之间”，曾描述曰：“豪人之室，连栋数百，膏田满野，奴婢千群，徒附万计。”[⑦]

（二）鱼盐

秦汉时期，山东地区是全国最大的产盐区和产鱼区。鱼、盐也就成为山东商品贸易的大宗。山东商人如刀间、东郭咸阳多靠经营盐获取高额利润。

---

① 《史记·货殖列传》。
② 《周礼·天官·疾医》郑玄注。
③ 《周礼·夏官·职方氏》郑玄注。
④ 顾祖禹：《读史方舆纪要》卷36，中华书局2005年版。
⑤ 《汉书·主父偃传》。
⑥ 《晋书·江统传》。
⑦ 《后汉书·仲长统传》。

刀间“齐俗贱奴虏,而刀间独爱贵之。桀黠奴,人之所患也,唯刀间收取,使之逐渔盐商贾之利,或连车骑,交守相,然愈益任之。终得其力,起富数千万”①。东郭咸阳乃“齐之大煮盐”“致生累千金”②,汉武帝时期任大农丞,总领全国盐业事务。元狩三年(前120),汉武帝将煮盐收归官府经营,在产盐区设置盐官,统领盐工煮盐。全国共有盐官35处,分布在27郡。其中,山东有盐官11处,分布在4郡:北海郡的都昌县、寿光县,东莱郡的东牟县、曲成县、弦县、昌阳县、当利县,琅邪郡的海曲县、计斤县、长广县,千乘郡也有一处盐官,具体地点不详。汉武帝推行盐铁官营后,对制贩私盐行为予以严惩。当时,大臣徐偃被派往山东地区了解煮盐情形,但他私作主张,假传圣旨,“使胶东、鲁国鼓铸盐铁”,被处以极刑。当时海盐生产主要采用煎盐法,即先将海水制卤,然后将卤水放在铜锅或铁釜中煎熬,最后结晶成盐。煮盐中最重要的工具是煎锅,由于价值很高,一般百姓无法购买,所以当时只能是官府或大商人从事此业。1971年,掖县(今山东莱州)路宿村出土一口汉代青铜煎锅,重101.5公斤,口径122厘米,深14厘米。1972年,掖县出土1件铁釜。③ 铁釜大口,深腹,口沿下有两道凸棱,双环耳,圜底,口径66厘米,腹深40厘米,壁厚2.6厘米。铁釜体大厚重,口沿处又设有巨大的环形耳,以便杠抬搬动,当非一般的生活用器,而应该是供多人生产劳作的器具。

图4-3　汉代铁釜,又称作牢盆,是当时煮盐的工具(现藏于烟台市博物馆)

《史记·平准书》载:“愿募民自给费,因官器作煮盐,官与牢盆。”“(东郭)咸阳,齐之大煮盐”,“敢私铸铁器煮盐者,钛左趾,没入其器物”。从文献看,铁釜应是史籍所载的煮盐官器——牢盆(图4-3)。

汉武帝推行盐铁官营,以“盐铁家富者为吏”,齐鲁的盐铁商成为盐铁

① 《史记·货殖列传》。
② 《史记·平准书》。
③ 林仙庭、崔天勇:《山东半岛出土的几件古盐业用器》,《考古》1992年第12期。

官,他们在特权的保护下继续谋求并垄断利润,也为汉朝带来丰厚的财政收入。

(三) 铁器

山东是全国最大的铁器产地。秦汉时期,山东既有私营冶铁业,也有官营冶铁业,而且冶炼、铸造铁器和出售铁器大多是配套的。秦亡汉兴,“开关梁,驰山泽之禁”,“纵民得铸钱、冶铁”。与其他地区一样,山东的一些豪强大家也聚众“采铁石鼓铸”。如鲁国有铁矿,当地豪强曹邴氏聚众采矿冶铸,集冶炼、制造、销售于一体,“富至巨万”,是秦汉时期屈指可数的几个豪富之一。1972 年,莱芜牛泉镇亓省庄出土的铁范,铸有“山”“李”“口”等字,当为私营冶铁手工业作坊主的姓氏,说明了当时私营冶铁业的存在及发展。在汉武帝实行盐铁官营后,铁官负责冶炼、制造和销售。齐国官营冶铁业发展迅速,且冶铁规模相当大。1978 年,临淄齐王刘襄墓随葬坑考古出土铁制兵器戟、铍、矛、杆等,共计 350 件。传世的封泥有“齐铁官印”“齐铁官长”“齐铁官丞”“临淄铁丞”“临淄采铁”等,皆为齐悼惠王及齐哀王时物。山东的铁官数量占全国的24%,是最大的官营铁器销售市场。入东汉后,政府的冶铁政策有所改变,冶铁官营政策改由铁官征税政策,允许私人冶铁。所以在《后汉书·郡国志》中就不再有各地设铁官的记载,而是改为以“有铁”之名。东汉时期,全国主要产铁和冶铁的地点共 32 处,其中在山东地区设置的铁官有 5 处,分布在 4 个郡国:济南国之东平陵、历城县,鲁国之鲁县,泰山郡之嬴县,琅琊郡之莒县。

(四) 丝织品

齐鲁以盛产桑麻而闻名。司马迁说:“齐带山海,膏壤千里,宜桑麻。”①“燕、秦千树栗;蜀、汉、江陵千树橘;淮北、常山以南,河、济之间千树萩;陈、夏千亩漆;齐、鲁千亩桑麻;渭川千亩竹。”班固也说:鲁地“地狭民众,颇有桑

---

① 《史记·货殖列传》。

麻之业，亡林泽之饶。”[①]齐鲁桑麻的种植量及专业化生产居全国第一。借助于发达的农桑业，秦汉时期，山东是全国最大的纺织品产地，在商品贸易中，纺织品与鱼盐一样都是大宗。《淮南子·说林训》：“临淄之女，织纨而思行者。”《论衡·程材》篇：“齐部世刺绣，恒女无不能。”《汉书·地理志》：“（齐）俗弥侈，织作冰纨绮绣纯丽之物，号为冠带衣履天下。”汉代丝织业之发达，还体现在三服官的设立上。颜师古在《汉书·贡禹传》注中说：“三服官主做天子之服，在齐地。”所谓三服官，是西汉中央政府所办的纺织机构，主要职责是为皇帝生产冬、春、夏三季服装，故称为三服官。三服官设在齐地，说明齐地是当时全国丝织业水平最高的地区。山东丝织品畅销全国，并销往国外。20世纪初，英籍匈牙利人斯坦因在敦煌发现任城亢父缣，上面还有题字：“任城国亢父缣一匹幅广二尺二寸长四丈重廿五两直钱六百一十八。”王国维考证，“任城国，章帝元和元年建。亢父，其属县也。缣者，《说文》云‘并丝缯也’。幅广二尺二寸、长四丈者，此古代布帛之通制”[②]。在《流沙坠简校补》中，王国维明确考证出“任城亢父”在“今山东济宁”，“山东为汉以来绢缯之名产地”[③]。斯坦因在《西域考古记》中也记载其在敦煌发现“鲁丁氏布一匹”的残帛和木片。[④] 济宁丝织品“亢父缣”和“鲁丁氏布”在敦煌遗物中的发现充分说明，山东丝织品不仅畅销国内，而且沿“丝绸之路”销于国外。山东不仅是“丝绸之路”西路的源头，也是“丝绸之路”东路的源头。[⑤] 近年来，山东地区出土了大量有关纺织的画像石和帛画，也充分反映了当时丝织业的发达程度。

（五）漆器

秦汉之后，山东漆器制造比南方落后，所以对山东以及北方其他地区来

---

① 《汉书·地理志》。
② 王国维、罗振玉撰，何立民点校：《流沙坠简》，浙江古籍出版社2013年版，第110页。
③ 王国维、罗振玉撰，何立民点校：《流沙坠简》，浙江古籍出版社2013年版，第240页。
④ ［英］斯坦因：《西域考古记》，商务印书馆2013年版，第167页。
⑤ 齐涛：《丝绸之路探源》，齐鲁书社1992年版，第248页。

图4－4　西汉的漆盘(临沂银雀山汉墓出土)

说,漆器是较为珍贵的物品,贩卖漆器盈利很大。从南方贩运漆器到山东出售者,为数不少。考古发现的漆器,分布在文登、莱西、福山、长岛、莱州、安丘、临沂、济宁、东平、梁山等地,保存完整的有240多件。这些漆器,有的产自山东,有的来自南方(图4－4)。

(六) 陶器

秦汉时期,从日用器皿到房屋建造,大多使用陶制品。陶器也是山东商品贸易的大宗。陶器易碎,且各地都能烧制,故长途贩运者较少。考古发现的数以百计的陶器,大多是山东各地制造并在当地销售的(图4－5)。两汉时期,同其他手工业管理体制一样,山东的制陶业也有官营和私营两种。官营制陶手工业作坊生产的陶器有一个特点,就是往往在陶器上印有戳记。这是从秦代开始为了保证产品质量,而要求"物勒工名,以考其诚,功有不当,必行其罪,以究其情"。这种戳记大都印有"亭""某亭""市""某市"等字样。如曲阜汉城遗址就出土戳印"市"字的豆柄。[①] 戳印中的亭和市都是指汉代各地城市中的手工业和商业区,它们是由官府来管理的。汉代山东地区还存在着大量私营制陶业,如在曲阜汉代故城遗址出土的陶器支座内壁有阳文"丁复孺印"的印记。[②] 这说明曲阜除官营陶器作坊外,还有私营制陶作坊。

图4－5　高唐县出土的绿釉陶狗

① 山东省文物考古研究所等编:《曲阜鲁国故城》,齐鲁书社1982年版,第201页。
② 山东省文物考古研究所等编:《曲阜鲁国故城》,齐鲁书社1982年版,第200页。

（七）土地

战国秦汉时期，我国土地也出现商品化趋势，最终确立了土地私有制。贵族官僚的土地除来自皇帝的赏赐外，另一种重要途径就是兼并民田。所谓兼并，即经济侵夺，强买强卖，如西汉初期的萧何“贱强买民田宅数千万”①。居于山东的东汉济阳王刘康，“多殖财货，大修宫室，奴婢至千四百人，厩马千二百匹，私田八百顷”②。这些豪强地主恃其财富，利用强大的宗法势力和自己的政治影响，横行乡里，广占土地，土地数量多达千亩以上。还有一类地主，他们以经营手工业、商业和高利贷起家，以工商业致富，把所得财富用于购买土地，所谓“以末致财，用本守之”。山东境内这类地主数量较多。在农业为主的社会中，土地具有保值作用。把土地出租给佃农收取地租，虽然获利相对商业利润较低，但土地是一种不动产，商人仍愿以此种形式保存其财富。

（八）劳动力

秦汉时期山东地区的自耕农一般只拥有少量土地，自给自足，勉强维持生活，因此游离出可雇佣的劳动力，劳动力出现商品化趋势。晁错说：“今农夫五口之家，其服役者不下二人，其能耕者不过百亩。百亩之收不过百石。春耕夏耘，秋获冬藏，伐薪樵，治官府，给徭役；春不得避风尘，夏不得避暑热，秋不得避阴雨，冬不得避寒冻，四时之间亡日休息。”③有百亩土地的自耕农，其生计尚且如此艰难，土地不足百亩者，就可想而知了。为了弥补用度的不足，他们不得不从事一些副业和家庭手工业以增加收入。有的则利用农闲外出谋生。外出谋生主要是从事各种各样的雇佣劳动，如阳城（今河南商水）人陈涉“少时尝与人佣耕”④，千乘（今山东高青）人倪宽“贫无资

---

① 《史记·萧相国世家》。
② 《后汉书·光武十王传》。
③ 《汉书·食货志上》。
④ 《史记·陈涉世家》。

用”,只好给地主当雇工①,东海人匡衡“家贫,佣作以供资用”②,经学家郑玄,今山东高密人,曾客耕东莱。他们失去土地,只好租佃国家或地主的土地,成为国家佃农或私家佃农。民间传说中的董永,千乘人(今山东高青),“父亡,无以葬,乃自卖为奴,以供丧事。主人知其贤,与钱一万,遣之”③。

三、大商人的出现

秦汉时期山东地区商品流通活跃,商人可从中获取较高的利润。与此同时,“今青、徐、兖、冀,人稠土狭,不足相供”,人口增长超过生活资料的自然增长,必然从农业耕种中游离出大量劳动力。他们也加入到商贾行列。但对于大多数商人而言,其仅能做到“浮生”,只有少数人成为富商大贾。“商贾求利,东西南北各用智巧,好衣美食,岁有十二之利,而不出租税。”④商人贩贱卖贵,可攫取“十二之利”,即20%的一般利润率。私营商业中涌现出一批大商人。《史记·货殖列传》和《汉书·货殖传》记载了秦汉30余位著名工商业者,其中曹邴氏、刀间、姓伟、东郭咸阳、卜式等,均为齐鲁之人。

(一)曹邴氏

《史记·货殖列传》载:“鲁人俗俭啬,而曹邴氏尤甚,以铁冶起,富至巨万。然家自父兄子孙约,俯有拾,仰有取,贳贷行贾遍郡国。邹、鲁以其故多去文学而趋利者,以曹邴氏也。”曹邴氏是鲁人,靠冶铁起家,最终成为巨富。致富后,家族子弟积极经营,不仅经商,还大量发放高利贷。曹邴氏的成功,引发邹鲁间很多士人的效仿,以至于不再读书转而从事商业经营。当时城乡地区,高利贷现象也颇为普遍。

---

① 《汉书·倪宽传》。
② 《汉书·匡衡传》。
③ 〔晋〕干宝撰:《搜神记》卷一,中州古籍出版社2010年版,第32页。
④ 《汉书·贡禹传》。

（二）刀间

《史记·货殖列传》云："齐俗贱奴虏，而刀间独爱贵之。桀黠奴，人之所患也，唯刀间收取，使之逐渔盐商贾之利，或连车骑，交守相，然愈益任之。终得其力，起富数千万。故曰'宁爵毋刀'，言其能使豪奴自饶而尽其力。"刀间是齐人，靠煮盐起家。齐地风俗向来贱视奴仆，刀间却非常信任并收留这些凶悍狡诈的奴仆。刀间让他们贩鱼、煮盐等，并最终靠他们的力量，积聚起数千万钱财。所以奴仆们常说"宁爵毋刀"，意思是，与其出外谋求官爵，倒不如在刀家作奴仆。可见刀间不但能使奴仆致富，还能激发他们尽心竭力地进行工作。

（三）姓伟

《汉书·货殖列传》云："刀间既衰，至成、哀间，临淄姓伟赀五千万。"姓伟是临淄人，生活在汉成帝、汉哀帝时，他以经商致富，家资五千万，闻名齐地。"姓"姓在汉代山东形成望族，后世以临淄为郡望。西汉中后期，见于史籍的齐鲁大商人仅为姓伟一人，可见大商人群体开始没落。而历史的舞台给予姓伟另外一种角色。王莽代汉后，官商勾结巧取豪夺的现象屡见载于史籍，富商姓伟摇身一变，被任命为市场的管理者——五均官，官商狼狈为奸，侵吞国家财税，搜刮人民。

（四）东郭咸阳

东郭咸阳，西汉齐国人，不仅是当时著名的大盐商，也是西汉盐铁官营政策的具体创办者与推行者之一。汉初以来"开山海之禁"，听任盐铁私营，豪商大贾和诸侯王纷纷冶铁煮盐，积蓄雄厚的经济力量，而这对于中央统治是十分不利的，于是御史大夫张汤于元狩三年（前120）提出了"笼天下盐铁"的建议。汉武帝当即采纳，任用熟悉盐铁业务的东郭咸阳、孔仅为大农丞，主管全国盐铁事务。《史记·平准书》载："于是以东郭咸阳、孔仅为大农丞，领盐铁事；桑弘羊以计算用事，侍中。咸阳，齐之大煮盐，孔仅，南阳大冶，皆致生累千金，故郑当时进言之。”东郭咸阳与孔仅都是资产累千金的大盐商和冶铁商，对于盐铁生产有丰富的经验，又在兴功利上有所建议，所以深得汉武帝赏识。

元狩六年（前117），东郭咸阳、孔仅提出了盐铁官营的具体措施。《史记·平准书》载：“愿募民自给费，因官器作煮盐，官与牢盆。浮食奇民欲擅管山海之货，以致富羡，役利细民。其沮事之议，不可胜听。敢私铸铁器煮盐者，釱左趾，没入其器物。郡不出铁者，置小铁官，便属在所县。”也就是说，招募盐户煮盐，费用自理，由官府供给煮盐用盆；煮成后，由官府按所值给价。至于铁器的生产，则规定在产铁地区设立铁官，就地冶铸；不产铁的郡国设立小铁官，利用收集废铁冶铸。食盐和铁器一律由官府统一销售，禁止私卖私铸。由此，西汉正式建立盐铁官营制度。

东郭咸阳、孔仅在建立盐铁管理机构时，经常安插一些经营盐铁的大商人担任各地盐官或铁官。这些人虽熟悉盐铁业务，但多利用职权营私舞弊，不仅产品质量低劣，而且任意抬高价格，因而影响了盐铁的生产和销售，行之数年，流弊日趋严重，破坏了盐铁官营的声誉。元鼎六年（前111），孔仅、东郭咸阳被罢官，元封元年（前110）桑弘羊被任为搜粟都尉代领大农令事，直接管理盐铁事宜。

四、商业城市的发展

城市的发展体现了商业的繁荣程度。临淄是全国经济中心城市之一。秦灭齐后，把富商从临淄迁出，一度对城市商品经济发展产生负面影响。西汉政权建立后，经过一段时间的休养生息，临淄的工商业迅速繁盛，重新成为最重要的商业城市。在始元六年（前81）召开的盐铁会议上，御史大夫桑弘羊叙述海内的商业都会时说：“燕之涿、蓟，赵之邯郸，魏之温轵，韩之荥阳，齐之临淄，楚之宛、陈，郑之阳翟，三川之二周，富冠海内，皆为天下名都。”[①]在这些海内著名的商业都会中，临淄最为繁盛。元朔三年（前126），

① 《盐铁论·通有》。

临淄人主父偃对汉武帝说："齐临淄十万户，市租千金，人众殷富，巨于长安，此非天子亲弟爱子不得王此。"[①]临淄城中"市租千金"，商人"日得千金"，非常富有。西汉都城长安元始二年(2)的户口情况："户八万八百，口二十四万六千二百。"临淄的人户数和商品贸易额都超过了长安，居全国之冠。班固在《汉书·地理志》中说："临淄，海、岱之间一都会也，其中具五民云。"对临淄城中的五民，有不同的解释，服虔说："士、农、商、工、贾也。"[②]如淳说："游子乐其俗，不复归，故有五方之民也。"[③]颜师古说："如说是。"[④]齐国临淄故城中出土的西汉封泥有"左市""右市""西市""南市"等印文，可见临淄城内的固定集市非常多。繁华的临淄城吸引着全国各地的士民。

曲阜曾是西周及春秋战国时期的重要商业城市。楚国灭鲁后改曲阜为鲁县，之后秦汉延续了这一建制。秦至汉初，鲁城内部布局无大的改变，直至成为鲁恭王都城后，鲁城被重新修筑。与其他地方的城市不同，随着汉代儒家思想的独尊，鲁城的政治性功能增强，商业功能则减弱，其城市中心集中在城内中轴线偏西的灵光殿建筑群一带。曲阜日益成为儒学文化中心。

定陶是鲁西南又一先秦、秦汉时期的重要城市。《史记·货殖列传》记载："夫自鸿沟以东……陶……亦一都会也。"说明定陶是中原地区重要的水陆交通中心。刘邦"为皇帝于定陶"，定陶成为其登基受命之处。公元前202年，彭越被封梁王，驻于定陶。公元前138年改为定陶国，东汉时为济阴郡。

西汉实行郡国并行制，加之汉武帝的准恩令，不断将郡、国一分为二，削弱其实力，不断创造出相同等级的行政区域，故山东地区在两汉时期城市总数不断增长，各郡治及王都也就成为新的区域经济中心城市。

当时，各城市内物资交流频繁，盛行宴饮之风。山东画像石中大量宴饮图的出现，本身就是以城市为代表的汉代齐鲁地区宴饮成风的最佳诠释。

---

① 《史记·齐悼惠王世家》。
② 《汉书·地理志下》。
③ 《汉书·地理志下》。
④ 《汉书·地理志下》。

《后汉书·东夷列传》载:“东夷率皆土著,喜饮酒歌舞。”《史记·滑稽列传》载淳于髡语:“若乃州闾之会,男女杂坐,行酒稽留,六博投壶,相引为曹,握手无罚,目眙不禁,前有堕珥,后有遗簪,髡窃乐此,饮可八斗而醉二参。日暮酒阑,合尊促坐,男女同席,履舄交错,杯盘狼藉,堂上烛灭,主人留髡而送客,罗襦襟解,微闻芗泽,当此之时,髡心最欢,能饮一石。”山东诸城出土画像石庖厨图中有牛、羊、狗、马、猪、兔、鸡等禽畜的肉,还有酒和馒头等。豪强之家有食不完的三牲之肉,也可在另一方面体现城市商品流通的繁荣。

五、市场管理制度的完善

秦汉时期,“市”是指固定的商品交易场所,今山东地区,既有郡治和诸侯王国所在的郡邑之市,也有乡聚之市。随着商品经济持续发展,秦汉统治者加强了市场管理,在先秦的基础上建立了一套较为严密的市场管理制度。临沂银雀山汉墓竹简《守法守令十三篇》中专门有《市法》,这是发现的最早的关于市的设立和管理的法律条文:

> 王者无市,朝(霸)者不成肆,中国利市,小国恃市。市者,百化(货)之威,用之量也。中国能〔利〕市者强,小国能利市者安。市利则化(货)行,化(货)行则民□,〔民□〕则诸侯财物至,诸侯财物至则小国富,小国富则中国……
>
> ……□如此则小国置市……
>
> ……也。欲利市,吏必力事焉,民□□……
>
> ……必大吏能平均,下吏能毋割利焉。轻正(征)赋,毋有庶孽,毋烦其力事。非市吏□……
>
> ……吏者具,乃为市之广陕(狭)小大之度,令必称邑,便利其出入之门,百化(货)财物利之。市必居邑之中,令诸侯、外邑来者毋□□□……
>
> ……毋相稽留也。国市之法;外营方四百步,内宫称之。为凿四达之……

……市二分也。为肆邪分列疏数……

……有□□□□□□□固有数矣。市化(货)□贵者,受(授)肆毋过……毋过七尺。下化(货)贱者受(授)肆毋过十尺。此肆邪市列之数也。诸它化(货)非□……

……□职于肆列间……

……□也。市啬夫使不能独利市,邑啬夫……

……□邑啬夫□□至于市……

……其市者也□□□……

……□市□□……①

《市法》强调“中国能[利]市者强,小国能利市者安”,将商业的发展和市场的管理提高到国家富强层面。结合其他文献,秦汉时期山东地区的市场管理制度有以下几个方面:

(一) 勿扰狱市

“勿扰狱市”是汉初政府对待市场管理的一种基本态度与政策。《史记·曹相国世家》称:“惠帝二年,萧何卒。参闻之,告舍人趣治行,吾将入相。居无何,使者果召参。参去,属其后相曰:‘以齐狱市为寄,慎勿扰也。’后相曰:‘治无大于此者乎?’参曰:‘不然。’夫狱市者,所以并容也。”陈直先生在其《汉书新证》中提到“狱”字是“岳”字的省文,所谓“狱市”,是指齐国著名的“庄岳之市”。② 曹参在齐国为政时对待商业的态度可由“勿扰狱市”体现出来,即政府只是“裁判员”,不是“运动员”,除了必要规章制度外,不对集市交易进行干涉,以保证商品流通的顺利进行。曹参为汉相后,继续推行“勿扰狱市”的商业政策,奠定了汉初社会安定与商业贸易繁荣的基础。

---

① 银雀山汉墓竹简整理小组:《银雀山竹书〈守法〉、〈守令〉等十三篇》,《文物》1985 年第 4 期。

② 陈直:《汉书新证》,天津人民出版社 1979 年版,第 261 页。

（二）度量衡的规范

对市场的管理需首先加强度量衡的规范。银雀山竹书中第七篇提到："王者必……为法制，明度量也。"①1973 年，在山东省文登县发现有秦始皇诏文的秦代铁权（图4－6）。铁权俗称秤砣、秤锤、秤权，是悬挂秤杆之上可以移动的铁质秤砣，这是秦始皇统一度量衡时铸造的衡具。文登出土的秦权呈馒头状，上铸桥形把柄，高 19.4 厘米，底径 25 厘米，重 32.257 千克。权旁镶铜片一处，上铭秦始皇 40 字诏文。秦代铁权是秦始皇推行"一法度衡石丈尺。车同轨。书同文字"②等重大社会变革的证物。文登铁权的出土，不仅说明秦始皇度量衡制度的统一，而且从铁权制造的精致程度看，文登铁权也反映了秦代市场秩序的稳定。西汉时，随着经济社会发展，又出现了铜权、铜量等。铜权、铜量等的出现，进一步规范了度量衡的使用。《后汉书·第五钟离宋寒列传》载东汉时期齐国的田氏后裔第五伦："时长安铸钱多奸巧，乃署伦为督铸钱掾，领长安市。伦平铨衡，正斗斛，市无阿枉，百姓悦服。"第五伦负责度量衡的校正，收到了很好的效果，使市场上买卖双方都满意。市场上规范而完备的度量衡管理在商品交换过程中具有非常重要的作用。它可防止奸商缺斤短两的行为，减少不必要的买卖纠纷，是保障市场交易公平公正的基石。

图4－6　文登出土的秦代铁权

（三）课税

秦汉对金银珠宝等特殊交易按"铢"征课。根据《汉书·食货志下》引贡禹言："铸钱采铜，一岁十万人不耕……疾其末者绝其本，宜罢采珠玉金银

---

① 银雀山汉墓竹简整理小组：《银雀山竹书〈守法〉、〈守令〉等十三篇》，《文物》1985 年第 4 期。

② 《史记·秦始皇本纪》。

铸钱之官,毋复以为币,除其贩卖租铢之律,租税禄赐皆以布帛及谷,使百姓壹意农桑。”颜师古注:“租铢,谓计其所卖物价,平其锱铢而收租也。”也就是说,“租铢”是指金银珠宝等贵重物品的特种交易税,征课的不是货币而是金银珠宝。市租收入在当时的国家财政中占有非常重要的地位,据《史记·齐悼惠王世家》记载:“齐临菑十万户,市租千金,人众殷富,巨于长安。”《索隐》注曰:“市租谓所卖之物出税,日得千金,言齐人众而且富也。”虽然这一说法有点夸张,但足以证明临淄的商品经济很繁荣,税收可观。

(四) 契约

契约是反映信用关系的重要凭证,“合符节,别契券者,所以为信也”。秦汉时期,凡是大宗商品交易,都需要签订买卖契约。汉简中关于买卖契约的记载比较多。与山东地区有关的记载可见《居延汉简》:“惊虏燧卒,东郡临邑吕里王广,卷上字次君,贳卖八稯布一匹,直二百九十,觻得安定里随方子惠所,舍在上中门第二里三门东入。任者阎少季、薛少卿。”[①]“终古燧卒,东郡临邑高平里召胜字游翁,贳卖九稯曲布三匹,匹三百卅三,凡直千,觻得富里张公子所,舍在里中二门东入。任者,同里徐广君。”[②]

简文所记载的“燧卒”,即戍守烽火台的士兵,“东郡临邑”,即今东阿。原籍山东的士兵召胜,是临时居住人口,由同住的张公子、徐广君担保,“任者”就是保人。王广比召胜多了一个保人。可见,汉代契约一般要注明立契时间、交易物、价钱、证明人等。买卖契约是体现物权转让而对买卖双方具有约束力的协议,也是处理买卖纠纷的重要司法凭证。秦汉时期,这种协议则有特定的称呼,如“判”“券”“契”“契券”等。《说文解字·刀部》:“券,契也。从刀𢍏声。券别之书,以刀判契其旁,故曰书契。”《周礼·地官·质人》郑注:“书契,取予市物之券也。其券之象,书两札刻其侧。”契约一般是一式两份。例如,战国孟尝君焚券上面所书写的内容,主要包括:债务关系成立

① 谢桂华等编:《居延汉简释文合校》,文物出版社 1987 年版,第 485 页。
② 谢桂华等编:《居延汉简释文合校》,文物出版社 1987 年版,第 472 页。

的时间、债权人与债务人的姓名和身份、贳买(卖)物品及其价格、清偿债务的期限以及见证人的姓名和身份。

(五)市籍制度与市官

秦汉时期,中央政府专门设置官员来管理市场,处理买卖纠纷,维护市场秩序。汉代法律规定,进行贸易活动的商贾必须具有市籍,所谓市籍,是指商人在市、邑中获得经商和居住两个方面的认可。但实际上也有不少商人没有市籍,史载:“诸贾人末作贳贷卖买,居邑稽诸物,及商以取利者,虽无市籍,各以其物自占,率缗钱二千而一算。”[①]还有就是那些富商大贾、巨富豪商们可通过各种手段和方法摆脱市籍的束缚,他们没有直接出面穿梭于市场之中,而是选择退居在幕后操作指挥。如西汉名臣萧望之是东海兰陵(今临沂兰陵)人,曾“多使守史自给车马,之杜陵护视家事。少史冠法冠,为妻先引,又使卖买,私所附益凡十万三千”[②]。萧望之以权谋私,派手下做买卖获利。他们财力雄厚,势力庞大,勾结权贵,定然不会受到市籍这一制度的束缚。

秦汉时期,与市场管理相关的官吏主要有市长、市令、市丞、市啬夫、市吏等。其中市长官秩为四百石,市丞官秩为二百石,市啬夫官秩为一百石。

1. 市长、市师。自王莽改制时,包括临淄在内的五市“市长”被称为“市师”,“遂于长安及五都立五均官,更名长安东西市令及洛阳、邯郸、临甾、宛、成都市长皆为五均司市(称)师”。[③]

2. 市丞。《汉印文字征》中记载齐惠王或齐哀悼王时,有“临淄市丞”的封泥。[④] 结合其他地区发现的“市丞”封泥,“市丞”无疑是县市之长。

3. 市啬夫、市掾、市吏。具有助手性质的官吏被称为“啬夫”。一般在城市市场中都设有市啬夫一职来管理市场。战国时田单曾任临淄市掾。银雀山汉墓竹简中《市法》关于市啬夫的记载:“……□也。市啬夫使不能独利

---

① 《史记·平准书》。
② 《汉书·萧望之传》。
③ 《汉书·食货志下》。
④ 罗福颐:《汉印文字征》,文物出版社1978年版,第195页。

市,邑啬夫……”。“……必大吏能平均,下吏能毋割利焉。轻正(征)赋,毋有庶孽,毋烦其力事。非市吏□。”①

4. 军市令。军市属于特殊的市场,属于边塞军队中所设的集市,其市场管理一般是由军队的将领来执掌。《汉书·魏相丙吉传》载:“丙(邴)吉字少卿,鲁国人也……后吉为车骑将军军市令,迁大将军长史,霍光甚重之,入为光禄大夫给事中。昭帝崩,亡嗣,大将军光遣吉迎昌邑王贺。”据文献记载,西汉名臣丙(邴)吉曾担任车骑将军军市令,后得到当时丞相霍光器重,在汉昭帝驾崩后,丙吉到昌邑(今山东巨野县)迎立刘贺为帝(史称汉废帝)。有意思的是,后刘贺帝位被废除,重为昌邑王,终为海昏侯。新近发掘的南昌海昏侯汉墓为我们揭开了刘贺从昌邑王到汉代皇帝再到海昏侯的传奇一生(图4-7)。

图4-7　南昌海昏侯汉墓出土的刘贺印章

六、交通运输与海外贸易发展

(一) 陆路交通

秦汉时期,山东的陆路交通以驰道的修建最为突出。驰道的修建,成为秦汉交通建设事业中最具时代特色的成就之一。驰道是遍达全国的大道,修建的初衷不是供一般行旅通行,而是供天子专用,“治驰道,兴游观,以见主之得意”②。但事实上,驰道多用于军需、贡赋等方面的运输,驰道可谓中国最早的“国道”。秦代所修驰道,“东穷燕齐,南极吴楚”③。驰道促使山东地区道路交通网初步形成,对山东地区与其他地区的经济、文化交流和商业运输起到了显著的促进作用。秦汉时期,临淄和定陶依然是山东地区著名的商贸中心,

① 银雀山汉墓竹简整理小组:《银雀山竹书〈守法〉、〈守令〉等十三篇》,《文物》1985年第4期。
② 《史记·李斯列传》。
③ 《汉书·贾山传》。

商贾云集,四方货物在此集散。临淄与外界的交通十分便利,陆路交通可由临淄经定陶、洛阳、函谷关而达长安。汉代长途运输是商品流通的一个重要环节,规模越来越大,组织管理也越来越专业化。齐国王室后裔田延年"大司农取民牛车三万两为僦,载沙便桥下,送致方上,车直千钱,延年上簿诈增僦直车二千,凡六千万,盗取其半"①。田延年利用职务之便诈取运输费用。"僦"就是雇载一车沙土要付给百姓一千钱的租金。田延年报虚账,一车沙土算两千钱,前后共拉了三万车沙土,在大司农府报销了六千万,其中的三千万就装进了田延年自己的口袋。

（二）海上交通与海上贸易

秦汉时期,由于造船技术的发展和航海知识的增加(图 4 –8),山东地区成为秦汉统治者海外探险活动的大本营,也是海上贸易活动最为频繁的区域。早在春秋时期,齐国就已开辟了一条自齐东渡渤海,经朝鲜半岛而达日本的海上贸易航线。秦汉时期,人们从山东沿海多地,可以到达辽东半岛、朝鲜半岛和日本列岛。山东的出海道路,自琅邪(胶南西南),经不其(即墨西南)、成山(荣成东北)、不夜(荣成北)、芝罘(烟台北)、腄县(福山)、黄县(蓬莱西南)、徐乡(黄县西北)、曲成(招远西北)等地,始终与海岸线并行,被称为并海道。

图 4 –8　沂南东汉画像石上的木船

1. 至辽东半岛航线

从山东半岛北端前往辽东半岛,海路最为近便,因而汉代人跨海迁徙,

① 《汉书·酷吏传》。

主要选择这条航线。① 王莽末年，山东名士逄萌曾借助这条海道，往返于山东半岛与辽东半岛。《后汉书》载：逄萌，字子康，北海郡都昌人，"时王莽杀其子宇，萌谓友人曰：'三纲绝矣！不去，祸将及人。'即解冠挂东都城门，归，将家属浮海，客于辽东。萌素明阴阳，知莽将败，有顷，乃首戴瓦盎，哭于市曰：'新乎新乎！'因遂潜藏。及光武即位，乃之琅邪劳山，养志修道，人皆化其德"②。王莽时期，逄萌带领家族通过海道从山东半岛迁往辽东半岛，并长期客居辽东。东汉建立后，他又带领家族从辽东返回山东，并进入崂山修炼。

2. 至朝鲜半岛航线

秦汉时期，从山东沿海通往朝鲜半岛的海上航线已经开辟。秦末汉初，山东半岛一带出现向朝鲜半岛大规模的人口迁移。这些浮海流亡到朝鲜的山东居民，为了谋生，不少人继承了齐人"好贾趋利"的传统，在各地间从事商业贸易活动，其中也包括山东半岛与朝鲜半岛之间的贸易活动。在平壤大同江对岸的土城遗址发掘出秦代的半两钱，证明当时这一地区的商业贸易活动相当活跃。③ 后来汉武帝派兵灭掉卫氏朝鲜，在今朝鲜半岛设立乐浪、临屯、真番、玄菟四郡，乐浪郡治朝鲜城，有讲邯、粘蝉等二十五个县。中原与朝鲜半岛间的商业贸易日益繁荣，山东半岛沿海成为这一时期中朝贸易的前沿基地和大宗商品集散地。朝鲜半岛中南部地区也有不少来自山东半岛的百姓，这些移民被称为辰韩或秦韩，《后汉书》有详细记载。东汉时治河名臣王景的先祖王仲由山东浮海至朝鲜半岛，后王景从朝鲜半岛返回中原任职。《后汉书·循吏传》载："王景字仲通，乐浪讲邯人也。八世祖仲，本琅邪不其人。好道术，明天文。诸吕作乱，齐哀王襄谋发兵，而数问于仲。及济北王兴居反，欲委兵师仲，仲惧祸及，乃浮海东奔乐浪山中，因而家焉。"

---

① 王赛时：《山东沿海开发史》，齐鲁书社 2005 年版，第 93 页。

② 《后汉书·逸民列传·逄萌》。

③ 金荣国：《中国古代货币制度对朝鲜、日本古代货币制度的影响》，《延边大学学报(社会科学版)》2000 年第 2 期。

3. 至日本列岛航线

翦伯赞在《秦汉史》中说:“徐市(福)等入海寻三神山,正是当时滨海一带的商人,企图打通与日本诸岛之商业通路。”这说明,当时造船航海技术可以抵达日本。齐人徐福(图4－9)或从琅琊湾、胶州湾、荣成湾、灵山湾、海州湾和渤海湾等启程,经朝鲜半岛西海岸南行到济州岛,最后到达日本的北九州。五代及北宋的许多材料都认为徐福到了日本。宋代诗人欧阳修指出徐福的到达地是日本,“传闻其国居大岛,土壤沃饶风俗好。其先徐福诈秦民,采药淹留丱童老。百工五种与之居,至今器玩皆精巧。前朝贡献屡往来,士人往往工词藻。徐福行时书未焚,逸书百篇今尚存。令严不许传中国,举世无人识古文”①。徐福东渡是中国早期航海史上的壮举,船队给朝鲜半岛南部特别是当时相对落后的日本列岛带去了高度发达的造船、航海技术以及先进的农耕技术、手工技艺,全面推动了朝鲜和日本社会的进步,具有重大的历史意义。② 这条航线也是秦汉时期燕齐一带中国人到朝鲜、日本的航线,一直持续到隋唐时期。秦汉时期,大量中国货币涌入日本,进一步证实这一时期中日之间存在着密切的商业贸易联系。考古学家在日本山口县冲山遗迹发掘出土116枚五铢钱和20枚半两钱,另外30多处遗址中均出土了王莽时期的货泉,这些说明当时以齐鲁商人为代表的中国商人与日本已有较为密切的商业往来。

图4－9　位于龙口的秦方士徐福故里碑

上述航行记载虽多以避难或探险为名,但大都离不开一定的商业贸易活动。由于当时山东沿海地区常与比邻地区发生航海往来,所以山东沿海

① 〔宋〕欧阳修著,施培毅选注:《欧阳修诗选》,安徽人民出版社1982年版,第194页。
② 李金山著:《齐鲁商贾传统·先秦秦汉卷》,齐鲁书社2014年版,第111页。

成为汉代人心目中的海洋活动中心。汉代著名文学家司马相如在《子虚赋》中曾言:“齐东陼巨海,南有琅邪,观乎成山,射乎之罘;浮渤澥,游孟诸。邪与肃慎为邻,右以汤谷为界;秋田乎青丘,彷徨乎海外。”[①]“琅邪”,山名,在今山东诸城一带;“肃慎”为东北部族,“汤谷”为神话传说中日出之所,“青丘”为传说中的海上古国,相传在大海之东三百里,这三个地区都可以通过海路到达齐地海域;“彷徨乎海外”,即自由漫步在海外,可以想象海上航行在当时的山东地区已非难事。

七、货币铸造与流通

货币是商品交换流通的媒介。秦汉时期,山东地区主要铸造流通铜钱。就钱制而言,秦代通行“半两”钱,西汉初期曾流通榆荚、三铢、四铢等“半两”钱,汉武帝时开始统一流通五铢钱,直至东汉。秦代统一度量衡,规定黄金为上币,铜铸的“半两”钱为下币,圆形方孔钱“半两”重 12 铢,采用泥范和石范翻铸。“汉承秦制”,西汉的货币制度仍以黄金为上币,铜钱为下币。货币流通是商业发达的重要标志。山东地区出土的大量秦汉钱币及铸币用具,从一个侧面反映了当时的商业发展状况。

(一)半两钱的铸造与流通

半两钱在秦代和西汉早期墓中多有发现。如 1970 年发掘的曲阜九龙山汉墓中就出土多枚秦半两钱。[②] 西汉前期,政府“弛山泽之禁”,实行“使民放铸”的自由铸造政策,朝廷、郡国、私人均可铸币,现今出土的西汉钱范数量很多。山东郡国的冶铜业以及铸币业迅速发展。在临淄、安平、姑幕、高密、临朐等地均设有铸币作坊,还设有“齐钟官长”管理王国铸钱事宜。齐国曾仿铸汉中央四铢钱币,济南郡即铸有“阳丘四铢”“驺四铢”等货币。此外有“临淄四铢”“东阿四铢”“临朐四铢”“姑幕四铢”“安平四铢”等。围绕

---

① 曹蔚文等选注:《两汉文学作品选》,吉林人民出版社 1980 年版,第 80—81 页。
② 山东省博物馆:《曲阜九龙山汉墓发掘简报》,《文物》1972 年第 5 期。

铸币权,中央与地方,官府与民间,一直进行着激烈的斗争。中央对民间铸钱数禁数放,而民间所铸之钱,多不能达到中央法定的标准,以致“榆荚钱”“轻钱”“奸钱”泛滥市面,造成“民用钱,郡县不同:或用轻钱,百加若干;或用重钱,平称不受……则市肆异用,钱文大乱”[①]的局面。从出土的实物看,当时山东地区曾流通榆荚钱、三铢钱、四铢钱以及相应的钱范。

1. 榆荚钱。《汉书·食货志下》载:“汉兴,以为秦钱重难用,更令民铸荚钱。”荚钱名曰“半两”,实则只有三铢或一铢。山东地区虽偶有榆荚钱发现,但出土了不少榆荚钱钱范。1986 年,博兴县出土 3 件西汉“榆荚”钱石范(图4-10)。[②] 第一件长 33.2 厘米、宽 11.2 厘米、厚 1.7 厘米,正面中部刻凹形主槽,上宽下窄,上有喇叭状浇口,槽长 31 厘米、口宽 3.2 厘米、槽深 0.3 厘米。各钱模间有分槽,主槽一边刻钱模 17 行,一边刻 13 行,每行刻钱模 2 枚,共60 枚。钱模直径1.2 厘米、穿宽0.7 厘米,钱面文刻“半两”二字。第二件残长 14.5 厘米、宽 10.2 厘米、厚2.5厘米,中间有凹形主槽,上部浇口残缺,主槽残长 23.5 厘米、深 0.3 厘米。主槽与钱模间有分槽。钱模以主槽为对称轴,每边残存钱模 18 行,每行刻钱模 3 枚,共 108 枚。钱模径 0.8 厘米、穿宽 0.5 厘米,面文为“半两”二字。第三件长 34.5 厘米、宽 11.2 厘米、厚 2.5 厘米,中间刻上宽下窄凹形主槽,槽口呈半圆喇叭状。槽长 26.5 厘米、口宽 3 厘米、槽深 0.2 厘米。主槽一边刻钱模 24 行,一边刻钱模 23 行。24 行者除有一行刻 3 枚钱模外,其他各行均刻钱模 4 枚,23 行者有

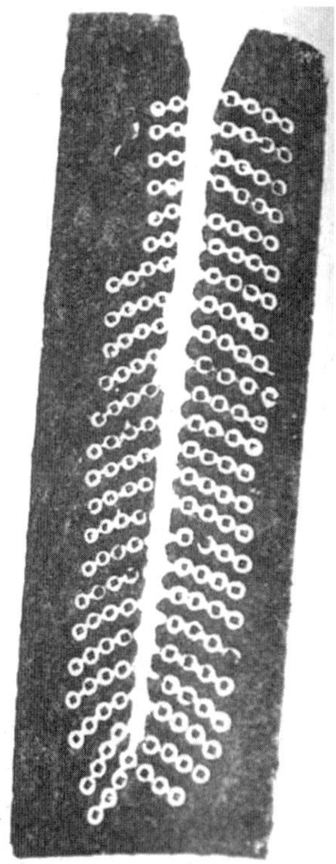

图 4-10 山东博兴出土的西汉“榆荚”钱石范

① 《汉书·食货志下》。

② 李少南:《山东博兴出土西汉“榆荚”钱石范》,《文物》1987 年第 7 期。

6行刻2枚,余者皆刻4枚。整个钱范范面刻钱模176枚。钱模直径最大不足0.6厘米,小的仅0.4厘米。穿宽小者仅0.2厘米,可谓“钱制轻小,形如榆荚”,充分反映了西汉初期“钱益多而轻”的货币铸行混乱情况。20世纪80年代,山东诸城出土了两方“榆荚”半两石质钱范。[①] 榆荚钱范钱型小,肉薄,穿孔大,钱文模糊,属西汉初民间所用。该范使用时间在汉初至汉文帝五年(前175)“更造四铢钱”以前。此外,章丘、莒县等地均发现榆荚半两钱范。榆荚钱更适宜小额支付,在汉初三十年非常流行。

2. 四铢钱。《史记·平准书》载:“孝文时,荚钱益多,轻,乃更铸四铢钱,其文为‘半两’,令民纵得自铸钱。”汉文帝时榆荚钱泛滥,通货膨胀严重,于是公元前175年开始铸行“四铢半两”,以提升货币重量和币值。1958年,青岛出土四方西汉半两石质钱范。[②] 这批钱范属于四铢半两钱,为文景时期所铸。20世纪80年代,山东诸城境内相继出土了几批石质“半两”钱范,其中两方民间“四铢”半两石质钱范,特点是钱型无廓,穿孔大小不一,属文景时期的四铢半两。[③] 钱范制作粗糙,钱型钱文不一,当为民间铸钱所用之物。还有一方官府“四铢”半两石质钱范,也属文景时期流通之币。另外两方“四铢”半两石质钱范,应属汉武帝铸造五铢钱之前所铸的四铢半两。1982年,山东昌邑发现西汉四铢半两10万余枚和一件铜钫,这批半两钱属汉四铢半两,古钱重500余斤,铜质较差,每枚重量都不超过2.5克,直径2.2—2.8厘米,钱文均为篆文“半两”。[④] 1993年,山东临朐发现13块西汉石质半两钱范。[⑤] 这些钱范呈长方形,“半”在左,“两”在右,钱面有外郭而无内郭,属于四铢半两钱,始铸年代是汉文帝前元五年(前175)。

3. 三铢钱。《汉书·武帝纪》载:“(建元元年)春二月,赦天下,赐民爵一级。年八十复二算,九十复甲卒。行三铢钱……五年春,罢三铢钱,行半

---

① 韩岗、赵华锡:《山东诸城出土半两钱范介绍与研究》,《中国钱币》1992年第2期。
② 朱活:《青岛楼山后出土的西汉半两钱范》,《文物》1959年第9期。
③ 韩岗、赵华锡:《山东诸城出土半两钱范介绍与研究》,《中国钱币》1992年第2期。
④ 曹元启:《山东昌邑县发现窖藏十万枚汉半两钱》,《文物》1984年第1期。
⑤ 鲁杰:《山东临朐发现汉半两钱范》,《中国钱币》1997年第2期。

两钱。”公元前140年，汉武帝废四铢半两，改铸“三铢钱”。从三铢钱、三铢钱范的出土及文献的记载来看，汉武帝嗣位后，以“重如其文”的三铢钱进行第一次币制改革，三铢是中国货币史上第一枚以纪重“铢”命名的货币，为后来的“五铢”发行奠定了基础。三铢钱在公铸与私铸的斗争中，行用了四年即被废。到建元“五年春，罢三铢钱，行半两钱，到元狩五年，行五铢钱”。汉武帝实行铜币制改革，使社会逐步相对稳定。① 1972年，临沂银雀山一号汉墓出土半两钱35枚，三铢钱1枚，其背平素面无外郭，应为武帝建元年间初行三株钱时期的铸品。② 这枚三铢钱直径2.2、穿孔0.8厘米，重2克，无郭，三铢两字传形（即三字在左，铢字在右）。③ 此外，山东博物馆藏有2枚三铢钱，均有外郭，背平素。青岛市博物馆藏有三铢钱6枚，均有外郭，背平素。有外郭的三铢钱，应为汉武帝元狩年间所铸。汉武帝嗣位后，以三铢钱来改革“轻钱”和“奸钱”。汉武帝的四铢半两钱主要是有外郭，其穿与三铢钱相似。元狩五年（前118），罢有郭四铢半两，行五铢钱。因为三铢钱早被罢废，所以汉钱中的三铢钱寥寥无几。有郭及无郭半两（其型和钱文似有郭）是汉武帝时铸行最多的半两钱。1961年山东莱芜出土一批汉钱，其中有2枚三铢钱，1973年，山东莱芜出土1块三铢钱石范（图4-11）。④ 莱芜出土的货币与钱范均有较整齐的外郭、整齐的穿孔，官铸，属于孝文、孝景半两及孝武半两，符合当时“重如其文”的货币制度。

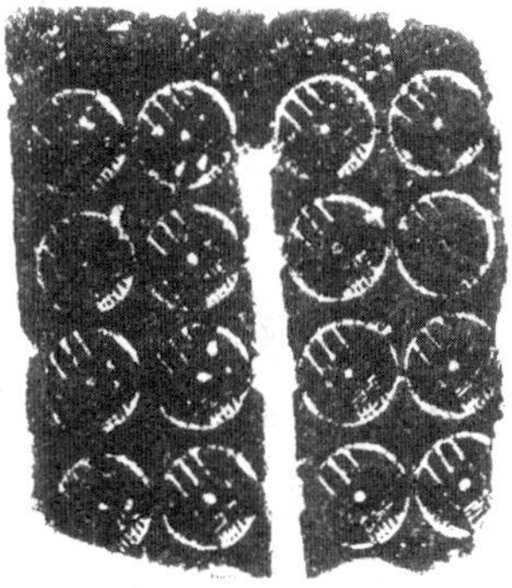
图4-11　三铢钱石范

（二）五铢钱的铸造与流通

汉武帝货币改制后，五铢钱成为在全国流通的唯一合法货币。从山东

---

① 朱活：《三铢钱考——兼谈山东莱芜出土的三铢钱范》，《文物》1985年第12期。
② 张凤坤：《临沂出土三铢钱》，《西安金融》2000年第12期。
③ 朱活：《谈银雀山汉墓出土的货币》，《文物》1978年第5期。
④ 朱活：《三铢钱考——兼谈山东莱芜出土的三铢钱范》，《文物》1985年第12期。

省内出土五铢钱的资料看，几乎所有发掘的西汉中、晚期墓中，随葬品中或多或少都有五铢钱。其中集中出土较多的是1970年曲阜九龙山西汉2—5号墓共出土191枚五铢钱。东汉五铢钱在山东地区也有不少出土，主要有东平、曲阜、宁津、济南、章丘、崂山、福山等地。其中出土量最大的是1958年东平王陵山汉墓总共出土226枚东汉五铢钱。[①] 这些五铢钱可分三种类型：Ⅰ型的朱字头方转角，金字头较小，呈等腰三角形；Ⅱ型的朱字头圆转角，金字头呈等边三角形；Ⅲ型为Ⅱ型铢的磨廓钱（图4－12）。

1　　2　　3

图4－12　东汉五铢钱（东平王陵山汉墓出土）

1982年，山东博兴出土100枚西汉五铢钱。[②] 这批钱为西汉宣帝以后所铸行，直径2.5厘米，穿边长1厘米，重3.4—4.2克，文为篆书“五铢”。1983年，山东莒南发现一批重达69公斤的窖藏铜钱。[③] 这批铜钱保存较好，字迹清晰，主要以宋代铜钱为主，同时有少量汉“半两”，两汉“五铢”，新莽“货泉”，南朝“五铢”，隋“五铢”等。1984年，山东栖霞发现一批金代窖藏铜钱，这批铜钱共1688枚，钱文清晰的有1631枚，主要以宋代铜钱为主，同时还有秦“半两”1枚，新莽“货泉”1枚，东汉“五铢”3枚。[④] 1986年，山东微山出土一批数量达两万余枚的铜钱，这批铜钱以唐宋铜钱为主，同时有汉文帝“四铢半两”、王莽“货泉”、隋“五铢”等。[⑤] 1996年，山东兖州出土400余枚五铢钱，包括西汉四铢半两3枚，货泉1枚，五朱1枚，五金1枚，其余

① 蒋英炬、唐士和：《山东东平王陵山汉墓清理简报》，《考古》1966年第4期。
② 李少南：《山东博兴县出土铜镜和货币》，《考古》1984年第11期。
③ 李宏：《山东省莒南县发现窖藏铜钱》，《考古》1990年第2期。
④ 李元章：《山东栖霞发现金代窖藏铜钱》，《考古》1992年第9期。
⑤ 杨建东：《山东微山县两批古钱币介绍》，《考古》1993年第1期。

图 4－13 叠铸钱树(临淄出土)

均为五铢钱(包括曹魏时期的剪轮 30 余枚)。[①] 2004 年,陈旭先生从临淄收到一批西汉五铢铸钱遗物。[②] 这批遗物包括叠铸钱树 1 枚,钱枝 1 枚,五铢钱百余枚,废铜块 6 枚。百余枚五铢钱均未加工完成(图 4－13)。1993 年山东栖霞汉墓出土约 70 枚五铢钱,其中部分已残碎,完好者 44 枚。[③]

此外,山东地区出土了相当数量的五铢钱铜范。1979 年,山东诸城发现一批五铢钱铜范,数量达 23 方,正面范 22 方,背面范 1 方。[④] 正面范呈圆角长方形,22 方的形状、结构相同,重量、尺寸及钱型排列的间距略有差异。背面范亦呈圆角长方形。这批钱范上的“五铢”二字与洛阳烧沟汉墓出土的 I 型五铢钱相似。据此分析,这批钱范应是汉武帝所封昌侯刘差时期的遗物,使用时间约在元狩五年(前 118)至元鼎四年(前 113)之间,至迟不会超过元鼎五年。1990 年,山东即墨蓝村镇出土西汉五铢钱铜质钱范 1 件。2000 年,这里又出土西汉半两石质钱范 2 件。[⑤] 蓝村镇古城村为汉时胶东国壮武县城旧地。《地记》云:“古夷国,汉壮武县,属胶东国。汉宋昌、晋张华皆封于此。”两次出土的半两、五铢钱范应是西汉壮武侯宋昌治县时所遗,这说明壮武县在当时具有一定的政治、经济地位。

(三)大布黄千铜钱

大布黄千是王莽货币改制中新铸行的布币之一。

① 段更阳、周广宇:《兖州出土一批五铢钱》,《西安金融》1998 年第 3 期。
② 陈旭:《山东临淄出土西汉五铢铸钱遗物》,《中国钱币》2006 年第 2 期。
③ 阎虹、孙航卫:《山东栖霞市观里汉墓清理简报》,《华夏考古》2011 年第 4 期。
④ 凤功、韩岗:《山东诸城出土一批五铢钱铜范》,《文物》1987 年第 7 期。
⑤ 王灵光等:《山东即墨出土西汉钱范》,《考古与文物》2005 年第 6 期。

20 世纪 50 年代以来,临淄齐国故城遗址中东周秦汉时期的钱范多有发现,为研究当时的钱币铸造业提供了实物证据。1984 年,临淄齐国故城的大城北部出土了 2 件新莽时期大布黄千铜钱范,现收藏于齐国故城遗址博物馆。2 件钱范均为铜质钱范模,馆藏编号分别为 P30018 和 P30019。

钱范 P30018(图 4－14),整器呈圆角方形的浅盘状,有边框,宽沿外折。范模正面边长为 8.1 厘米、8.2 厘米,折沿最宽处为 0.4 厘米,最窄处为 0.3 厘米。范模正面的盘中心有一个凸起的圆柱形浇道模,直径 0.8 厘米,有一条中线纵向穿过圆柱形浇道模并将范模均分为左右两部分,应为制作母范时的中线。范模内左右各设有布形钱模一枚,一正一反,右侧为正面钱模,左侧为反面钱模,正、反钱模的中线的上部有一圆穿模,正面钱模凸起"大布黄千"的阳文。正面钱模的上、下和右侧各有一个三角形凸起作为榫钉,反面钱模的上、下和左侧各有一个凹下的三角形卯孔。范模背面也呈圆角方形的浅盘状,边长为 7.1 厘米、7.9 厘米,盘底铸有阳文"大出一"字样。

图 4－14　王莽时期的大布黄千铜钱范(临淄齐故城出土)

钱范 P30019(图 4－15),整器形制、结构均与钱范 P30018 相同,但范模正面边框的边长为 8.7 厘米、9.2 厘米,折沿最宽处为 0.8 厘米,最窄处为 0.4 厘米。背面边长为 8.1 厘米、8.1 厘米。其他的不同之处有:浅盘状范模内的大布黄千钱模,左侧为正面钱模,右侧为反面钱模;右侧有 3 个凸起的三角形榫钉,左侧有 3 个凹下的三角形卯孔;范模背面的阳文为"大山一"。

图 4－15　王莽时期的大布黄千铜钱范(临淄齐故城出土)

据《汉书·食货志下》,大布黄千铸行时间在始建国二年(10),"大布,长二寸四分，重一两，而直千钱矣”。新莽时期的大布黄千铜钱，在各地多有发现，但是大布黄千钱范少有发现。因此，临淄齐故城大布黄千铜范模的发现，对于研究新莽时期的钱币铸造工艺和钱币铸造业无疑具有重要的学术价值。①

此外，1982 年，山东省高密县出土大布黄千 156 枚，一般通长5.25—5.45厘米，足长 1.1—1.25 厘米。正面有“大布黄千”四字。钱的铜质、铸工都很好。② 王莽时期山东地区还流通“货泉”“布泉”等。如 1983 年日照石臼港出土一批窖藏铜钱。这些铜钱是新莽“大泉五十”，钱重 9.5 公斤，计 1375 枚。这批铜钱钱径 2.6—2.9 厘米，厚0.1— 0.32 厘米，重量不等，最重者 10.3 克，最轻者 3 克。钱文绝大多数为“大泉五十”，也有少量的为“大泉十五”。钱的内廓宽窄不一，钱文字体线条粗细不等。③ “大泉五十”是王莽居摄二年(7)开始铸造的。《汉书》记载这种钱“径二寸，重十二铢”。1984 年诸诚县出土一批重 212.5 公斤的金代窖藏铜钱。这批铜钱涉及的时代为从西汉至南宋，其中包括王莽时期的“货泉”“布泉”等。④ 2012 年东平县东平街道东平国故城出土陶质钱范，其中一件钱范上有“始建国元年上林宫”字样，钱文为“大泉五十”，现存放于东平博物馆(图 4－16)。

图 4－16 东平陶质钱范

① 王晓莲：《临淄齐国故城发现大布黄千铜钱范》，《中国文物报》2014 年 8 月 1 日第006 版。
② 李储森、曹元启：《山东高密发现一批汉代铜镜、铜钱》，《文物》1985 年第 10 期。
③ 杨深富、李玉华：《山东日照石臼港出土一批古代货币》，《考古》1986 年第 7 期。
④ 韩岗、华锡：《山东诸城县出土窖藏铜钱》，《考古》1991 年第 1 期。

第五章　魏晋南北朝时期山东地区的商业与贸易

魏晋南北朝时期属于中国历史上的分裂割据时期，虽有局部的统一与稳定，但整体上比较混乱动荡。山东地区由于处在战争核心地带，所以农业、手工业和商业均遭到了严重破坏。但在各个战争间歇时期，尤其是北方政权统治时期，山东地区的商业贸易随着农业和手工业生产的恢复而有不同程度的发展，经历了高涨与衰落交替的曲折发展过程。

一、商业发展的经济基础

（一）人口与土地

经过东汉末年与魏晋南北朝时期的战争破坏，山东地区人口呈现曲折变化。自三国伊始到南北朝时期，南人北迁形成了一次次浪潮，尤其在北朝时期，许多民众自发从南方徙居北土。先是，曹操将“淮北之民诣军降者七千余户，迁之于兖豫之南，置淮阳郡以抚之……流民归之者万余家，劝课农桑，百姓安业”[①]。魏高宗时，罗伊利为兖州刺史，“善抚导，在州数年，边民归之五千余户”[②]。皇兴三年(469)，北魏攻占青、齐两州后，将大量青、齐民众徙至代北。黄河中下游山东、河南、河北、山西和陕西拥有3800多万人

① 《魏书·李孝伯传》。
② 《魏书·罗结传》。

口,不到全国十分之一的土地上聚集了全国三分之二的人口。① 三国初期山东地区人口 1400 多万,西晋 2200 多万。② 太康三年(283),山东地区约 25 个郡(国),人口 26 万多户,172 万多人,人口密度 11.2 人/平方公里。③ 山东、山西、陕西、河南、河北五省占全国人口的 45.38%。魏晋南北朝时期,山东地区分属于不同的政权,粗略估计,南朝宋孝武帝大明八年(464),山东有 67 万多人,人口密度 4.37 人/平方公里,占全国人口的 2.24%。东魏孝静帝武定年间(543—549),山东约有 189 万人,密度 12.32 人/平方公里,占全国人口的 5.42%。④

魏晋南北朝时期,山东地区的土地私有制继续发展,历代政府对国有土地则采取了屯田制、占田制、均田制等形式。

1. 屯田制

屯田制是曹魏政权在国有土地上实行的一种土地制度。曹操在建安二年(197)下令"州郡例置田官",把屯田推广到各地的时候,他所控制的地区主要是兖、豫二州。据《后汉书》记载,兖州辖"陈留、东郡、东平、任城、泰山、济北、山阳、济阴"⑤八个郡国,地处今山东中西部。曹魏政权规定,民屯的生产者称为屯田客。屯田客多是政府招募和强迫迁移来的流民,按照军事编制组成屯,民屯的基本单位是以五十人为一屯,屯田事宜主要由各郡国典农官主持。曹魏政府有聚留士兵家属作"质任"的制度,当时像巨野大族李典,为了表示忠心,"徙部曲宗族万三千余口居邺",曹操嘉之,迁破虏将军。泰山豪强臧霸"驻屯于开阳(今临沂地区)",后来也把宗族部曲迁居邺城,这些迁居邺城的部曲中,相当部分转化为士兵,其家属即称为士家。山东地区亦曾实行军屯,《三国志·胡质传》记载,胡质"都督青、徐诸军事"时,在山东"广农积谷,有兼年之储,置东征台,且佃且守"。屯田制的推行,

① 赵文林、谢淑君:《中国人口史》,人民出版社 1988 年版,第 44—50 页。
② 赵文林、谢淑君:《中国人口史》,人民出版社 1988 年版,第 93 页。
③ 赵文林、谢淑君:《中国人口史》,人民出版社 1988 年版,第 97、102 页。
④ 赵文林、谢淑君:《中国人口史》,人民出版社 1988 年版,第 138—139 页。
⑤ 《后汉书·郡国三》。

使大批脱离了土地的农民重新和土地结合起来，能够比较正常地进行生产，他们所受的剥削虽然较重，但比之流浪转徙，生活毕竟有所改善，生产积极性也有所提高。因而，屯田制的推行对农业生产的恢复和发展起到积极作用。

2. 占田制

曹魏政权后期，屯田的剥削越来越严重，公元 265 年，民屯制度正式废除。民屯废止以后，贵族、官僚争相侵占田地，隐匿户口。原来的屯田客或投依豪门，或游食，或当商贩，加上服役为兵者，有一半人不从事农业生产。因此，山东地区农业荒废，国库空虚，百姓穷困。针对这种情况，灭吴以后，西晋政权采取了两项重大措施：罢州郡兵以归农，颁布占田制。占田制下，农民的负担与屯田制相比，有所减轻，因为解除了屯田制下军事编制的强制形式，因此有助于提高农民的生产积极性，刺激了山东地区农业生产的发展。但西晋的占田制只是规定了农民占有土地的最高数量，而多数农民的占田数量远远达不到占田制的规定，课田之数却不递减，故农民的赋税负担还是十分沉重的。

3. 均田制

均田制是北魏政权实行的一种土地制度，一直沿用到唐前期。北魏政权统治山东地区之时，大量农民被士族庄园所隐匿，成为地主庄园的依附人口。为了把隐户争取到国家手中，太和九年(485)北魏政权开始实行均田制。按规定，男子 15 岁以上授露田 40 亩，妇人 20 亩。在实行二圃制或三圃制轮作的地区，则加倍或加两倍授给。不准买卖，老死还田。蚕桑之乡，男子给桑田 20 亩，须按规定种植桑、榆、枣树，作为世业可以卖有余买不足。山东地区属于桑蚕之乡，即按上述规定授田。均田制的实施，解放了一大批劳动力，把游离的劳动人手重新和土地结合起来，由于荫庇的户口逐渐减少，政府编户齐民的数字就大大增加，垦田面积也显著增多，山东的农业生产因而有了较大的发展。

（二）农业与手工业的商品化生产

魏晋南北朝时期，山东地区的农业与手工业在战争间歇时期得到恢复与发展。农业与手工业生产不仅仅满足生产者自身消费以及纳税贡赋，还有剩余产品进行销售。随着生产力的发展，许多农作物与手工业产品呈现商品化生产趋势。

1. 粮食作物与经济作物的种植

山东地区土质肥腴，易植五谷。《宋书》记载："泰山以南，南至下邳，左沭右沂，田良野沃。"[①]泰山以北的青齐地域，也是"青齐沃壤"，"土方二千，户余十万，四塞之固，负海之饶，可谓用武之国"。[②] 就粮食作物而言，以粟为主，麦类的种植逐渐普遍，大有追赶粟类之势。从《晋书·五行志》所记载的山东地区的自然灾害情况来看，各州郡的农作物主要是麦和豆。这一时期涌现了大量的农作物新品种。如粟类以成熟时间的先后，分为早谷和晚谷品种；以谷粒的颜色分，又有黄谷、青谷、白谷、黑谷等品种。《齐民要术》（图5－1）记载："按今世粟名，多以人姓氏为名目，亦有观形立名，亦有会义为称。"当时的农作物有以培育者姓名命名或品种性状及性能命名的方法。水利资源充足的地段也偶有水稻种植。山东居民的主食以面食和豆类为主，杂粮为副，以麦面加工而成的"饼"成为千家万户的通用食物。

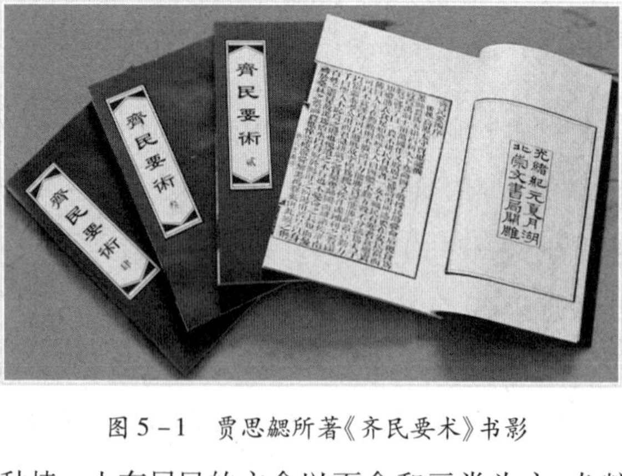

图5－1　贾思勰所著《齐民要术》书影

就经济作物而言，《齐民要术》记载，蔬菜、果木、油料、染料等作物种植

① 《宋书·何承天传》。

② 《晋书·慕容德传》。

较为普遍。蔬菜瓜果作物多沿袭前代,《齐民要术》所记山东出产的蔬菜有30多个品种,其中包括茄子、冬瓜、胡瓜、瓠、芋、葵菜、蔓菁、菘、芦菔、蒜、泽蒜、葱、韭、芸苔、芥菜、胡荽、姜、芹菜、苜蓿、堇、莴苣等常用蔬菜。当时山东地区主要栽培的果木有枣、梨、樱桃、杏、桃、柰、栗、柿、榛、安石榴、林檎等,收获量极为可观。有些果品不但产量大,而且品质优良,往往居全国同类产品之首。例如枣就是山东的著名特产,丰年可做果品佳味,荒年可代粮食充饥,故栽培者不计其数。《齐民要术·种枣第三十三》记载:"青州有乐氏枣,丰肌细核,多膏肥美,为天下第一。父老相传云:'乐毅破齐时,从燕赍来所种也。'齐郡西安、广饶二县所有名枣即是也。今世有陵枣,幪弄枣也。"如此可见当时山东枣的丰产优良。魏晋南北朝时期,花椒等调味品走进了人们的生活。《齐民要术》的《作鱼鲊第七十四》《腊脯第七十五》《羹臛法第七十六》《蒸鱼法第七十七》等篇中均是椒姜并提,绝大多数是姜椒、桔皮、葱、小蒜一起配伍。花椒就是当时新引进的一项物品。《齐民要术·种椒第四十三》记载:"今青州有蜀椒种,本商人居椒为业,见椒中黑实,乃遂生意种之。凡种数千枚,止有一根生。数岁之后,便结子,实芳芬,香、形、色与蜀椒不殊,气势微弱耳。遂分布种移,略遍州境也。"人们还对花椒叶进行了有效的利用,"其叶及青摘取,可以为菹,干而末之,亦足充事"。油料作物出现了胡麻(芝麻)、荏等,其中胡麻从汉代时移植到我国,到北朝时期山东地区已普遍耕种。另外,染料作物出现了红蓝花、栀子、蓝、紫草等,饲料或绿肥作物出现了苜蓿、芜菁、苕草等。这些经济作物的优选引进与广泛培植,使其可以作为商品在市场上出售,正如《齐民要术》所载:"有馀出卖。"

2. 手工业商品的生产

(1)丝织品

魏晋南北朝时期,山东地区的植桑养蚕技术依然居全国首位。丝织业生产也是如此。据《周书·武帝纪》载,山东出产的丝织品有衣绸、绵绸、丝布、圆绫、纱、绢、绡等7种。这些丝织品中的精品还要定额上交朝廷。北齐时,祖珽就曾调用山东出产的优质绫罗,"出山东课输大文绫并连珠孔雀罗等百余匹"。为了加强山东地区绫罗精织品的生产,北魏政权曾多次搜括丝织工匠，使之注籍为官方织户。史载，当时“民户隐匿漏脱者多。东州既平，绫罗户民乐葵因是请采漏户，供为纶绵。自后逃户占为细茧罗古者非一”①。北朝时期，山东的绫罗户、织锦户都很有名气，其中青州的“齐纨”、东阿县的“阿缟”等丝织物誉满天下。除了千家万户的农民家庭丝织业，一些官僚贵族和富商大户还开办了丝织业作坊。家住在兖州北境的北齐官僚毕义云，即“家有十余机织锦”②。在当时的南北贸易中，山东丝绢是最受南朝欢迎的商品，商人们公认“青州绢号称天下第一”，都大量购入。起初，北魏尚对此加以限制，称南朝丝绸走私商人为“伪梁细作”，到北魏末年，则“罢细作之条”③，默认了这种交易的合法性。北魏前期实行“九品混通”的租调制，“所调各随土所出”。其中兖、徐地区“贡绵绢及丝”，而东徐州东莞郡之莒（今山东莒县）、诸（今山东诸城市西南）、东莞（今山东莒县东北）三县，徐州北济阴郡之离狐（今山东菏泽市西北）、襄贲（今山东苍山县东南）“皆以麻布充税”④。这从侧面反映了北魏时期山东农民家庭纺织业发展的大致情形。

（2）金属制品

魏晋南北朝时期，山东地区是全国最重要的铁器生产基地之一。“西至长安，东尽即墨，营造器甲，必尽坚精。”山东的冶铁业在这个时期基本都由政府控制。北魏政权在山东境内凡有铁可采的地方，即设立铁官，用官方力量大规模采矿、冶炼，铸造兵器和其他铁器。山东是北魏政权出产金属兵器物资的主要基地。山东地区矿冶及锻造能力十分强盛，许多城镇中都准备了大量的铁器，作为战略物资。如北魏大将慕容白曜攻克青州东阳城，即“获仓粟八十五万斛，米三千斛，弓九千张，箭十八万八千，刀二万二千四百，甲胄各三千三百，铜五千斤，钱十五万”⑤。刘宋北伐时，一举攻克北魏重镇

① 《魏书·仇洛齐传》。
② 《北齐书·毕义云传》。
③ 《魏书·前废帝纪》。
④ 《魏书·食货志》。
⑤ 《魏书·慕容白曜传》。

碻磝(今山东聊城市茌平区),获得北魏贮存的部分物资,其中“铁三万斤,大小铁器九千余口,余器仗杂物称此”。这说明当时山东茌平一带铁冶规模不小。随着北魏政权在山东统治的稳固,矿冶行业也逐渐从军用领域走向民用领域,统治者开始组织农具的生产与销售。孝文帝延兴年间,崔鉴为东徐州刺史,“于州内冶铜以为农具,兵民获利”[①]。太和年间,崔挺为光州刺史,郡治掖,领东莱等地。先是“州内少铁,器用皆求之他境”,崔挺上表“复铁官,公私有赖”。[②]

在当时山东的矿冶行业中,铁冶占第一位,铜冶占第二位。此时山东地区主要流通前代的五铢钱,铸钱业有一定的发展。《魏书·食货志》称,熙平二年(517),尚书崔亮奏,南青州(太和二十二年由东徐州改置)苑烛山、齐州商山,“往昔铜官,旧迹见在。谨按铸钱方兴,用铜处广,既有冶利,并宜开铸”,孝明帝“诏从之”。这也反映出山东地区冶铜业发展的水平。

(3)食盐

魏晋南北朝时期,山东盐业虽因战乱衰退,但煮盐业始终是一项重要的手工业。三国时徐干在《齐都赋》中描述山东的产盐情况:“若其大利,则海滨博诸,溲盐是钟……皓皓乎若白雪之积,鄂鄂乎若景阿之崇。”[③]刘祯在《鲁都赋》中描绘:“其盐则高盆连冉,波酌海臻。素鹾凝结,皓若雪氛。”“咸池漭沆,煎炙旸春。焦暴濆沫,疏盐自殷。挹之不损,取之不动。”[④]由“疏盐自殷”“挹之不损”可见山东盐业生产的规模与效益。北魏建立后,一直是以官方为主导进行盐的生产。其经营或是彻底垄断,政府置盐池都将,自产自销;或是允许民间采盐,官方收取一定的税和贡物。从开国到灭亡,北魏的盐业政策变来变去。赵凯球、马新先生认为,北魏的盐业政策五收五放。[⑤]当时,青州是仅次于沧州的第二大煮盐地。史载:“自迁邺后,于沧、瀛、幽、

① 《魏书·崔鉴传》。

② 《魏书·崔挺传》。

③ 吴云:《建安七子集校注》(修订版),天津古籍出版社2005年版,第408页。

④ 吴云:《建安七子集校注》(修订版),天津古籍出版社2005年版,第487页。

⑤ 赵凯球、马新著:《山东通史·魏晋南北朝卷》,山东人民出版社1994年版,第165页。

青四州之境，傍海煮盐。沧州置灶一千四百八十四，瀛州置灶四百五十二，幽州置灶一百八十，青州置灶五百四十六，又于邯郸置灶四，计终岁合收盐二十万九千七百二斛四升。军国所资，得以周赡矣。”[1]东魏时期，政府垄断了青州、光州、胶州、南青州（沂州）东部沿海四州的盐业生产。在东魏前期，这些地区的海盐生产完全是民间自营，政府不予征税。到东魏末孝静帝武定年间，崔暹建议南青州等地海盐也实行官煮，至此，朝廷才向青州以外的山东产盐区征税。海盐的免税政策，对盐业生产的刺激与促进是难以估量的。

（4）造船

魏晋南北朝时期，造船业是山东地区的优势手工业。山东沿海各地，济水、沂水等河流都出现了造船业。三国时，景初元年（237）七月，魏明帝为讨伐辽东公孙渊，下令在山东半岛和渤海湾沿岸的“青、兖、幽、冀四州大作海船”[2]，景元三年（262）冬，司马昭“敕青、徐、兖、豫、荆、扬诸州，并使作船，又令唐咨作浮海大船”[3]。后赵时，武帝石虎派遣“青州之众戍海岛，运谷三百万斛以给之；又以船三百艘运谷三十万斛诣高句丽。使典农中郎将王典帅众万余屯田海滨，又令青州造船千艘，以谋击燕”[4]。由“船三百艘”“造船千艘”可见青州造船量之大。造船技术的高超，也必然是水上通道畅通的一种体现。魏晋南北朝时期，山东沿海地区因为军事行动与辽东半岛、南方沿海地区多有联系，民间海上贸易鲜有记载。据王赛时先生研究，刘宋与北魏争夺山东之际，由于北魏军队控制了兖州、徐州，刘宋占据的青州与南朝腹地两相阻隔，所以青州守军只能通过海路寻求外援。当时，位于青岛崂山的不其城成为重要外联基地。《宋书·沈文秀传》载，宋明帝派遣刘文静“从海道救青州，文静至东莱之不其城”，随行兵员甚多，从山东沿海南下至江浙地

---

① 《魏书·食货志》。
② 《三国志·魏书·明帝纪》。
③ 《三国志·魏书·钟会传》。
④ 《资治通鉴·晋纪》。

区的海上航线具有较强的军事负载能力。[①] 东晋名僧法显曾于义熙八年(412)从印度尼西亚北航到达青州长广郡的牢山(今青岛崂山),后转取陆路到达东晋都城——建康(今南京),最终撰成不朽名著。景初二年(238)司马懿征伐辽东,"屯粮于黄县,造大入城,船从此出",山东与辽东的海上航线开通;东晋义熙十三年(417),刘裕"将水军自淮、泗入清河",控制淮北地区,内河航运也颇为发达。

(5)其他名牌产品

魏晋南北朝时期,山东地区的手工业产品种类繁多,除了以上"拳头"产品,还有米酒、纸品、阿胶等名牌产品。

山东境内流行粟米酒和黍米酒,《齐民要术》详细介绍了米酒的制作方法,齐州一带的"昆仑觞""碧筒杯"是当时的名酒。纸品已是当时农家的重要副产品,《齐民要术》提到农家兼营造纸"其利又多",其中以胶东一带的"五色花笺"最为畅销。东阿的阿胶是当地特产,其"有大井,其巨若轮,深六七丈,岁尝煮胶,以供天府"。

二、商品生产经营与商人群体

魏晋南北朝时期,虽然屡经战乱,但商业活动并未完全消失或停滞不前。战争的间歇时期,统治者还是采取了一些有利于商业发展的措施和政策。比如曹魏时期,曹丕下令减税,指出"关津所以通商旅,池苑所以御灾荒,设禁重税,非所以便民;其除池御之禁,轻关津之税,皆复什一"[②]。关税的降低,有利于贩运贸易的发展和各地区之间的物质交流。

魏晋南北朝时期的商品生产有两种类型:一是专门的商品生产,二是非商品生产者的商品生产。专门的商品生产主要指手工业品的生产和经济作物的种植。而农民生产的产品,一般来说是为了满足自身的需要,而非为了交换,所以将其称为非商品生产者的商品生产。但是出于纳税和生产、生活

---

① 王赛时:《山东沿海开发史》,齐鲁书社2005年版,第119页。

② 《三国志·魏书·文帝纪》。

的需要，农民生产的产品也常常转化为商品而投放市场。

魏晋南北朝时期，商业经营方式多样化，既有小商小贩的商品贩卖活动，又有富商大贾的商业货殖活动，形成了不同商人群体不同的经营方式。小商小贩的贩卖活动又有两种情况：一是兼职商贩，他们不是专业商人，而是把自己的手工业品或农副产品甚至是自己的劳动力投放市场出售，换取货币。曹魏时平原郡高唐县（今山东高唐）人刘寔年少时贫苦，“卖牛衣以自给。然好学，手约绳，口诵书，博通古今”①，因家庭贫困，临时去当了亦工亦商者，“薪水”一词，最早便出自《晋书·刘寔传》，“薪水之事，皆自营给”，“薪水”指砍柴、打水等杂务，而与钱无关。北魏政府将原青齐的望族迁往平齐郡，这些原青齐望族大家的成员，作为降民，生活困窘，除靠亲友接济，大多以佣书为生。如刘芳，“为诸僧佣写经论，笔迹称善，卷直以一缣，岁中能入百余匹，如此数十年，赖以颇振”②，属于“佣书”工作中的高收入者。另一种则是专门从事小商品贩卖活动的职业商人，他们是真正意义上的“贩夫走卒”，单纯的贩运，本小利微，流动性强，所贩卖的商品不是自己生产的，如东晋北海郡剧县（今山东潍坊寿光东南）人王猛少贫贱，“以鬻畚为业，尝货畚于洛阳”，王猛的发迹传说也是源自市场，“有一人贵买其畚，而云无直，自言：‘家去此无远，可随我取直。’猛利其贵而从之，行不觉远，忽至深山，见一父老，须发皓然，踞胡床而坐，左右十许人，有一人引猛进拜之。父老曰：‘王公何缘拜也！’乃十倍偿畚直，遣人送之。猛既出，顾视，乃嵩高山也”③。魏晋南北朝时期，农村集市、城镇市场以及各类交通线路上最常见的商人就是这种小商贩。

富商大贾的商业货殖活动也分为两种：一是专业贩运贸易，二是集生产与销售于一体。自秦汉以来，就有“富商大贾，周流天下”的情况。北魏的大商人刘宝，“州郡都会之处，皆立一宅”，“舟车所通，足迹所履，莫不商贩焉。

① 《晋书·刘寔传》。
② 《魏书·刘芳传》。
③ 《晋书·载记·苻坚下》。

是以海内之货,咸萃其庭”。[①] 富商大贾们所经营的商品种类丰富多彩,利润雄厚。刘宋时,“凡自淮以北,万匹为市,从江以南,千斛为货。亦不患其难也”[②]。《齐民要术》记载,花椒的引种正是因青州商人在专业贩运蜀地花椒中发现商机后,直接进行栽培试验,几年后,成为集生产与销售的大商人,所得利润更为丰厚。

秦汉时期的商人基本上作为一个独立的社会阶层而存在。至三国时期,随着政权式微,政府对商人的控制日益松弛,商业渗透到社会各阶层。商人干政、官僚经商等情况不断出现。两晋南北朝时,官僚经商现象愈加突出。当时山东地区官僚经商最为知名的是王戎。《晋书·王戎传》载:“性好兴利,广收八方园田水碓,周遍天下。积实聚钱,不知纪极,每自执牙筹,昼夜算计,恒若不足。”《世说新语·俭啬》载:“司徒王戎,既贵且富,区宅僮牧,膏田水碓之属,洛下无比。契疏秩掌,每与夫人烛下散筹算计。”官至西晋司徒的王戎,集大官僚、大地主和大商人三重身份于一身,既经营土地,有规模很大的田地和水磨,也经营商业,高价出售自己生产的农产品。即便如此,他仍然感到财富不足,以至于经常与夫人用牙筹算计。再如三国时吴国名将潘璋,今山东冠县人,每逢战争间隙,“立军市,他军所无,皆仰取足”[③],通过军市贸易,获取各种物资,成为军事将领经商的典型。东晋江州刺史刘胤,今山东莱州人,“矜豪日甚,纵酒耽乐,不恤政事,大殖财货,商贩百万”。刘胤不理政事而致力于贩运活动,后“商旅继路,以私废公”[④]。东晋御史中丞何承天,今山东郯城人,曾向下属高价推销物品,“卖茭四百七十束与官属,求贵价”[⑤],后因被人揭发而被免职。南齐时期,史载多任青州刺史“资鱼盐之货,或强借百姓麦地以种红花,多与部下交易,以祈利益”[⑥],这些官员利用职务之便谋求私利。北魏西兖州刺史郑羲,不但“政以贿成”,而且

---

① 《洛阳伽蓝记·城西之法云寺》。
② 《宋书·周朗传》。
③ 《三国志·潘璋传》。
④ 《晋书·刘胤传》。
⑤ 《宋书·何承天传》。
⑥ 《南史·王洪范传》。

"西门受羊酒,东门酤卖之"[①],将在西门受贿的物品到东门卖掉,可谓一本万利;齐州刺史崔季舒"坐遣人渡淮互市"[②],因私自派人南渡与他国进行通商贸易而获罪。官僚经商成为魏晋南北朝时期商业的一个显著特征。

三、商业借贷的普遍化

魏晋南北朝时期,由于社会分工水平的提高,战争间歇时期贸易活跃,带来商业借贷活动的繁荣。民间借贷非常普遍,西晋琅邪临沂人王衍"善施舍,父时有假贷者,皆与焚券"[③]。王戎"女适裴頠,贷钱数万。女归,戎色不说。女遽还钱,乃释然"[④]。王戎的女儿嫁给了裴家公子,借王戎几万钱。女儿回娘家的时候王戎不悦,女儿赶紧将钱还上,王戎才释然。

除了世俗借贷行为,寺院道观的商业借贷行为较为突出。《北齐书·苏琼传》记载了山东地区道观等宗教机构的商业借贷现象。史载,苏琼任南清河郡太守期间,为官清廉,"不发私书"。当地有个道士叫道研,为济州沙门统,他资产巨富,"在郡多有出息",通过高利贷获取巨大收益,但经常需要政府代为追讨。为寻求政府支持,道研多次求见苏琼。"及欲求谒,度知其意,每见则谈问玄理,应对肃敬,研虽为债数来,无由启口。其弟子问其故,研曰:'每见府君,径将我入青云间,何由得论地上事。'"[⑤]苏琼知道道研的来意,每次见面只与他谈玄学,所以道研不好意思开口。弟子问道研原因,道研说每次谈话苏琼都把我引入云间,哪里能谈"地上事"(经营借贷)的事情?这件事反映了当时寺院道观经营借贷的情况。

四、城市商业曲折发展

魏晋南北朝时期,由于战争频繁,所以商业发展时常被打断,城市的军

---

① 《魏书·郑羲传》。
② 《北齐书·崔季舒传》。
③ 《世说新语·规箴》。
④ 《世说新语·俭啬》。
⑤ 《北齐书·苏琼传》。

事化特点也较为突出。[①] 一些比较重要的城市都是以军事据点的面目出现的。如汉献帝初平四年(193)秋,曹操进兵徐州(治郯,今山东郯城),略地至东海,所过大肆杀戮,一路上"鸡犬亦尽,墟邑无复行人"。兴平二年(195)夏,曹操与吕布大战于巨野(今山东巨野南)。魏、宋对峙时兖州、青州是双方争夺的重镇,"自江淮至于清济,户口数十万,自免湖泽者,百不一焉。村井空荒,无复鸣鸡吠犬"[②]。之前比较繁盛的临淄、任城、高唐、定陶等地纷纷凋零。

自曹魏统一北方后,政府开始注重经济发展,山东地处曹魏内地,在相当长的一个时期内无兵火之祸,因此,山东的城市与商业得到一定的恢复。青州治所临淄城、清河郡治所清河城(今临清北)、济阴郡治所定陶城以及北海平寿城、琅邪开阳城等都初具规模。西晋时,山东的城市继续缓慢发展,临淄作为商业中心的地位不复存在,乐陵(今山东惠民东)、平原(今山东平原南)、清河、临淄、高苑(今山东桓台西)、莒县、郯县(今山东郯城)、开阳(今山东临沂北)、东莞(今山东沂水北)等城规模较大,司马氏代魏以前,这些城市"游食滋多,巧伎末业,服饰奢丽"[③],商业比较活跃。

东晋十六国时期,战争和割据使山东地区的城市和商业遭到极大破坏,也直接导致了某些城市的兴废。如西晋末年,刘聪部将青州刺史曹嶷占据齐鲁诸郡后,在今青州市境内另筑一座城池,把青州、齐郡、临淄县三级政府都迁进城里,"有大涧甚广,因以为固",所以将此城称为广固城。该城的建立、选址和布局,具有明显的军事据点色彩。但到义熙六年(410)东晋刘裕攻破广固灭掉南燕后,广固城也被予以平毁,另筑东阳城。

南北朝时期,山东地区经过最初30年比较安定的时间,许多城市和商业有所恢复。但元嘉末年,宋魏之间的战争再次导致城市和商业的衰退。魏军大举南下,兖、青、徐、豫等州首当其冲,"破南兖、徐、兖、豫、青、冀六州,

---

① 赵凯球、马新著:《山东通史·魏晋南北朝卷》,山东人民出版社1994年版,第168页。
② 《宋书·索虏传》。
③ 《晋书·齐王攸传》。

杀伤不可胜计……所过郡县,赤地无余,春燕归,巢于林木”[①],造成极大的破坏。直至北魏占有山东后,孝文帝推行改革,对山东实行了一些有利于商业发展的政策,如放松对手工业户、商户的控制,统一度量衡等,山东的城市与商业才又逐渐恢复,商品交易日趋繁荣。如北齐天保年间(550—559),郑述祖任兖州刺史,他在州内实行教化,将州内治理得很好。州里有一个人曾进入市中偷布,偷者父亲说,我们怎能忍心欺骗郑大人呢?便让他自首,郑述祖也原谅了他。这个故事说明当时的兖州存在商品交易市场。[②] 当时山东的大城市有乐陵、平原、泰山(今山东泰安东南)、鲁县(今山东曲阜)、高平(今山东邹城西南)、无盐(今山东东平东)、临淄、平寿(今山东潍坊南)、济南、太原(今山东长清西)、掖县、长广(今山东平度)、东牟(今山东蓬莱南)、平昌(今山东潍坊南)、兰陵、左城(今山东定陶西)、东阳(今山东青州)、兖州等。北魏时,政府设济州治,辖境包括今山东聊城、东阿、肥城、阳谷、高唐等地,济州治设“邸阁,每军国有须,应机漕引”[③],“邸阁”即地区物资调拨与储存基地。大小城邑中聚居着各行各业的手工业户,自产自销,亦工亦商,以其产品供应着城市居民的消费需求。

北朝时,青州如同北魏都城洛阳一样,汇集了各路前来贸易的外商,他们有的已在此设店开铺,长期定居。青州成为黄河下游最为重要的商业经济中心之一。市内店铺均按商品种类区别分布,经营同类商品的,鳞次栉比,各自排成行列,这种行列称为“列”“肆”“列肆”或“市列”。城市经济的发展,为贸易的兴盛创造了条件,城市商业也趋于繁荣。

五、风格迥异的商业思想

魏晋南北朝时期,由于政府对商人打击的力度大为削弱,不仅商人干预国家政事、官僚从事商业活动,就连地主、小生产者和无地的农民也纷纷经商,商业几乎渗透到社会的各个阶层。由于商人队伍异常混杂和庞大,山东地区的社会风

---

① 《资治通鉴》卷一二六。

② 张景月、刘新风:《商史通鉴》,九洲图书出版社 1996 年版,第 207 页。

③ 《魏书·食货志》。

气也在由“尊贤尚功”向“专在荣利”转变,各阶层出现了风格迥异的商业思想。

(一)“专在荣利”的民风

《汉书》即记载“齐俗奢侈,好末技”,到魏晋南北朝,王戎“性好利”,经常手执象牙制的筹码计算财产,甚至日夜不辍。北齐青州刺史卢文伟虽“性轻财”,但为了得民心需要“行小惠”,所以自己经商,“经纪生资,常若不足”①,总苦于自己财产不够多。北魏《洛阳伽蓝记·城东》记载:“齐土之民,风俗浅薄,虚论高谈,专在荣利”,其举例云:“太守初欲入境,(百姓)皆怀砖叩首以美其意。及其代下还家,以砖击之。”新任太守上任,民众怀揣砖头叩首迎接,等其离任时,则纷纷掏出砖头掷击。在战乱年代,官吏贪横,由于当时的山东人民热衷于商贾,所以已经不像农民那样逆来顺受,故随时怀砖击官,但“专在荣利”“怀砖之义”成为齐人重利轻义的恶谥。

正是因为这一时期好利之风盛行,衍生出另外一个极端:完全厌恶经商与逐利的反商思想。如《世说新语·规箴第十》记载,王衍对钱嗤之以鼻,不愿提钱。郭氏是他的妻子,想逗他说钱字,于是趁着王衍熟睡,令仆人搬运大量铜钱围绕在他床前,想让王衍睡觉醒来的时候不能下床走路,这样肯定会说出钱字来。没想到王衍醒来后把仆人喊来,用手指钱说道:“举却阿堵物。”从此,“阿堵物”便成了钱的代名词。

(二)传统文化对商业的重视

魏晋南北朝时期的思想主流是玄学,但山东地区的思想家们的相关论述中,有许多阐发了他们对商业、商人以及财富增长的认识。

1. 颜之推

南北朝时期琅邪临沂(今山东临沂)人,具有传统士人的风骨,“委明珠而乐贱,辞白璧以安贫”②。他对商业和商人的看法基调依然是传统的本末

---

① 《北齐书·卢文伟传》。

② 《北齐书·颜之推传》。

思想,“食为民天,民非食不生”,“安可轻农事而贵末业哉”,反对“贪荣求利”,但是他也认识到农工商各业都有所长,不能偏颇。“人生在世,会当有业:农民则计量耕稼,商贾则讨论货贿,工巧则致精器用,伎艺则沉思法术,武夫则惯习弓马,文士则讲议经书。”[1]这强调商业和士、农、工一样,都需学有专攻。

2. 贾思勰

北魏齐郡益都(今山东寿光)人,其所著《齐民要术》的内容主要与农业有关,并强调“舍本逐末,圣哲所非”,“商贾之事,阙而不录”。但著作本身所讲的农产品生产不仅仅是满足自己的生活需要,还考虑到了市场交换,体现了贾思勰重视商业的思想。《齐民要术·杂说》中提到:“如去城郭近,务须多种瓜、菜、茄子等,且得供家,有馀出卖。”《齐民要术·种瓜第十四》引用《氾胜之书》的种瓜方法:“种常以冬至后九十日、百日,得戊辰日种之。又种薤十根,令周回瓮,居瓜子外。至五月瓜熟,薤可拔卖之,与瓜相避。又可种小豆于瓜中,亩四五升,其藿可卖。此法宜平地。瓜收亩万钱。”《齐民要术·种谷楮第四十八》:“指地卖者,省功而利少。煮剥卖皮者,虽劳而利大。其柴足以供燃。自能造纸,其利又多。”贾思勰不再主张纯粹的男耕女织、自给自足的自然经济,而是主张农民将生产物投入市场得到收益。《齐民要术·杂说第三十》引《四民月令》述及一年主要的买卖经营活动:“二月……可粜粟、黍、大、小豆、麻、麦子等。收薪炭。……。三月……可粜黍,买布。……。四月……可籴穬及大麦。收弊絮。……。五月……粜大、小豆、胡麻。籴穬、大、小麦。收弊絮及布帛。……。七月……可粜大、小豆。籴麦,收缣练。……。八月……粜种麦。籴黍。……。十月……卖缣帛、弊絮。籴粟、豆、麻子。……。十一月……籴粳稻、粟、豆、麻子。”在贾思勰看来,农产品经营必须按照时间和季节变化进行调整,强调生产的持续性与多种产物的多样化经营。

---

① 《颜氏家训·勉学》。

（三）重视商业经营技巧的思想

魏晋南北朝时期，思想界关于商业经营技巧的实践和思想也比较丰富。

东晋宰相王导为解决财政问题实践了管子的商战思想。“时帑藏空竭，库中惟有练数千端，鬻之不售，而国用不给。导患之，乃与朝贤俱制练布单衣，于是士人翕然竞服之，练遂踊贵。乃令主者出卖，端至一金。其为时所慕如此。”[①]国家财政困难，国库里只有几千匹白绢，销路不畅，而且即使卖掉也增益不多。于是王导通过名士穿白绢衣服制造时尚潮流来高价推销商品，成效斐然。

《齐民要术》中则有很多商业信息的预测思想。《齐民要术·杂说第三十》：“五谷贵贱法：‘常以十月朔日，占春粜贵贱：风从东来，春贱；逆此者，贵。以四月朔占秋粜：风从南来、西来者，秋皆贱；逆此者，贵。以正月朔占夏粜：风从南来、东来者，夏皆贱；逆此者，贵。’”这也是中国古代思想家主张的“顺天时，量地利”思想在商业方面的一种发展。

六、货币私铸和流通

魏晋南北朝时期，不断的战乱和频繁的政权更替给社会经济造成严重危害，也打断了商品货币流通的正常发展。从出土的铜钱看，这一时期的铜钱出土数量较为稀少。绢帛在北魏既是普通商品，也是货币商品，又直接作为货币在市场上使用。《北史·赵柔传》：“有人与柔铧数百枚者，柔与子善明鬻之于市，有从柔买，索绢二十匹。”在《齐民要术》中经常提到用绢来衡量某些产品的价值，正是将绢看做一般等价物的体现。《齐民要术·种棠第四十七》：“成树之后，岁收绢一匹。亦可多种，利乃胜桑也。”《齐民要术·种胡荽第二十四》：“一亩收十石，都邑粜卖，石堪一匹绢。”可见，绢帛在一定的区域内可以满足市场交换的需要。

魏晋时期山东地区的货币流通较为混乱，货泉、五铢、直百五铢、剪轮钱

---

① 《晋书·王导传》。

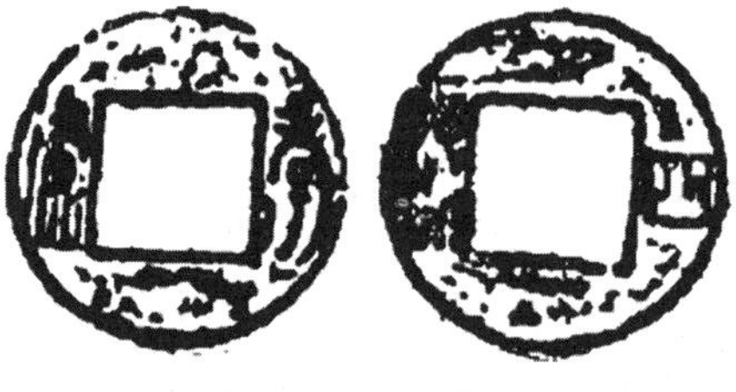

图5－2 临沂市出土的孝建四铢（面为“孝建”，背为“四铢”）

等并行流通。如2003年临沂市洗砚池1号晋墓出土多枚铜钱。[①] 这些铜钱多锈结一起，可统计者有20余枚。其中有货泉，直径2.3、孔径0.7厘米；五铢，直径2.5、孔径0.9厘米；直百五铢，直径2.5、孔径0.9厘米；剪轮钱，直径1.9、孔径0.9厘米。南朝时期，山东地区在一个时期内属于刘宋政权，所以也有南朝铸币流通，如1995年临沂市发现南朝孝建四铢上千枚（图5－2）。[②]

北魏建国后一直以谷帛为主要流通手段，孝文帝太和十九年（495）开始铸造太和五铢，从此正式恢复铜钱流通。此时山东地区的货币流通也以太和五铢为主。但因官铸货币数量难以满足各方需求，所以政府允许一定程度的货币私铸行为，“民有欲铸，听就铸之，铜必精练，无所和杂”[③]。由于经济恢复得还不够充分，钱币也不规范，因而影响了流通效果。孝明帝熙平（516—517）初，尚书令、任城王元澄言：“太和五铢虽利于京邑（洛阳）之肆，而不入徐扬之市。土货既殊，贸鬻亦异，便于荆郢之邦者，则碍于兖豫之域。”[④]既然流通不便，地方就有铸造货币的冲动。前文已述，尚书崔亮曾向孝明帝奏请开采“南青州苑烛山”“齐州商山”等地铜矿，并铸造铜钱。孝明帝采纳了崔亮的建议，“自后所行之钱，民多私铸，稍就小薄，价用弥贱”。总体而言，这一时期的货币铸造较不发达，官铸数量较少，私铸质量较差，严重阻碍了商业贸易发展。

北朝时期，山东地区也流通常平五铢，但出土铜钱数量不多。北朝北齐文宣帝天保四年（553）铸行常平五铢，此事记录于《隋书·食货志》中，曰：“文宣受禅，除永安之钱，改铸常平五铢，重如其文。其钱甚贵，且制造甚精。

① 冯沂：《山东临沂洗砚池晋墓》，《文物》2005年第7期。

② 孙军：《山东临沂发现南朝孝建四铢》，《中国钱币》1998年第2期。

③ 《魏书·食货志》。

④ 《魏书·食货志》。

至乾明、皇建之间，往往私铸。邺中用钱，有赤熟、青熟、细眉、赤生之异。河南所用，有青薄铅锡之别。青、齐、徐、兖、梁、豫州，辈类各殊。武平已后，私铸转甚，或以生铁和铜。至于齐亡，卒不能禁。”1979 年博兴县出土常平五铢，重 12.5 斤（图 5－3）①。这些常平五铢径为 2.4 厘米，重 4.1 克，文为篆书“常平五铢”。1984 年济南市马家庄北齐墓出土 1 枚常平五铢。这枚五铢钱直径2.5 厘米，铜质锈蚀，字迹模糊，尚能辨出篆书体“常”字。②

图 5－3　博兴县出土的北齐常平五铢钱

① 李少南：《山东博兴县出土铜镜和货币》，《考古》1984 年第 11 期。

② 韩明祥等：《济南市马家庄北齐墓》，《文物》1985 年第 10 期。

第六章　隋唐时期山东地区的商业与贸易

隋唐时期山东地区的商品经济较之魏晋更加繁荣。《隋书·地理志》载:“徐、兖诸郡,贱商贾,务稼穑。”意思是,隋初徐州、兖州等地的百姓鄙视商业贸易,非常重视农业种植。正是在农业、手工业稳定发展的基础上,山东地区的商业贸易较前代有了较大发展。在用于贸易的诸商品中,鲁酒成为新亮点。随着社会经济的恢复和发展,青州、齐州、郓州、任城等城市的商业贸易呈现一派繁荣景象。草市等农村集贸市场也得到发展。商人群体除了传统的民间商人,官府经商行为较多,唐代中期以后具有官员身份的私商日益增多。这一时期的山东半岛与新罗、渤海、日本等地的海外贸易较为发达。

一、商业发展的经济基础

除了隋末农民起义、唐代安史之乱和唐末五代等个别时期,山东地区局势安定,农业、手工业得到迅速发展,为商业贸易提供了大量商品。

(一) 粮食作物

隋唐五代时期,山东是当时全国最重要的粮食产区之一。山东地区仍以种植谷粟为主。中央政府在山东地区的文件多为“征收谷粟”“免收谷粟”“飞刍挽粟”等。开元年间(713—741)棣州的赋税中,除了征粟,还有小麦和豆类诸项。五代的统治者也曾强迫山东百姓缴纳麦面、曲(麸曲)钱等,这说明小麦和豆类也是当时山东地区普遍种植的农作物，其产量很可能仅次于谷粟。日本僧人圆仁在《入唐求法巡礼行记》（图6－1）曾提到唐文宗开成五年（840）他在齐州禹城县时，曾听到这里的粮价是“粟米一斗卅五文，粳米一斗百文。小豆一斗廿五文”①。山东农业区的水稻生产较前代增加，《入唐求法巡礼行记》记载：“青州以来诸处，近三四年有蝗虫灾，吃劫谷稻。”②说明当时青州地域，谷子与水稻间种并植。天宝八年（749）全国共有各色米粮（包括和籴、诸色仓粮、正仓粮、义仓粮、常平仓粮）96062220石，而山东地区所在的河南道仓粮居全国第一位，河北道居第二位，两道共有粮4350多万石，占全国总数的45%强。此年正仓粮总数为42126184石，其中河南道为5825414石，为全国第一位，河北道为1821546石，为全国第三位。义仓粮总数为63177660石，其中河南道为15429763石，为全国第二位，河北道为17544600石，为全国第一位。常平仓粮总数为4602220石，其中河南道为1212464石，为全国第二位，河北道为1663778石，为全国第一位。③ 此外，除了正常的税粮，中央政府还经常从山东调运大量粮食供应京城与战争的需要，甚至有时因京师贮粮过多导致山东粮食“留纳本州”的情况。

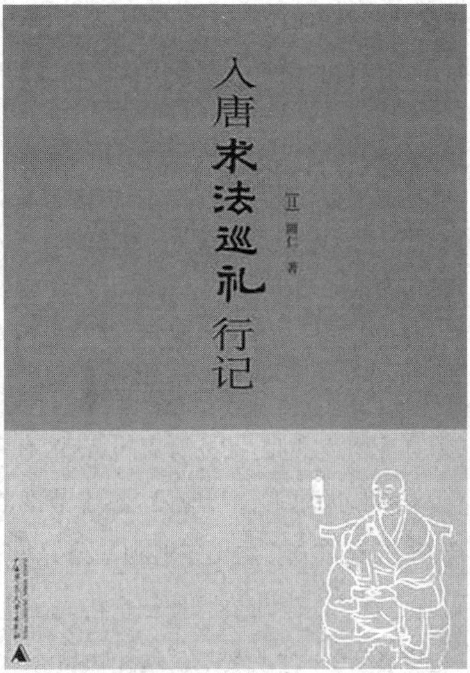

图6－1 《入唐求法巡礼行记》封面

粮食的大量种植，使山东地区的粮食商品化有很大发展，圆仁记载了各地市场粮食的价格，说明粮食已是市场上的重要商品。《新唐书·食货一》

① 圆仁：《入唐求法巡礼行记》，广西师范大学出版社2007年版，第83页。
② 圆仁：《入唐求法巡礼行记》，广西师范大学出版社2007年版，第65页。
③ 高凤林著：《山东通史·隋唐五代卷》，山东人民出版社1994年版，第165页。

中提到，“是时，海内富实，米斗之价钱十三。青，齐间斗才三钱”，这说明山东出产粮食的竞争力在全国是比较强的。

（二）经济作物

敦煌写卷 P.3723《记室备要》上、中、下三卷，是泰宁节度监军使记室郁知言，为其上司护军常侍太原王公预先撰写的各种书信格式。从其序言可知，撰写者系“乡贡进士郁知言”。郁知言“咸通七年偶游于鲁，遇护军常侍太原王公”，咸通七年即公元 866 年，“偶游于鲁”的“鲁”，指“泰宁节度使（或称兖州节度使）的驻所兖州，辖区有兖、海、沂、密四州，即习称之鲁地”。“护军常侍太原王公”，应是“泰宁节度监军使……这个王公，究竟是谁，尚待考证”[①]，郁知言在山东遇到王公并得到赏识，而获得“记室”一职，“感怀知遇之恩”“备述所要”，作记室格式文章二百八十六首，以事类编次。其中《记室备要》下卷所列王公送礼物品清单共计 76 种，已有学者对比礼单分析唐代山东地域的社会生产，认为这些物资基本为山东特产。[②] 其实，这 76 件物品有三个来源：一是有可能部分是山东本地产，部分转辗自商贸，如“书籍”“古画”“药方”等；还有一部分物资则确定来自于商贸，如“柑橘”“生蕉”“阮咸”等；第三部分如“水葱席”“药方”“樱桃”“藕子”“蒲桃”“杏子”“桃子”“枣子”“石榴”等则为鲁地特色产品或经济作物。

当时山东地区驰名的经济作物主要有果木、中药材等。唐代山东果木的种植面积很大。果品以枣、梨、杏、栗、柰为主，其中不乏全国知名的优良品种。《齐民要术》中早已详列上述果品的种植方法，这些果品在唐代山东依然广泛种植。比如山东的枣始终盛名不衰，享誉神州。沈俭期的《夜泊越州逢北使》云：“饥共噬齐枣，眠共席秦蒲。”可见，山东出产的枣已远远地输送到了今浙江一带。山西僧人慧觉曾“不远千里，青州取枣，于并城开义寺种之”，可见“青州枣”已享有盛名。另外，山东水果的其他名品尚有水梨、

---

① 赵和平辑校：《敦煌表状笺启书仪辑校》，江苏古籍出版社 1997 年版，第 117 页。
② 周尚兵：《P.3723 鲁地礼物清单所示唐代山东社会生产》，《敦煌研究》2016 年第 4 期。

杏等。青州出产的水梨为“应天下州县旧贡滋味食馔之物”,每年都要“有取于民家”[①],贡送于朝廷。“济南郡之东南有分流山,山上多杏,大如梨,黄如橘,土人谓之汉帝杏,亦曰金杏。”[②]这也是山东水果中稀有品种。唐代山东还引入西域的葡萄。“贝丘之南有葡萄谷,谷中葡萄,可就其所食之。”[③]贝丘,即今山东博兴县郝乡境内。可以说,山东的果品生产在农业多种经营中占有较大的分量。

山东还是全国中药材的重要产地。当时天然药材的主要集中地是生态环境比较好的泰山周边地域及沿海丘陵山区。如《水经注》卷二四云:“汶水出县西南流,又言自入莱芜谷,夹路连山百数里,水隍多行石涧中。出药草,饶松柏,林藿绵蒙,崖壁相望。”“郝公景于泰山采药,经市过。”[④]据《元和郡县图志》记载,山东出产的许多中药材都被政府列为重要的土贡物品,每年定期定额上交朝廷。其中包括郓州、齐州的防风、滑石和云母,曹州的葶苈和蛇床子,青州的红蓝、紫草,淄州的防风,登州、莱州、密州的牛黄,兖州的紫石英和防风,沂州的紫石英和钟乳,济州的阿胶和鹿角胶。这些中药材不仅成为重要贡品,而且是市场上的畅销品,“郝公景”即兼药品采集者及经销者于一体。

(三)盐铁产品

隋代与唐初,政府放任民众晒盐与煮盐。安史之乱后,唐代财政非常困难,于是唐肃宗时第五琦为度支使作榷盐法,凡产盐地方,设“榷盐院”,由此盐利尽归朝廷。因为山东的产盐量巨大且利润丰厚,所以中央政府在山东产盐各州设置榷盐院,管理盐业生产经营事宜,“贞元十四年(798)三月,郓、青、兖三州各置榷盐院”[⑤]。中央政府从榷盐中获利巨大,但地方藩镇几乎无利可

---

① 《全唐文》卷一二二,后周太祖《却诸道贡物诏》。
② 〔唐〕段成式撰,方南生点校:《酉阳杂俎》卷一八,中华书局1981年版,第174页。
③ 〔唐〕段成式撰,方南生点校:《酉阳杂俎》卷一八,中华书局1981年版,第175页。
④ 张鷟撰:《朝野佥载》卷一,中华书局1985年版,第3页。
⑤ 《旧唐书·食货上》。

赚。从长庆年间(821—824)开始,中央政府放松了对山东盐业的控制,允许地方官府和藩镇获取盐利,缓解地方财政开支困难。长庆二年(822),“如闻淄青、兖、郓三道,往来粜盐价钱,近取七十万贯,军资给费,优赡有余。自盐铁使收管已来,军府顿绝其利。遂使经行阵者有停粮之怨,服陇亩者有加税之嗟,犯盐禁者困鞭挞之刑,理生业者乏蚕酱之具。虽县官受利,而郡府益空。俾人获安宁,我因节用。其盐铁先于淄青、兖、郓等道管内置小铺粜盐,巡院纳榷,起今年五月一日已后,一切并停。仍各委本道约校比来节度使自收管充军府逐急用度,及均减管内贫下百姓两税钱数。至年终,各具粜盐所得钱,并均减两税,奏闻”①。地方政府与中央政府争夺盐利的斗争颇为激烈,可见盐的利润之丰厚。

唐代山东食盐主要通过煮盐的方式获取,环绕山东半岛,到处都有产盐地。据《新唐书·地理志》记载,当时掖县、胶水县、即墨县、渤海县、诸城县、莒县、蒲台县等都生产食盐。地处黄河三角洲的棣州在唐贞元年间(785—804)年产量达数十万斛,“棣州之盐池与蛤蜾岁出盐数十万斛”,“蛤蜾”,位于棣州之南,有盐池。② “《唐书》棣州有蛤蜾盐池,李纳城而戍之,以专其利,今为平地,在武定府。”③这里因此成为唐代平卢、成德、幽州三镇竞相争夺的目标。青州北部沿海区域,到盛唐之际,产盐源源不绝。《通典》卷180《青州》载:“青州古齐,号称强国,凭负山海,擅利盐铁。”莱州的掖县、即墨、胶水和昌阳(今山东莱阳)四县境内均有盐业资源,取之不尽。《元和郡县图志》卷11记载平度故城,“在县西北六十七里,城西北有土山,古今煮盐处”。密州产盐也很丰富,有卤泽9所,盐场130多处。可见,隋唐时期山东的产盐区分布广泛,从业人员众多,产业发展历史悠久,构成山东煮盐业的优势。山东盐除制作白盐供日常食用外,还专门制作黄盐以供手工业用,杀茧、制酱、做酢、入药均以北海黄盐为上选。酱酢盐菜是山东居民常年所需,家家制备。圆仁曾经在牟平县东南方向民居家中“乞酱酢盐菜”。腌制酱酢盐

① 《旧唐书·食货上》。

② 《旧唐书·李师古传》。

③ (雍正):《山东盐法志》卷一二《古迹》。

菜以山东海盐为佳,“此间东海盐、官盐白,草粒细。北海盐黄,草粒大。以作鱼鲊及咸菹,乃言北海胜”①。日常生活及手工业、农业用盐所需,使山东海盐的需求量相当大,煮盐业成为山东区域经济的重要产业。

山东地区的矿冶以铁为主,产铁区随处可见。《元和郡县图志》记载莱芜西北的韶山出铁,汉代即在此设置铁官,至唐代依然“鼓铸不绝”。唐代于开元年间(713—741)开始征铁税,安史之乱后实行专卖。但在山东地区,也同盐税一样,铁利归藩镇。至李师道时,淄青镇每年矿冶之利达百余万贯。“兖、郓、淄、青、濮州界,旧有铜铁冶,每年额利百余万”②,淄青镇被平定后,利归朝廷,但州府军镇仍私自开矿冶炼。“三道十二州皆有铜铁官,岁取冶赋百万,观察使擅有之,不入公上。”③唐文宗太和五年(831),盐铁使王涯奏请将兖、郓、淄青三道私占矿冶勒还朝廷,并请求免除采炼人户杂差役,矿冶所得的一部分以纳税方式上交朝廷,朝廷与三镇分享其利。五代时,各割据政权为获取厚利,在大部分时间内实行矿冶榷管制度;有时允许百姓自采、自炼、自铸、自卖,而课以重税。

当时,兖州是山东地区的矿冶中心,而兖州的矿冶又主要集中在莱芜县。莱芜县矿冶以铁、铜为大宗,锡次之,矿区及冶炼工场格外密集,可谓冶金中心。山东矿冶的产量和利润相当高。齐州的历城县、淄州的淄川县、莱州的昌阳县、沂州的丞县和兖州的莱芜县均为冶铁基地。与冶铁相关,山东的炼钢铁技术出现了由冶铸工艺到锻制工艺的技术转型。随着这一技术转型,运用锻制工艺制作刀剑、手工工具与农具的铁匠铺便大量出现在乡村镇市。尉迟敬德就是隋末唐初山东运用锻制工艺的著名铁匠,圆仁所借宿的淄州偏远山村——长山县古县村郭家,就是锻工。

---

① 〔唐〕苏敬等撰,尚志钧辑校:《新修本草:辑复本第二版》,安徽科学技术出版社 2004 年版,第 286—287 页。

② 《旧唐书·王涯传》。

③ 《新唐书·王涯传》。

（四）鲁酒

山东地区的酿酒业历史悠久。隋唐时期，酿酒业有了新发展，农民丰年时都可自家酝酿，产量多者还可将剩余酿酒馈赠亲朋好友或到集市上售卖。城镇也出现了很多酿酒作坊，进行较大规模的酿造生产。唐代，山东地区生产的酿酒统称为鲁酒。很多诗人对鲁酒赞不绝口。如李白客居山东，对鲁酒爱不释手，写有众多诗文赞美鲁酒。比如，“鲁酒不可醉，齐歌空腹情”①，“鲁酒白玉壶，送行驻金羁”②，“闲倾鲁壶酒，笑对刘公荣”③，又如，“鲁酒若琥珀，汶鱼紫锦鳞。山东豪吏有俊气，手携此物赠远人”④。其他诗人也纷纷赞美鲁酒。比如，“齐讴听处妙，鲁酒把来香”⑤，“柴门岂断施行马，鲁酒那堪醉近臣”⑥，“山中无鲁酒，松下饭胡麻。莫厌田家苦，归期远复赊”⑦。唐代诗人充满了对鲁酒的赞美之情，也反映了鲁酒品质的优良。在各种鲁酒中，最著名的当属兰陵酒，正如李白诗云：“兰陵美酒郁金香，玉碗盛来琥珀光。但使主人能醉客，不知何处是他乡。”⑧据清人王琦的《李太白集注》所云：兰陵“唐时沂州之丞县……后魏于此置兰陵郡，隋废郡为兰陵县，武德四年改曰承县”。因诗相传，兰陵美酒誉满天下。

（五）纺织品

隋唐五代时期，山东的桑蚕业仍居全国首位，主要生产“齐纨鲁缟”，是国家纺织品的主要供应地。从《元和郡县图志》中看出，今山东地区各地所纳贡赋有绵、绢、镜花绫、仙文绫、丝、葛、絁布、细布、楚布、赀布、麻等纺织品。以家庭手工纺织为主的机织操作分布在齐鲁各地，人们不断改进纺织

---

① 《李太白全集》卷一三《沙丘城下寄杜甫》。
② 《李太白全集》卷一五《秋日鲁郡尧祠亭上宴别杜补阙范侍御》。
③ 《李太白全集》卷一五《留别西河刘少府》。
④ 《李太白全集》卷一九《酬中都小吏携斗酒双鱼于逆旅见赠》。
⑤ 《全唐诗》卷二四四，韩翃《鲁中送鲁使君归郑州》。
⑥ 《全唐诗》卷三〇七，鲍防《送薛补阙入朝》。
⑦ 《全唐诗》卷一二六，王维《送孙秀才》。
⑧ 《李太白全集》卷二二《客中作》。

机械,利用一切可以调动的劳力,全力投入到纺织生产中去。杜甫云:“齐纨鲁缟车班班,男耕女织不相失”[①],表明山东地区民间纺织业之发达。《太平广记》卷二十七所引《玉堂闲话》载,“兖州有民家妇姓贺氏”,人称“织女”,“其姑已老且病……妇佣织以资之,所得佣直,尽归其姑”。当时兖州的家庭纺织,由于规模扩大,还常常吸引外家妇女为之操作,付给的佣资可以助其赡养亲属。

由于山东纺织业发达,所以唐中期以前,山东各州始终是国家纺织品的主要供应地。《新唐书·地理志》和《元和郡县图志》载,山东 14 州,贡绫绢者 9 州,贡丝绵者 9 州,贡赀布者 3 州,其中兖州的镜花绫和双距绫、青州的仙纹绫都是驰名全国的纺织品。青州的纺织业实力在山东境内首屈一指,不但向全省乃至全国输送精美的纺织品,而且本地百姓的衣着也是千变万化,引领服装潮流。柳宗元的《送叔平学士知青州》云,“物饶三服丽,居乐五民游”,就反映了这种情形。这时,山东优良的蚕种和先进的养殖技术纷纷引入江南等地。“安史之乱”爆发后,我国经济重心南移,山东的桑蚕业渐渐由盛转衰。

(六)陶瓷业

隋唐时期,山东的陶瓷业有了进一步的发展,不仅窑址数量多、分布广,而且烧制技术有很大提高。山东已发现隋唐时期的瓷窑遗址近60 处,其中比较著名的是淄博的寨里、磁村,泰安的牛淳于,新汶的磁窑头,泗水的尹家城、大泉,宁阳的尹寨、西磁、沙河,枣庄的凤凰岭、钓鱼台等遗址。隋唐时期,山东地区瓷窑烧造的瓷器,釉色以青瓷为主,白釉、黑釉、酱釉、黄釉、褐釉等多种釉色并存,造型美观,质地精良的瓷器不在少数。如泰安出土的隋代青釉龙柄蹲猴盘口壶、曲阜出土的青瓷双系瓶、苍山出土的青釉瓷瓶、平阴东天宫出土的青釉瓷盂等作品,造型生动,妙趣横生,堪称瓷器中的精品。淄博淄川区磁村窑盛产黑釉瓷,品种主要是日用瓷,有瓶、壶、罐、炉、灯、碗及各类摆件玩具等,胎质坚实,雕、贴、镂等装饰工艺技法已很普遍。如出土

---

① 《全唐诗》卷二二〇,《忆昔二首》。

图 6－2　唐三彩双鱼瓶(藏于山东博物馆)

的唐代油滴黑釉瓷葫芦瓶，其釉质晶莹剔透，色黑如漆，工艺水平较高。除了黑釉产品，也生产白釉瓷和酱釉瓷，白瓷用化妆土，釉色较纯正，并盛行在白釉上点绿彩，开创了中国北方瓷器生产彩瓷的先河。磁村窑在唐代晚期大量烧造色釉瓷的同时，开始试烧雨点釉瓷器和茶叶末釉瓷器，人们在窑址发现了我国目前所知最早的雨点釉黑瓷和茶叶末瓷标本。著名的唐三彩在山东地区也有发现，如青州出土的唐三彩双鱼瓶(图 6－2)、莘县唐墓出土的武士俑等唐三彩[①]、嘉祥县出土的唐三彩圆盘[②]等。青州出土的唐三彩双鱼瓶，高 24.5 厘米，口径 4.1 厘米，口上有附盖，盖上有一圆孔方钮，便于启开。腹部由双鱼组成，圆而鼓起，腹部两侧犹如鱼脊，上有横贯耳与下部圈足上圆孔相对应，可系绳索。器物中部有一竖线，为双鱼分界线，足为鱼尾。器物通体施黄、绿、赭三彩，色彩雅致，造型生动，为唐三彩陶器中的名品。从各地发现的一些瓷器可以看出，隋唐时期，山东地区是当时重要的瓷器生产基地。平度市大苗家村泽河东岸发现隋船，上有若干瓷器残片，可知当时山东地区的瓷器已经作为商品参与省际贸易。

二、商业与城市

(一)“市”的设立与发展

隋唐五代时期，农业和手工业的发展，促进了山东地区城市与商业的发展，扭转了北朝时期商业萧条、贸易萎缩的局面。[③] 按唐政府的规定，在都督府及州、县治所皆可置市，并设市令、丞、佐、史、帅、仓督等员吏进行管理。当

---

① 钱欢青:《山东最美的七件唐三彩》,《济南时报》,2011 年 11 月 21 日。

② 顾承银:《山东嘉祥县出土唐三彩》,《考古》1996 年第 9 期。

③ 高凤林著:《山东通史·隋唐五代卷》,山东人民出版社 1994 年版,第 170 页。

时规定,“非州县治所之处”不得设置进行商业交易的市。这种市大致自午时开市,至日落前七刻结束,每天都有。当时山东境内的县以上的治所大都有这种市的存在,有的设在城内,有的设在城外。圆仁在其《入唐求法巡礼行记》中更多记载了山东境内这种州、县的设市情况。如该书卷二开成五年(840)三月二日条记载:“(登州)城正东是市。”三月十五日条记载:“莱州……州城外西南置市。”四月八日条记载:“到(齐州)临济县,入尹家断中便发。有商人施五升米,过市正西行三十里。”[①]四月十日条记载:“平明发,正西行四十里,未时到(齐州)禹城县,县市粟米一斗卅五文,粳米一斗百文,小豆一斗廿五文,面七八十文。”这里不仅记载了一些州、县商人和交易的粮食品种、价格,还指出了市的位置。当时也出现了专门卖药的门市,如鲁人赵瑜传说得到神授药方,“卖药于夷门市。饵其药者,病无不愈,获利甚多”[②]。

(二) “草市”的兴起

隋唐五代时期山东境内的农村集市贸易有了相当发展,这种集市被称作“草市”“墟市”“虚市”。作为一种新兴市场,“草市”大都离州县城较远,兴起于交通要道或津渡、驿站所在地。在交通便利的地方,完全是由于商品交换的需要而自然形成的定期交易市集。《新唐书·食货一》记载:青、齐间“道路列肆,具酒食以待行人。店有驿驴。行千里不持尺兵”。有的“草市”后来随着当地经济的发展而逐渐形成新的城镇。如《唐会要·州县改置下》记载,开元十三年(725)横海军节度使郑权奏:“当道管德州安德县,渡黄河南与齐州临邑县邻接,有灌家口草市一所。顷者,成德军于市北十里筑城,名‘福城’,割管内安德、平原、平昌三县五都,置都知管勾当。臣今请于此置前件城,缘隔黄河与齐州临邑县对岸,又居安德、平原、平昌三县界,疆境阔远,易动难安,伏请于此置县,为上县,请以‘归化’为名。”灌家口草市,由于日益繁华而升为县。此外,大历七年(722),“析魏州顿邱县之观城店,置观城

---

① 圆仁:《入唐求法巡礼行记》,广西师范大学出版社2007年版,第83页。

② 《太平广记》卷三一三。

县”①,观城店(今山东菏泽市西北)由于商业发展升为县;大历七年(722),以张桥行市(草市)改置永济县(今山东冠县北),张桥因为集市贸易发展而升为县城;元和四年(809),“淄青节度使李师道请移鱼台县置于黄台市”②,黄台市由于商业发展而成为鱼台县治所。当时山东地区草市的发展比较繁荣,对古代商品经济的发展起了一定的作用。

(三)城市的发展

由于隋唐政府关于市制的规定在一定程度上有利于城市商业的发展,因此当时山东境内的一些城市出现了商业繁荣的景象。

1. 济南

济南,当时是齐州的治所,号称历下名城,隋代最繁华时居民多达10万户,所以史称“历下咽喉,华泉襟带”。济南地势险要,是齐鲁东西南北交通的枢纽。《元和郡县图志》卷十引《述征记》云:“历城到营城三十里,自城以东,水弥漫数十里,南则迫山,实为险固也。”《酉阳杂俎》卷一二云:“至于山川沃壤,襟带形胜,天下名州,不能过此。”

2. 益都

益都,当时是青州的治所,北魏夺取山东半岛之后逐渐繁盛。农桑簇拥,织业发达,尤以丝绫衣物的华丽和丰足称雄海内。史载时任潞州司马的李少康因“考绩彰闻”,被提拔至青州刺史,其称此地“海岱贡篚,衣履天下,俗尚夸侈”③。因其地理位置重要,盛唐时,四方之人云集城内,或经商,或手工,熙熙攘攘,极为热闹。安史之乱后,唐政府设青州节度使,负责山东沿海的开发和对外贸易。新罗商人从海路运抵的货物最终集散于青州,《册府元龟》中有“新罗、渤海将到熟铜,请不禁断”的记载。

3. 济州

唐代时济州城(今山东聊城市茌平区西南)居民殷实,粮仓遍布,鲁西地

---

① 《唐会要·州县改置下》。

② 《唐会要·量户口定州县等第例》。

③ 《全唐文》卷三九〇,独孤及《唐故睢阳太守赠秘书监李公神道碑铭》。

区视其为农商中心，行旅往来，络绎不绝。《王右丞集》卷21《裴仆射济州遗爱碑》云：“士卒林会，马牛谷量，皆投足获安，端拱取给。”同书卷9《被出济州》诗云：“闾阎河润上，井邑海云深。”井邑，即市井，可见盛唐时代的济州城房屋连绵，人烟稠密，一派兴旺景象。

4. 任城

任城（今山东济宁）属河南道鲁郡，在山东地区也是一座大城市。诗人李白从开元二十四年（736）至乾元二年（759），一共在济宁待了23年。其父曾为任城县尉，六叔为任城县令，兄长为中都（今汶上）县令，儿子伯禽在任城出生，夫人在任城病逝，女儿在任城成人。李白对任城怀有深刻的感情，任城可谓李白的第二故乡，以至于《旧唐书》等史书误认李白为山东人。李白诗文中常常提到的“东鲁”，“东鲁”即指任城。《赠任城卢主簿》云：“海鸟知天风，窜身鲁门东。临觞不能饮，矫翼思凌空。钟鼓不为乐，烟霜谁与同。归飞未忍去，流泪谢鸳鸿。”李白对任城的富庶状况做过许多描述。其《任城县厅壁记》的记载最为详细：“鲁境七百里，郡有十一县，任城其要冲。东盘琅邪，西控巨野，北走厥国，南驰互乡。”任城的地理位置十分重要，逐渐成为商贾繁杂之地。当地风土人情则更有特色，“土俗古远，风流清高，贤良间生，掩映天下。地博厚，川疏明。汉则名王分茅，魏则天人列土。所以代变豪侈，家传文章。君子以才雄自高，小人则鄙朴难治……故万商往来，四海绵历。实泉货之橐籥，为英髦之咽喉”①。当时任城有众多客商往来其间，各地货物聚集，不失为贸易发达之地。任城的城市建筑也非常有特色，不但屋舍酒楼栉密，而且池阁亭台交错其间，现存的济宁太白楼就是当时商贸繁荣的历史见证。看来，唐代任城在山东各大城市中的商贸经济地位是非常重要的。

5. 郓州

唐代的郓州坐落在今山东东平县西北，是一座繁华的城市，农工商诸行业均较为兴盛。《王右丞集》卷一九《送郓州须昌冯少府赴任序》云：“予昔

---

① 李白著，鲍方校点：《李白全集》卷二八，上海古籍出版社1996年版，第253页。

仕鲁，盖尝之郓。书社万室，带以鱼山济水；旗亭千隧，杂以郑商周客。有邹人之风以厚俗，有汶阳之田以富农。齐纨在笥，河鲂登俎，一都会也。”①唐代中期以后，郓州城扩展速度很快，民众辐辏，商贸集聚，所以淄青节度使一度移镇郓州，统辖山东 12 州，长达 50 年之久。淄青节度使李师古“贪诸土货，下令恤商。郓与淮海竞，出入天下珍宝，日月不绝”②。唐代平定淄青镇后，在郓州设天平军，郓州的繁华得以恢复。

隋唐时期，山东比较繁荣的城市还有登州、临清、曹州等地。这些城市交通发达，与京师往来方便。959 年，后周疏浚漕渠，疏通五丈渠，东流定陶、曹州、梁山泊，青州、郓州可直达京师。登州是隋唐两代北方海运的首设口岸，被诗人描述为“楼台绝胜宜春苑，灯火还同不夜城。正睹人间朝市乐，忽闻天上管弦声”③。这些城市的建筑规模和商业实力也相当可观。由于城市规模的扩大以及工商业的发展，隋唐五代时期的商业贸易活动呈现前所未有的繁荣景象。在各大城市中，店铺林立，邸馆栉比，货物充盈，商贾云集，到处都有商品交易活动，城乡之间的贸易活动异常活跃。

三、官商与民商

唐代山东富商大贾不仅空前增多，其实力也超过前代。如北海（今山东潍坊）人李清世代以染布为业，子孙和姻亲数百家，都经商益都，家中集财百余万。④ 齐州的刘十郎，最初以卖醋为业，“渐习商估，数年之内，其息百倍，家累千金”⑤。曹州人史无畏初为农民，“衣食窘困”，后借朋友张从真一千贯做本钱，“父子江淮射利，不数岁已富”⑥。由于社会安定，商品生产和交换日趋活跃，社会上的经商风气得以恢复。大小职业商人足迹遍布省内外。

---

① 王维撰，赵殿成笺注：《王右丞集笺注》，中华书局 1961 年版，第 352 页。
② 《全唐文》卷七八〇，李商隐《齐鲁二生》。
③ 《全唐诗》卷七三，苏颋《广达楼下夜侍酺宴应制》。
④ 《太平广记》卷三六。
⑤ 《太平广记》卷一三八。
⑥ 《太平广记》卷三九五。

如兖州民妇贺氏的丈夫“负担贩卖,往来于郡”①;唐代商僧昙真的父亲则定居青州,贩卖青州枣于江淮地区;青州人赵琮“南北贸贾,利有攸往”②;从山东地区到长安沿线有很多山东小商贩开的茶馆或简易客栈。又如,唐封演《封氏闻见记》卷6称“自邹、齐、沧、棣,渐至京邑,城市多开店铺煎茶卖之”;圆仁在北海县孤山村住宿,“一撮盐、一匙酱酢”都必须花钱购买。

上述青州人赵琮等都属于民间大小商人,当时还存在大量的官商和具有官员身份的私商。唐代中后期,藩镇割据,因而各藩镇为增强自己的实力,都很重视发展商业,他们成为官商的主要代表。如以山东地区为势力范围的淄青节度使李正己等,除了积极从事国内贸易,还热衷于海上贸易。一些地方政府也直接参与经营。《太平广记》卷127《馆陶主簿》载,馆陶县主簿于显庆年间(656—661)“奉使于临渝关牙市”,且“佐使等二人从往”,因带钱帛太多,两随从见财起恶,谋财害命,此主簿应该是代表馆陶县政府去市场进行商业贸易的。五代后晋时,刘铢主政青州,山东沿海郡邑均设有回易务,即以官钱经营商业、借贷或倒卖钞券的机构,与两浙地区的吴越进行海上贸易。史载:“滨海郡邑,皆有两浙回易务,厚取民利,自置刑禁,追摄王民,前后长吏利其厚赂,不能禁止。”③回易务将江浙一带运来的货物进行销售,往往与当地官吏勾结。与此同时,两浙节度使钱镠垄断茶叶贸易,以茶叶换取军需布衫,“差使押茶货往青州,回变供军布衫段送纳”④。刘铢则禁止这种交易行为,“铢即告所部,不得与吴越征负,擅行追摄,浙人惕息,莫敢干命”。刘铢虽然严格控制官府贸易,他自己却直接经营商业,直到他“离镇之日,有私盐数屋,杂以粪秽,填塞诸井,以土平之”⑤。

当时社会上也有很多具有官员身份的私商进行商业贸易活动。虽然唐

---

① 《太平广记》卷二七一。
② 《全唐文》卷八一七,赵申旿《唐故居士天水赵府君墓志铭》。
③ 《旧五代史·汉书·刘铢传》。
④ 《册府元龟》卷四八四,《邦计部·经费》。
⑤ 《旧五代史·汉书·刘铢传》。

代有“禁五品以上入市”之规定，但实际上仍有许多官员从事商业经营活动。如唐代初年的青州总管张威在青州“颇治产业，遣家奴于民间鬻芦菔根，其奴缘此侵扰百姓。上深加谴责，坐废于家”[①]。张威让家奴到民间卖萝卜，因此侵扰了百姓并最终被罢官。曾任淄州军事押衙的张公佐，“未逾一纪，骡马疋帛成七八百千矣”[②]。五代时，郓州节度使赵在礼“历十余镇，善治生殖货，积财巨万，两京及所莅藩镇，皆邸店罗列……凡聚敛所得，唯以奉权豪、崇释氏而已”[③]。他善于经商，所到之处均设邸店，财产达百万之巨。五代时，兖州节度使慕容彦超“常令人开质库，有以铁胎银质钱者”[④]。质库的经营方式就是任百姓送物质押取款，到期付息还本取回质物，质库借此获利，慕容彦超甚至命人制造“伪银”，即铁制包银的假钱。当时军队也参与经商。《太平广记》卷300《三卫》记载，开元年间，三卫（唐代禁卫军有亲卫、翊卫、勋卫，合称三卫）军士从青州北海向长安贩卖北海绢，两匹绢布价值两万贯，既反映了北海绢质量之高，又说明了军队经商获利之丰厚。

四、海上贸易

隋唐五代时期，由于造船技术的进步（图6－3），山东地区与朝鲜、日本等国家的海外贸易活动日益增多。

（一）日本、新罗经由山东至长安的路线

唐代山东地区的海上贸易，见于史书记载的，主要是与日本、新罗的贸易。日本先后派出15次较大规模的遣唐使团，在这15次使团中，有7次是从山东沿海登陆，8次从山东沿海返航。从山东沿海登陆的日本遣唐使团，上岸后沿登州、莱州、青州、齐州（今山东济南）、曹州（今山东菏泽）进入河

---

① 《隋书·张威传》。

② 李全交：《有唐故淄州军事押衙清河张公（公佐）墓志铭》，载吴钢主编《全唐文补遗》第4辑，三秦出版社1997年版，第183页。

③ 《旧五代史·晋书·赵在礼传》。

④ 《旧五代史·周书·慕容彦超传》。

图 6－3　隋船残件(藏于山东博物馆)

南境内,经汴梁(今河南开封)、洛阳,最后到唐国都长安。这也是盛唐文化输入朝鲜、日本的重要通道。在整个 7 世纪,日本政府派往唐代的 3 次遣唐使团,都由山东半岛登陆。山东半岛登州沿海一带,更是唐代与新罗往来极为便利的地方。圆仁在《入唐求法巡礼行记》一书中写道:从牟平县唐阳陶村向东行驶,“得好风,两三日得到”新罗沿海。而从赤山浦(今山东荣成石岛湾)渡海东行,也仅需二三天就可望见新罗西面之山。[①] 由于山东沿海所处的地理位置,唐代与新罗间一些重要的政治、经济活动都发生在山东半岛。荣成、登州、莱州都是山东半岛的重要港口。开成四年(1839)六月,新罗清海镇镇将张保皋派船来赤山(今山东荣成赤山镇),令其兵马使销售货物。自唐初至唐末,新罗与唐代的海路贸易增多,其中大部分货物都在登、莱二州入港。开元年间(713—743),新罗商人就运来了牛黄、人参、朝霞紬、鱼牙、金银等货物。这些海外奇货通过登、莱港口,转输到唐都长安。淄青镇建立之后,登、莱与辽东、新罗的海路贸易更加兴旺。

(二)与新罗的海上贸易

位于山东半岛的登州、莱州二州,在与新罗的海外贸易中起着重要的作用。[②] 登、莱二州的港口多,远洋运输能力强,大批的中国货物通过这里运往渤海、新罗和日本。许多新罗商人为了获得第一手的商品物资,常常事先聚集于港区附近,久而久之形成了以港区为核心的大型贸易中心。如唐昭宗时,有“鸡林金清押衙,家别扶桑,身来青社,货游鄞水,心向金田”[③]的记载。

---

① 圆仁:《入唐求法巡礼行记》,广西师范大学出版社 2007 年版,第 43、160 页。

② 陈冬生、王赛时主编:《山东经济史 · 古代卷》,济南出版社 1998 年版,第 306—307 页。

③ 《唐无染院碑》,载民国《牟平县志》卷九。

唐朝在新罗领土上设立鸡林州都督府，“鸡林”即新罗，青社指山东半岛东部地区，鄞水即今浙江宁波境内的甬江。可知新罗人金清侨居山东，经常售货于江浙一带。在登、莱港口贸易区，仓库、馆舍、旅店、酒肆和各项服务行业应运而生，交易商品种类也很多，谷物、果品、木材、茶、丝、绢、瓷器、金属制品、染料、文具、书籍、佛具、化妆品等，应有尽有。

因唐代法律规定，奴婢不属于良人，可以作价买卖，因此，山东半岛与新罗的一项重要海上贸易是奴婢贸易。《新唐书·张廷珪传》载，武则天时期，“诏市河南、河北牛羊、荆益奴婢，置监登、莱，以广军资”。政府专门在“登、莱”地区设立机构管理奴婢贸易。奴婢贸易利润巨大，唐代中后期，新罗的强盗们就在本国掠夺人口，把他们贩卖到中国充当奴婢，而交易地点就在登、莱二州。《唐会要·奴婢》载：“有海贼掠新罗良口，将到当管登、莱州县，及缘海诸道，卖为奴婢。”新罗大将张保皋上书新罗国王：“遍中国以新罗人为奴婢，愿得镇清海，使贼不得掠人西去。”①为此他才被任命为清海镇大使，后任丞相，进而演变为新罗的一代官商。长庆元年（821），节度使薛平上书朝廷，“新罗国虽是外夷，常禀正朔，朝贡不绝，与内地无殊。其百姓良口等，常被海贼掠卖，于理实难”。② 在其干预下，朝廷开始禁止贩卖新罗人的奴婢贸易。此后，新罗远海贩运来的奴婢人口都被登、莱官府没收，放为良民。有些新罗人不愿再回本国，就在登、莱二州永久居住下来。登、莱二州各乡镇中的“新罗坊”就是为安置新罗人而建造的永久性住宅区。安寓他们的旅店称为新罗馆或新罗院，管理新罗人的机构为勾当新罗所。

新罗僧人义湘“以总章二年（669）附商船达登州岸”，到长安等地学习佛经后，“复至文登旧檀越家，谢其数稔供施。便慕商船，逡巡解缆”回国。义湘往返于朝鲜半岛和山东半岛，均是搭乘商船，说明当时有不少商人往来于两地，其中既有朝鲜商人来华贸易者，也有山东商人出海贸易者。③

五代时，山东半岛与朝鲜半岛的贸易往来仍络绎不绝。如后周世宗显

① 《新唐书·东夷传》。
② 《唐会要·奴婢》。
③ 转自姜生、谭景玉等：《鲁商文化史》，山东人民出版社 2010 年版，第 224 页。

德四年(957),政府颁布有关收购铜的敕令。规定有铜器及铜者要送到官营铜市,卖给官府,官府支给价钱。敕令特别提到“高丽多铜货”,鼓励青、登、莱诸州商人前往贩运,以弥补钱币的不足,从高丽贩运入境后必须卖与官府,不得私下买卖。[①]

(三) 与日本的海外贸易

唐代时,日本与山东半岛的交流频率也较高。日本著名僧人圆仁到唐代求法,往返均选择山东海港为登陆点和返程点。其《入唐求法巡礼行记》一书中记载了很多当时山东地区的经济社会状况。在他到达山东沿海时,偶遇“本国相公等九只船,先从卢山过海”,可见当时从日本驶向山东的船只比较多,两地交流呈现繁忙景象。圆仁在文登赤山村借宿时,曾“往真庄村天门院看法空阇梨”,并且“夜宿其院”。据圆仁讲,“此师曾至本国,归来二十年”。看来,文登的法空阇梨大师曾亲赴日本,在海外佛教界很有名气。

圆仁经过山东密州、大珠山、乳山、文登、登州、莱州、青州、齐州,经黄河渡口进入今河北地。《入唐求法巡礼行记》的记述,涉及所经地区的社会生活各方面,如节日、祭祀、饮食、禁忌等习俗,以及人口、出产、物价、新罗商人在沿海的活动和新罗人聚居的情况等等。表 6 - 1 列出圆仁所经山东地区所记的商业现象。

表 6 - 1　　圆仁所记山东地区商业活动表[②]

<table>
<tr><th colspan="2">日期</th><th>地点</th><th>所记商业活动</th><th>备注</th><th>出处</th></tr>
<tr><td rowspan="2">日本国承和六年(839)</td><td>4 月 19 日至 25 日</td><td>邵村浦等</td><td>新罗侨民村落</td><td>新罗侨民主要从事民间贸易活动</td><td>45—50 页</td></tr>
<tr><td>6 月 28 日</td><td>文登县清宁乡赤山村</td><td>张宝高遣大唐卖物使崔兵马司来寺慰问</td><td>张宝高(保皋)任用“大唐卖物使”,专门负责对唐代的贸易</td><td>53 页</td></tr>
</table>

① 张景月、刘新风主编:《商史通鉴》(上册),九州出版社 1996 年版,第 333 页。

② 圆仁:《入唐求法巡礼行记》,广西师范大学出版社 2007 年版。

续表

日期		地点	所记商业活动	备注	出处
开成五年(840)	3月2日	登州	城正东是市。粟米一斗三十文。粳米一斗七十文。城南街东有新罗馆		72页
	3月15日	莱州	州城外西南置市。粟米一斗五十文。粳米一斗九十文		77页
	3月17日	莱州潘村	就主人乞菜。酱。醋。盐。总不得。遂出茶一斤。买得酱菜		77—78页
	3月19日	北海县	县中米一斗六十文。又小豆一斗三十五文	圆仁记:是先代潍州。今为北海县	78页
	3月20日	寿光县界	一撮盐。一匙酱醋。非钱不与。主人爱停客取宿钱		78页
	3月25日	青州	粟米一斗八十文。粳米一斗一百文	圆仁记:三四年来蝗虫灾起	79页
	4月10日	禹城县	县市粟米一斗卌五文。粳米一斗百文。小豆一斗廿五文。面七八十文		83—84页
	4月11日	(禹城与德州交界)黄河渡口。时人唤为药家口。	此药家口多有舟船。贪载往还人。每人出五文。一头驴十五钱		84页
会昌五年(845)	7月9日	泗水县	先入新罗坊		150页
	8月24日	文登县	县东界勾当新罗所		153页
会昌七年(847)	闰3月10日	牟平县	将十七端布雇新罗人郑客车	布匹名,产于山东登莱一带。《宋史》:"登、莱端布为钱千三百六十,沂布千一百,仁宗以取直过厚,命差减其数。"	157页

续表

日期		地点	所记商业活动	备注	出处
会昌七年(847)	闰3月17日	密州	遇新罗人陈忠船。载炭欲往楚州。商量船脚价绢五疋定	疋,同“匹”	158页
	7月21日	登州	勾当新罗使同军将张咏来船上相看。船上众人。于此粜粮。拟从此渡海		160页

此外,唐代山东地区也与渤海国有频繁的贸易往来。唐代的淄青节度使往往兼任海运押新罗和渤海两蕃使,负责代表官府处理山东与渤海和新罗的口岸贸易、航海运输等事宜。渤海商人从海路运抵的货物往往也集中于青州,“代宗以后,置渤海馆于青州,以待渤海之使,其交易船舶亦泊于是”①。李正己任淄青节度使时,更加注重海外贸易,其“货市渤海名马,岁岁不绝”②。当时唐代与渤海国之间的交通贸易往来大多通过山东半岛的港口城市。如关于当时渤海国王子从青州返程,日本僧人圆仁和唐代诗人温庭筠有一致的记载。圆仁到达青州时,“便闻渤海王子先日来到,拟归本乡,待敕使来发去”③。温庭筠的《送渤海王子归本国》云:“疆理虽重海,车书本一家。盛勋归旧国,佳句在中华。定界分秋涨,开帆到曙霞。九门风月好,回首是天涯。”④两人都记载了渤海王子归国的事情,渤海王子是通过青州返回的,由此可见青州是当时两国往来的主要港口之一。

五、丝绸之路探源⑤

两千多年前的秦汉时代,随着张骞凿空西域,络绎不绝的商贾队伍从长安出发,穿越中亚前往欧洲,走出了一条中西经济文化交流的伟大道路——

① 《渤海国志长编·食货考》,卷一七。
② 《旧唐书·李正己传》。
③ 圆仁:《入唐求法巡礼行记》,广西师范大学出版社2007年版,第80页。
④ 《全唐诗》卷五八三,温庭筠《送渤海王子归来国》。
⑤ 张秀娈:《丝绸之路探源》,《金桥》2014年第8期。

丝绸之路。在这条连接欧亚大陆的交通大道上，以中国输出的丝绸最具代表性，故而近代德国地理学家李希霍芬将这条陆上交通路线称之为“丝绸之路”，从此沿用至今。

汉唐长安是丝绸之路的最大商品集散地，而山东则是丝绸之路的真正起点。发达的农业经济是发展纺织业的保证，发达的纺织业则给丝路贸易提供了源源不断的丝织品。著名历史学家安作璋和齐涛两位先生对古代山东农业经济以及山东对丝绸之路的重要贡献均有精彩论断。① 山东地区因其发达的农业与纺织业，成为中国古代丝绸之路的主要源头之一。

新石器时代，被著名经济学家诺思称之为第一次经济革命的农业革命在世界主要文明区域依次展开。农业革命中，山东地区相继出现了后李文化、北辛文化、大汶口文化、龙山文化、岳石文化等农业文化。进入阶级社会后，山东地区一直是全国经济发达地之一。秦汉时期，今山东地区号称“膏壤千里”，农业经济发达，所产粮食不断溯黄河西上运往关中地区。隋初，山东各州县遍置粮仓，户口占全国总户数的 21%。唐代开元、天宝年间(713—755)，每年要将山东的几百万石粟米漕运至关中。

发达的纺织手工业则是山东成为丝绸之路源头的必要条件。处于黄河之滨的山东地区是中国历史上蚕桑业最早发达的地区。《尚书·禹贡》曾记载，“兖州桑土既蚕，是降丘宅土”，人们从土丘上搬下来，在平地上养蚕。商周时期，山东地区的蚕桑业遥居全国之首。1966 年山东青州苏埠屯商墓、1985 年山东济阳刘台西周墓、1972 年济南千佛山战国墓等出土了一批玉蚕，充分反映出当时山东蚕桑业之发达。春秋战国时期，齐国“冠带衣履天下”，都城临淄已成为中国纺织业的中心。司马迁在《史记》中屡屡称颂山东地区桑蚕丝织业的发达，所谓“宜桑麻，人民多文采布帛鱼盐”。临淄、定陶、亢父(今济宁)是汉代三大纺织中心。因山东丝织业之发达，汉代“主做天子之服”的中央政府纺织机构——三服官即设在临淄，三服官生产规模极

---

① 参见安作璋主编：《山东通史》，人民出版社 2009 年版；齐涛：《丝绸之路探源》，齐鲁书社 1992 年版。

大,工人达到数万,皇室每年要专拨上亿钱的经费,用以生产天子、皇室或其他需要的高级丝织品。见于史籍记载的汉代丝织产品有三十余种,而以临淄为中心的齐地所产就多达十余种。“齐纨”“鲁缟”“亢父缣”都是其中的名贵丝织品。唐代兖州的镜花绫、青州的仙纹绫天下驰名。

作为丝绸主要产地之一,山东的丝织品通过“进贡”与“赋税”的方式源源不断地运往长安。主要的陆路通行干线由今淄博、青州、莒县、诸城出发汇合于济南一带,经石家庄、太原抵达长安。此外还通过黄河、济水等水路运输。史料记载,汉唐时期,山东地区是国家的纳税大户。《盐铁论》中提到,“齐阿之缣,蜀汉之布”是向中央所纳贡赋的重要物资。齐涛先生考证,在盛唐时期,山东上缴的丝绢额遥遥领先于其他地区。可以推断,自长安经丝绸之路远销中亚、西亚、欧洲的丝绸,产自山东的比重是非常高的。这些纺织贡赋品运到京城长安后,皇室自己消费最精品的一部分,另外一部分则走上了始于长安的丝绸之路。商人们拉着载满货物的骆驼通过朝贡、互市、商购等贸易方式进入丝绸之路,到达西域与国外。山东出土的陶骆驼俑见证了当时丝绸之路的繁荣。

朝贡贸易是指前来中国的外国使者将本国特产贡献给中国皇帝,中国皇帝根据所进贡的物品价值回赠相当的物品。对于所有来访者,汉唐皇帝都是使用大量的丝绸作为赏赐,使这些使团满载而归。互市贸易是一种实物交易,主要发生在边境地区,用丝绸换取少数民族的马匹等物资。如安史之乱后,唐与回纥和亲,开互市,用绢帛交换其马匹,回纥高抬马价,每马要40匹绢,每年要买数万匹马,唐代因此支出大量绢帛。公元785年,唐支出回纥马价30万匹绢,唐文宗时,一年有50万匹绢的支付,有时高达百万匹。

外国商队直接通过丝绸之路赴中国购买丝绸,或者中国商人沿丝绸之路将丝绸外销。20世纪初,英籍匈牙利人斯坦因在汉代通往西域的交通要道——敦煌发现了“任城亢父缣”。缣与绢、绨、纨、缟均为平纹丝绸织物,产自今山东济宁,是山东运往西域的丝织品之一。今天发现的青州北齐墓石刻画像中有一幅《商谈图》和一幅《驼运图》,赵凯球、马新先生的研究成果

图6－4 《驼运图》(来源于《山东青州傅家庄北齐线刻画像石》)

表明[①],这一时期青州丝绢的大量西销,使得青州成为丝绸之路的一个重要源头。该墓出土的八幅画像石中,有两幅极其生动地反映了当时的丝绸贸易。《驼运图》细致入微地描绘了墓主当年亲率商队远征西域,从事丝绸外销,表现了当时丝路驼运的繁荣景象(图6－4);《商谈图》描绘了一位远道而来的胡商,正谦恭地向墓主诉说着什么,他的仆从还托着一份红珊瑚(图6－5)。从胡人的容貌、服饰和所携带珊瑚分析,这是一位来自波斯萨珊王朝的商人,目的是求购丝绢,表现了外商前来青州购买丝绸的情形。

图6－5 《商谈图》(来源于《山东青州傅家庄北齐线刻画像石》)

除陆上丝绸之路,唐宋时期的海上丝绸之路也很繁荣,山东的海外航线以登州(今山东蓬莱)和密州(今山东诸城)为起点,到达朝鲜、日本、东南亚以及大食诸国。出口物资大部分是山东的农产品以及手工业产品,如丝、绵、帛、绢,漆器,金属器皿,科技书籍等物品。

可见,山东是丝绸之路重要物资的生产与提供地区。自汉代开始,伴随着丝绸之路上悠扬的驼铃声,山东向全国乃至世界各国提供了广受欢迎的丝绢产品,山东成为古代丝绸之路的有力推动者。丝绸之路的开辟,有力地促进了不同民族、不同文化的经济与文化交流,古代山东做出了不可磨灭的历史贡献。

① 赵凯球、马新著:《山东通史·魏晋南北朝卷》,山东人民出版社1994年版,第167页。

六、货币铸造与流通

隋文帝强力推行五铢钱，在扬州、并州、鄂州、益州等立炉铸钱，同时严厉打击私铸行为。但到隋代末年，私铸日益增多，恶钱流行，通货膨胀严重。1983 年，博兴县出土 325 枚隋币，其中 1 枚北周币“五行大布”（图 6－6）。[①]“五行大布”钱的大小、重量与隋币基本相同。隋币钱径为 2.3 厘米，重2.3 克。正面只有外廓，没有内廓，文为篆书“五铢”，背面内外廓都有。据《隋书·食货志》云：“高祖即受周禅，以天下钱轻重不等，乃更铸新钱。背面肉好，皆有周廓，文曰‘五铢’，而重如其文，每钱一千，重四斤二两。”这批隋币铸造工整，与文献所载相符，当为官府统一铸行。

图 6－6　博兴县出土的“五行大布”钱

1983 年，莒南县发现一批重达 69 公斤的窖藏铜钱。[②] 这批铜钱主要以宋代货币为主，同时还有少量隋代“五铢”。1986 年，微山县欢城镇东田陈村出土古币 2 万余枚，达 104 公斤，其中包括大量隋代五铢（图 6－7）。[③]

图 6－7　博兴县出土的隋代五铢钱

唐高祖武德四年（621）进行币制改革，废除流通 700 多年的五铢钱，改钱文为“开元通宝”，是为通宝钱制。开元钱被视为继五铢钱之后又一理想的钱币。除在洛、并、幽、益等州铸造外，唐高祖还赏赐诸侯王公大臣铸造通宝钱（图 6－8）。《旧唐书·食货志》载：“秦王、齐王各赐三炉铸钱，右仆射裴寂赐一炉。敢有盗铸者身死，家口配没。”也就是说，齐王被赐

① 李少南：《山东博兴县出土铜镜和货币》，《考古》1984 年第 11 期。

② 李宏：《山东省莒南县发现窖藏铜钱》，《考古》1990 年第 2 期。

③ 林飞主编，《济宁市金融志》编纂委员会编：《济宁市金融志》，山东人民出版社 1995 年版，第 61 页。

图 6－8 “开元通宝”

可在临淄设炉铸钱，此外，政府是严厉打击盗铸行为的。山东地区广泛流通“开元通宝”，1984 年，高唐县出土重达 135 公斤、数量共 32228 枚的唐代铜钱。铜钱包括唐代“开元通宝”和“乾元重宝”两种，皆隶书。其中“开元通宝”32220 枚，“乾元重宝”8 枚。“开元通宝”始铸于唐高祖武德四年（621），“乾元重宝”始铸于唐肃宗乾元元年（758），分别是唐代早期和中期的货币，铜钱埋藏时间当是肃宗以后。这些货币制作精巧，字迹清晰，只有少量的磨损，其余皆边沿齐整。说明这批货币在世流通时间不长或还不曾流通，即被埋入地下。从出土的情况看，这些货币显然是有意埋藏的。肃宗时正值安史之乱，可能是为避难而埋藏的。① 1983 年，莒南县发现的窖藏铜钱中也有一些唐代“开元通宝”“乾元重宝”②。1984 年，栖霞县发现一批金代窖藏铜钱。其中有唐代“开元通宝”128 枚，“元”字或左挑，或右挑，有的背有星月纹，“乾元重宝”4 枚。③ 1986 年，微山县出土大量唐代铸币。唐代开元钱品种繁杂，其中一枚“会昌开元”背穿左右各铭一潭字，一正一反，甚为罕见。“乾元重宝”有大小两种。④ 2002 年，济南出土大量“开元通宝”钱。

公元 845 年唐武宗灭佛，将寺院中铜制佛像、钟、磬等物销毁铸造铜钱，成为中国古代货币流通史上一件重要的事件。因铜料骤增，会昌开元钱在各地的钱坊就地鼓铸，并以州名为铸地标记。会昌钱大小径寸如“开元通宝”一样，只在背面铸上一个“昌”字，表示会昌年号，并铸有各州州名，至今山东地区发现的会昌钱背面所铸地名有“兖”字。

五代十国时期，山东地区也流通大量由各政权铸造的铜钱。诸城、栖霞、

---

① 争鸣、淮声：《山东高唐县出土唐代货币》，《考古》1988 年第 1 期。
② 李宏：《山东省莒南县发现窖藏铜钱》，《考古》1990 年第 2 期。
③ 李元章：《山东栖霞发现金代窖藏铜钱》，《考古》1992 年第 9 期。
④ 杨建东：《山东微山县两批古钱币介绍》，《考古》1993 年第 1 期。

微山等地都出土过，有后汉“汉元通宝”，后周“周元通宝”，前蜀“通正元宝”“天汉元宝”“光天元宝”“乾德元宝”“咸康元宝”，南唐“开元通宝”对钱、“唐国通宝”对钱等（图6－9）。[①] 除流通铜钱外，山东地区还流通铁钱，如后唐明宗天成三年（928），北海郡（今山东潍坊）挖掘出铁钱二百万。

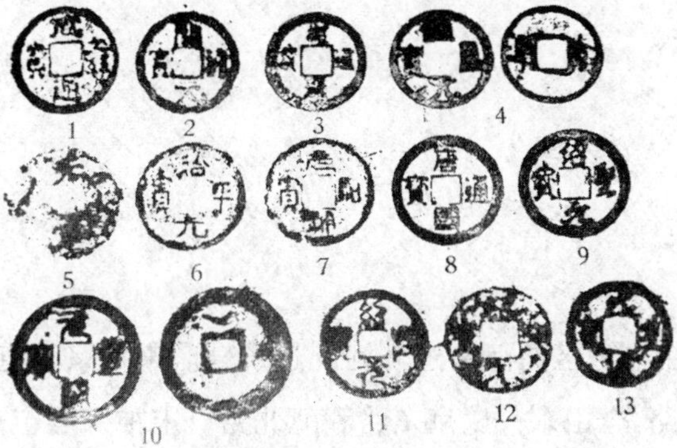

图6－9　包括辽代“咸雍通宝”、唐代“开元通宝”、宋代“达定通宝”以及南唐时期的“唐国通宝”等

隋唐时期货币的使用情况与魏、晋、南北朝相同，实物货币——绢帛仍在货币中占有重要地位。唐代传奇小说《宣室志》中所记“邺（今河北临漳）人”有鹰，“甚神俊”，一东夷人见到这只鹰，出缯百余段购买。《入唐求法巡礼记行》所记载的，包括外国商人在内，人们均接受以绢为货币。

---

① 韩岗、华锡：《山东诸城县出土窖藏铜钱》，《考古》1991年第1期。

第七章　宋元时期山东地区的商业与贸易

宋初，今山东地区由河南道和河北道统辖。宋神宗至道三年(997)，将全国分为15路，今山东分属京东路和河北路。宋神宗熙宁七年(1074)，京东路又分为京东东路和京东西路。从金朝起，"山东"成为正式的行政区划名称，不再泛指中原以东广大地区。元代，山东成为中书省直接管辖的行政区域，谓之腹里，山东地区受到统治者较多的重视，因而商业贸易得到进一步发展。

一、商业发展的经济基础

（一）农作物的生产与商品化

1. 政府的兴农措施

北宋政府采取一系列劝耕劝农、奖励开垦荒田的措施，并依业绩给官员以奖惩。宋仁宗时"敦本务农"，京东转运司报告："济、兖间多闲田，而青州兵马都监郝仁禹知田事，请命规度水利，募民耕垦。"①宋仁宗立即批准。郓州须城人龚鼎臣(1009—1086)，景佑年间进士，授平阴主簿、莱芜知县。他勤于农事，率当地民夫"疏泄潴水，得良田数百千顷"②，成为宋代山东垦荒政绩较突出的地方官吏之一。金世宗时期，令查阅猛安谋克户人力，规定有

---

① 《宋史·食货上一》。

② 《宋史·龚鼎臣传》。

耕田不耕种或不出租耕种者杖责。山东地处“久被抚宁,人稠地窄,寸土悉垦”[①]的富庶之地,土地荒芜的现象有所改变,大量官荒地、黄河退滩地和山地得到开垦。金世宗大定二十一年(1181),“黄河已移故道,梁山泺水退,地甚广”[②],于是第二年金朝政府在济州梁山泺地区的黄河退滩地遣使安置屯田,采取免纳三年租税的办法,招抚流民耕种。元政府在中央设立司农司,专门掌管全国的农桑水利事务;地方设劝农使,由通晓农事的专家担任,到各地巡视民情,督促检查当地的农业生产情况。如《元史·董文用传》载:“(董文用)授山东东西道巡行劝农使。山东自更叛乱,野多旷土,文用巡行劝励,无间幽僻,入登州境(今山东蓬莱),见其垦辟有方,以郡守移剌某为能,作诗表异之,于是列郡咸劝,地利毕兴,五年之间,政绩为天下劝农使之最。”政府允许开垦荒地,规定:“凡是荒田,俱是在官之数,若有余力,听其再开。”[③]垦荒的结果是,耕地面积大大增加,如禹城县“野无旷土”,长清县“田野耕辟”。

2. 粮食作物与经济作物的生产

两宋时期,山东地区农作物的种类比前代有所增多,一些农作物优良品种得到进一步推广。粮食作物种植以粟、黍、麦、豆为主,兼及蔬菜、瓜果、桑麻、枣柳等经济作物。鲁北博、棣、德、滨地区,还利用当地自然优势,引水灌田,种植水稻。宋神宗以后,山东水稻种植面积不断扩大,许多州县都相继开辟了稻田。地处鲁中丘陵的济南,每到夏秋季节,便“下田满粳稻,秋成比禾菽”,呈现一派稻菽丰收的景象。位于鲁西平原的梁山泊地区水稻生产兴旺,宋神宗时已成为“远控江淮粳稻秋”的著名粮仓。[④] 沂州也是“田兼备鱼稻之饶”[⑤],水稻产品极为丰富。宋真宗大中祥符元年(1008),山东地区粮食获得大丰收,市场上每斗米价格仅为七八文钱[⑥]。

---

① 阎凤梧主编:《全辽金文》,山西古籍出版社2002年版,第2234页。
② 《钦定续文献通考·田赋考》。
③ 《元典章》卷一九,《户部》。
④ 〔宋〕苏辙:《栾城集》上册,上海古籍出版社1987年版,第141、167页。
⑤ 刘攽:《彭城集》卷二一,中华书局1985年版,第294页。
⑥ 张景月、刘新风主编:《商史通鉴》(上册),九洲图书出版社1996年版,第359页。

图7－1 《王祯农书》封面

金代山东地区的农作物种类大致与北宋相同，粮食作物主要有粟、麦、稻、豆、荞麦等，经济作物主要有桑麻、枣柳、瓜果、蔬菜等。山东的水稻产区主要分布在单、沂、曹、邳等州，其中单州（今单县）诸县陂湖，“水至则畦为稻田，水退种麦，则所收倍于陆地”①，“邳、沂近河，布种豆麦，无水则凿井，灌之计六百余顷，比之陆田所收数倍”②。金世宗大定二年（1162），金政府派人到山东东路、西路收籴粮食，每户除自用外，剩余的全部卖给政府。

元代山东地区的农作物种类在前代基础上有所扩大。主要粮食作物有大麦、小麦、大豆、粟、水稻等，经济作物有麻、桑、西瓜、蚕豆、红花等。其中麻桑的种植在全国处于重要地位。养蚕缫丝和麻织是山东农民家庭的主要副业。史载，潍县“桑枣荣茂”，定陶由“蚕桑久废”变成了“桑林”，滨州“田野桑麻倍增，昔无粗麻今纩增”，新桑遍野。上都人高伯温，在长清教民植桑达17万余株。《王祯农书》（图7－1）曾提出用鲁桑和荆桑嫁接改良桑树品种，可见山东桑是极为优良的品种。元代山东还引进一些新的经济作物，如棉花、西瓜、亚麻、红花、蚕豆等，这些经济作物自元代开始在山东种植。

此外，茶叶也成为山东地区重要的经济作物。金朝曾在山东地区设置茶坊，以获取专卖收入。金章宗承安四年（1199）设坊造茶，实行专卖，在淄州、密州、宁海、蔡州各置一坊，造新茶。依照南方的成规，每斤为一袋，定价600文。山东、河北四路转运司根据各路的户口平均分配，交由各县卖茶。买茶引者，可纳钱，也可折算成其他商品。同年五月，因“山东人户造卖私茶”，侵蚀国库收入，朝廷规定比照“煎私矾”的成例处罚，判处二年徒刑。

---

① 《金史·食货五》。

② 《钦定续文献通考》，卷三《田赋考》。

泰和四年(1204),金章宗派近侍督察茶业,发现山东、河北四路采取硬性摊派的桩配措施,于是命令宰臣进一步调查,追究有关部门责任,并下令每袋茶减价三百文出售。

(二) 手工业生产与商品化

1. 纺织业

两宋时期,山东地区的纺织业进一步发展,所产纺织品时称“东绢”,与“蜀锦”“婺罗”鼎足而立,是全国三大纺织业中心之一。青州织锦院是主要的官营纺织基地,专门织造供皇室宫廷需要的高级纺织品。私营作坊及家庭副业织作遍布山东各地,其中亦不乏精美之品。单州成武县所织布缣,其尺寸与官府所织相同,而重量只有百铢,望之如云雾一般,织作技术可谓达到炉火纯青的地步。在各地上贡朝廷的纺织精品中,有青州仙纹绫、兖州大花绫、淄川贡绫、密州贡绢、滕县绸绢、曹州贡绢、东平府贡绢、德州贡绢、恩州(今山东武城县)贡绢、棣州贡绢、乐陵贡绢、济南府锦绢、博州府平绢、潍州纻丝素絁等。宋真宗大中祥符九年(1016),北宋政府开始在山东地区实行“和买绢”制度①。北宋政府每年从山东“和买”大量绢帛和素絁。仅以绫、绢、绸三项为例,到北宋末年山东每年向官府缴纳的税额,分别占全国赋税总额的41%、16%和13%,山东地区成为北宋政府绢帛收入最多、最集中的地区之一。

山东地区最先出现专营作坊——机户,这些机户拥有独立的家庭手工业作坊,机户织造的产品,商品化程度很高,一部分由官府收买,另一部分通过密州板桥镇等口岸远销南方或海外市场。山东麻织业在宋代也较为发达,麻布产地主要分布在山东淄、莱、沂等州,其中以登莱端布、沂州沂布最负盛名。据《宋史·食货志》等书记载,北宋布价一般为每匹布高达300钱左右,而登莱端布布价在宋仁宗咸平年间(998—1003)每匹高达1360钱,沂布布价每匹约为1100钱,可知其质量优良在全国首屈一指。山

① 和买绢制度,即在春天青黄不接时,由国家借给农民一些钱,到了夏秋蚕丝收获时,用绢偿还,称为预买绢,公私两利。后来,和买绢变为无偿收购,成为国家的一项收入,农民负担日益沉重。

东的麻布大部分用于缴纳赋税，少量剩余产品供生产者自己留用。宋政府于登、莱、密、沂等州“和市”端布，夏、秋税“折纳布”达数十万匹。

元代时，山东依然是全国丝织中心之一，产地主要分布在济南、益都、泰安、东平、德州、济宁、濮州、宁海、高唐等地。元代建立后，颁行《农桑辑要》一书和农桑杂令，使各地区大量植桑。《松雪斋文集》记载，因政府“设赏罚课民载桑”，一年多滨州即“新桑遍野”①。临清“有丝及香料不少，并有其他物产及贵重货品甚多”，东平“产丝之饶竟至不可思议……产丝过度而获利甚巨”②。文天祥被押解北上经过山东时对此有感而发，如《新济州》言济州“时时见桑树，青青杂阡陌”，《发郓州喜晴》言郓州“微见扶桑红”，《发东阿》言东阿“秋雨桑麻地”③。元文宗至顺二年（1331），冠州发生桑树虫灾，受灾桑树就多达40余万棵。桑蚕业的兴盛，为山东丝纺织业的繁荣奠定了基础。元代山东的官营丝织业规模较大，品种最为齐全。元政府在山东设立的官营纺织手工业局院即有恩州织染局、恩州东昌局、东平路疃局等，负责朝廷、官府所用名贵丝织品的生产。在济南、德州、济宁等地设“打捕鹰房纳锦等户提领所”，负责“税粮”“皮货”“采捕野物”“纳绵”等事宜。④ 山东所产丝织品种众多，各种规格有10余种，主要包括丝、绵、绫、绢、罗、绮、绸等，不仅产量大，花色品种多，而且质量优良。1975年，考古工作者在山东邹城元代李裕庵墓清理出土50余件纺织品（图7－2），其中大部分是丝织品，主要有绸、罗、缎。其中，一幅绸织方巾上的人物、鸟兽、花纹图案连同框内文字同时织成，针线细

图7－2 邹城李裕庵墓出土的鲁绣女夹袍

① 赵孟頫：《松雪斋文集》卷八。

② ［法］沙海昂注，冯承钧译：《马可波罗行纪》，中华书局2004年版，第515、516页。

③ 文天祥：《文天祥全集》卷一四，北京市中国书店1985年影印版，第365、366页。

④ 《元史·百官志》。

密匀称，采用了“辫绣”“平绣”“网绣”“打籽绣”等多种绣法。针线细密，整齐匀称。在仅有1厘米左右的人物上，附加一根丝线，便显出人物面部的眉眼、口鼻和袍服上的束带、交领以及手中的拐杖，具有较典型的“鲁绣”特点，堪称丝织佳品，显示了元代山东丝织技术的高度发展[①]。

2. 冶铁业

宋金时期，山东地区的冶铁业得到进一步发展。两宋时期，山东的铁产量居第三位，闻名全国的冶铁四大监，兖州莱芜监即其一。登、莱、淄、齐、沂诸州亦为主要产铁之地。据载，莱芜监所属铁矿，旧有18冶，有冶工千余户。不过，官营矿冶多经营不善，效益低下，如“莱芜冶铁为民病，当役者率破产以偿”[②]。甚至寺院经营的冶铁业效率也不高，“兖州道士冶，岁课铁二万余斤，主者尽力采炼，常不能及，有坐是破产者”[③]。对此，宋政府任用梁适对铁冶经营实施改革，改劳役制为招募制，刺激了劳动者的生产积极性，各地冶务渐渐恢复。据宋神宗元丰元年（1078）官府的年课数字，登州年收铁课3775斤，莱州莱阳县年收课额4290斤，兖州年收额24万余斤。按当时官府收税制度“二八抽分”计算，莱芜监年产铁120余万斤。铁产量的提高，也促使了铁器制造业的发展，产铁地涌现出远近闻名的铁器制造作坊，如莱芜大冶铁家吕氏，“募工徒，斩木锻铁，制器利用，视他工尤精密”[④]。元丰六年（1083），宋政府在山东地区实行铁官榷，官府制造各种铁器进行出售。但由于民间铁制品质量上乘，官铁难以与之竞争，所以铁官榷不久即废止。宋代铁农具与铁质生活用品销路很广，仅仅针的品种就很丰富，以济南刘家功夫针铺最为闻名。到金代，官办的诸处铁冶“废置不常”，最后亦“听民煽冶，官为抽分”。

3. 冶金业

山东地区是宋元时期重要的产金之地。宋太祖建隆元年（960），全国采

① 王轩：《邹县元代李裕庵墓清理简报》，《文物》1978年第4期。
② 《宋史·梁适传》。
③ 李焘：《续资治通鉴长编》卷六七。
④ 李昭玘：《乐静集》卷二九，《吕正臣墓志铭》。

金的监（主管）、税（税务）、冶（冶厂）、场（采场）、坑（矿坑）分布于四州一郡，并不包括胶东登莱二州。宋仁宗天圣七年（1029），始设莱州莱阳县采金场。次年，设登州九陇县采金场。吴曾《能改斋漫录》卷十五记载："登、莱州产金，自太宗时已有之，然尚少。至皇佑中，始大发。四方游民，废农桑。来掘地采之，有重二十余两为块者，取之不竭。县官榷买，岁课三千两。"从宋初到宋仁宗时期，登、莱二州的金矿开采一直呈上升趋势，发掘者一夜暴富。宋仁宗欲嘉奖登、莱两州官吏，宰相王曾却认为："采金既多，则农民皆废业而趋利，不当更诱之。"于是此年罢莱州莱阳等地的采金场。宋仁宗明道二年（1033），又"禁登州民采金"。宋仁宗景佑年间（1034—1038），登莱发生灾荒，遂开金禁，"听民采取"。此后时禁时放，仍以官榷为主。到了宋神宗元丰元年（1078），登、莱两州黄金年产量高达9583两，占全国总产量的89.5%，胶东产金量在全国处于举足轻重的地位。此外，登、莱、密等州也是银的主要产地。如《宋史·曾公亮传》记："密州民田产银。"《宋史·荣諲传》记："莱阳产银砂，民有私采者。"关于银矿的开采与经营，一般是采取民户开采、政府银课的方式。北宋政府年收银课，登州为500余两，莱州最高额为340余两，全京东路岁收银课可达4400余两。金世宗大定三年（1163），金朝开放金银矿，允许民间自行开采，政府征税，税率为5%。金、元之际经历战乱动荡，山东地区的矿冶业生产逐渐衰落下来。据《元史·食货二》记载，元代的"产金之所，在腹里曰益都、檀、景"，即山东的益都路，包括潍、胶、密、莒、沂等地，成为重要的产金地区。山东的"产银之所"，则集中在济南、牟平一带。

4. 采煤业

元代以后，山东煤炭开采始有规模。山东产煤地区主要分布在峄州和博山。峄州境内煤炭资源丰富，水陆交通便利，客观上为煤炭的开采、运销提供了良好的地理条件。考古工作者曾在枣庄发现甘泉寺碑，该碑明确记载，元代峄州的采煤业已有一定程度的发展。[①] 淄川煤炭在宋金时期即有开

① 枣庄市文物管理站：《山东枣庄古窑址调查》，文物编辑委员会编《中国古代窑址调查发掘报告集》，文物出版社1984年版，第383、384页。

采,至元代有所发展。1976 年考古工作者在淄川磁村华严寺发掘元墓两座,墓葬周围有挖煤坑,证明元代淄川即为重要煤炭产区,其开采已有一定规模。[①] 博山煤炭开采始自元代,据《博山县志》记载,(博山)“邑煤采自元代,多在春冬两季,土人挖作燃料,时作时辍”,然其具体情况,文献中未有记载,“无可稽考”[②]。不过元代统治者对煤炭业控制甚严,只许官府开矿,不许民间采掘,所以各地的煤炭业亦不能例外。[③]

5. 制盐业

山东是宋元时期的海盐产地。盐税是北宋政府在山东地区的重要财政收入之一。《宋史·食货志》记载的关于山东的食盐产地是:京东路为密州涛雒场与登州四场,河北路为滨州四务,登州、青州、莱州也设立盐场或盐务。著名的场务有密州涛雒场,年产盐 3.2 万石(每石 50 斤),滨州场年产 2.1 万余石。行盐有地界限制,比如登、莱等州生产的食盐不能越过胶河售卖。宋太宗雍熙元年(984)推行“折中法”,即由政府控制盐产,换取商人物资,以供边塞军需。宋仁宗庆历元年(1041),宋政府解除京东八州军的盐禁,允许百姓卖盐,官府对出售的盐征收商税,兖州、郓州与八州军接壤,也松弛了盐禁,允许商人经营海盐。宋神宗元丰二年(1079),宋政府批准了京东转运使李察的建议,重新实行官榷,由官府设置盐场负责盐的收购和出售。次年,山东盐税收入即达 27.3 万余贯。但“盗鬻私贩者”自宋至元始终不绝。宋徽宗政和三年(1113),食盐运销改行“引法”。“引”分“长引”“短引”,“长引”销外路,“短引” 销本路。商人凭“引”支盐运销。此为“盐引法”。商人运盐皆以袋装,谓之“官袋”,每引 1 袋,每袋 300 斤,即食盐袋装之始。[④] 宋钦宗靖康二年(1127),为便于缉私,在无棣县盐场四周修筑墙堑,此为盐场坨垣之始。北宋政府为垄断盐的生产与销售,根据盐的产地和

---

① 山东淄博陶瓷史编写组:《山东淄博市淄川区磁村古窑址试掘简报》,《文物》1978 年第 6 期。

② 民国《续修博山县志》卷七,《实业志》。

③ 陈冬生、王赛时主编:《山东经济史·古代卷》,济南出版社 1998 年版,第 377—378 页。

④ 无棣县盐务局编著:《无棣县盐业志》,山东省地图出版社 2003 年版,第 12 页。

产量，划定了盐的运销范围，即“地分”，其中产于登、密二州的京东盐或东北盐，主要供应京东路诸州军，即今山东大部分地区；产于滨、沧二州的河北盐，主要供应河北诸州军和青、淄、齐三州。宋仁宗康定元年（1040），宋政府废弛京师榷法，在京东八州、兖州、郓州通淮南盐，各地盐品可以流通。

金代在山东实行民制官卖的榷盐制度，并不断增加税课。全国曾设置山东、宝坻、沧州、莒州、解州、北京、西京七个盐司，盐司之下设场。金世宗大定二十一年（1181），因沧州 、山东各地盐场违禁卖盐，被合并为海丰盐使司。其具体经营方式是官府监督、官给盐引、灶户纳税、盐商运销，国家通过纳税和榷卖对灶户实行控制。灶户计口承课，商人领取盐引到指定的盐场取盐。因盐价高，山东地区的民众多低价购买私盐，于是金世宗在户部尚书邓俨的建议下，首次将山东官盐降至每斤 30 文。至金章宗承安三年（1198），山东的盐税收入为 4334184 贯左右，约占全国盐税收入的 40%。金代山东地区盐价总体上一直维持在每斤在 30 文至 44 文。如金世宗大定二十八年（1188），山东盐每斤 30 文；金章宗明昌五年（1194），山东盐每斤 33 文；金章宗承安三年（1198），山东盐每斤 42 文；泰和四年（1204），山东盐每斤 44 文。山东的著名盐场有涛雒场、信阳场、西由场、衡村场、宁海州场、黄县场、巨风场、福山场、文登场等，盐产量占金代全国盐产总额的 1/4 以上。这些地区所产食盐不仅自给有余，还远销河北、河南和南京诸地，其行销路线主要通过海路及大清河、小清河运往各地。金朝小清河素有“运盐河”之称，即为当时山东海盐从沿海地区向内地运输的重要渠道。食盐外运旺季，曾出现“盐舟梗阻”景象，足见当时山东食盐运输和盐业贸易的繁忙盛况。金章宗泰和五年（1205），金朝划定山东、沧州盐司的管辖范围，规定“山东东西路、开、濮州、归德府、曹、单、亳、寿、泗州隶属山东盐司”①。金世宗大定二十三年（1183），博兴县百姓李孜“收日炙盐”②，“收日炙盐”即“晒盐”，不同于榷盐中的煎制方法，因此引发了是否犯法的争论。

---

① 《金史·食货四》。

② 《金史·食货四》。

元代山东制盐业在全国各盐区中名列前茅。元政府设山东盐运司(后称山东都转运司),下辖永利、宁海、官台等19场,盐产量逐年增加。元代盐的流通主要有两种方式,一种是“商运商销”的方式,即由商人向国家买盐,运往各地,再按国家规定的价格卖给百姓。其具体办法有两个:行盐法与和籴法。所谓行盐法,即商人到盐运司交钱买引,然后凭盐引到盐仓支盐;所谓和籴法,是因为元军队粮食所需量大,其招募民之粟草,发给盐引,到盐司支盐。另一种则是“官运官销”的方式,即由国家有关机构将盐运往各地,卖给百姓。其具体办法亦有两个:食盐法和常平盐局法。所谓食盐法,即按户籍分配盐额,按盐额征价款,这是一种强制性的摊派。元世祖中统四年(1263),下令“益都山东民户月买食盐三斤”①。所谓常平盐局法,即为确保盐之所需,存盐于局,盐价涨时低价售出,以利百姓之法。

元政府垄断盐的生产,每年都掌握有数以百万引计的盐。如此大数额的盐,除了极少一部分用于供皇室、军队、工匠食用外,绝大部分都用来投入流通过程,换取货币,作为国家财政收入的一个重要来源。史载:“太宗庚寅年,始立益都课税所,拨灶户二千一百七十隶之,每银一两,得盐四十斤。甲午年,立山东盐运司。中统元年,岁办银二千五百锭。三年,命课税隶山东都转运司。四年,令益都山东民户,月买食盐三斤。灶户逃亡者,招民户补之。是岁,办银三千三百锭。至元二年,改立山东转运司,办课银四千六百锭一十九两。是年,户部造山东盐引。”山东海盐为元政府创造的收入年年递增,“增岁办盐为七万一千九百九十八引,自是每岁增之。至十二年,改立山东都转运司,岁办盐一十四万七千四百八十七引。十八年,增灶户七百,又增盐为一十六万五千四百八十七引,灶户工本钱亦增为中统钞三贯。二十三年,岁办盐二十七万一千七百四十二引。二十六年,减为二十二万引。大德十年,又增为二十五万引。至大元年之后,岁办正、余盐为三十一万引,所隶之场,凡一十有九”②。

从元代开始,贩运私盐的现象越来越泛滥,过去一次贩私数额动辄上万

---

① 《元史·食货二》。

② 《元史·食货二》。

斤的情况并不多见，而到元代以后则较为普遍。如元顺帝至正年间(1325—1368)，山东、河北沿海私贩勾结盐场官吏、灶户，用海船公然贩私，每引400斤，私盐数达数十万之巨。为此，元代政府在山东设奏差、巡盐官等，专查私盐贩运事宜。“详山东运司，岁办钞七十五万余锭，行盐之地，周围三万余里，止是运判一员，岂能遍历，恐私盐来往，侵碍国课。本司既与济南路讲究便益，宜准所言……河间运司定设奏差一十二名，巡盐官一十六名，山东运司设奏差二十四名，今既比例添设巡盐官外，据元设奏差内减去一十二名。”①

6. 陶瓷业

宋金时期是山东陶瓷业的鼎盛时期。山东地区的窑场均属民窑，产区主要分布在淄博、泰安、青州、枣庄、德州等地，规模稍大一些的窑场主要有：淄博市磁村窑、淄博市坡地窑、淄博市博山大街窑、枣庄市中陈郝窑、柏山窑、雷村新村窑、泰安市中淳于窑等。其中淄博磁村窑除集各地名窑所长之外，还具有淄博窑的独特风格，宋、金时期以烧白瓷为主。烧瓷品种有带剔花、刻花装饰的白瓷碗、盘、双系罐、灯、钵、盏托、壶等。造型上一般具有北方地区瓷窑的共同风格，灯、钵等与北方磁州窑器造型相近。金代出现篦划花、纹胎、白釉红绿彩、黑釉、酱釉、茶叶末釉等装饰。磁村窑烧制的三彩器，造型生动、釉色艳丽，被称为“宋三彩”。与唐三彩不同，淄博三彩瓷是当时人们日常生活中的用器。宋金政府都曾在磁村设官收税，足见当时山东地区制瓷业之发达。此外，枣庄市薛城区、齐村区及市郊以及青州都发现宋代古瓷窑址，所制瓷器以白瓷和碗、钵、罐等日常生活用具为多，器物造型朴实稳重，产品讲究实用。青州白瓷为专供朝廷瓷器库的精品，具有极高的工艺水平和艺术价值。金代磁村窑比北宋期间有较大发展，已普遍使用煤炭做燃料，并采用匣钵叠烧新工艺进行烧制，所制瓷器胎骨坚致，釉面光洁，制作规整，种类增多。

元代山东地区的陶瓷产地主要分布在淄博、枣庄等地，其生产规模比宋金时有所扩大。但淄博磁村窑的产品变得粗糙而单调，呈现衰落迹象。随后淄

① 《元史·食货五》。

川西河坡地窑、博山南万山窑相继昌隆，出品瓷碗、盆、罐、杯、灯、钵、瓶、碟、盖、俑、球、壶、玩具等瓷器和窑具，所制瓷器以生活用品为多。这些瓷器以白釉为主，其次为黑釉、白地黑花釉、酱釉，黄釉数量较少。白釉白度很高，釉面光洁，胎骨白而坚致，胎质薄而匀，制作规整，种类众多。其装饰技法丰富多彩，尤其是淄川坡地窑所制瓷器纹饰粗放，造型优美，主题花纹有花卉、水草、浪花、荷花、水波、鱼纹、弦纹等。元代峄州西北40里数千家制陶手工业者均以制陶、卖陶致富，可见陶瓷产品的商品化程度已经很高。元末明初，山东地区战火纷起，山东的陶瓷业一度受到严重破坏，磁村等窑就此先后停烧。

（三）劳动力的商品化

宋元时期，人口的剧增引发农民占地严重不足，许多农民劳动力成为一种商品，通过接受雇佣得到报酬，从而养家糊口。王安石新法之一——免役法，是对宋初差役法的改革，把原来按照主户户等轮充差役的办法改为当役者交纳役钱，州县政府出钱募人应役，这也是宋代劳动力商品化的反映。宋元时期，山东地区的雇佣关系遍及各个行业与社会生活各个领域。

被雇佣给人耕地，获取一定报酬，称为“佣耕”，是古代贫苦农民最传统的劳动力出卖形式。“濮州（今山东鄄城）临濮县徐村农民鲍六，贫甚，为富家佣耕，尝遣往东阿，两月未返。妻年少，虽在穷阎，颇有容色。方独处室中，两客忽至，一肥一瘠，皆白衣皂带，如河朔三礼学究之状。谓妻曰：‘我欲赌钱作戏，暂借此处得乎？’妻许之。乃出市酒炙共食，留其余而去。明日复来，凡累日，遂挑谑鲍妻，且贿以钱，妻甚悦。客相与言曰：‘吾二人难以并宿，但视博胜负，负者退而胜者止，可也。’自是一胜一负，常更迭驻留。妻贪财及饮馔，不复顾他事。”①鲍六就是经常外出受雇耕种的贫苦农民。

富人出行远路、商贾长途贩物，都需雇人或荷担、或背负、或抬轿、或操舟，或进行安全护卫。如洪迈《夷坚甲志》卷二《宗立本小儿》所记：登州黄县人宗立本，“世世为行商，年长未有子。绍兴戊寅盛夏，与妻贩缣帛抵潍

① 洪迈：《夷坚志》，中华书局1981年版，第1804页。

州，将往昌乐，遇夜，驾车于外，就宿一古庙，数仆击柝，持仗守卫，明旦蓐食讫”，雇工负责夜间守卫。

元代文献上记载官府兴修水利需招募雇佣人力，须有明确的报酬——“盐粮钱”。如《元史》卷十五所记载至元二十五年(1288)，“安山至临清，为渠二百六十五里。……为工三百万，用钞三万锭、米四万石、盐五万斤”，核算下来山东地方官府差募人夫日工价为中统钞 0.5 两，米 1.3 升，盐 0.27 两。此外，疏通济州河、治理黄河决堤，均给民工以佣金，称为“1.2 钞万锭为佣直，仍给粮食”。[①]

二、商贸发展的特点

宋元时期是中国古代商品经济发展的高峰时期。北宋统治者实施了一系列惠商政策，从而使山东区域的贸易更加发达，从事商业经营的社会群体增多，民间商人非常活跃，出现了牙人群体。

（一）政府的兴商举措

北宋建立之初，首以豁除商税为务，“行旅赍装，非有货币当算者，无得发箧搜索”，严禁非法滞留行商，除去应当纳税的货物，不得翻检搜查。960 年，宋政府颁行《商税则例》，这是中国古代第一个商税征收条例，从而使商业发展有法可依。宋太宗时，“除商旅货币外，其贩夫贩妇，细碎交易，并不得收其税”。宋仁宗也屡次下达减税之令，“盖租税为国用所资，人民本有完纳之义务，然若取之无经，则官吏必有勒索之弊，小民将不胜其苛扰”。王孝通先生认为，宋初诸帝能将细碎品物免税，又颁布税则，榜示天下，使征收者与完纳者皆有准绳，无所用其增损，诚便商惠民之举，而堪为后世治国者取法也。[②] 宋政府还制订新的度量衡标准器，颁行天下，禁止私人仿造。992 年，工商杂类优秀者可以被选送做官，商家子弟也可参加科举考试，社会的

---

① 《元史 · 河渠志》。

② 王孝通:《中国商业史》，团结出版社 2007 年版，第 123—124 页。

大氛围非常有利于兴商。传统的“重农抑商”观念受到一定程度的冲击，人们已意识到商业是国民经济的重要组成部分，如司马光认为，“夫农、工、商贾者，财之所自来也。农尽力，则田善收而谷有余矣。工尽巧，则器斯坚而用有余矣。商贾流通，则有无交而货有余矣”①。

960年，宋太祖下令免去德、棣、淄、齐、郓等山东地区渡口的算钱。渡口算钱即渡口通过税，免去渡口通过税，听任百姓驾船摆渡，有利于商业的发展。961年，宋太祖命人疏通五丈渠，西起河南开封，东至山东郓城，入梁山泊，下接济水，成为北宋时期入京的四大商运水路之一。宋仁宗天圣四年(1026)，宋政府对年征收额不足千贯的集市实行买扑(包税)。宋神宗元丰元年(1078)，宋政府诏令，滨、棣地区的竹木、鱼果、炭箔等小商品，因交易额不足百钱，免于征税。

宋真宗天禧元年(1017)，全国各地遭受到多年不遇的自然灾害，旱灾、蝗灾给农业生产及社会秩序带来极大的冲击。再加上景德年间(1004—1007)以来，政府的财政支出庞大，国库亏空，国家财政陷入窘境。面对经济上的巨大压力，宋真宗特召濮州(今山东鄄城)人李迪商量对策。李迪建议将内库财物拿出来赈济百姓、稳定民心。宋真宗采纳了他的建议，三司很快得到内库所拨付的巨额钱帛，在“民不加赋”的情况下缓解了灾区的燃眉之急。为此宋真宗专门写了一篇《宽财利论》，送给李迪，并将该文赐给青州知州三司使李仕衡，李仕衡将其刻于“本厅”，时刻铭记。

北宋的商税收入主要是通过设在城市、市镇中的商税组织——场务来征收的。一般州县和大的关、镇设“务”，由专员监管；较小的地方设立“场”，由县令或县丞兼领。商税分为两类：一是“过税”，商人贩运商品经过场务要交货值的2%；二是“住税”，商人在市场上出售商品时要交货值的3%。据统计，北宋政府在全国先后设立过1790个商税场务，在相当于今山东地区的京东东路设有93个场务，京东西路设有62个场务，河北东路设有146个场务。《宋会要辑稿》载，宋神宗熙宁十年(1077)，诸州中，商税收入

① 《续资治通鉴长编》卷一九六。

额1万贯至3万贯的有密州等6个州,3万至5万贯的有青州等8个州,5万贯以上的有郓州等4个州。熙宁以前,京东东路商税总额为51万余贯,至熙宁十年(1077)增为74万贯,商税收入在全国各路中居第三位。密州8处场务的商税收入总额是8.7万余贯,在全国的232府州军中,除使用铁钱的四川地区外,位居榜首。

金元两代亦在山东设立使、局、院、务征收商税。到元文宗天历初年(1329),山东各路的商税额,东平路七千一百四十一锭四十八两四钱、东昌路四千八百七十九锭三十二两、济宁路一万二千四百三锭四两一钱、曹州六千一十七锭四十六两三钱、濮州二千六百七十一锭七钱、高唐州四千二百五十九锭六两、泰安州二千一十三锭二十五两四钱、冠州七百三十八锭一十九两七钱、宁海州九百四十四锭三钱、德州二千九百一十九锭四十二两八钱、益都路九千四百七十七锭一十五两、济南路一万二千七百五十二锭三十六两六钱、般阳路三千四百八十六锭九两。[①] 山东各路商税总和占当时全国商税收入总额的9.2%以上,仅次于江浙行省、河南行省和大都而居第四位。从上述文献可以看出,省内商税总额较大的是济南路、济宁路、益都路、东平路,说明当时山东地区的经济发展水平呈中西部高于东部沿海地区的现象。

元代建立后,也实施了一定的惠商政策。元世祖至元二十二年(1285),“诸王分地恩州,其下以钱贷民,加倍征息。公令子母相当则止,余有罪”[②],辽东道按察副使王忱在山东打击高利贷,规定利率超过100%则为犯罪。

(二)区域贸易更加发达

宋元时期,山东地区的商业贸易和城市经济比唐代更为发达,城乡之间农副手工产品交换极其频繁,区域性短途贸易、全国性长距离贩运贸易和海外贸易均得到长足发展,山东在宋元时期成为黄河下游地区商业比较繁荣

① 《元史·食货二》。

② 《元文类》卷六八,《参知政事王公神道碑》。

的区域。宋元时期,山东与周边内陆贸易兴盛,商品种类范围很广。宋真宗时期,开放山东粮食市场,诏令“京东民以车汆粜种粮者,缘河津渡勿收其算”。当时,很多农产品都已成为流通中的重要商品,官府生产的铁制品亦更多地作为商品投放市场。如宋代“官榷铁,造器具鬻于民”。登州于宋仁宗明道二年(1033)开放金禁,“许民取便采淘货卖”。纺织品也成为商品流通中的重要商品。宋真宗大中祥符年间(1008—1016),“青、齐间绢直八百”,因价格低廉、质量精美而行销四方。仅官府每年从山东采购的布帛即达70万匹,后增至200万匹,由此可见当时纺织品上市数额之巨。从宋代起,山东地区开始出现大批专业商贩。如登州黄县人宗立本,“世世为行商”,“贩缣帛抵潍州,将往昌乐”。元代许多山东商贩把丝线、纺织品贩卖至江浙一带。元代时,善于经商的回族人更遍居山东运河沿岸城市,有的深入山东内地。如元代名臣赛典赤·赡思丁的子孙就在济南定居经商,成为今天济南回族的赛氏家族,有的迁居青州。东平府亦多“随城郭居住别投下开铺营运之家”。此谓“投下”户即指蒙古、回族等各族贵族,“开铺营运”即谓之经商求富者。活跃于山东境内的商人,来自全国各地,山东商人的足迹也遍布全国各地与海外。

(三) 从事商业经营的社会群体增多

当时的商人不仅可分为行商、坐贾、牙人等类别,而且除普通商人外,官员、手工业者、农民等也都属于经商群体,更重要的是很多商人兼具多重身份,或者兼具商人和农民的身份,或者兼具商人和手工业者的身份,或者兼具商人、地主、手工业者、高利贷者多重身份。

1. 文人经商

宋元时期,由于商人的社会地位得到一定程度的改善,所以文人并不吝于对商人的赞颂,如元代杨维桢在《鲍孝子志》中明确肯定由儒入商的行为,“陶朱公、端木氏皆用世之才,不幸仕乱世,有不能周身者;辄退而积居,与时逐……史氏载货殖具四德:曰仁、曰智、曰勇、曰断”。元代大儒许衡主张“士子多以务农为生,商贾虽为逐末,亦有可为者,果处之,不失义理,或以姑济一时，亦无不可"[1]，他公开呼吁如果商业经营不违背义理，那么人们也是可以从事商业贸易的。

文人经商最典型的事例莫过于穆修卖书。穆修，郓州汶阳（今山东汶上）人，宋真宗时进士出身，力主恢复韩愈、柳宗元的散文传统，为此，他募工雕板印书，亲自从颍州肩挑至开封相国寺卖书，"设肆鬻之"。儒士文人躬亲设摊卖书，穆修可谓中国书商第一人，北宋的重商氛围可见一斑。

2. 边将的回图贸易

回图贸易又称"回易""回图"，是隋唐至南宋时期的特定经济术语，特指官方或军队营利性的商贸经营活动。唐末五代时期，由于地方割据势力强大，回图贸易出现扩大化的趋势。北宋建立后，政府对军队的回图行为或禁或放。北宋很多边镇大将往往借助回图贸易从事私贩活动。如《宋史·贾昌朝传》载：宋初，何继筠领棣州，并从事回图贸易，"筦榷之利，悉输之军中，听其贸易，而免其征税"。边将在进行回图贸易的同时，大都借机进行私贩活动，政府对此无能为力。这种回图贸易，虽然短时间解决了军队给养问题，但也导致军心涣散、战斗力下降。

3. 各级官员的逐利行为

宋元时期，伴随官营商业，各级官员和士人经商已成为普遍现象。如北宋宰相赵普"遣亲吏诣市屋材，联巨筏至京师治第；吏因之窃货大木，冒称普市，货鬻都下"[2]。赵普派亲信到外地市场购买木材，后用巨筏将木材运往京师。在这个过程中，手下亲信私自运输大木至京师而获利。977 年，宋太宗下诏禁止官员经商，但效果很差，于是规定，文官武将们只要从事经商活动，就得照章纳税。

《宋史·和岘传》记载，太平兴国年间，和岘（933—988）任京东押运使，"岘性苛刻鄙吝，好殖财，复轻侮人，尝以官船载私货贩易规利"。和岘任职山东期间，曾经用官船贩运私货来牟利。《宋史·徐休复传》记载鄄城人徐

---

① 许衡：《许衡集》卷一三，《国学事迹》。

② 《宋史·赵普传》。

休复以给父母“营丘坴”为名知青、潞二州，“至青州逾年，但聚财殖货，终不言葬事”。他到青州任上后，一心一意从事商业经营，只字不谈丧葬之事。天禧四年（1020），定陶县尉麻士瑶，因冒名买场务被杖杀。从《续资治通鉴长编》卷七十五上看，麻士瑶“以临淄宅一区给其家，邸店资财取十之三均给其族，自余悉籍之。”麻士瑶除冒名买场务外，还经营邸店、开设典库等，是一名从事多种产业经营的官员。

宋神宗熙宁六年（1073），提举盐税王伯瑜被御史蔡确弹劾。王伯瑜的身份是京东、河北提举盐税，也就是负责督察山东、河北两地的盐税事宜。但他常利用出巡办案的机会从事布帛交易，而且有时还出售自家生产的布帛。《续资治通鉴长编》卷二四七：“熙宁六年九月壬戌，御史蔡确言：‘闻京东、河北路提举盐税王伯瑜于所部商贩逐利，奏事赴阙及出巡至近畿，贩京东、河北帛入京师，复以京师帛贾滨、棣间，往往与本部公人、秤子交市，家有数机，更自织造。伯瑜人物至下，幸蒙任使，以案察为职，而身不奉法，贪恣之声流于道路。’”王伯瑜不仅利用职务之便从事贩运，还直接进行商品性生产，以获得更大利润。

4. 民间商人的经营活动

宋元时期，山东地区的民间商人也很活跃。他们或在本地从事商业经营，或进行跨地区贩运活动。从事本地经营者如宋代长清人靳八公，“世居靳庄，在县治东南七十里，以鬻酒为业”①。《水浒传》中描绘了山东的众多茶馆和酒店，都属于坐贾。跨地区经营者如章丘崔氏自北宋靖康年间“世以贾贩致饶，名于乡里”，到金末元初的崔聚时，恰逢元政府平定了江南，于是他“往来贸易湘湖间，以是致赀累巨万，言富室无居其右”②。元代济南人武汉臣杂剧《散

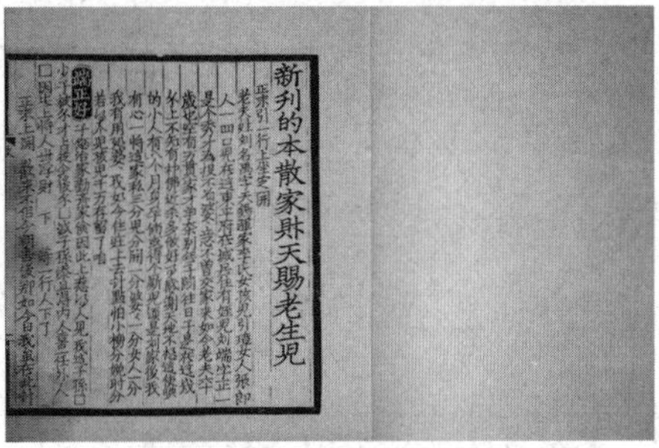

图 7－3　《散家财天赐老生儿》

① 道光《长清县志》卷一三，《人物志》。
② 刘敏中：《中庵先生刘文简公文集》卷一〇，《阳丘崔氏先茔之记》。

家财天赐老生儿》(图7－3)中的东平商人刘从善也是一个长途贩运商人。年轻时“走苏杭两广”,“南头里贩贵,北头里贩贱,乘船骗马,渡江泛海,做买做卖,挣闿下许来大家私”①。

有些商人直接从农民转化而来。元人陈基曾有诗云:“一步一踟蹰,四顾心忡忡。牵车者谁子,自言业为农。频岁值大水,田庐为之空。家有白发亲,日食忧不忘。辛苦事商旅,庶以供飧饔。”②陈基在凌州(今山东德州)看到路上有人忧心忡忡地拉着车子,通过询问得知,主人原来是农民,但田地遭受水灾,家里没有收成,于是才从事艰辛的贩卖活动。

有的商人还具有地主的身份。如元代章丘人王京“家园多橘,鬻者预入其直率三之一”③。王京家里种植大面积的橘园,同时也经营橘子的销售。

有的商人还具有手工业者的身份。如宋代莱芜吕规的冶铁作坊,不仅“制器利用”,“凡东州之人,一农一工,家户御,其器皆吕氏作也”④,几乎占据整个山东市场。又如洪迈《夷坚乙志》卷一载,宋徽宗宣和六年(1124)董国度调任莱州胶水县主簿。适逢中原陷落,董弃官避入农村。居所主人帮助他重新婚娶。该女子“性慧解,有姿色,见董贫,则以治生为己任,罄家所有,买磨驴七八头,麦数十斛,每得面,自骑驴入城鬻之,至晚负钱以归。率数日一出,如是三年,获利愈益多,有田宅矣”。他们以磨面为业,每天将磨好的面粉驮到城里出售,天长日久,他们获利越来越多,最后购买了田宅。

有的商人还具有高利贷者的身份。洪迈《容斋五笔》卷六云:“今人出本钱以规利入,俗语谓之放债,又名生放。”至元八年(1271)五月,有人上奏

① 武汉臣:《散家财天赐老生儿》,载徐征等主编《全元曲》第4卷,河北教育出版社1998年版,第2188页。

② 陈基:《夷白斋稿》外集卷上,《凌州》。

③ 《中庵先生刘文简公文集》卷九,《济南王氏先德碑铭》。

④ 李昭玘:《乐静集》卷二九,《吕正臣墓志铭》。

称山东滕、峄、淄等州因官府强卖官盐,致使处于农忙的百姓“多于铺户之家借贷,以应官司督迫之急”①,之后再将官盐减价卖掉,用来偿还借款。

有的商人还具有地主、商人和高利贷者等多重身份。如元人郑廷玉杂剧《看钱奴买冤家债主》(图7-4),是中国现存第一部讽刺人情世故的喜剧。该剧描述了曹州人贾仁的一生。贾仁本来以挑土筑墙为生,偶然挖到周荣祖家藏在墙下的祖产而致富,周荣祖夫妇则落魄。贾仁无儿无女,命坐馆先生陈德甫替他买一个儿子,恰巧买了风雪之中走投无路的周荣祖夫妇卖的儿子长寿。二十年后,长寿长大成人,贾仁财富越聚越多,却吝啬成性,拥有“鸦飞不过的田产”,却因一抹油指头被狗所舔而气急致死。周荣祖夫妇乞讨至东岳庙中,遇到长寿,经陈德甫说明实情,一家人得以重聚,贾仁二十年前无意中得到的财产又原封不动地归于周家,而自己只是替别人做了二十年的看钱奴。

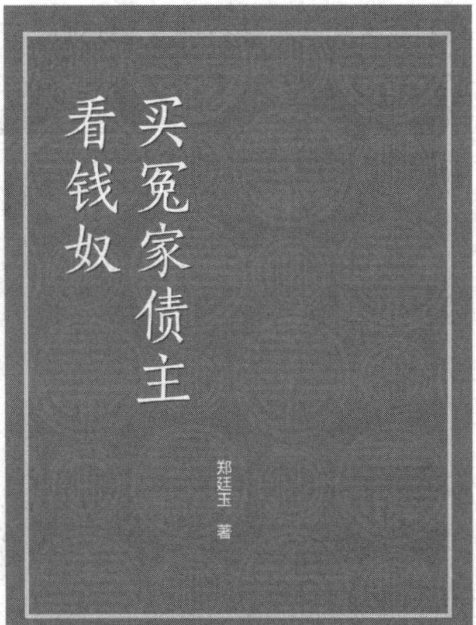

图7-4　《看钱奴买冤家债主》封面

“此处有一人是贾老员外,有万贯家财,鸦飞不过的田产物业,油磨坊,解典库,金银珠翠,绫罗缎匹,不知其数,他是个巨富的财主。这里可也无人,一了他一贫如洗,专与人家挑土筑墙,和泥托坯,担水运浆,做坌工生活,常是吃了早起的,无那晚夕的,人都叫他做穷贾儿。也不知他福分生在那里,这几年间暴富起来,做下泼天也似家私。只是那员外虽然做个财主,争柰一文也不使,半文也不用。”②

“常言道人有七贫八富,信有之也。自家贾老员外的便是。这里也无

---

① 魏初:《青崖集》卷四,《奏议》。

② 郑廷玉:《看钱奴买冤家债主》,载徐征等主编《全元曲》第2卷,河北教育出版社1998年版,第1277页。

人，自从与那一分人家打墙，刨出一石槽金银来，那主人家也不知道，都被我悄悄地搬运家来，盖起这房廊屋舍、解典库、粉房、磨房、油房、酒房，做的生意就如水也似长将起来。”①

从文献看，贾员外是一位吝啬鬼，他省吃俭用，起早贪黑，却不用半文钱。他不仅拥有广大田产，还从事手工生产，如磨面、榨油、酿酒等，同时还拥有典库，从事高利贷，俨然是一位集地主、商人和高利贷三重身份于一身的人物。

（四）牙人群体的出现及发展

牙人是处于买卖人之间，通过撮合交易以获取佣金的人。牙人是从唐代开始的称呼，西周时称为“质人”，汉时称为“驵侩”，今时称为“经纪”等。宋元时期，随着商业经济的繁荣发展，山东地区的牙人群体也得到迅速发展，他们在促进商品流通、繁荣商品经济等方面发挥了重要作用。

宋哲宗元祐五年(1090)，殿中侍御史岑象求在弹劾知青州王安礼时说：“今续采访得王安礼在任买丝，勒机户织造花隔织等匹物，妄作名目，差役兵般担，偷谩一路商税，上京货卖，赢掠厚利，不止一次。近于九月内，有百姓张牙人，将青州生花白隔织三百二十匹，于界南头孙师颜、郑孝孙、赵良祐三人铺内，称是城北姜殿直出卖。臣体问得有青州书表司张仅，见在城北蔡市桥姜殿直店内安泊，是王安礼令张仅别作缘故押当匹帛，前来托姜殿直货卖，收买回货，兼买首饰绫裹售用家事。其姜殿直旧在安礼门下出入，安礼素来照管，家富于财，见开四所正店。伏乞陛下特降圣旨，下开封拘追张仅及姜殿直，细加勘问，得见情实，仍行根究妄作名目差人般运数目，及谩昧沿途商税、侵扰机户等逐件事，尽法施行，以惩大吏贪饕恣意不法之罪。”②王安礼，王安石之弟，元祐三年至元祐五年(1088—1090)知青州。从文献可知，殿中侍御史岑象求弹劾王安礼的理由是，王安礼任职青州期间，私自买

① 郑廷玉：《看钱奴买冤家债主》，载徐征等主编《全元曲》第2卷，河北教育出版社1998年版，第1282页。

② 《续资治通鉴长编》卷四四九。

丝，强迫机户进行加工，纺织“花隔织”，并通过逃税的方式由兵士运送到京师交易获利，这样的情况有多次。从岑象求的描述看，王安礼在私自纺织、交易的过程中，张姓牙人起到重要作用。张牙人从中撮合了姜殿直与孙师颜诸商户之间的交易，而姜殿直是王安礼通过张仪控制的委托代理人。从某种意义上讲，张牙人促成了王安礼与孙师颜诸商户之间的商品交易，想必张牙人应该获得了不少的提成。

山东地区的牙人还负责替人介绍工作或者担保人口的买卖。《水浒传》(图7－5)第二十四回，阳谷县的王婆对西门庆说：“老身为头是做媒，又会做牙婆。”此处牙婆就是女牙人。女牙人因其性别特点，往往从事女红的贩卖，兼做联系妇女或女童的交易。女红，又称为“女事”，主要指女子从事针线、纺织、刺绣、缝纫等工作。古代没有劳动力市场，所以雇主需要牙人来雇佣女子从事上述工作，牙人从中抽利。但牙人有时也会真正买卖人口，替一些家庭卖掉孩子，替一些家庭收养孩子。《看钱奴买冤家债主》中也描述了一场人口交易过程，周秀才将儿子卖给贾老员外，就是由贾家的门馆先生陈德甫从中往来说合协商，最终由其充当“保见人”。

图7－5 《水浒传》封面

宋元时期，随着商品经济的发展，人们的合同契约意识增强，土地买卖、大宗商品交易等都需要签订契约，而牙人则是签约的见证人。1990年，济南市发现了一方宋代买地券，不同于其他墓葬出土的买地券，完全不涉及鬼神之事，而是一篇现实生活中真实的契约原文。“历城县零台村□□□张汉卿卖田西南约肆拾余步，冢西南地壹亩六，其地南北长壹拾陆步，东西阔壹拾伍步，并是大步。东西北至卖人，南至张过。其地并是天荒地，并无苗税，卖与刘家充茔地，准得价钱伍贯文为定。(宋太祖)乾德三年七月二十六日立契。卖地人张汉卿自为少要，遂卖上件荒地与刘家做坟，永年为主。所有坟地税钱并是汉卿仿荒永年邀纳，不干买人之事。其钱当日交领并足，以后忽有房亲骨肉占吝，并是卖人知当，不干刘家之事。一定已后准志不悔。如先悔者，一□司官目秋□悔之罪。其地买人出入一取银□。恐口无凭立契。卖地人张汉卿年六十，同卖人妻□氏；同卖人男□，年四十；同卖人男□，年□□；同卖人男□，年□□；同卖人孙男奴儿，年十七；同卖人□妇□杨，年三十□。保人南邻张过。据税户张汉卿卖荒土壹亩六与刘文贵作坟地，□□□□，并是卖人知当，永年邀纳。请将此文契与文贵□□□便勘会格印。乾德三年八月四日典董□□主簿、不出巡堤行令刘。”[①]上述契约首先叙述了所卖土地的面积和准确位置，并标明这块土地属于自己开垦的荒地，无须向国家纳税。然后表示将土地卖与刘家，当做茔地。最后署有卖地人张汉卿及其妻、子的名字，以示全家都知晓此事永不反悔。最后标明“保人南邻张过”，张过见证了双方签约的过程，他在交易中发挥了牙人或保人的作用。[②]

元代《通制条格·卷第十八·牙行》记载，至元二十三年（1286），元官府为规范各地牙行的收费行为，规定“除大都羊牙及随路买卖人口头疋庄宅牙行依前存设，验价取要牙钱，每拾两不过贰钱。其余各色牙人，并行革去”，即牙人所收手续费为货值2%。《通制条格·卷第十六·典卖田产事例》记载，大德十年（1306），中书省御史台因为民间典卖田产纠纷渐多，上奏要求质押、典卖交易时，必须签订合同，签字画押，缴纳契税，“今后质典交易，除依例给据外，须要写立合同文契二纸，各各画字，赴务投税。典主收执正契，业主收执合同，虽年深，凭契收赎，庶革侥幸争讼之弊。都省准呈”。国家法规明确了契约条款并征收契约税，可见契约在元代的山东已经非常普遍了。

---

① 韩明祥编著，济南市政协文史资料委员会编：《济南历代墓志铭》，黄河出版社2002年版，第53—54页。

② 姜生等：《鲁商文化史》，山东人民出版社2010年版，第293—294页。

（五）商业信用的发展

宋代的和预买绸绢制度、常平仓制度、青苗法等，都具有商业信用的特征，是中国古代经济史上值得赞扬的方面，山东地区和山东籍贯的官员发挥着相当重要的作用。

宋初濮州鄄城人（今山东鄄城）马元方认为，“方春民力乏绝时，请预给库钱，约至夏秋令输绢于官”①，百姓在青黄不接的时候由政府向民户预付货款，等到秋季民户织成绢绸后交给政府。这种预付方式向民间购买绢绸，效果显著，“公私果便”。于是诏令河北转运使李士衡和知颍州王旭分别在河北和颍州首先付诸实施。到宋仁宗时期，这项“和预买绸绢制度”推广到包括山东在内的全国大多数地区。李士衡在河北实行和预买绸绢政策时，大中祥符九年（1016），“发内藏钱二千万贯，令三司预市绸绢，以济京东西路之乏。时青、齐间绢直八百，绸六百。官给绢直一千，绸八百，民极以为便”②。宋政府预付绸绢价钱高于市场价，并不收取利息，是一种惠民政策。到熙宁三年（1070），御史程颢指责京东转运司在山东和预买绸绢中“每钱一千，买绢一匹。后来却令买绢并税绢每匹令输钱一千五百文”③。惠民举措逐渐变味，到宋徽宗时弊病越来越多，预付价低于市价，发展成“最为流弊之极”的赋税剥削制度。

宋真宗景德四年（1006），政府正式在全国普遍设立常平仓，并确立管理制度，“上封官请于京东、京西、河北、河东、陕西、淮南、江南各置常平仓”。山东地区等地设常平仓后，按人口多寡留取上供钱一千贯至二万贯作为“籴本”，每岁夏秋谷贱之时，增价收籴，遇谷贵则减价出粜，但所减不得低于本钱。日后有节余款项时，再将本钱归还三司。常平仓粮如三年以上不曾出卖，即易以新粮。

常平仓制度在熙宁时期演变为青苗法。青苗法初期在河北路、京东路、

---

① 《续资治通鉴长编》卷四四。
② 《续资治通鉴长编》卷八六。
③ 《宋会要辑稿·食货三八》。

淮南路三路实行,实施效果不错,才在其他诸路推行开来。青苗法规定凡州县各等民户,在每年夏秋两收前,可到当地官府借贷现钱或粮谷,以补助耕作。借户贫富搭配,10 人为保,互相检查。贷款数额依各户资产分五等,一等户每次可借 15 贯,末等户 1 贯。当年借款随夏秋两税归还,每期取息 2 分,实际有重达三四分的。这项措施配合山东等地的常平仓,常平仓存 1500 万贯石以上的钱谷做本钱,在农民青黄不接时发放,故称"青苗钱"。宋神宗熙宁三年(1070),诏令山东地区预买绸绢及所得息钱 50 万缗,赐给常平仓。"青苗法"利用商业信用原则进行社会救济,符合经济规律。

宋元商业信用的发达,带来普遍的赊卖。由于对流动资金不足的小商人非常有利,因此茶、盐、酒等贸易中经常使用赊卖形式。宋神宗元丰六年(1083),商人将青州高家港盐贩运到齐州减价赊卖,使官盐难以卖出。于是京东转运司主张"依见现行税法,酌中数,每岁买认高家港盐二万席,运至齐州界,依河北盐价相兼货卖。如敢商贩者,依漏税法"①。由于京东路商人减价赊卖青州盐,转运司为弥补损失,便采取行政手段打击商人。

大多数赊卖活动是通过牙人做中介,在赊卖人与赊买人之间订立契约。宋真宗乾兴元年(1022),诏书曰:"在京都商税院并南河北市告示客旅等:自今后如将到行货物色,并须只以一色见钱买卖,交相分付。如有大段行货,须至赊卖与人者,即买主量行货多少,召有家活物力人户三五人以上,递相委保,写立期限文字交还。如违限,别无抵当,只委托人同共填还。……别无有家业人委保,官中今后更不行理会。若是内有连保人别无家活,虚作有物力,与店户、牙人等通同朦昧客旅,诳赚保买物色,不还价钱,并乞严行决配。"②宋政府关于民间大批货物赊卖赊买有三项规定:第一,赊买人必须召有资产者三五人以上做保,订立契约文书,"写立期限文字交还";第二,如果召无资产者做保,日后发生经济纠纷,政府概不受理;第三,如果赊买人与

---

① 《续资治通鉴长编》卷三四〇。
② 《宋会要辑稿·食货三七》。

无资产的保人互相勾结,欺骗赊卖人,并且不能偿还商品价钱者,那么,政府将予以严惩。赊买人无法偿还时,有资产的担保人需承担连带责任。这三项内容适用于民间各种商品的赊卖赊买活动。

宋政府有时也向商人提供信用赊卖。宋神宗元丰末年(1085),吕陶在《奏乞罢京东、河北路赊放大方茶状》中描述了这种情形:"臣访闻:京东、河北路,往年将市易大方茶,搭算脚息,召人通抵产赊请,限半年纳钱。多是浮浪贪债之人及不逞子弟,蒙昧尊属,虚供抵当,赊请出外,减价破卖。洎至限满催钱,不免抑勒尊长认纳。往往破薄资产偿还未足。后州县买茶官更作饶限名目,再赊一番,暗令填纳旧欠……约二三万贯。"①

元政府建立后,用信用借贷的办法筹集财物进行赈济。世祖中统二年(1261)七月,长清(今属山东省)人严忠济,任东平路行军万户,为了代部民缴纳欠赋,向富人及官库借钱,总计欠富人钱437400锭,欠官库银15000余两。中统三年(1262),世祖发内藏代为还债。至元十二年(1275)濮州(治今山东鄄城)等处饥,贷粮5000石。② 济南路总管张宏为了代交民间欠赋,借官银550锭,无力偿还,元十五年(1278)世祖下诏,可以不予归还。

三、城市商业发展

从宋代起,由于商品生产和商业的发展,山东地区原有的城市仍保持繁荣,同时也出现了许多新的城市和商业市镇,有的还成为国际贸易市场。

(一)青州

青州是北宋时期山东地区最重要的政治经济中心。青州自东晋十六国始即为山东东部的政治中心和军事重镇。北宋初年,北宋政府将唐代的"青

① 吕陶:《净德集》卷三,《奏乞罢京东、河北路赊放大方茶状》。
② 《元史·食货四》。

州总管府”之名，易为“京东路”，辖区大有扩展，后来又改为“京东东路”，治所仍驻青州。当时的青州，不仅地理位置重要，交通也很发达，其中从青州到齐州、东京汴梁的东西水陆路线就是一条很重要的商路。青州社会生产迅猛发展，农业、手工业生产技术取得全面进步，商品生产与货币关系渗透至各个领域。宋代的社会生产与唐代相比，已产生层次性跨进，是青州经济快速发展时期。《宋史·地理志》评说：青州“东道之雄，号称富衍，物产尤盛”。这里经济繁荣，农业发达，物产丰富，纺织业是青州的主导产业。北宋在全国设置6个官营纺织基地，青州织锦院即是其中之一。私营作坊和家庭副业织作也遍布青州，大量生产绫、绢、锦、罗、绸、帛、布等。青州的酿酒业也很发达。欧阳修在青州任官时，对当地美酒赞不绝口。其诗《留题南楼二绝》曰：“偷得青州一岁闲，四时终日面孱颜。须知我是爱山者，无一诗中不说山。醉翁到处不曾醒，问向青州作么生？公退留宾夸酒美，睡余欹枕看山横。”《春晴书事》：“莫笑青州太守顽，三齐人物旧安闲。晴明风日家家柳，高下楼台处处山。嘉客但当倾美酒，青春终不换颓颜。惟惭未报君恩了，昨日卢公衣锦还。”①经济的繁荣带动了城镇的兴盛。宋哲宗元祐年间，知青州刘挚称“东方大国，莫如郓、青”。青州为京东东路治所，宋仁宗明道年间，知青州夏竦在《文庄集》卷二十一《青州龙兴寺重修中佛殿记》称青州“风物梾盛，雅俗杂处，脩涂四达。富焉庶焉，东夏之都会也”，被时人称为“剧藩”“大镇”。北宋诗人孔平仲的《青州作》诗云：“九州此居三，山海在封域。北趋京洛近，南卷江淮直。富饶足鱼盐，饱暖遍牟麦。英雄欲飞腾，假此为羽翼。”《水浒传》一书对青州也多有描述，如第五十八回“三山聚义打青州 众虎同心归水泊”记载，宋江等人攻入青州城后，斩杀慕容知府，“把府库金帛，仓廒米粮，装载五六百车；又得了二百余匹好马，就青州府里做个庆喜筵席，请三山头领同归大寨”。由此可见青州之富裕。

作为北宋重镇，青州也是政治家磨炼的场所。青州先后接纳过多位宰相、副宰相在此任职。有诗云：“宋汴人才无先后，东方作郡总名贤。”在这些

---

① 丁功谊、刘德清编著：《欧阳修诗评注》，江西人民出版社2012年版，第301、304页。

政治家中，最著名的当属被后人成为“青州三贤”的范仲淹、富弼和欧阳修。富弼于庆历七年（1047）以资政殿学士加给事中的身份知青州，兼任京东路安抚使。当时，恰逢河朔一带洪水成灾，大批灾民逃到青州。富弼动员所属各州县腾挪公私房舍，把灾民分散安置，组织当地官吏分区管理，成功解决了灾民问题，深获各方赞许。范仲淹于皇祐三年（1051）知青州，这是他官宦之旅的最后一站。范仲淹在青州改革了赋税缴纳的办法。按照惯例，青州的田赋要交到博州（今山东聊城），两地相距约二百里，往返一次需要一个月，且耽误农时，“老百姓甚苦运输之劳”。他了解到，博州粮价并不高，于是将青州百姓所纳田赋折价，然后派属官到博州以高于当地的价格收购粮食，并且张贴布告进行宣传。博州百姓踊跃出售粮食，很快就把应纳的税粮准备好了，并且把买粮剩余的数千缗钱按等差返还给青州的百姓。范仲淹成功减轻了农民负担，因而深受百姓爱戴。宋神宗熙宁元年（1068），兵部尚书欧阳修左迁青州知府，在知青州期间，及时纠正了青苗法实施过程中的一些错误。他曾两次上书直陈青苗法利弊，一是取利于民是不对的，二是废止发散秋料钱，三是罢提举、管勾等官，让百姓自由选用青苗钱。欧阳修心系民生，对百姓实施“宽简而不扰”的执政方针，深受百姓爱戴。

（二）济南

济南是宋元时期山东地区仅次于青州的政治文化中心，也是重要的商业贸易中心。宋徽宗政和六年（1116），齐州升为济南府，治所设历城，为府治之始。金仍置济南府，属山东东路，凿通小清河，直通渤海，济南成为重要的盐运集散地。济南所属各县中，济阳县在金熙宗天眷年间（1138—1141）已是“ 郛郭肆市，咸为可观”，承安年间（1196—1200）已发展为地区性商业中心，金人陈大举的《济阳县创建先圣庙碑》曰：“济南属县有七，水陆俱通、四方游贩岁集而月至者，莫如济阳。济阳有桑蚕之饶，户口殷庶，其俗尚义任气，然失在夸奢者或有。”①元初改为济南路，直隶于中书省，属“腹里”

---

① 阎凤梧主编：《全辽金文》，山西古籍出版社2002年版，第1276、2032页。

地区。

济南是文化繁荣之乡，当时的许多文化名人写下了赞颂济南的诗句。北宋诗人苏轼曾长期在山东任职，写有“济南春好雪初晴，才到龙山马足轻”；黄庭坚也曾在山东任职，留有“伯氏清修如舅氏，济南潇洒似江南”的著名诗句；金代文学家元好问曾多次来济南，写下“羡煞济南山水好，几时真作画中人”“日日扁舟藕花里，有心长作济南人”等名篇佳句；元代著名画家赵孟頫曾在济南为官三年，他深爱济南的山水泉城，写下了《趵突泉》一诗：“泺水发源天下无，平地涌出白玉壶。谷虚久恐元气泄，岁旱不愁东海枯。云雾润蒸华不注，波涛声震大明湖。时来泉上濯尘土，冰雪满怀清兴孤。”[①]简单的诗句将趵突泉喷涌的盛况以及泉水的清澈表现得淋漓尽致。赵孟頫在《送山东廉访照磨于思容》中提到，“若到济南行乐处，城西泉上最关情”[②]。可见济南城西是商业繁华之所。罢官回乡后，他思念济南，精心创作了《鹊华秋色图》（图 7 - 6），华不注是此名画之“睛”。赵孟頫在题文中说：“齐之山川，独华不注最知名，见于左氏。而其状又峻峭特立，有足奇者，乃为作此图。”

图 7 - 6 《鹊华秋色图》

宋元时期济南商业之繁荣，体现在商家的商业经营技巧上。现保存于中国国家博物馆的北宋刘家功夫针铺广告印刷青铜版，是迄今发现世界上最早的工商业印刷广告实物。铜版具有极高的历史价值，充分体现了宋代山东地区商业广告发展的水平。铜版是我国现存最早的平面印刷广告，印

① 〔元〕赵孟頫：《赵孟頫集》，浙江古籍出版社 2012 年版，第 86 页。
② 〔元〕赵孟頫：《赵孟頫集》，浙江古籍出版社 2012 年版，第 113 页。

制于北宋时期，比西方印刷广告早 300 年。铜版长18.4厘米，宽13.2 厘米，上面横刻有“济南刘家功夫针铺”的字样，中间是一只正在捣药的白兔，商标两旁各竖刻四个字，合读为“认门前白兔儿为记”，铜版下面有 7 行小字，“收买上等钢条，造功夫细针，不误宅院使用，客转为贩，别有加饶”，介绍了产品的质量、制作和使用效果等（图 7－7）。从广告设计的角度出发，

图 7－7　济南刘家功夫针铺

这则广告画面布局合理，构图严谨，以神话传说为商标图案，广告用语精练，可见，宋代济南商人的经营水平非常高超。元代于钦曾在济南路山东廉访司任职，在所著《齐乘》卷五中写到：“济南水陆辐凑，商贾所通，倡优游食颇多，皆非土人。”①由此可证济南商业的繁荣景况。

（三）济宁、临清等运河城市

宋元时期，济宁成为山东西部首屈一指的中心城市。济宁位居南北水陆要冲，是“水陆交汇、南北冲要之区”和“引江淮咽喉”之带，同时又是漕河管理中心。至元二十二年（1285），元代政府“增济州漕舟三千艘，役夫万二千人”，每年经这里运往大都的漕粮达 30 万石②，有利地带动了济宁经济的发展和工商业的繁荣，出现了“官舸商舶鳞集，麻拥于济城之下”的兴旺景象。《马可波罗行纪》记载：“（济宁）颇富丽，工商茂盛……此城船舶之众，未闻未见者，绝不信其有之，此种船舶运载货物往契丹蛮子之地，运载之多，竟至不可思议，及其归也，载货而来，由是此二河流来往货物之众可以惊人。”③元代开挖运河，将济宁原来的北魏旧城和金代新城融为一体，而连接新旧城的桥梁就是南门桥。南门桥原名“飞虹桥”，从元代至今历经数百年

① 于钦：《齐乘》卷五。
② 咸丰《济宁直隶州续志》卷一，《大事》。
③ ［法］沙海昂注，冯承钧译：《马可波罗行纪》，中华书局 2004 年版，第 520 页。

图7－8 《马可波罗行纪》封面

变迁，丝绸布店、陶瓷坊铺等在南门桥外聚集成闹市。延佑年间(1314—1320)，元代诗人朱德润在《飞虹桥》一诗中描绘当时南门桥的风貌："任城南畔长堤边，桥压大水如奔湍。闸官聚水不得过，千艘衔尾拖双牵。非时泄水法有禁，关梁夜闭防民奸。日中市贸群物聚，红氍碧碗堆如山。商人嗜利暮不散，酒楼歌馆相喧阗。太平风物知几许，耕商处处增炊烟。"此外，元人贡奎也曾有《济州》诗云："高堰北行舟，市杂荆吴客……人烟多似簇，聒耳厌喧啾。"

从元代开始，临清因运河兴建而日益成为新兴的商业城市和物资集散中心。临清地处运河交通咽喉，大运河通航后，商业迅速发展起来。运河山东段"始开河时，止许行百五十料船，近年权势之人，并富商大贾，贪嗜货利，造三四百料或五百料船，于此河行驶，以致阻滞官民舟楫"①，可见运河上商业营运繁忙的景象。史载："当其盛时，北至塔湾，南至头闸，绵亘数十里，市肆栉比。"《马可波罗行纪》(图7－8)记载了临清附近的运河，"其运赴上下流之商货，有丝及香料不少，并有其他物产及贵重货品甚多"，冯承钧又引述剌木学本第二卷第五十一章之异文云："强格里距强格路五日程，沿途见有环墙之城村甚众，皆隶属大汗。其中商业茂盛，为大汗征收赋税，其额甚巨。此强格里城中央有一宽而深之河流经过，河上运输有丝，香料，及其他巨价

① 《元史·河渠一》。

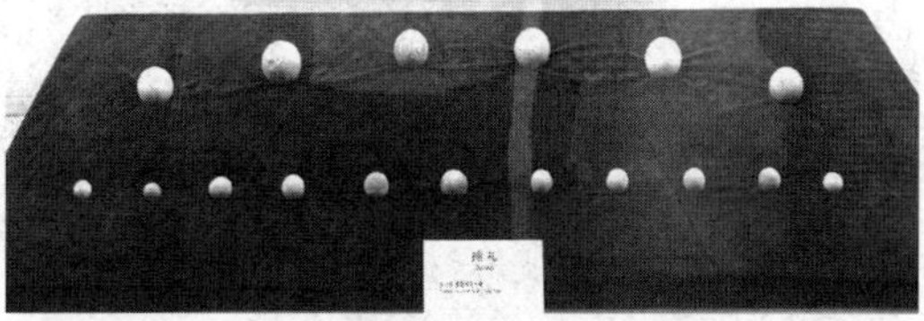

图7－9 捶丸

货物不少。"①"强格里"即临清。

自临清向南骑行五日，到达"中定府"，冯承钧考证为东平府，"中定府是一极大城市……此城为此地一带最大之城，有商人无数经营大规模之商业，产丝之饶竟至不可思议。此外有园林，美丽堪娱心目，满园大果。应知此中定府城所辖巨富城市十有一所，商业茂盛，产丝过度而获利甚巨。"②东平自汉代以后，或为郡，或为国，为路、县、州、府，到了宋元时期，因运河而成为南北漕运必经之路。城市商业繁荣。《钱塘遗事》卷九记载，东平"风俗甚好，商旅辐辏，绢帛价极贱，一路经过，惟此为最"。东平府是当时黄河沿岸最发达的城市之一，市民娱乐活动也比前朝丰富，捶丸游戏普及。捶丸作为古代球类竞技游戏之一，曾大盛于宋、金、元三代，上至皇帝大臣，下至三教九流，皆乐此不疲，这在元人散曲、杂剧中多有提及。东平博物馆中即存有当地文物收藏家姜爱国先生捐赠的捶丸(图7－9)。

（四）登州、莱州、胶州沿海三市

登州、莱州、胶州三市均属于南北海运枢纽，因海上运输业的兴盛而迅速发展起来。唐代武则天时设置登州，治牟平，神龙年间迁蓬莱，明清时期登州府亦治蓬莱。登州锁渤海之口，地理位置十分重要。到了宋金时代，这座城市有了新的增容和扩展。登州主要发展面向高丽的海上贸易活动。当时，从中国前往朝鲜半岛的商船大多从登州港起锚，从朝鲜半岛驶往中国的商船大多在登州港入关。《文献通考・舆地考三》："州三面距海，祖宗时海中诸国朝贡，皆由登、莱。"为了接待海外使者，北宋政府在登州设立了专门机构，负责外事活动。《宋史・高丽传》："大中祥符八年

① [法]沙海昂注，冯承钧译：《马可波罗行纪》，中华书局2004年版，第515页。
② [法]沙海昂注，冯承钧译：《马可波罗行纪》，中华书局2004年版，第516页。

(1015),诏登州置馆于海次,以待使者。"《宋会要辑稿·兵二九》:"登州与北界渤海水路相望,虽称四百里之远,缘风顺一日可到。"在此期间,登州港始终维持盛况,民间贸易也十分活跃,两国商人随着国家的友好往来而大谋商机。①

图 7-10 莱州北宋时期壁画墓

莱州也是商业繁华的沿海商业城市,2012 年莱州市发现一处北宋时期的壁画墓,这是目前山东省境内唯一一座把墓志写于墓室甬道壁上并有明确纪年的宋代壁画墓(图7-10)。该墓深 4.5 米,为单室穹隆顶式砖室墓,由墓道、墓门、甬道和墓室构成。墓室东西两壁绘有青龙、白虎,北侧绘有"宴乐图",底部书写大量文字,穹隆顶下面绘有祥云图案。在甬道的东壁书写"大宋莱州府墓志",在甬道的西壁书有"元丰七年十月"等字样。"宴乐图"体现了当时城市的繁华之态。

胶州原为胶西县,唐高祖武德六年(623)撤胶西县,其地并入高密县,又在高密县东部置板桥镇。唐代板桥镇的海运和海外贸易已初具规模,但在北方海港中的地位尚不及登州和莱州。宋神宗元丰七年(1084)京东路转运使吴居厚奏请说,密州板桥镇已是四方商贾汇聚之地,应建城墙,设立关卡。元祐二年(1087)设胶西县,驻板桥镇,属京东东路密州。随后,板桥镇港在全国海港中的地位日益重要。因宋辽对峙,北宋政府明令,禁止海

图 7-11 板桥镇复原模型(图片来自胶州市博物馆)

① 王赛时:《山东沿海开发史》,齐鲁书社 2005 年版,第 185 页。

船入登州、莱州，登州、莱州闭港，板桥镇自然拥有了北方最大海港的优势，成为北宋时期我国五大通商口岸之一，也是北方唯一的海关重镇。北宋灭亡后，板桥镇归金统治，商业依然兴旺。元太祖二十二年(1227)设胶州，驻胶西县，宋元时“海船往来，皆由此道”①，商贾荟萃，船舶云集，继续是北方沿海地区重要的商业城市和对外贸易港口(图7－11)。

(五) 其他市镇

宋元时期，山东地区其他城市商业也实现了一定程度的发展。如小清河沿岸的博兴，“舟楫交通，鱼稻成市”②；临邑县，同治《临邑县志》卷十四载：“齐地肥沃，桑麻之富甲天下，而临邑为齐之大县，户口常满数万，东连滨、棣，西并德、博，富商巨贾往来不绝”。

宋元时期，除了传统的政治城市、军事城市，还兴起了许多因为商贸发展而形成的经济城市，这类经济城市当时被称为市镇。一些城郊草市，如沂水县苏村镇、鱼台县鱼台镇，均因商业发展、人口众多而成为市场型市镇。济州的山口镇、邹平的赵岩口镇、长山县的唐口镇则是由交通口岸发展而来。一些驿站也会因商业繁荣带动而成为市镇。如淄州金岭镇，原为金岭驿；淄州张店镇，得名于交通要道上的张家店而名扬四方，到金代成为市镇。

关于宋元时期的山东市镇之形成，张熙惟先生曾有专文论述，“民聚不成县而有课税者，则为镇，或以官监之”③。这一制度规定实质上反映了当时新的市镇得以设立的三个基本条件。一是“民聚”，说明置镇之地须有一定的人口规模。二是“不成县”，说明置镇地一般位居重要的地理位置，即使还不能设县，但已经是一个区域的政治、经济、文化中心。三是“有课税”，更反映出置镇地必定具有一定的工商业基础且达到一定的繁荣程度。故此，后人称“市会聚之区曰镇”。宋元时期的山东市镇正是在这样一些基本条件

---

① 雍正《山东盐法志》卷十二，《古迹》。

② 于钦：《齐乘》卷四。

③ 张熙惟：《宋元山东市镇经济初探》，《山东大学学报》1998年第1期。

下形成并发展起来的。宋元时期山东市镇的地区分布呈现西部地区的市镇分布密度远远高于东部地区的特点。这一分布特点也与当时山东各地区社会经济发展的总体水平基本上是吻合的,也就是说这一时期山东经济的发达地区主要位于西部。

市镇的快速发展,一是体现为数量增多,如齐州有19镇,郓州有7镇,棣州有8镇,德州有10镇。二是市镇税额大大超过县城的税额,如青州的文家港,密州的阳信镇、板桥镇,莱州的海仓镇,潍州的固堤镇,淄州的赵岩口,兖州的太平镇,郓州的但欢镇、景德镇,济州的山口镇,单州的黄队镇等。因为商业繁盛,所以征集的商税额才会如此巨大。

四、运河贸易初步发展

宋元时期,山东地区的运河贸易得到初步发展。北宋时期,广济河连通了开封与山东地区,山东的粮食通过广济河源源不断地输往开封,沿岸的定陶、济南等城市日益繁荣。元代,济州河、会通河相继凿通,京杭大运河从此贯通南北,东平、济宁、临清等城市日益发达。

(一)广济河

又名五丈河。宋太祖建隆二年(961)派使至定陶进行勘察和规划。定陶在春秋战国时期号称五大名都之一,陶朱公范蠡曾在此经商致富。其商业之所以兴盛,一个很重要的原因是它紧靠济水(清水),并通过济水与山东诸水系贯通,从而四通八达,并成为交通贸易中心。后周显德四年(957),政府重新利用了这条水系,"一派北入于五丈河,又东北达于济。自是,齐、鲁之舟楫皆至京师"。"侍卫步军都指挥使袁彦,浚五丈河以通漕运。"[①]北宋政府"发曹、单卒数万"疏浚、引水,自开封经曹、洛、郓诸州,与济水以及东方诸水系连接起来,"京东自潍、密以西州郡,租赋悉输沿河诸仓,以备上供。清河起青、淄,合东阿,历齐、郓,涉梁山、泺、济州,入五丈河,

① 马端临:《文献通考》卷二五,《国用考三·漕运》。

达汴都,岁漕百余万石。所谓清河,即济水也"[①],从此广济河成为山东通往京城的主要内河通道。即使到宋神宗时,在汴水运输充分发挥其机能的情况下,广济河仍然运输了62万石粮食。太平兴国六年(981),广济河的运输量是粟12万石,治平二年(1065)广济河的运输量是74万石。《续资治通鉴长编》卷三六一:"广济河实京师漕运三河之数,下则通于江、淮、二浙,上则达于京师,故京东一路所产,与夫江、淮、二浙皆得以有无相易。京东之民,赖此为业者众矣。"广济河将黄河和清河连为一体,构成了较完整的山东水运交通网络。

(二) 济州河

至元十九年(1282),元政府为解决粮食物资的北运,开凿济州河。济州河从任城(济宁)到须城(东平),北引汶水,东引泗水,全长150里,连接了淮泗水系与大清河水系。沿济州河,物资运输可由江入淮,经泗水至大清河,进而顺流至利津入海口,最终通过海运转往大都。《元史·河渠二》记载了济州河的开凿情况:"济州河者,新开以通漕运也……差奥鲁赤、刘都水及精算数者一人,给宣差印,往济州,定开河夫役。令大名、卫州新附军亦往助工。"《永乐大典》卷15949载济州河海运物资船只调配时说:"利津回来空船,利津分司差人押来济州交割,济州差人押来淮安交割。"元政府有效地将海上航线与内陆航线巧妙地结合在一起,而这个结合点就出现在大清河段,并以利津和济州作为主要中转站。济州河与大清河的通航是元代山东商贸发展的一件大事,它使得海运有了更远距离的内陆延伸,尽管后来济州河成为会通河的一部分,不再与海运相联系,但大清河仍在继续使用。

(三) 小清河

小清河是山东省境内重要的排洪除涝河道和唯一能够实现海河联运的

---

① 王曾:《王文正公笔录》,中华书局2017年版,第9页。

河流，兼顾两岸农田灌溉，同时也是全国 5 条国防战备河道之一。小清河历史悠久，6 世纪前，小清河干流自历城以下，大致与古济水流经地区相同。后来菏泽以西的济水上段逐渐堙塞，济水仅余下段，唐代改称为清河。至北宋，又称北清河。北宋熙宁年间（1068—1077），黄河决口后汇入梁山泊，随后分为南清河和北清河（即济水）。南宋初年，伪齐王刘豫在历城华山之南筑下泺堰，使源于济南各泉的泺水，注入新开的河道。从此，由东平经平阴、长清、历城、济阳等地东北流入海的北清河为大清河，由济南东流的新开河道为小清河。小清河与大清河、黄河相互补充，成为山东境内东西水陆交通的又一重要通道。

（四）会通河

济州河入大清河达利津入海，常有风涛之险，且大清河时而淤塞，所以元至元二十六年（1289）兴工开挖会通河，南自须城（东平）安山经寿张至东昌，北至临清入御河，全长 250 余里，时常面临水源不足，于是采取引水济运措施，沿线设 20 余座水闸以节水。1291 年，元政府开凿了从大都到通州的通惠河，大运河全线贯通。自此以后，漕船可由余杭直达大都，改变了唐宋以来以洛阳和开封为中心的运河体系，运河从此变为南北走向，运河山东段的重要性得到加强。之前，江淮地区每年漕运米 100 万石到京城，海运 10 万石，胶、莱地区 60 万石；而济州漕运米 30 万石，水浅舟大，常不能完成任务。元世祖至元二十二年（1285）二月，增济州（今山东济宁）漕运舟 3000 艘，役夫 12000 人。此后，运河山东段更换成装载百石的舟船，每舟船四人，故役使船夫增多。南北贸易得到一定程度发展，山东地区运河沿岸城市繁荣起来。

五、海上丝绸之路与对外贸易

（一）海上丝绸之路

海上丝绸之路是古代中国与世界其他地区进行经济文化交流的海上通道。北宋时期，北方先后有辽、西夏和金政权占据，传统的陆上丝绸之路贸易受阻。与此同时，中国造船技术和航海技术明显提高，指南针广泛应用于航海,中国商船的远航能力大为加强,于是海上丝绸之路日益发达。至元代,海上丝绸之路发展到鼎盛状态,中国同世界上 60 多个国家有着直接的“海上丝路”商贸往来。

宋神宗元丰三年(1080),宋政府颁行《元丰市舶条》,为民间海外贸易立法,设市舶司管理舶商,检查进出口货物,征收关税,标志着中国古代外贸管理制度又一个发展阶段的开始。宋徽宗时山东地区的登州、莱州、密州同泉州、广州、宁波、杭州等港口一样,设有市舶司,是当时海上丝绸之路的主要出发港口。《宋史·高丽传》记载,高丽国王治于淳化四年(993)正月遣使白思柔前来进贡,二月,宋遣秘书丞直使馆陈靖、秘书丞刘式为使回访,“靖等自东牟(山东牟平)趣八角海口(山东福山县西北 40 里)得思柔所乘海船及高丽水工,即登舟自芝冈岛(山东芝罘岛)顺风泛大海,再宿抵瓮津口(朝鲜瓮津半岛瓮津)登陆,行百六十里抵高丽之境曰海州(朝鲜黄海南岛海州),又百里至阎州(黄海南道延安),又四十里至白州(黄海南岛白川),又四十里至其国”,牟平、福山、芝罘都是高丽与山东地区往来的必经之地。

北宋中期,由于辽宋战争频繁,北宋政府担心中原商人通过山东半岛港口与辽通商贸易,也担心朝鲜商船通过登州等港口运送兵器至辽境,所以于天圣年间(1023—1032)封闭了登、莱两港。到宋神宗熙宁年间(1068—1077),高丽贡船害怕辽船舶袭击,便与北宋政府协商,改变两国的政务与商务口岸。《宋史·高丽传》:“往时高丽人往返皆自登州,(熙宁)七年遣其臣金良鉴来言,欲远契丹,乞改途由明州诣阙,从之。”此后,北宋海事政务中心移至明州(今浙江宁波),山东海外贸易的中心逐渐移至板桥镇,登州、莱州港的贸易地位大为降低。

在登州、莱州两港封闭的情况下,密州为出发点的海上丝绸之路新航路兴起。当时官方人员出使外国,也常以板桥镇为启程和归程基地。如元丰六年(1083),高丽王逝世,北宋政府派出吊唁使者,就“自密之板桥,航海而往”①。北宋中期,密州板桥镇更成为南北商贾所会之处,“其人烟市井,交

① 徐兢:《宣和奉使高丽图经》卷三。

易繁多，商贾所聚，东则二广、福建、淮浙之人，西则京东、河北三路之众，络绎往来”①。胶州湾畔的板桥镇从而成为沿海地区的主要通商口岸之一。

宋哲宗时，范锷奏称板桥镇“自来广南、福建、淮、浙商旅乘海船贩到香药诸杂税物，乃至京东、河北、河东等路商客般运见钱、丝、绵、绫、绢，往来交易，买卖极为繁盛”②。他认为，如果在板桥镇置市舶，“海外之物积于府库者必倍多于明、杭二州”，究其原因，明、杭二州只有两浙一路，而板桥“有西北数路商贾之贸易”，此其一；北方的“丝绵、缣帛又蕃商所欲之货，此南北之所以交驰而奔辏者”，这里有吸引商贩的名牌产品，此其二；板桥镇距离汴京较近，将舶来品运去较为方便而无“江淮风水沉溺之虞”，此其三。经范锷建议，板桥镇改为胶西县，并置密州市舶司，作为管理海外贸易、外商和征收关税的专门机构。密州港成为宋代北方唯一设市舶司的港口，取代了登州港和莱州港的地位，发展成为南北海上交通的枢纽、对外经济交流的基地。

板桥镇全盛之际，南方向山东输入的商品很多，主要是香货珍宝，史书记载的有乳香、乌香、檀香、占城香、象牙、犀角、珍珠、玳瑁、珊瑚、琥珀、玛瑙、珍贝、番布、苏合油、胡椒等海外奢侈品，这些物品曾让质朴的山东居民大开眼界，也让一些贪官为之垂涎。苏辙《龙川略志》载：“熙宁中，王子渊为京东转运判官，知密州海舶多私贩乳香，即明召舶客入官中，以贱价收之，自以为奇。”③板桥镇还接纳了来自南洋诸国的贸易船只，《宋史·食货志》中便有许可“大食诸国商亦丐通入”板桥镇的相关记载。可以说，北宋时期的板桥镇发展极为繁荣，它把山东海疆的商业能力提高到新高度，古代山东的海洋外贸在此期间一度达到鼎盛。

北宋灭亡后，板桥镇归金朝管理，仍依靠板桥镇吞吐物资，进行海上活动。南宋与金朝的关系缓和后，金皇统二年（1142）在板桥镇开置榷场，称胶西榷场，与南宋港口进行互市贸易。史载：“时互市始通，北人

① 《续资治通鉴长编》卷三四一。
② 《续资治通鉴长编》卷四〇九。
③ 〔北宋〕苏辙撰，李郁校注：《龙川略志龙川别志》，三秦出版社2003年版，第64页。

尤重南货，价增十倍"，而板桥镇"当登、宁海之冲，百货辐辏"，成为金朝的主要出海口。当时江南商旅"自淮转海，达于胶西"[①]，贸易额相当大。南宋初年，"明、越濒海村落间，类多山东游民航海而来，以贩籴为事"。"海、密等州米麦踊贵，通、泰、苏、秀有海船民户贪其厚利，兴贩前去密州板桥、草桥等处货卖。"[②]从金至元，此种海上贸易一直持续未断。

山东半岛是元代处理高丽和日本事务的重要战略要地。元代时，山东半岛南部的板桥镇再度提升规格，成为胶州治所，城市规模不断扩大。统治者曾希望借用山东人的航海经验探索通往外海的航线。《元史·王国昌传》记载了当时的航海情况："王国昌，胶州高密人。……至元五年，人有上书言高丽境内黑山海道至宋境为近。帝命国昌往视之。……遂至黑山乃还，帝延见慰劳。元朝与日本交通时，王国昌再度帅水军出海。""东夷皆内属，惟日本不受正朔，帝知隋时曾与中国通，遣使入日本，乃命国昌老于高丽之义安郡以为援。"王国昌最终病死于出海途中。从王国昌的传记来看，其时山东与朝鲜、日本早已有贸易往来。

元代建立后，山东半岛北部的登州与高丽的海上交通也恢复了往日的繁荣。元大都及内陆与高丽的海上贸易往来需要在登州中转，登州港和沙门岛成为我国北方沿海重要的中转码头。[③] 这时的登州，其港口功能既是军用亦是商用，既是集散亦是中转。高丽忠烈王二十一年（1295）四月，高丽世子在大都向元公主求婚，高丽王朝"遣中郎将宋瑛等航海往益都府，以麻布一万四千匹，市楮币"[④]。楮币，就是纸钞。高丽循海道前往益都贸易，反映了高丽与中国山东半岛之间有着海上的航路和贸易关系。朱亚非先生曾指出："元代输往朝鲜的商品，或由大都（北京）经运河至海河入海，再转运高丽的开城；或由我国南方港口杭

---

① 《宋史·叛臣传》。

② 《宋会要辑稿·兵二九》。

③ 周霞：《元朝时期登州与高丽的海上交通》，载《登州与海上丝绸之路国际学术研讨会论文集》，2008 年。

④ 郑麟趾：《高丽史·食货志二》。

州等地沿海岸北行至登州,渡过渤海到开城一带。"①

登州与高丽的海外联系,也可以从出土的实物中得到印证。2005 年 7 月,登州港清淤工程中发现 3 艘古代沉船。其中在蓬莱 3 号古船上,发现两件青瓷,中韩学者一致鉴定这两件青瓷的年代为元末明初。考古成果证明了元代的登州仍是连接南方和高丽贸易及人员往来的重要口岸,甚至贸易的路线延伸到了日本。可见,元代时期的登州一带仍是连接内地和日本、朝鲜贸易及人员往来的重要枢纽和货物集散地,华南、华北,包括山东地区及日本、朝鲜的大量货物都集中在这里开展贸易,盛唐以来形成的登州港在中国北方对外贸易的重要地位在宋元时期继续得以体现。

图 7-12 元代水军战船(来源于蓬莱古船博物馆)

元代的登州,不仅是中国与高丽贸易的中转站,还是重要的军港之一。北宋庆历二年(1042),北宋政府在登州修建了"刀鱼寨",以防御契丹从海上入侵。元代,登州成为政府处理东亚事务的战略要地。1984 年 6 月,在蓬莱登州古港的海湾中,考古工作者发现了一艘长 28.6 米的大型古代木制沉船,经船史学者鉴定是元代水军战船(图 7-12)。这是我国船史研究中被确定为古代战船的第一例实物发现,也为登州港在元代作为军港的重要战略地位提供了考古依据。元代蓬莱古船是我国出土的最长古船,残长 28.6米,残宽 5.6 米,残深 0.9 米,比航海货船大得多,而且船内有铁炮、铜炮等武器,全船有 12 道舱壁,带龙骨,呈平底,首尾上翘,显然是一艘出入沿海区域用来巡逻的有较高航速的战船。

元代后期将对外贸易的重心设在了南方沿海地区,山东不再承接远洋

---

① 朱亚非:《古代登州的对外交往》,载《蓬莱古船与登州古港》,大连海运学院出版社 1989 年版,第 159—160 页。

来舶,所以山东的海外贸易逐渐变少。正如王赛时先生所云:“北宋以前,山东沿海各大港口一直是中国通往外海的始锚基地,其吞吐能力不但在北方居于领袖地位,比之南方沿海也毫不逊色,然而金元以后,浙、闽、粤地区的航海活动迅猛发展,而山东的航海能力则相对下降。”①

(二)沿海贸易活动

北宋时期,山东地区进一步开通了南往江浙、福建、两广,北往辽东的海上商业通道。金世宗大定(1161—1189)年间,辽宋双方进入相对和平时期,贸易日益兴盛。当时,山东在胶西县设置榷场,与南宋进行官方贸易。除榷场贸易外,民间贸易也较为发达。宋高宗绍兴二年(1132),“山东艰食,而帛踊贵,商人多市江、浙米帛,转海而东,一缣有至三十千者”②;绍兴五年(1137),“金齐于沿海诸州置通务场,以市南物之可为戎器者,商人往者甚众”③。粮食、武器、缣帛等商品通过沿海贸易活动大量从南宋流向北方。山东沿海一带“登、莱、沂、密、潍、滨、沧、霸等州,多有东南海船,兴贩铜铁(当作钱)、水牛皮、鳔胶等物”④,金朝所造的海船、兵器都由此而来。商人们不顾一切禁令从事走私贸易,而官员、军校也都趋之若鹜,“私传钱宝出界”,“不容搜检”;“递相提防,负钱于前,持梃于后,间有掩护,公然抢夺”,以至“虽死不顾”。铜钱外流引起南宋君臣的极大关注,南宋政府采取措施限制铜钱外流,“沿海州军兴贩物货往山东者,已立定罪”⑤。但措施有限,数百年间大量铜钱外流到金朝等地区。宋孝宗乾道六年(1170)出使金朝的范成大在其《揽辔录》中云:“金本无钱,惟炀王亮尝一铸正隆钱,绝不多,余悉用中国旧钱……拟见钱行使,而阴收铜钱,悉运而北,过河即用见钱,不用钞”,南宋铜钱成为金代的通用货币。

---

① 王赛时:《山东沿海开发史》,齐鲁书社2005年版,第223页。
② 李心传:《建炎以来系年要录》卷五二,《绍兴二年三月庚子记事》。
③ 李心传:《建炎以来系年要录》,载《系年要录》卷八九,《绍兴五年五月壬辰记事》。
④ 《宋会要辑稿·刑法二》。
⑤ 《宋会要辑稿·刑法二》。

六、货币铸造与流通

宋元时期尤其是两宋时期，是我国古代社会商品经济空前繁荣的时期，铸钱数量为历朝历代之冠。考古资料证明，宋代山东地区的商品货币经济十分发达，其货币铸造量、流通量均远超唐代。同全国其他地方一样，山东地区官民日常通用的货币主要是铜钱，同时也有铁钱、纸币“交子”、碎银等。市面上一般不使用铜锭、银锭等，而是把它们作为贮藏手段。改革开放以来，考古工作者先后在济南、福山、胶县、广饶、沂南等地陆续出土大批宋代窖藏货币。

（一）铜钱流通

新中国成立以来，山东地区出土了数量惊人的宋代货币，单从数量看，为各代出土铜钱之冠。这也从侧面说明，北宋时期山东地区的经济已相当发达。从出土地区看，宋代铜钱主要集中在今山东省烟台市、日照市、潍坊市、淄博市、滨州市、济南市、济宁市、枣庄市、临沂市等。烟台市主要集中在福山县（今福山区）、莱州市、栖霞县（今栖霞市）等地。如1977年福山县出土一批重27公斤、数量有9000余枚的金代窖藏铜钱。① 这批铜钱上迄西汉，下至金代，尤以北宋铜钱居多。北宋铜钱主要有“宋元通宝”“太平通宝”“淳化元宝”“至道元宝”“咸平元宝”“景德元宝”“祥符通宝”“天禧通宝”“天圣元宝”“明道元宝”“景祐元宝”“皇宋通宝”“嘉祐通宝”“治平元宝”“熙宁元宝”“熙宁重宝”“元丰通宝”“元祐通宝”“绍圣元宝”“元符通宝”“圣宋元宝”“崇宁通宝”“崇宁重宝”“大观通宝”“政和通宝”“宣和通宝”等。南宋铜钱主要有“建炎通宝”“绍兴元宝”“淳熙元宝”。此外，金朝铜钱主要有“正隆元宝”（图7－13）。

① 山东省福山县文化馆图博组：《山东福山县发现一批窖藏铜钱》，《文物》1980年第4期。

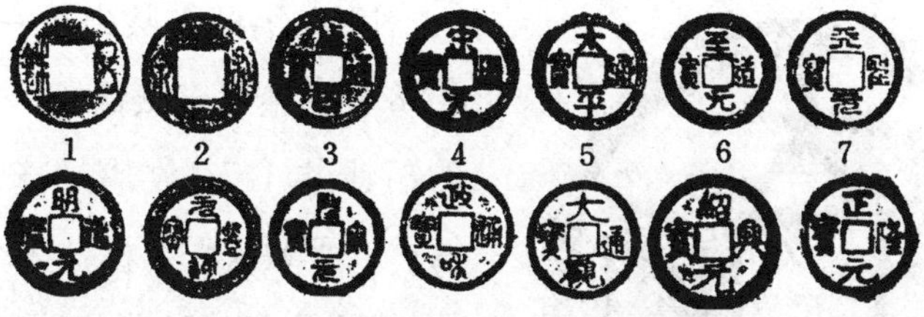

图 7 - 13　福山县出土的窖藏铜钱

1984 年莱州市出土一批重达 250 余公斤、数量多达 51754 枚的宋代窖藏铜钱。[①] 北宋时期的铜钱主要有“宋元通宝”154 枚，“太平通宝”233 枚，“淳化元宝”517 枚，“至道元宝”楷书 347 枚，行书 698 枚，“咸平元宝”1102 枚，“景德元宝”1182 枚，“祥符元宝”1639 枚，“祥符通宝”814 枚，“天禧通宝”1311 枚，“天圣元宝”楷书 1534 枚，篆书 1146 枚，“明道元宝”楷书 148 枚、篆书 153 枚，“景祐元宝”楷书 496 枚，篆书 323 枚，“皇宋通宝”楷书 2941 枚，篆书 2307 枚，“庆历重宝”22 枚，“至和元宝”楷书 336 枚，篆书 237 枚，“至和通宝”楷书 110 枚，篆书 109 枚，“嘉祐元宝”隶书 330 枚，篆书 225 枚，“嘉祐通宝”隶书 589 枚，篆书 527 枚，“治平元宝”楷书 837 枚，篆书 501 枚，“治平通宝”楷书 68 枚，篆书 61 枚，“熙宁元宝”楷书 2648 枚，篆书 2315 枚，“熙宁重宝”楷书 855 枚，篆书 266 枚，“元丰通宝”行书 3782 枚，篆书 3709 枚，“元祐通宝”行书 2211 枚，篆书 1760 枚，“绍圣元宝”楷书 904 枚，篆书 862 枚，“绍圣通宝”3 枚，“元符通宝”行书 369 枚，篆书 334 枚，“圣宋元宝”行书 787 枚，篆书 775 枚，“崇宁通宝”261 枚，“崇宁重宝”765 枚，“大观通宝”443 枚，“政和通宝”楷隶书体 891 枚，篆书 890 枚，“宣和通宝”楷书 287 枚，篆书 384 枚。南宋时期的铜钱主要有“建炎通宝”楷书 98 枚，篆书 62 枚，“绍兴元宝”楷书 157 枚，篆书 68 枚，“绍兴通宝”50 枚，“隆兴元宝”2 枚，“乾道元宝”9 枚，“淳熙元宝”6 枚。此外，辽朝铜钱主要有“重熙通宝”1 枚，“大康通宝”1 枚，金朝铜钱主要有“正隆元宝”335 枚，“大定通宝”27 枚（图 7 - 14）。

---

① 张华坤、潘云广：《莱州市出土大量窖藏钱》，《文物春秋》1990 年第 3 期。

图 7－14 莱州市出土的“大定通宝”

1984 年栖霞县出土一批数量达1688 枚的金代窖藏铜钱。[①] 北宋时期的铜钱共 1473 枚，有“宋元通宝”8 枚；“太平通宝”14 枚；“淳化元宝”26 枚，钱文为真、行、草三种字体；“至道元宝”25 枚，也有真、行、草三种字体；“咸平元宝”39 枚；“景德元宝”37 枚；“祥符元宝”57 枚；“祥符通宝”36 枚；“天禧通宝”41 枚；真、篆二休对钱“天圣元宝”77 枚；“明道元宝”11 枚；“景祐元宝”30 枚；“皇宋通宝”182 枚；“至和元宝”27 枚；“嘉祐元宝”22 枚；“嘉祐通宝”36 枚；真、篆二体“治平元宝”35 枚；真书“治平通宝”7 枚；行（或真）、篆二体对钱“熙宁元宝”164 枚；“熙宁重宝”20 枚；三体书“元丰通宝”219 枚；行、篆二体对钱“元祐通宝”145 枚；“绍圣元宝”56 枚；“元符通宝”15 枚；真、篆二体对钱“圣宋元宝”59 枚；隶书“崇宁重宝”1 枚；“大观通宝”小平钱 24 枚；隶、篆二体对钱“政和通宝”44 枚；瘦金书、篆二体对钱“宣和通宝”19 枚。南宋时期的铜钱有真书“建炎通宝”7 枚，“绍兴元宝”11 枚，“绍兴通宝”2 枚，真书“隆兴元宝”1 枚。金朝铜钱有“正隆元宝”4 枚。这批铜钱以金朝“正隆元宝”时间最晚，应为窖藏时间。

2014 年烟台市福山区出土重约 300 千克的宋代窖藏铜币。这些钱币主要有“崇宁通宝”“熙宁重宝”“皇宋通宝”“光宋重宝”“绍圣通宝”等七八种。

滨州市出土的铜钱主要集中在博兴县等地。如 1980—1983 年博兴县出土约 7000 枚铜钱。[②] 1980 年出土古币 18.5 斤，2036 枚。1982 年出土古币 20.5 斤，2380 枚。1983 年出土古币 22 斤，2514 枚。这三批货币数量差

---

① 李元章：《山东栖霞发现金代窖藏铜钱》，《考古》1992 年第 9 期。
② 李少南：《山东博兴县出土铜镜和货币》，《考古》1984 年第 11 期。

别不大，货币类型也基本相同，年代从唐代至金代，主要以宋金时期货币为主。北宋铜钱主要有“宋元通宝”“太平通宝”“淳化元宝”“至道元宝”“咸平元宝”“景德元宝”“祥符元宝”“祥符通宝”“天禧通宝”“天圣元宝”“明道元宝”“景祐元宝”“皇宋元宝”“庆历重宝”“至和元宝”“至和通宝”“嘉祐通宝”“嘉祐元宝”“治平元宝”“治平通宝”“熙宁重宝”“熙宁元宝”“元丰通宝”“元祐通宝”“绍圣元宝”“元符通宝”“圣宋元宝”“崇宁重宝”“崇宁通宝”“政和通宝”“宣和通宝”“大观通宝”。南宋铜钱有“建炎通宝”“绍兴元宝”。金朝铜钱有“正隆元宝”。

潍坊市出土的铜钱主要集中在诸城县（今诸城市）等地。如 1984 年诸城县出土一批重 212.5 公斤的金代窖藏铜钱。这批铜钱从西汉至金代，主要以宋代货币为主。[①] 北宋时期的铜钱主要有“宋元通宝”“太平通宝”“淳化元宝”“至道元宝”“祥符通宝”“治平元宝”“熙宁元宝”“熙宁重宝”“元丰通宝”“元祐通宝”“绍圣元宝”“圣宋元宝”“大观通宝”“政和通宝”“元符通宝”等。南宋的铜钱主要有“建炎通宝”“绍兴元宝”。辽朝铜钱主要有“大康通宝”“寿昌元宝”。金朝铜钱主要有“正隆元宝”。

日照市出土的铜钱主要集中在日照县（今日照市区）等地。如 1983 年日照县出土一批重达 110 多公斤的宋代窖藏铜钱。[②] 这批铜钱从西汉至南宋，主要以宋代货币为主。北宋铜钱主要有“宋元通宝”“太平通宝”“淳化元宝”“至道元宝”“咸平元宝”“景德元宝”“祥符元宝”“祥符通宝”“天禧通宝”“天圣元宝”“景祐元宝”“皇宋通宝”“嘉祐通宝”“治平元宝”“熙宁元宝”“熙宁重宝”“元丰通宝”“元祐通宝”“绍圣元宝”“元符通宝”“圣宋元宝”“崇宁通宝”“崇宁重宝”“大观通宝”“政和通宝”“宣和通宝”等。南宋铜钱主要是“建炎通宝”。

临沂市出土的铜钱主要集中在苍山县（今兰陵县）等地。如 1983 年苍山县出土一批重 130 斤、数量达 12610 枚的宋代窖藏铜钱。[③]

---

① 韩岗、华锡：《山东省诸城县出土窖藏铜钱》，《考古》1991 年第 1 期。
② 杨深富：《山东日照县发现窖藏铜钱》，《考古》1985 年第 3 期。
③ 李玉生、林茂发：《山东苍山县出土一批古铜币》，《考古》1985 年第 5 期。

济南市出土的铜钱主要集中在长清县(今长清区)、章丘市(今章丘区)、平阴县及市区等地。如1998年长清县发掘铜钱19枚。[①] 这些铜钱中,可辨钱文者包括北宋“祥符元宝”2枚,“景祐元宝”1枚,“皇宋通宝”2枚,“嘉祐通宝”2枚,“熙宁元宝”2枚,“元丰通宝”5枚,“元祐通宝”1枚。

1998年章丘市发现铜钱24枚。[②] 北宋铜钱主要有“景德元宝”1枚,“天禧通宝”2枚,“天圣元宝”2枚,“皇宋通宝”3枚,“元丰通宝”2枚,“元祐通宝”2枚,“绍圣元宝”3枚,“元符通宝”1枚,“圣宋元宝”1枚。

1999年平阴县发掘铜钱26枚。[③] 这些铜钱包括北宋“淳化元宝”1枚,“咸平元宝”1枚,“祥符通宝”2枚,“天禧通宝”1枚,“天圣元宝”2枚,“明道元宝”1枚,“皇宋通宝”1枚,“嘉祐通宝”1枚,“熙宁元宝”3枚,“元丰通宝”2枚,“元祐通宝”1枚,“绍圣元宝”1枚,“元符通宝”2枚,“政和通宝”1枚,金朝铜钱有“大定通宝”1枚。

2005年济南郎茂山路元代家族墓发现45枚铜钱。[④] 大部分是北宋铜钱,还有一枚是金朝的“正隆通宝”,另一枚是元代的“至大通宝”。

2009—2010年济南魏家庄宋元墓葬发现铜钱20件(组)[⑤]。包括宋代铜钱“至道元宝”5枚,“元丰通宝”21枚,“天圣元宝”4枚,“天禧通宝”5枚,“元祐通宝”4枚,“绍圣元宝”5枚,“熙宁元宝”6枚,“熙宁重宝”7枚,“淳化元宝”1枚,“景祐元宝”1枚,“太平通宝”2枚,“咸平元宝”3枚,“祥符通宝”3枚,“祥符元宝”5枚,“皇宋通宝”6枚,“景德元宝”2枚,“政和通宝”3枚,“治平通宝”1枚,“圣宋元宝”2枚,“大观通宝”1枚,“嘉祐元宝”1枚,“嘉祐通宝”3枚,“至和元宝”1枚。金朝铜钱有“正隆元宝”1枚。

济宁市出土的铜钱主要集中在兖州市(今兖州区)等地。如2008年兖

---

① 刘善沂:《山东长清、平阴元代石刻壁画墓》,《文物》2008年第2期。
② 章丘市博物馆:《山东章丘青野元代壁画墓清理简报》,《华夏考古》1999年第4期。
③ 刘善沂:《山东长清、平阴元代石刻壁画墓》,《文物》2008年第2期。
④ 张宸等:《济南郎茂山路元代家族墓发掘简报》,《文物》2010年第4期。
⑤ 郭俊峰等:《济南市魏家庄遗址宋元墓葬发掘报告》,《海岱考古》2014年第7期。

州市兴隆塔北宋地宫发现大量铜钱。[①] 这些铜钱包括宋代的“开元通宝”“至道元宝”“咸平元宝”“景德元宝”“祥符元宝”“天禧元宝”“天圣通宝”以及“皇宋通宝”（篆书）、“皇宋通宝”（楷书）、“至和元宝”“至和通宝”等。

枣庄市出土的铜钱主要集中在滕州市等地。如2010年滕州市宋墓发现铜钱41枚。[②] 除唐代“开元通宝”外1枚，其余均为北宋的钱币，未见再晚的钱币。北宋铜钱主要有“咸平元宝”“治平元宝”“熙宁元宝”“元祐通宝”“祥符通宝”“嘉祐通宝”“嘉祐元宝”“绍圣元宝”“至和元宝”“大观通宝”“元丰通宝”“景德元宝”“天禧通宝”“皇宋通宝”等。

淄博市出土的铜钱主要集中在周村区等地。如2015年周村区出土铜钱460余枚。[③] 可辨钱文者如下：“太平通宝”2枚，“淳化元宝”1枚，“至道元宝”4枚，“咸平元宝”1枚，“景德元宝”4枚，“祥符元宝”5枚，“祥符通宝”1枚，“天禧通宝”3枚，“天圣通宝”3枚，“景祐元宝”3枚 ，“景祐通宝”1枚，“皇宋通宝”3枚，“皇宋元宝”1枚，“至和元宝”1枚（楷书），“嘉祐通宝”1枚，“治平元宝”5枚，熙宁重宝5枚，“熙宁元宝”3枚（楷书），“元丰通宝”21枚，“元祐通宝”1枚，“绍圣元宝”8枚，“绍圣通宝”3枚，“圣宋元宝”3枚，“崇宁通宝”9枚（大钱瘦金体），“崇宁重宝”14枚，“政和通宝”2枚，“宣和通宝”2枚。金朝铜钱有“正隆元宝”1枚。

元代山东地区铜钱的贮藏数量也很惊人。如青州麻氏是当地大族，“其富三世，自其祖以钱十万（缗）镇库，未尝用也”[④]。1992年济宁市的市中区出土窖藏蒙文“大元通宝”钱100余枚（图7－15）。据推测，这批铜钱是当时罢废铜钱、印制中统钞时民间埋入地下的。[⑤]

---

① 肖贵田等：《兖州兴隆塔北宋地宫发掘简报》，《文物》2009年第11期。

② 山东省滕州市博物馆：《山东省滕州市发现宋代墓葬》，《文物世界》2012年第4期。

③ 张光明等：《山东淄博周村汇龙湖明代墓地发掘简报》，《中国国家博物馆馆刊》2015年第2期。

④ 何蓮：《春渚纪闻》卷二。

⑤ 朱方杰：《山东济宁市出土蒙文大元通宝》，《西安金融》1996年第1期。

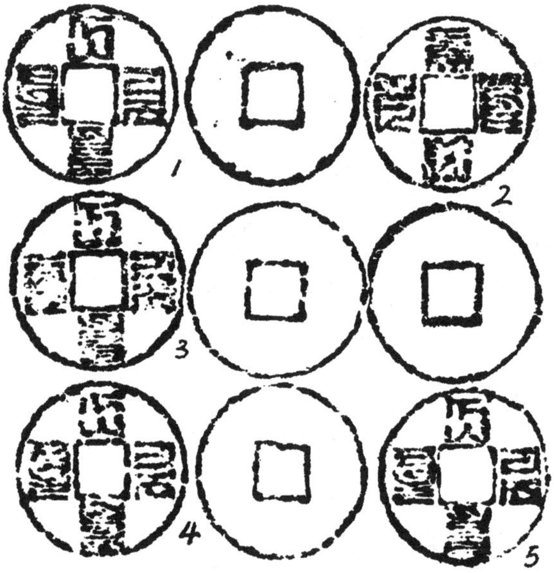

图 7－15　蒙文"大元通宝"

（二）铁钱流通

除使用铜钱外，山东部分地区还使用铁钱。宋熙宁（1068—1077）、元丰年间（1078—1085），铜铁钱并行，铜钱一千可兑换铁钱一千五百，后来到绍圣年间（1094—1097），可兑换铁钱二千五百，随着铜钱的减少，铁钱逐年贬值。

1996 年 12 月，考古工作者在胶州一工地发掘出众多锈结在一起的铁钱块，其中最大的一块重约 16 吨，其余重量在 0.5 吨至 6 吨不等，总重量约 30 吨。铁钱能辨清字迹的有"圣宋元宝""崇宁通宝""崇宁重宝""大观通宝""政和通宝"等，为北宋徽宗时期的铸币。众多铁钱的出土，为研究宋代的铸币铸造以及研究当时的经济发展提供了重要的实物依据（图 7－16）。至今还有多块铁钱块存放在胶州市博物馆。2006 年 7 月，东营市区新区辛镇的一建筑工地上出土 30 多吨宋代铁币。2009 年，胶州市常州路一处建筑工地挖出重约 5 吨的宋代铁钱。铁币数量之多需要按吨计量，可见当时山东地区经济规模之大。

图7－16　板桥镇发掘出的铁钱块(图片来自胶州博物馆)

金朝时,山东地区曾出现“钱荒”现象。金世宗大定十年(1170)十月,政府下令有司商议钱币流通之法。来自山东的使臣认为,民间“钱荒”,应发放官钱投入市场流通。金世宗令有司商议。金章宗承安四年(1199),下令终止银钞阻滞罪,废止山东各路用白银、交钞、绵、绢、盐引随便兑换现钱之制。各地税院务征收各色税课,除京师、河南、陕西允许随便交纳银或钞外,其他各路银、钞各半,其中四分之一的钞可以留在本路。各路收上来的交钞,除留在本路的不再使用外,其他交钞投入流通。榷货务发卖的盐引,收取宝货、交钞各半,每两白银折合两贯交钞,仍旧允许到官库交纳交钞,各路漕运司所征收的,定额以外还有余的,也可交纳交钞。支取的官钱,也应兼用银、钞、白银已被截取的,交钞库不得再支用,宝货银币不定,可再铸造。银、钞流通,那么物价自然平抑,不必再用什么禁令。[①] 从对山东各路钞法政策的改变上可见,金朝钞法较之宋代有所发展,货币市场更加平稳。

（三）纸币流通

忽必烈建立大元以后,将纸币确定为国币,初期一度禁用铜钱,后虽恢复铸行,但种类和铸额远不及唐宋。元代最早发行纸币是在元太祖二十二

① 张景月、刘新风主编:《商史通鉴》(上册),九洲图书出版社1996年版,第453—454页。

年(1227),因战乱而商品无法流通,博州(今山东聊城)地方官何实,为恢复当地经济,以丝为本发行会子在当地行用,“实以丝数印置会子,权行一方,民获贸迁之利”,临时在博州地区发行并使用,这种以丝为本位的会子被称为“丝会”。之后,各地效仿发行这种短期地方性纸币。后来改革币制,制钞权专属于朝廷。有元一代,共发行中统丝钞、中统元宝宝钞、至元通行宝钞、至大银钞、至正交钞五种纸币。至正十一年(1352),在江北的河南行省及济南、冀宁等九处和江南的江浙、湖广、江西行省各设一宝泉提举司,掌管铸造“至正通宝”铜钱,以及印造交钞。

山东地区的大多数商品均以纸币作为价值尺度。如元仁宗延祐元年(1314)正月,山东胶州重修庙学,县乡三老“积楮币四万有奇”,以中统钞12600两“买地广袤十有一寻”①。至元二十五年(1288)胡祇遹《胡祇遹集》卷十二记载山东“米麦”市价每石中统钞10两。

元惠宗至正十三年(1353),济宁路重修文庙,凡“用至正新币二百定,准钱缗千”。所谓“至正新币",是至正十一年开始发行的新纸钞,票面仍作“中统元宝交钞”,但背面加盖“至正印造元宝交钞”的印章。官定比价为“新中统钞1贯=至元钞2贯(=旧中统钞10贯)=铜钱1贯”,但济南民间至正钞200定只合钱1000贯,即钱钞比为1∶5。②

(四)铜锭、银铤等货币流通

铜锭、银铤是宋元时代常见的大额货币。1986年,青州南阳河北侧的清代法庆寺旧址上出土了一件古代铜锭,铜锭呈束腰状,两端为圆弧形,正面微凹,背面平。长14厘米、腰宽5厘米、厚2.5厘米,重1865克。正面凹部錾刻铭文,因锈蚀严重,只可辨认出“重□五十两”几字。经鉴定,这一铜锭的形制与已发现的宋代金、银锭相同,刻铭和锈斑也表明其为宋代铜锭。1993年,在青州前营子村出土五枚宋代银铤,五枚分大、中、小三种,大者重

---

① 道光《重修胶州志》卷三九,《金石》。

② 李春圆:《元代的物价和财税制度》,复旦大学博士学位论文,2014年。

五十两，中者重二十五两半，小者重十二两半。铤首为圆弧形，正面微凹，背面呈蜂窝状。第一枚银铤，长14.3厘米，铤首宽8.8厘米，束腰宽6厘米，厚2.4厘米，重1970克。正面钤印“匠人戋存”“戋伟”“伍拾玖两伍钱”“刘拯秤”“使司”“行人郭义”“金银王家”等字。第二枚银铤，长14.5厘米，铤首宽8.7厘米，束腰宽5.7厘米，厚2.4厘米，重1980克。正面左右两端钤印“分治司泰四六月一十九日店戶戔信”“三天”“行人戔□义方”“伍拾玖两玖钱”“秤子荊崇”“鑒判苑正”“银货匠”等。第三枚银铤，长15.7厘米，铤首宽9厘米，束腰宽6.3厘米，厚2.2厘米，重1940克。上部左右两端钤印“匠人高守中”“伍拾两”“秤库兹刘仪”。第四枚银铤，长14.5厘米，铤首宽9.5厘米，束腰宽6厘米，厚2.3厘米，重1950克。铤上部两端钤印“刘仲元”“伍拾玖两”“官函玉”“官□□”“使司郎”“赵百通秤”“行人刘仲元”等字样。第五枚银铤，长14.8厘米，铤首宽8.5厘米，束腰宽5.7厘米，厚2.2厘米，重1960克。铤上部两端钤印“宋琦”“伍拾捌两柒钱”“行人石永禄”“盛成秤”“使司正臣”。①

《元史》上有很多用白银岁赐的记录，赏赐的对象都是皇室贵族。忽必烈每年进行的赏赐一年五千锭，相当于十吨白银。“太祖弟搠只哈撒儿大王（子）淄川王位，岁赐，银一百锭，……太祖弟哈赤温大王子济南王位，岁赐，银一百锭……”②元代将白银作为发行纸币的准备金之一，并把白银统一铸成五十两银锭，背面铸“元宝”二字，意为“大元宝货”，用于政府的各项收入存入国库。元世祖至元二十九年（1292），山东宣慰使盗用库钞转买库银谋利，每银一两价格为中统钞6.32两③。民间则由店铺铸造小型银锭用以商业流通。

① 李宝垒，王岩：《青州博物馆馆藏宋代货币欣赏——兼谈宋代时期的货币制度》，《东方收藏》2011年第9期。

② 《元史·食货三》。

③ 转引自李春圆：《元代的物价和财税制度》，复旦大学博士学位论文，2014年。

第八章 明清时期山东地区的商业与贸易

明清时期是中国传统经济向近代经济转型的重要时期。从世界范围看,14 世纪到 17 世纪中叶,西方纷纷建立民族国家,政治上实行封建专制主义,经济上实行重商主义政策,文化上进行文艺复兴改革,从而揭开了世界近代史的开端。从中国自己的历史发展而言,明清虽仍属皇权强化时期,在商业领域却有很大发展。以徽商、晋商、鲁商等为代表的全国性商帮开始出现,商业领域中的资本主义萌芽也有所发展。临清、济宁、德州等山东运河沿岸城市因漕运得到高度繁荣,位于鲁中大道上的周村、潍县、济南等城镇因陆路交通而得以迅速发展,突出的手工业是这些城镇商业发展的基础。以《三言二拍》《金瓶梅词话》《醒世姻缘传》等为代表的明清小说充分说明市井商业文化已得到广泛传播。通宝铜钱制继续推行,以大明宝钞、大清宝钞、户部官票为代表的纸币制度也得到重要实践。更重要的是,从明代中后期开始,白银逐渐进入流通领域,并成为主要货币,至清代,形成银两并用制度。商业金融机构大发展,当铺因资本规模小信誉高而得到广泛设立;钱庄由最初从事简单银钱兑换发展到存放款业务并印制庄票,从而成为影响力最大的传统金融机构;票号起于晋商,因长途贸易而发达,山东地区的票号或多或少都与山西总号有联系,在货款结算、资金汇兑等方面发挥了重要作用。山东的海上贸易则因明清政府的海禁政策而日益没落。

一、商业发展的经济基础

（一）人口与土地

明清是山东地区人口大发展时期。全国总人口由1亿到4亿,山东地区人口在1887年达到3669万。山东地区的人口基本上处于增长状态,只有在清末才出现了短短几年的人口负增长。不同的社会生产方式,有不同的人口增长规律和过剩人口增长规律。在传统农业社会中,人口增长主要是农业人口的增长。比如,清初山东地区人少地多,人口的增长和经济的发展相互促进,人口增长促进了土地垦殖的扩展和整个社会经济的发展,土地垦殖的扩展和社会经济的发展反过来又进一步促进了人口的增长。由于受地域范围大小的限制,土地的垦殖不能无限地扩展,乾隆时期山东地区的宜垦地基本垦殖完毕,但人口仍在快速增长之中,传统的农业社会难以容纳大量新增的人口,势必造成人口向商业等其他行业靠拢,所以明清时期大量“过剩”人口为山东商贸发展提供了劳动力基础。

（二）农作物生产与商品化

1. 粮食作物

明代山东地区,就粮食作物而言,除传统的麦、粟、豆、黍、稷等旱作农作物外,稻谷种植有了较大的发展,种植地域已遍及六府。济南府地区,自成化年间(1465—1487)疏浚大、小清河后,历城县“得湖田数百顷,历城之有稻实自兹始”,此后“粳稻之美,甲于山左”。莱阳县“稻种分水旱、早晚”,莱州府稻谷已为本地五谷之首。其中,昌邑县的“永安稻”颇负盛名。青州府地区,嘉靖年间(1522—1566)高苑县开始“兴稻田以致务农”。博兴县自万历年间(1573—1620)县丞郑安国“教民渠种”水稻后,“稻粳之利甲于一方”。兖州府地区,滕县城西近运河地带,成为“千亩麦,千石稻”的富庶粮仓。巨野、宁阳、滋阳、济宁、沂州等地,沿河地带“嘉种播来禾满野,陂田秧处稻成畦”,一派江南风光。明中后期,小麦在山东的种植面积扩大,成为重要的粮食作物。嘉靖年间,东昌府武城县德王府共有庄田78.98顷,夏麦地

图 8－1 《曲阜孔府档案史料选编》

22.69 顷,[1]约占 28.7%。《曲阜孔府档案史料选编》(图 8－1)记载,万历中期曲阜孔府张阳庄庄田“有一顷六十一亩三分六厘,种麦六十六亩零六厘”[2],小麦种植面积达 41%。

到清代,山东地区的小麦取代谷粟,成为最主要的粮食作物,番薯、玉米等也大量种植。[3] 这个时期小麦和大豆种植实现了从一熟制向两年三熟制的转变,从而提高了土地复种率。康熙《巨野县志》记载,“种植五谷以十亩为率,大约二麦居六,秋禾居四”;《峄县志》亦载,“二麦则阖境有之,视他禾十居六七”;稍晚的记载如乾隆年间(1711—1799)鱼台县“谷之品,惟麦收独厚,小麦尤多”;光绪时菏泽县“通计小麦居十之六七,余谷居十之三四”。鲁北平原种植比例稍低于鲁西,但也达 50% 左右。如嘉庆年间寿光县,“十亩之田必种小麦五亩,其收早而利赢也”。甚至土质条件较差的山东半岛招远县,冬小麦所占比重也已是“大率于百谷居十之四云”。

山东粮食作物的大量种植,使粮食作物逐渐商品化,成为运销外地的重要商品。“山东东府地方所产大小米麦、黄黑豆等项,旧日多自胶州等处,舟运至淮安之庙湾口。沿海边而行,风顺二三日可达。商船往来,终年络绎。”[4]

番薯是外来的高产粮食作物,山东俗称地瓜。番薯易于利用沙瘠土地,且单产较高。山东在清代前期引入番薯,一直到 1978 年,番薯仍是山东的主要粮食品种之一。番薯的原产地在美洲。15 世纪末,欧洲人发现新大

---

① 嘉靖《武城县志》卷二,《户赋》。

② 中国社会科学院历史研究所:《曲阜孔府档案史料选编》,第二编《明代档案史料》,齐鲁书社 1980 年版,第 137 页。

③ 许檀:《明清时期山东商品经济的发展》,中国社会科学出版社 1998 年版,第 256 页。

④ 《皇朝经世文编》卷四四,《户政·荒政四》。

陆,把这个物种引到欧亚大陆,同时也辗转传到中国。番薯引入山东约在乾隆初年。山东半岛南岸的胶州是较早引种的地区之一,《金薯传习录》称,番薯由闽人余瑞元、陈世元等"移种于胶,滋息适合土宜"。陈世元系乾隆十四年(1749)到胶州,其时正值"东省旱涝蝗蝻三载为灾",他乃"于次年捐资运种及应用犁锄铁钯等器,复募习惯种薯数人同往胶州之古镇,依法试栽。始人尤不信可佐谷食,秋间发掘,子母钩连,如拳如臂,乃各骇异,咸乐受种",至道光年间(1821—1851)已是番薯与五谷等量收获了。安丘县也是"乾隆十四年有越人携种至北郭",至道光年间"已蕃衍域内"。番薯的商品化速度很快,乾隆十六年(1751),官员黄可润"忧归"福建故里时,在德州见番薯"甚多且贱","问之,云四五年前有河南浙江粮艘带来,民间买种以为稀物,今则充斥矣"。由于番薯产量高于一般粮食作物数倍,乃至十倍,而对土地的要求甚少,所以地方政府也在山东大力推广番薯种植,并颇获成效。如沂州府费县系"道光以后始盛行种植,同治六年(1867)荒歉,人赖全活"。泰安府,"自乾隆十七年(1752)各县奉文劝种,于高阜沙土地依法种植",至乾隆末年已是"所在有之";鲁西南济宁、巨野、郓城等州县也是"乾隆十七年奉文劝种",道光年间"遍于中土"。乾隆十九年(1754),番薯"移种潍县","原任沁水县王君暨其亲邻,竟来传习,到处收掘"。① 清代中叶,山东至少已有30余州县推广了番薯种植。

玉米,又称"棒子""包谷""六谷"等,原产地在美洲。15世纪末,由欧洲人带到欧亚大陆,同时也辗转传入中国。从方行等人的研究结果②得知,玉米最早是在明代隆庆、万历之间引入中国,招远县引进至迟是在顺治十七年(1660)③。乾隆至道光年间,玉米在山东16府州县得到广泛种植并迅速商品化,为缓解因人口增长所造成的粮食不足发挥了重要作用。④

---

① 农业出版社编辑部编:《金薯传习录、种薯谱合刊》,农业出版社1982年版,第24—26页。

② 方行、经君健、魏金玉主编:《中国经济通史·清代经济卷》上册,中国社会科学出版社2007年版,第220页。

③ 顺治《招远县志》卷五。

④ 陈冬生、王赛时主编:《山东经济史·古代卷》,济南出版社1998年版,第534页。

2. 经济作物

就经济作物而言，山东地区以种植棉花最为突出。山东地处华北平原，这里的土质非常适于植棉。明代山东棉花的质量好、产量大，徐光启说“北花出畿辅山东，柔细中纺织，棉稍轻”，还说“亩收二三百斤以为常”①。在个别地方甚至出现了植棉达“万亩之家”的大规模经营。随着明政府强制性植棉政策的推行，山东植棉业发展更为迅速。据《明太祖实录》载，洪武二十八年（1395）“东昌等三府屯田”棉产达124万公斤。次年，明政府又令北平都司所用“布六十万匹，棉花三十四万斤”、辽东都司所用“布五十五万匹，棉花二十万斤，俱以山东布政司所征给之”。洪武以后，赋税征收的变化，促进山东植棉业的进一步发展。嘉靖《山东通志》载：“棉花，六府皆有之。”滕县“妇女辑布，夜纺车之声比屋相闻”②。定陶“所产棉布为佳，他邑皆转鬻之”③。东昌、济南及兖州三府所属州县植棉最盛。自明中期以来，山东已成为北方地区最大的棉花产区。

到清代，棉花种植在山东很多地区占据了绝对优势，山东植棉州县增至90余个，占山东州县总数的87%。在鲁西北棉区，棉花种植比重更高，清平县棉花“连顷遍塍，大约所种之地过于种豆麦”；夏津县则以棉花收成的好坏作为衡量“年之丰歉”的标准；高唐州更是“种花地多，种谷地少”。大体而言，到清代中叶，山东三大棉区已基本形成④，依次为以高唐、临清为中心，包括夏津、清平、恩县、冠县、武城、馆陶、丘县、堂邑等州县的鲁西北棉区；以滨州为中心，包括惠民、乐陵、蒲台、利津、沾化、商河以及博兴、高苑、临邑等州县的鲁北大清河棉区；包括曹县、郓城、巨野、单县、定陶等州县的鲁西南棉区。

山东棉花作为商品交易频频出现在史料上。康熙年间（1662—1722），鲁西南曹县，棉花种植“几与九谷平分轻重”⑤，到现代，棉花一直是当地优

---

① 〔明〕徐光启撰，石声汉校注：《农政全书校注》（中），上海古籍出版社1979年版，第961、964页。

② 万历《滕县志》卷三。

③ 万历《兖州府志》卷四。

④ 许檀：《明清时期山东商品经济的发展》，中国社会科学出版社1998年版，第267页。

⑤ 康熙《曹县志》卷二。

势经济作物；乾隆间，鲁北沾化县“通县所赖惟小麦、棉花二种”。山东各地产棉区出现了交易量很大的棉花市场。

经济作物除棉花外，各地还因地制宜大力发展豆、染料、果木等其他各种经济作物。胶州大豆是当时闻名的重要的贸易商品。当时“胶之民以腌腊米豆往博淮之货，而淮之商亦以其货往易胶之腌腊米豆，胶西（指胶州）由此稍称殷富……今虽有防海之禁而船之往来固自若也”[①]。万历年间东昌府恩县一带，黄、黑、绿诸豆已是“俱五月初种，九月中收”；清康熙年间，淄川蒲松龄的《农桑经》中更进一步总结收麦后复种大豆的经验，“五月……留麦茬骑垄耩种豆，可笼豆苗”。在东部的山东半岛“三月种大豆”仍是较为普遍的农作习俗。每年二月至五月间辽东、天津等地商人前来山东，“贩运布匹、米豆、曲块、鱼虾并临清货物，往来不绝”[②]。像茜草、蓝靛、红花等染料作物，梨枣桃栗等果木，以至园圃蔬菜、花卉草木等业，都有不同程度的商品化发展。

花生也是清代引入山东的外来品种。山东的花生栽培最早记载于《宁阳县志》（光绪十三年本），“砚落花生，土名长生果，本南产。嘉庆初，齐家庄人齐镇清试种之，其生颇蕃，近年则连阡接陌……”《费县志》（光绪二十二年本）载，“落花生，一名长生果，蒙山以南，俊河以北，地多沙土，不蕃五谷，而宜此种，土人呼为果子地，百年前仅有种者，今则连阡累陌”。照“百年前仅有种者”上推一百年，已是1797年了。山东早期栽培的花生为龙生型小粒种，大花生原地在南美洲，大约在明代嘉靖年间传入我国东南沿海一带。1936年的《续修平度县志》记载，约19世纪70年代，宋庄人袁克仁从美国传教士梅里士乞得大花生，“种仁极肥硕植之良，逐盛行境内，旧种几绝”。光绪年间（1871—1908），山东大花生种植已发展到40余州县，其中鲁中山区的兰山、费县、莱芜、新泰，山东半岛的平度、胶州，鲁西南的宁阳、峄、滕等县产量较丰，逐步商品化。

---

① 《即墨县志》卷十，《地方事宜议·通商》。

② 梁梦龙：《海运新考》卷上。

烟草是商品化程度最高的一种经济作物。清顺治二年(1645),山东鲁中南一带的人民就已有“吃烟”的习惯,至康熙时期(1662—1722),山东地区已形成四大烟草种植区。山东烟草以兖州府、滋阳、济宁一带种植最早。如兖州府的滋阳县,“旧无其种,自国朝顺治四年(1647)间,城西三十里颜村店、史家庄创种,相习渐广至今遍地栽莳”①。随着烟草商品化的发展,人们发现种烟草比种粮食容易获利,于是许多农民弃粮种烟。“大约膏腴尽为烟所占,而五谷反皆瘠土”,“观济宁种烟者,其工力与区田等,而不畏其难者,为利也。然烟之利在一己,而五谷之利在天下”。② 烟草的大规模种植,使山东地区的许多城市出现了烟铺、烟行、烟店。清代学者包世臣记载济宁所产烟草的收益情况,“以烟叶为大宗,业此者六家,每年买卖至白金二百万两,其工人四千余名”③。六家烟坊有工人4000人,交易额达200万两,可见利润之雄厚。乾隆十四年(1749),潍县修城墙,当地烟店“以义捐钱二百四十千,以筑土城”④,乾隆以后,山东与直隶、江南、福建、湖广并称为全国著名烟草产区。到清末英美烟草公司在山东推广美烟种植之前,山东已有40%左右的州县种植烟草。

(三)手工业生产与商品化

1. 纺织业

明清时期,山东的纺织业体现在棉纺织和丝织两个方面。我国的棉纺织业,历经宋、元,在江南地区得到了迅速的发展,明清时期逐渐由江南向江北扩展。明初政府的植棉法令促进了山东棉纺织业的广泛发展。《农政全书》系统总结了中国古代农业生产技术,其中,木棉纺车代表了古代纺织技术的发展水平。(图8-2)。棉花种植面积的扩大为新兴棉纺织业的发展创造了条件,适宜种植棉花的农家,在明初开始习学纺棉和织布。明中期以

---

① 康熙《滋阳县志》卷二。
② 乾隆《济宁直隶州志》卷三,《食货三》。
③ 包世臣:《安吴四种》卷六,《闸河日记》。
④ 〔清〕郑燮著,吴可校点:《郑板桥文集》,巴蜀书社1997年版,第154页。

后，赋税征收改折银两，加之市场对棉制品的需求，不但刺激了家庭棉纺织业在山东的普及与发展，而且加速了棉纺织品的商品化。山东棉纺织品成为市场上极受欢迎的商品。东昌府地区，种棉“尤多”“居人以此致富”。兖州府地区也是“地多木棉”“五谷之利不及其半矣”。濮州织的棉布，“其坚密不在南织下”[①]。定陶“所产棉布为佳，它邑皆转鬻之”。历城等地织的“平机布”“阔布”“小布”，则更是边防军需不可缺少的用品。鉴于山东棉纺织业的发展，官府也扩大了对山东棉布的征调数。弘治十五年(1502)从山东征调的棉布约为30万匹，到万历六年(1578)增至约61万匹，增长一倍多，这一数额占从全国征调棉布总数的1/3强。[②] 随着山东棉纺织业的广泛发展，昔日棉花“泛舟而鬻诸南，布则泛舟而鬻诸北”的现象，已逐渐被“今北方自出花布，而南方织作几弃于地矣”[③]的状况所代替。山东棉花、棉布的征收量已居北方之首。

图8－2　《农政全书》中的木棉纺车

与棉纺织业一样，丝织业也是明代后期山东农家的重要家庭手工副业。像兖州府“妇女务为蚕桑，织丝为绢，亦能为绫”[④]，滋阳县产的“文绫”，“有镜花双距之号，雅称轻靡，盖鲁缟之遗焉”[⑤]。东昌府临清州的“帕幔”，“备极绮丽”。另外，像济南府的“齐河绢”、青州府的“寿光绢”等丝织品，也都是著名的畅销品。随着桑蚕丝织业的商品化，官府也扩大了对山东丝织品

① 嘉靖《濮州志》卷二，《食货志》。
② 《大明会典》卷二六。
③ 万历《嘉定县志》卷七，《田赋考》。
④ 顺治《兖州府志》卷四。
⑤ 《禹贡锥指》卷五。

的征收。据《大明会典》记载,山东弘治十五年(1502)农桑折绢2.4万余匹,万历六年(1578)农桑折绢5.44万匹。除桑蚕丝织外,明代山东还是全国柞蚕丝织业最发达的地区。柞蚕俗称野蚕或山蚕,是放养在山区树丛中的野生蚕种,利用柞蚕丝纺织成的丝织品称山茧绸。在多种山蚕中,"山东茧绸,集蚕茧为之,出于山东椒树者为最佳,色苍黑而气带椒香。污秽著之,越岁自落,不必浣濯而洁"①。如在登、莱地区,农家普遍放养柞蚕、捻丝织绸。兖州府所属山区农户"以野茧为绸"②。由于柞蚕不需人力饲养,只要在春季进山"布蚕子于树,或在椿,或在椒,或在道旁簸萝野丛间……子就椿曰椿茧,就椒曰椒茧",比桑蚕放养面积大,饲养成本低,获利较高,"利什倍于田"。到明中后期,山东出现"不力耕而力织"的"织绸之家",开始了从家庭副业到家庭丝织专业化的转变,进而在部分丝织专业的农户中,还出现了个别"有起家至巨万者"的富户③。

清代前中期,山东棉纺织业的生产技术水平越来越高,人们将传统的葛、麻、丝、织、绣工艺揉于棉织工艺形成棉锦,棉锦是山东独有的一种纯棉手工提花纺织品,被誉为"鲁锦"。鄄城鲁锦被当地官吏作为贡品,上献朝廷,这种土生土长的农家棉织物,在锦衣玉食的统治者面前,成为珍贵的宝物。棉纺织业作为传统的家庭手工副业,随着专业化生产,已由过去的自给性生产向商品性生产方面转化。乾隆时期,如在武定府地区,农家所织棉布,"商贩转售,南赴沂水,北往关东,闾阎生计多赖焉"④。除"既以自给"外,还有相当数量的布是作为商品"抱而贸于市"⑤。在济南府地区,农家"皆抱布以期准集市场"。仅齐东县一地出产的棉布"通于关东,终岁且以数十万(匹)计"⑥。乾隆时河南孟县棉布织户偷工减料,布品极差,于是"本

---

① 叶梦珠:《阅世编》卷七。

② 万历《兖州府志》卷四。

③ 宋起凤:《稗说》卷三,《山茧》。

④ 乾隆《蒲台县志》卷二。

⑤ 咸丰《滨州志》卷六,《风俗志》。

⑥ 嘉庆《齐东县志续》。

地贩卖布匹者,亦赴山东、湖广等地转买”①。由于大量棉布投入市场,以致在本府各县的市集以布行为大宗。棉布商品化的普遍发展在明代还是不多见的,而在清代是比较常见的现象了。在棉纺织商品性生产发展的基础上,乾隆以后,山东棉纺织业内部呈现了由自纺自织到纺、织分离的分工分业趋势。如在临清的棉纺品市场设有专供织布用的“线子市”,“凡女红所需,每日辰刻,携线而至者,约一二千斤”②,以供临清及附近地区的机织户采购。棉纺与棉织的分离,促使一些专事棉布生产的地区相继出现。长清县因“机户甚多”,专织阔布,遂成为官府采办布匹的主要地区。在章丘县龙山镇,当地皆以织卖花布为业,以致形成了“纷纷机匠织龙山”③的局面。到清代中叶前后,山东六十余州县有较发达的棉纺织生产,并形成几个重要的商品布输出区。如济南府齐东、章丘、邹平、长山一带所产棉布多汇集于周村输往关东,亦销华北;鲁西北陵县、平原、馆陶、恩县、聊城、清平、茌平等县所产多运销辽沈和北口外;武定府蒲台、滨州、惠民、利津、乐陵等县棉布北销关东、直隶,南销鲁中山区;青州府寿光、博兴、高苑一带所产棉布也是南北兼销,北上直隶,南下鲁中山区和山东半岛。大体而言,从 18 世纪后期开始大约一百年的时间,是山东土布生产最发达的时期。

清代山东的丝织业主要分布于济南、东昌、兖州等府的二三十个州县。如济南府丝织品以齐河县所产最佳,名“齐河绢”④;邹平县“贸丝织绢颇饶”,以“辛家寨之绢”为著⑤;章丘县之清平乡织纱绢“为利不赀”⑥。东昌府的冠县、堂邑、馆陶及临清都有丝织生产。临清是鲁西北最主要的丝织品产地和集散地,其丝织产品种类甚多,如首帕、汗巾、帕幔、帛货(哈达)、绫绸、绵绸、茧绸、丝布等。山蚕丝织业随着山蚕养殖的发展而逐渐发展起来,虽起步较晚,但从一开始就以商品性生产为主。据不完全统计,清末山东山

① 乾隆《孟县志》卷四,《物产》。
② 乾隆《临清直隶州志》卷一,《市廛》。
③ 张应昌:《清诗铎》卷一,《阔布谣》。
④ 乾隆《山东通志》卷二四,《物产》。
⑤ 康熙《邹平县志》卷八,《物产》。
⑥ 康熙《章丘县志》卷一,《风土》。

蚕养殖已发展到30余州县，其中至少一半以上的州县具有相当规模的茧绸生产。特别是在青州、沂州、登州、莱州与兖州等地的山区，山蚕放养已成为农家一项重要的商业性农业经营。这些地区的山蚕放养户，利用山蚕茧缫丝织绸，名曰山绸，向以色泽光亮、经久耐用著称，与江南的绸缎、山西的泽绸同被清政府定为与新疆及边疆地区进行经济贸易的主要商品。[①] 特别值得提出的是，乾隆以后，山东的丝织业中也开始出现了缫与织的分工分业趋势。如在博山县，养蚕之家"有直接卖茧的，有缫丝卖丝的"，蚕丝并不在本地织绸，而是"大都向周村丝庄去"。缫与织的分离，促进了专事织丝业的发展。在济南府的长山县，自乾隆以后，当地居民"俗多务织作"，然而"茧非本邑所出，而业之者颇多，男妇皆能为之"[②]。而位于长山县的周村镇，更是集中了大批的丝织机户，吸收了来自山东及邻省的大量蚕丝，而成为清代山东最大的丝绸织造中心。

2. 冶金业

明清时期冶金业的商品主要有铁、铅、金、银。山东的铁矿开采和冶铁生产主要集中在济南府的泰安、莱芜和青州府益都县的颜神镇等地。据《大明会典》卷一九四记载："国初，定各处炉冶该铁，一千八百四十七万五千二十六斤。"其中山东炉冶的冶铁额为"三百一十五万二千一百八十七斤"，占全国冶铁总数的17%，足见山东官营铁冶生产规模之大。洪武七年(1374)，朝廷在全国主要铁冶生产之地设立13处铁冶所，"每所置大使一员，秩正八品，副使一员，秩正九品"。山东铁冶所设于莱芜，年冶铁额仅72万公斤，同年全国冶铁额也只有800多万，山东所占份额大幅下降，[③]可见包括山东在内的全国官营铁冶生产已明显衰落。洪武二十八年(1395)，朝廷下令罢各布政司官冶，同时又"令民得采炼出卖，每岁输课三十分取二"[④]，

① 中国第一历史档案馆:《乾隆朝内地与新疆丝绸贸易史料》，载《清朝档案史料丛编》(第十二辑)，中华书局1978年版，第159页。

② 道光《济南府志》卷一三，《风俗·物产》。

③ 《明太祖实录》卷八八，洪武七年四月。

④ 《大明会典》卷一九四。

表明此时民营铁冶生产有了显著发展。在明中期以后，泰安、莱芜、颜神镇等地的民营铁冶生产已普遍使用焦炭冶炼技术，标志着民营铁冶生产已达到较高的水平。清代山东在选矿冶炼方面的技术领先，青州黑山地区曾在康熙二年（1663）向山西人学习熔铁之法，"凿取石，其精良为矑石，击而碎之，和以煤盛以筒置方炉中，周以焦火。初，犹未为铁也，复碎之，易其筒与炉加大火，每石得铁二斗为生铁。复取其恶者置圆炉中，木火攻其下，一人执长钩和搅成团，出之为熟铁"①，说明山东的铁冶水平逐渐在提高。

山东也是明清时期铅矿的重要产区。洪武十五年（1382），征集民工2660户，在济南、青州和莱州境内采铅16.15万公斤。后以"凿山愈深，而得铅愈少"遂罢采。此后，官营铅矿逐渐衰微，而各地民营铅矿生产日益发展起来。对待民营铅矿，官府也是采取收取课银，听民自行开采的政策。据文献记载，明代山东民营铅矿点不下十五六处，遍布山东鲁中南及胶东地区，主要铅矿点集中在益都、沂水、临朐、莒州、费县、福山、济宁、沂州及颜神镇等地，从中可见民营铅矿生产之盛。

山东金矿依然分布在登州与莱州两府地区，为官府把持，不许民间自采。虽然此时仍能发现自然金块，"山东登州卫军曲秉善于将军校场中取土，得金叶二十二块以进，上命如例给赏"②，但胶东的黄金产量已明显不如前代，据《明世宗实录》卷四五四嘉靖三十六年（1557）十二月戊戌记载，这一年山东的产金总量为852两，比之宋元时期最高9000多两已不能等量齐观。山东其他地区也有新的金矿被发现，如"三山，山有三峰，故名……此山采金，东慧多金穴，沙石皆赤色"③。嘉靖三十五年（1556），沂州宝山发现金矿，同年采金217两。明天启元年（1621），又派太监魏忠贤来招远玲珑山督采黄金，地域和规模更加扩大，据《招远县志·艺文》载，"明季金穴千百处，樵夫持斧斫秦松"，反映了当时的开采之盛况。清代山东金矿主要分布在登州府的招远、栖霞、蓬莱、文登、宁海及青州府的益都、淄川等地。青州金矿

① 咸丰《青州府志》卷三二，《风土考》。
② 《明英宗实录》卷九九。
③ 乾隆《掖县志》卷六，《艺文》。

到乾隆时也“已开采殆尽”[①]。

山东银矿分布比较广泛。全省除东昌府地区没有银矿点外,其他5府均有银矿开采。对于银矿,官府也是实行严禁政策。明中期以后,随着白银作为货币使用量的增多,各地官府纷纷驱使人民进山采银,嘉靖三十六年(1557),山东共采银8143两。万历年间,矿监陈增督理山东矿政,在济南、青州、兖州、登州、莱州5府所属州县,各“置棚厂开采”银矿,“富者编为矿头,贫者驱之垦采”。由于银矿之利独厚,人民往往无视官府禁令,私自进行“盗采”。如在银矿集中的临朐,嘉靖《临朐县志》卷一记载,“银矿独易发,土人之顽者时聚啸邻邑”,“多至数千,为群相与盗采”。在沂州,“山出金银矿石”,“揭竿鼓铸之奸,时时啸聚,为有司忧”。清初政府对银矿“听民采取输税于官”。顺治初开临朐、招远银矿,顺治八年(1651)罢采。康熙间派官开采山东莱阳银矿,康熙二十二年(1683)又令停止,以后多有禁令[②]。

3. 采煤业

明清政府允许民间自由经营煤矿的开采,这是采煤生产比其他矿业生产发展迅速甚至出现资本主义萌芽的一个很重要的原因。泰安、莱芜、淄川、颜神镇、峄县等地,从明代开始就是山东煤炭的主要产地。在这些地区,煤炭储量丰富,质地优良,从而集中了大量民营矿井从事采煤生产。如峄县产“石、焦二炭”,“炭石可薪而焦良于冶,颇为民利”。[③] 在颜神镇,煤炭储量丰富,吸引了大批贫苦人民来此采煤谋生。这里开采的煤,“坚硬耐炼”,且有数种,“或谓之‘煤’,或谓之‘炭’,块者谓之‘砋’,或谓之‘砟’”,“炼而坚之,谓之‘礁’”[④]。“大车小车,皆所取给。”淄川煤井开采的煤,足“以需上下之求”[⑤]。随着民间采煤业的兴盛发展,山东地区的采煤技术也有了很大的提高。有经验的矿工,被称为“脉炭者”,他们能够根据地表层岩石的走向

---

① 乾隆《青州府志》卷二,《物产》。

② 《清史稿·食货五》。

③ 万历《泰安州志》卷一,《舆地志·物产》。

④ 〔清〕孙廷铨著,李新庆校注:《〈颜山杂记〉校注》,齐鲁书社2012年版,第109页。

⑤ 嘉靖《淄川县志》卷二。

与品种判断矿脉，即“视其山石。数石则行，青石、砂石则否。察其土有黑苗，测其石之层数”，“因上以知下，因远以知近，往而获之”。煤井的选址与开凿有很高的技术要求：选择井址，必须注意“避其沁水之潦”；开凿煤井，必须做到“确尔而坚也，否，则削”；井下的隧道，必须保证“燥以平也，否，则跰”，“凡行隧者，前其手必灯而后入”。为了能使井下通风，“故凿井必两行，隧必双，令气交通以达其阳，攻坚致远，功不可量，以为‘气井’之谓也”。[①] 这些采煤经验与开凿技术，充分反映了山东民营采煤生产已达到了一个新的发展水平。[②]

清政府对采煤业持支持态度。乾隆曾认可山东籍官员赵国麟的奏章：“凡产煤之处，无关城池龙脉及古昔帝王圣贤陵墓，并无碍堤岸通衢处所，悉听民间自行开采，以供炊爨，照例完税。如有豪强霸占，地棍阻挠，悉置于法。”[③]清政府对合法采煤态度是很宽松的，所以自乾隆以后，山东的采煤生产进入了一个空前发展的时期，煤炭的商品化程度也越来越高。如峄县矿区，“煤之利，人争焉”[④]，每年都有一批新建的煤井投入运营，开采出的煤炭，仅装载漕船通过运河南下北上的外运量即达“数百万石”[⑤]之多。其他地区，诸如济南、淄川等地数以百计的劳动力也分班、昼夜操劳，凿矿运煤。清代采煤业出现前所未有的盛况。勘探、开采技术不断提高，生产分工进一步细化。开井之时，能够做到“深若千尺有何石，又若千尺有何土，又若千尺有何水与泥，至水过大，须若千工可得煤”。劳动人民在长期的采煤勘探中积累了丰富的经验。“盖其精，西国之深于矿务者不能过也。”[⑥]由于生产规模的扩大，煤矿工人分为井上工和井下工，井上工主要从事搬运、装卸、提升出井的煤炭等，井下工主要从事攻采、运煤等。清代山东煤炭开采地域大幅度扩展，由过去淄川、博山（颜神镇）、峄县等少数矿区，迅速扩展到济南府的

---

① 〔清〕孙廷铨著，李新庆校注：《〈颜山杂记〉校注》，齐鲁书社 2012 年版，第 110 页。

② 陈冬生、王赛时主编：《山东经济史 · 古代卷》，济南出版社 1998 年版，第 425 页。

③ 《清高宗实录》卷一一〇。

④ 乾隆《峄县志》卷一，《地理志》。

⑤ 光绪《峄县志》卷七，《物产略》。

⑥ 光绪《峄县志》卷七，《物产略》。

章丘，泰安府的新泰、肥城，兖州府的宁阳、滕县、泗水，沂州府的兰山、郯城、费县、蒙阴、莒州，青州府的益都、临朐，登州府的莱阳、海阳以及莱州府的潍县等地，采煤生产点已遍及山东绝大部分的府县。随着采煤生产的发展，采煤业内部的两极分化日趋严重，一部分以采煤起家的矿主，使用雇佣劳动，扩大生产规模，从而引起了生产关系的变化，标志着在采煤业中已出现了资本主义生产关系的萌芽。①

4. 制盐业

明代山东地区是全国食盐的主产区之一，并获得了很大比例的盐税收入。明初，在山东设立都转运盐使司，"山东所辖分司二，曰胶、莱，曰滨、乐；批验所一，曰泺口；盐场十九，各盐课司一。洪武时，岁办大引盐十四万三千三百余引。弘治时，改办小引盐，倍之"②。胶莱分司（治在胶州西关）下辖7场，分别为信阳场（位于诸城县）、涛雒场（位于日照县）、石河场（位于胶州）、行村场（位于莱阳县）、登宁场（位于福山县）、西由场（位于掖县）、海沧场（位于掖县）；滨乐分司（治在乐安县东北30公里）下辖12场，为王家冈场（位于乐安县）、高家港场（位于乐安县）、新镇场（位于乐安县）、官台场（位于寿光县）、固堤场（位于潍县）、宁海场（位于利津县）、丰国场（位于利津县）、永阜场（位于利津县）、利国场（位于沾化县）、丰民场（位于沾化县）、富国场（位于沾化县）、永利场（位于沾化县）。明太祖洪武三年（1370）仿宋代"折中法"，实行"开中法"。后改为"纳钞法"，即按户发盐，计口收钞，每户成人月供食盐1斤，未成年人减半。宣德五年（1430）朝廷核准对"山东信阳等场盐课，每二大引折阔白棉布一匹"，这在全国各大盐场中首开盐课折色之例；正统年间（1436—1449），盐课折色又扩大到官台等盐场；弘治年间（1488—1505），朝廷开始对涛雒、富国、高家港三盐场的盐课改折银两，"每一大引，折征银一钱五分"；正德三年（1508），折银范围又扩大到西由、信阳、登宁、行村、海沧、固堤、官台等八场。山东各盐场在官方的督导下从事

① 陈冬生、王赛时主编：《山东经济史 · 古代卷》，济南出版社1998年版，第565—567页。
② 《明史 · 食货四》。

盐业生产,产量基本保持稳定。《明太祖实录》卷四七洪武二年(1369)十一月己丑条记载:“山东都转运盐使司,岁办大引盐一十四万二千五引有奇。”山东盐产情况可见一斑。

随着盐场规模的持续扩大,不仅食盐总量提高,而且相关的食盐制造技术也不断提高。明代山东制盐技术提高的主要表现是晒盐方法的推广。明代海盐生产技术以成盐而论,有煎盐法和晒盐法两大类型。煎盐法是山东制作海盐的传统方法。“煎盐之法,率以天时为本,而成之以人力。”“每岁春夏间,天气晴明,取池卤注盘中煎之。”[①]煎盐需要先准备含适当卤量的卤水,将卤水置于敞口容器中,利用火力将卤水煎制成盐,前后需五六道工序。煎盐生产劳动强度较大,旧时灶户为此颇费功力。明代后期,晒盐法从福建盐场传入山东,“其晒法,亦聚卤地之尤咸者,晒曝令极干,实于漏,渗入溜池,复取池中水浇之,如是者再,则卤可用矣。晒卤之盘,石砌,极坚密,为风约水,故广狭无过数尺。一夫之力,一日亦可得二百斤。宋时盐价,斤为钱十,贵倍之。今日价极高不过钱二文,以晒法无柴薪费故也”[②]。晒盐法也需要准备含适当卤量的卤水,但因省却了利用火力将卤水煎制成盐这一程序,不需要柴薪,所以降低了生产成本和食盐价格。晒盐法“一夫之力,一日亦可得二百斤”,所以盐产量也随之增多。到清代,晒盐工艺在山东盐产区内占有绝对优势。

明代嘉靖以后,山东沿海私自制盐及贩盐者增多,据明山东安丘人黄祯记述:“盐之于人,譬水火也。官盐之法,害于私贩,民嗛其情,是故贩者假水火以摽窃,人所谓潢池之盗也。”可见私自制盐及贩私盐的情况非常严重。“或曰,盐徒者,东西南北人也,其散若飚,其合若乌,劻劻勷勷,出没无常,不为之所,无以杜绝。”[③]这些人与官府周旋,自取盐利,活跃在海滨地带。明神宗万历四十五年(1617)政府改行“纲法”,官不收盐,由商人自行赴场购运。从此盐商得专引岸之利,子孙相承,成为专商。

---

① 汪砢玉:《古今鹾略》卷一。

② 〔明〕何乔远编撰:《闽书(第一册)》,福建人民出版社1994年版,第970页。

③ 光绪《日照县志》卷十,《艺文》,黄祯《巨峰寨记》。

清代初年仍然维持山东19场旧制，后来屡加裁并。康熙至雍正年间裁并为十场，道光年间裁并为八场，光绪末年则裁并为七场。《清稗类钞·矿场类·山东产盐区域调查记》资料表明，光绪末年，"山东盐场凡七处，沟滩二百九十七副，井滩一千三百三十一副，大小池一千二百二十六副，斗子五百十一副，产盐总额四万万斤"。山东滩晒制盐工艺不断改进，滩晒产量明显提高，每副盐滩池可晒盐1250—1350公斤。清代盐务管理的主要形式是在承袭明代盐制的基础上，实行官督商销，即政府控制盐的专卖权，通过设立相关的盐政机构，签商认引，划区行销，并对商人的纳课、领引、配盐、运销进行监管。清代继续在山东设立都转运盐使司，掌管山东全省及河南商丘等九州县、江苏铜山等五县、安徽宿州的督催引票、行销课程完欠等盐务事宜，管辖一分司，两所，八场①。盐运使具体掌管食盐的运销、征课，钱粮的支兑拨解，盐属各官的升迁降调，各地的私盐案件，以及缉私考核等，运司驻扎济南。

乾隆以后，山东的制盐灶户开始私开盐滩。② 沿海地区各业居民涌入盐滩灶地，从事盐业开发。据嘉庆《山东盐法志》记载，康熙末，山东额定盐引为45万道，盐票10万余张。雍正七年(1729)，又增盐引49452道，增盐票52092张。乾隆以后，又先后多次增加盐引和盐票，山东共行盐引已达70万道。这是清代山东盐引额的最高峰，标志着山东的盐业生产达到了鼎盛阶段③。

海盐是山东出产的大宗商品，它的运销转运枢纽往往成为商贾聚集之所。如济南府历城县泺口镇，"凡盐包经查验分运各处，皆自泺口园发轫"④，附近居民多以贩运海盐为生。

5. 陶瓷、琉璃业

山东地区民用陶瓷的制造以颜神镇(今博山)为著。嘉靖《山东通志》记载，"陶器出青州颜神镇，居人相袭善为陶，其规制如缸、如罂、如釜、如缶之类"。颜神在金代称店，明代改为镇，清代由镇升为博山县，业陶者分布更

① 宋良曦等:《中国盐业史辞典》，上海辞书出版社2010年版，第33页。
② 民国《牟平县志》卷五，《盐业》。
③ 陈冬生、王赛时主编:《山东经济史·古代卷》，济南出版社1998年版，第569—570页。
④ 宣统《山东通志》卷八六。

广,北岭、山头、务店、窑光、八陡、西河等庄居民均以制陶为业。博山陶瓷业多属家庭工业,其产品质坚价廉,很受一般百姓欢迎,其产品远销关外及黄河流域诸省。其他如兖州府峄县、东昌府莘县、青州府安丘县等地都出产陶瓷,陶人、陶匠为数众多。大量民窑陶瓷业的兴盛,是陶瓷商品化发展的重要表现。大约从元末明初起,颜神镇开始生产琉璃。因原料色泽丰富,颜神镇成为山东琉璃制造的中心,也是明代全国琉璃生产的基地。嘉靖《青州府志》载:"琉璃器,出颜神镇。以土产马牙、紫石为主,法用黄丹、白铅、铜绿,焦煎成珠,穿灯屏、棋局、帐钩、枕顶类,光莹可爱。"在明代中期以前,颜神镇的琉璃制造原为官手工业,产品主要有青帘、佩玉、叮当、连珠等,多用作官服及官府宫廷的装饰物。废除匠籍制之后,颜神镇的琉璃业转为民营,大街以西地区,"其民多业琉璃",是民营琉璃炉冶的集中之地。《颜山杂记》详细介绍了其生产工序。颜神镇的产品也多作为商品面向民间,并畅销"北至燕,南至百粤,东至高丽,西至河外","其行弥远"。①

二、城乡市场网络体系的形成

城乡市场网络体系的形成,是明清时期中国经济发展的一项重要内容。商业城镇的发展和农村集市网的形成,是这一市场网络中相辅相成、不可或缺的两大部分。许檀先生就市场层次把明清时期城乡市场网络体系分为流通枢纽城市、中等商业城镇和农村集市三个层级。其中,流通枢纽城市主要是指贸易范围一般多覆盖数省或十数省,并多为中央一级的税关所在地;中等商业城镇,主要是指作为地区性商业中心在商品流通中发挥着承上启下作用的城镇,其贸易范围至少应能覆盖一两个府、十来个县,或者更大些;而作为遍布全国各州县的基层市场的农村集市,则与小农的关系最为密切。②我们借鉴这种市场层次来考察山东城乡市场网络体系的形成,按照商业发展的趋势与所处地位,将山东城乡市场网络分为流通枢纽城市、中等商业城

---

① 〔清〕孙廷铨著,李新庆校注:《〈颜山杂记〉校注》,齐鲁书社 2012 年版,第 119 页。

② 许檀:《明清时期城乡市场网络体系的形成及意义》,《中国社会科学》2000 年第 3 期。

镇和农村集市。

（一）流通枢纽城市

流通枢纽城市既然是指贸易范围一般多覆盖数省或十数省，并多为中央一级的税关所在地，那么明清时期山东地区可以算是流通枢纽城市的当属临清。

图 8－3　京杭大运河——会通河临清段

临清地处山东运河北段，扼踞会通河与卫河交叉之处，是“南北往来交汇咽喉之地”，从而发展成为明清时期山东最大的商业城市（图 8－3）。时人这样认识临清：“临清为运道咽喉，齐鲁扼塞，民俗剽悍，加以东西南北之人贸易辐辏，乘乱一呼，云集雾合，此地一摇则三齐震动，京师欲安枕不可得矣”①，且有诗为证：“临清人家枕闸河，临清贾客何其多。停舟落落无可语，呼酒只对长年歌”②。“每届漕运时期，帆樯如林，百货山积”③，大量商品通过运河南下北上，带来临清商业的繁荣。

明代嘉靖年间至清代乾隆年间是临清商业的鼎盛时期。④ 明代景泰年间临清就已呈现“商贾萃止，骈樯列肆”的繁荣景象。明宣德四年（1429），户部开始在临清设榷税分司，即临清钞关，旨在对过往运河的船只征税。临清不仅是明代山东经济最为发达的城市，也是全国北方最大的商业都会。明万历年间（1572—1620），临清钞关税收居全国八大钞关之首，税收占全国的近四分之一。如万历六年（1478），征税 83200 两，而当年山东其他地区的

① 《明神宗实录》卷三三四。

② 《敬轩文集》卷二，《临清曲》。

③ 民国《临清县志·经济志·商业》。

④ 许檀：《明清时期的临清商业》，《中国经济史研究》1986 年第 2 期。

税收仅8860两，仅比临清钞关的1/10稍多。临清钞关之所以能为朝廷贡献巨额税收，一方面是因为对商船的盘剥，一方面是当时经济比较繁荣。唯有商贾有钱赚，方有能力纳税。经济的繁盛，带来社会方方面面的快速发展。临清钞关在很多著作中都有体现。如《金瓶梅》中屡次写到临清钞关。西门庆的伙计来旺去杭州织造一批衣物，给蔡太师的生辰做贺礼，在经过临清时，要在钞关办理纳税。西门庆的伙计韩道国、来保等人多次往南方贩卖丝绸货物，也是在临清钞关完税。西门庆还多次贿赂钞关主事偷税漏税。意大利传教士利玛窦也曾在著作中提到临清钞关。1600年，利玛窦一行人，带着准备进献给皇上的贡物，途经临清，与临清钞关主事（主管钞关事务的"一把手"）马堂见了面。马堂为他准备了丰盛的宴席。对此次宴会，利玛窦在其所著《利玛窦中国札记》中写道："场面富丽堂皇，足以与人们所能想象的最高君主相匹敌。"①这从一个侧面反映了当时官府的奢靡腐败。对于临清这个城市，《利玛窦中国札记》记述了其商业的繁荣："临清是一个大城市，很少有别的城市在商业上超过它，不仅有本省的货物，而且还有大量来自全国的货物，都在这里买卖。因而经常有大量旅客经过这里。"②

作为运河第一码头，临清是明王朝税收来源重要之地。因此，万历皇帝派亲信太监马堂担任临清、天津两地的税监官。马堂主持临清钞关，横征暴敛，中饱私囊，最终引发了反税监斗争，史称"临清民变"。万历年间（1573—1620），临清城区"缎店三十二座，布店七十三座"，花店、粮店、酒店、杂货店数处，"商贩之夫，日益屯聚"。马堂一到临清，便在城区和水陆要道设立种种税卡，招募恶势力数百人，光天化日之下公开抢夺工商业者的财产，拦截过路船只任意抽税，致使"家破者大半，远近罢市"。如有工商业者敢于怠慢和稍有反抗，就被诬指"违禁"，不仅货物被枪，人也被加罪。因此史料记载：临清缎店32座，闭门21家；布店73座，闭门45家；杂货店65座，闭门41家。马堂每年从山东抽税不下十五六万两，而上缴朝廷不过七八万

① 利玛窦：《利玛窦中国札记》，广西师范大学出版社2001年版，第275页。
② 利玛窦：《利玛窦中国札记》，广西师范大学出版社2001年版，第237页。

两,余则中饱私囊。马堂的暴行引起百姓的极大不满。明万历二十七年(1599)临清爆发了驱逐税监马堂的民变。当时临清人王朝佐率众“纵火焚堂署,毙其党三十七人”。抗税斗争失败后,官府追捕首要,且株连众多。危急关头,王朝佐挺身而出,一人担过,掩护了抗税群众。王朝佐为保护民众利益牺牲后,其事迹被后人广为传颂。明代的临清还是运河沿岸最重要的粮食转运枢纽。永乐年间(1403—1424),“临清仓储河南、山东粟,亦以输北平”①。成化年间(1465—1487),临清仓已成为运河沿岸的第一大仓,被称为“常盈仓”。临清是漕粮的必经之路,而且临清粮仓还起到丰年储备灾年放粮的调节作用。临清成为当时华北平原较大的商业城市,这种状况一直延续到咸丰年间(1851—1861)黄河改道,致使张秋以北的运河被逐渐淤塞,临清作为商业中心的地位逐渐衰落。② 清代前期,临清的钞关地位已不如明代,在全国税关中居于中等地位。乾隆九年(1744)通过临清钞关的商船达9738只,超过漕船数量。康乾年间,临清城拥有近百条大小街市。其中有相当一部分是专营某种商品的专业化市场,如棉花市、绵绸市、牛市、柴市、粮市、线子市等。这些街市大都是附近农村小商品生产者进行贸易的场所。如绵绸市“每逢三、八日货卖者俱堂邑、冠县、馆陶人,日出时咸集于此,不下千余匹”。柴市“为四乡柴薪聚集之地”。线子市“凡女红所需每日辰刻携线而至者”。除集市贸易外,临清城还有大量铺店贸易。据乾隆十四年《临清州志》记载,全城仅经营粮食的铺户不下百余家。此外,还有众多的盐店、布店、绸缎店、茶叶店、典当铺、杂货店、酒肆等。这些铺店集中经营各种本地及外来商贩运来的商品。其中本地产品多为一些初级农副产品和具有较高工艺水平的丝织与皮制品,而外商贩来的则多为一些工序较复杂的普通手工业品。

临清商业的发展,使各种封建性的工商行会纷纷出现,布行、缎行、油行、磁行、纸行、盐行、粮行、脚子行等都是当时著名的行会组织。由于商业

① 《明史·食货三·漕运》。

② 方行等主编:《中国经济通史·清代经济卷》中册,中国社会科学出版社2007年版,第786页。

的发达，也刺激了临清手工业一定程度的发展。其中较著名的手工行业有丝织、竹工、木工、石工、金工、土工、陶冶、皮工等多种。临清商品经济的进一步发展，极大地刺激了周围农村经济的交流。乾隆年间，在城四乡又新出现了"十一处"集市。四乡集市的增加，一方面加强了农村商品的交换，另一方面也反映了以临清为中心的商品经济范围的日渐扩大。

明清时期，临清不但是运河北部地区的地方经济中心，而且依赖运河与大商巨贾的贸易转贩和全国各地的市场保持着密切的经济联系。据文献记载，临清"东南纨绮，西北裘褐，皆萃于此"，"地产麦谷不敷用，犹取资于商贩。从卫河泛舟东下者，豫省为多；秫梁则自天津溯流而至；其从汶河来者，济宁一带之粮米也，布帛亦皆来自济宁"①。茶多来自江南各省，布、绸缎多来自苏杭，铁锅则来自无锡、广东，瓷器则多来自江西。在明代，临清城内常有"辽左布商"和"辽东客商"向东北贩卖布匹、土产等。至清代，登州府的商贾也"远至临清"贩货，河间府的商人也到临清"贩缯""贩铁"。此外，在河北宣化市上设有"临清布帛铺"，临清的帛货还通过晋商"走京""聚帛货店贩者达西宁、西藏"以及"内外蒙古及察绥等地"，因此当时临清有"号为冠带衣履天下"的盛誉。临清也活跃着大量外地商人。明代在临清的外籍商人中，以徽商势力为最，他们拥有雄厚的资本，"两城典当旧有百余家，皆徽浙人为之"。明人谢肇淛说："山东临清，十九皆徽商占籍。"②清代山陕商人势力崛起，逐渐取代徽商在临清的商业垄断地位。在明清两代，江南的苏州、江西、两广商人也活跃在临清的市场上。

除民间工商业迅速发展外，临清的官营手工业也有一定发展。早在明永乐年间，"山东、河南并直隶河间诸府俱建窑烧砖，临清设工部营缮分司督之，分司署在中州，因名其地曰工部厂，颇甚宏壮。岁征城砖百万"。"后省诸处窑厂停罢"，"而临清开窖招商视昔加倍矣"。③（图8－4）明代时官府砖窑共六处十一座。清代政府营建"万年吉地，需砖四十万"，"由是六处复

① 乾隆《临清直隶州志》卷二。

② 谢肇淛：《五杂俎》卷一四，《事部二》。

③ 乾隆《临清直隶州志》，卷九。

图 8-4 临清贡砖，三块砖分别为成化砖、嘉靖砖、万历砖

添建窑十二座”。虽然官府手工业不能代表一般工商业的发展水平，但明清两代封建政府对这些官府砖窑实行了“折收砖价，寻又部发砖值”，及“开窑招商”等措施，这就使临清的官办窑厂带上了“官督商办”的色彩，无疑对临清的民用工商业发展也起到了一定的刺激作用。临清最盛时，人口已逾十万，市区“绵亘数十里”，已是运河沿岸重要的城市。乾隆年间，临清砖需求减少，临清“工部营缮分司”旧署逐渐废弃，于是在原址建考棚清源书院，今“考棚街”由此得名。

清代自康熙二十三年（1684）海禁开放以后，南方货物开始由海道、运河两条途径运往北方。随着海运的发展，上海、天津等沿海港口的迅速崛起，临清的经济地位开始下降。不过，直到乾隆年间，临清的商业仍相当繁华，仍是北方诸省中最重要的商业城市之一。然而从乾隆三十九年（1774）白莲教起义临清城商路受阻开始，临清迭遭战火洗礼，衰落由此开始。道光年间黄河决口，继而咸丰初年太平天国起义，会通河长年失修，淤塞不通，漕粮改由海路北运。运河运输阻断，与运河共命运的临清商业，因优越的经济地理位置的丧失也渐趋式微，不复昔日。

（二）中等商业城镇

中等商业城镇主要是指作为地区性商业中心在商品流通中发挥着承上启下作用的城镇，其贸易范围至少应能覆盖一两个府、十来个县，或者更大些。明清时期，今山东西部运河沿岸成为经济最繁荣的区域，同时鲁中地区的城市与沿海城市也日益发展，从而形成了山东城镇经济发展的新格局。[①]

① 许檀：《明清时期山东经济的发展》，《中国经济史研究》1995 年第 3 期。

山东地区的中等商业城市可以分为四类。

1. 传统商业城市

明清山东商业城镇中,传统的商业城市大多延续着其繁荣。

(1)济南

作为山东传统政治中心及经济中心的济南,明清时商业依然兴盛。至乾隆中叶,济南府治所在的历城县即被称为"簪缨相望,工商毕集,四方之人乐其俗而安其居者,比比是焉"[①]。到清后期,济南更是"省会之地,四方辐辏……昔日空阔之区,悉成宅第,而市廛亦以增多"[②],城市中出现了专门的商业区域,芙蓉街一带、杆石桥一带已是商贸一条街。明代小说《醒世姻缘传》对济南及章丘一带的风土人情、市井经济有详细的描述。如河南的"薛教授"欲定居明水镇,租"杨尚书"家的房,市场价格一百五十两银子的房屋,每月租金一两五钱,每半年交纳一次。主人公狄希陈游览济南,除去各大景点外,还逛书店、小吃店等,济南商业气息浓厚。

(2)潍县

明清时期山东传统商业城市的另一代表是潍县。潍县地处山东半岛东部,因潍河而得名。潍县位于鲁中大道东端,是沟通山东中西部与东部地区经济联系的枢纽,商业经济相当繁盛。乾隆年间曾任潍县县令的郑板桥在《修潍县城记》中提到,"潍县地界海滨,号称殷富,一旦有事,凡张牙利吻之徒,欲狼吞而虎噬者,潍其首也。"在《潍县竹枝词四十首》中郑板桥盛赞潍县的商业:"三更灯火不曾收,玉脍金齑满市楼。云外清歌花外笛,潍州原是小苏州。""两行官树一条堤,东自登莱达济西。若论五都兼百货,自然潍县甲青齐。"[③]当时,潍县被称为"小苏州",民谚中也有"金胶州,银潍县"之称。其城市经济的繁华程度由此可见。潍县系莱州府属县,由省城济南赴山东半岛的东西干道在此分岔,东北行至莱州府治掖县,东南行可抵港口城市胶州。明万历年间,潍县商税收入居莱州府属七州县之冠,超过府城掖县

① 姚立德:《乾隆历城县志·序》。
② 毛承霖:《民国续修历城县志》。
③ 〔清〕郑燮著,吴可校点:《郑板桥文集》,巴蜀书社1997年版,第331、332页。

两倍多。清代中叶，潍县是莱州府的烟草种植加工中心，鲁东特产粉丝、玻璃也以潍县为集散地。潍县商人自明代起就从事沿海贸易，“常贩米麦、豆、油、布匹等货”至天津发卖。清代潍县商人足迹更是南达江淮，北至盛京、吉林。苏州的东齐会馆就是潍商与胶州商人共同创建的。

2. 运河沿岸城市

明清时期，京杭大运河的贯通带动了运河沿岸城市的兴起与繁荣。特别是清代康乾盛世时期，发展更是明显。山东商业城镇的兴起与商品流通的发展相伴随，明清时期，运河沿线重要的商业城镇，除临清外，还有济宁、聊城、张秋、德州等地。清代学者包世臣所著《安吴四种》（图 8－5），分析了鸦片战争前后的社会经济问题，主张具有进步意义的社会改革，在当时社会上具有一定影响。《安吴四种》中曾记载了当时山东运河沿岸城市的繁荣景象：“（道光六年六月初十）抵七级闸，闸入阳谷境，夹岸俱有市……（十一日）至阿城下闸，又二里至上闸，闸东阛阓甚盛，土产阿胶……至张秋闸，闸入寿张境，夹河为城西，半城乃商贾所聚，土产毡货，为天下甲……（十二日）至靳家口闸，夹岸皆有市，各长二三里，张秋以南，推为巨镇……抵袁家闸，闸为汶上首镇，县漕在此收兑。居民三千户，通商贾，百货……（十三日至开河闸）西岸有小市……（十四日）闸河以台庄入东境，为商贾所聚，而夏镇、

先大夫幼受庭訓讀書一目十行能得其深年十九游燕
湖受知於中江講院故歙侍御程公世淳面試冰賦奇其
才薦於徽甯道宋公鎔值大旱命作詠旱魃文稱於時大
興朱文正公署巡撫聞名招至皖江節署肄業以賈生相
期許後游楚蜀江浙燕齊晉豫與沈小宛王仲瞿張翰風
李申耆劉申甫周伯恬周保緒魏曾容宋于庭董晉卿諸
先生及當代名公相砥礪聞見益廣三十外好爲詩故侍
郎曾公燠任兩淮運使時有某君贈詩百韻歎其精妙於
席上出示先大夫索紙筆和原韻頃刻立就同座驚絕流
傳人間數千首然不存稿中年學書由歐顏入手轉及蘇

同治壬申秋重刊
安吳四種
注經堂藏板

图 8－5 《安吴四种》

而南阳、而济宁、而张秋、而阿城、而东昌、而临清，皆为水马头。而济宁为尤大，与济南长山之周村相埒，其出产以烟叶为大宗，业此者六家，每年买卖至白金二百万两，其工人四千余名。”[①]但是我们应该注意到，山东运河沿岸城市的经济繁荣，不是建立在城市本身已有的商品生产基础上的，而主要是建立在商品流通基础上的，而这种商品流通又是建立在运河作为沟通南北商品流通的前提下，因此运河沿岸城市经济的历史命运与大运河的历史命运是紧密联系的。清代咸丰年间，运河渐渐废弛，漕运中断，运河沿岸城市迅速衰落下去。

(1)济宁

与临清一样，明清时期济宁的兴盛也体现了大运河对山东运河城市发展的推动与决定作用。济宁位于运河南段，“水陆通衢，商船来往络绎”，是山东西南地区的商品集散中心。明人这样评价济宁：“济宁当南北咽喉，子午要冲，四百万漕艘皆经其地。仕绅舆舟如织，闽广吴越之商持资贸易者，又鳞萃而猥集。即负贩之夫、牙侩之侣，亦莫不希余润以充口实。冠盖之往来，担荷之拥挤，无隙晷也。”[②]

明代中叶，济宁的商业已十分发达。清代康熙《济宁州志》引明代万历旧志文称，此时的济宁“江淮百货走集，多贾贩民竞刀锥之利，趋末者众”。至清前期，济宁铺面作坊鳞次栉比，“商户发展到上千万户，年营业额高达白银亿两以上”。康乾时济宁成为运河沿岸三大名城之一，七大经济重镇之一，市场辐射周围地区近百县，其经济实力远超省会济南[③]。济宁通过运河接收了来自江南、中原的木材、竹材，闽广及浙江的红白糖，江西的瓷器，湖北的桐油，山西的铁器，江浙的绸缎等大量货物，向鲁西南及河北、河南等地输运。同时，又将鲁西南地区的棉花、干鲜果品、烟草、药材、粮食、布匹、煤炭等集中运往江南及河北等地。因此，济宁的运河

① 包世臣：《安吴四种》卷六，《闸河日记》。

② 陈伯友：康熙《济宁州志》卷六，《重修通济桥记》。

③ 邵常岁：《试论交通方式变迁对近代山东运河城市的影响——以济宁的兴衰为例》，《淮南师范学院学报》2015 年第 1 期。

码头异常繁忙,各种“车行”“船行”应运而生,发挥着商品集散的重要作用。

明清时济宁因商业的发展由一个普通的散州升为直隶州。济宁市区规模不断扩大。道光年间,街道数量显著增加,人口也大为增加,在城人口已达十万以上,这个数字基本维持到清末。济宁知州徐宗干严禁船霸勒索过往船只,并对过往商船的雇佣、船行抽税等做出明确规定,以方便商业流通。济宁因运河而兴,京杭大运河把济宁推上了发展的顶峰,带动了其政治、经济、文化及城市建设的发展。济宁与其他山东运河城市一样,都不是依靠自身发达的商品生产,而是通过运河发展转运贸易而实现繁荣的。这一交通运输方式的兴衰与变迁直接决定着济宁的兴衰,这是大多数山东运河城市的共同发展特点。

图 8－6　明代漕船(出土于梁山县)

(2)聊城

聊城地处山东西部,东昌府治,是山东运河沿岸城市中唯一一座府级政治中心城市。运河贯通之前,聊城只是一个军事重地,修建于明初的军事堡垒光岳楼就是一个历史的见证。元明大运河重修之后,以运河码头为起点或终点的众多区域性道路,使山东西部变成了一个开放的地区,聊城居会通河中段,经济也出现了繁荣景象。明代嘉靖年间,聊城商业已有所发展。“米市,在旧四牌坊东;布帛市,在旧四牌坊西;菜市,在浮桥口;果市,在南门外;鱼市,在西门外;羊市,在旧四牌坊北;牛马市,在旧四牌坊南;□市,在新四牌坊北；锅市，在旧四牌坊西；竹竿巷，在西门外。”[①]

聊城的商业主要是清代发展起来的。清代前期，华北地区的经济发展速度加快，聊城城市的经济功能明显加强，其发达程度一度直逼临清、济宁等商业城市。作为京杭大运河山东段的重要码头之一，聊城处于鲁西北的流通中心地位，与山陕、辽东联系密切，它也由明初的地方政治中心转变为商业城市，成为“商贩所聚”之地[②]。明清时期，聊城商贾云集，东关运河沿岸有山陕、江西、苏州、赣江、武林等八大会馆，其中山陕会馆是唯一保存至今的会馆建筑。乾隆八年（1743），山西、陕西的商人为“祀神明而联桑梓”集资兴建山陕会馆，从开始到建成共历时66年，耗银六万零四百六十五两六钱九分，占地面积3311平方米，成为聊城商业繁荣的缩影和见证（图8－7）。清中期以后，由于几次黄河决口以及战争的破坏，临清受到很大的冲击，地位渐趋衰落，而聊城由于受到冲击较小，其商业规模甚至一度日渐扩大。特别是到道光年间，聊城商业达到极盛，成为运河沿岸九大商都之一。道光年间聊城的商业店铺达1300家之多。全国各地客商络绎不绝地涌向这里，以致城东关外的运河中帆樯如林，舳舻相连；岸边车水马龙，货积如山。南国的丝绸、竹器、茶叶、食糖，北方的松木、皮货、煤炭、杂品等物品经运河源源而至，再由聊城转运周邻各县；而聊城当地所产的麦豆、乌枣、棉花、布匹、皮毛等物品则经运河运往附近各省，并转运四面八方。当时仅在聊城经商的山陕商人字号就有三四百家，主要贩运铁货、板材、茶叶等外地商品赴山东售卖；同时大规模收购、加工本地所产棉布、皮毛、毡货等运销西北。

图8－7　山陕会馆见证了清代聊城商业的繁荣

---

① 嘉靖《德州志》卷二。

② 刘永：《京杭大运河与聊城的兴衰》，《南通大学学报（社会科学版）》2008年第1期。

聊城发达的商品经济给自身带来了名声,被称为"曹挽之咽喉、天都之肘腋",并有"江北一都会"的美誉。朝鲜使臣金尚宪有诗为证:"幽蓟地连民俗劲,江淮货集市廛稠。千家灯火秋砧夜,万里风帆估客舟。"①从某种意义上讲,聊城在清中后期代替临清成为山东运河北段最重要的商业中心城市,可谓聊城历史上的一个黄金时代。由于商品经济带来的丰厚利润,聊城百姓纷纷加入了经商的行列。尤其是会通河贯通之后,在商品经济发展潮流的裹挟中,聊城百姓也自然渐渐地走上了经商之途。乾隆间东昌府的商人走出鲁西,形成商业团体"东昌帮"。乾隆三十五年(1774)八月,鲁西爆发了震动朝野的王伦起义,咸丰年间(1851—1861)太平天国的军队、捻军以及其他一些农民起义军在鲁西一带活动,再加上嘉庆到咸丰年间的几次黄河大决口,临清以及其他一些山东运河北段城镇急剧衰落,昔日的繁华零落殆尽。聊城因没有直接遭受战争的蹂躏,它的衰落要相对晚一些。甚至由于其他城市的衰落,一些商人和商业资本向聊城转移,使得聊城一度更加繁荣。到咸丰年间,仅山陕商人的商号达 900 余家。聊城在清代后期已逐渐取代临清,成为山东运河北段最重要的商品集散地。在 19 世纪 80 年代,人们还认为聊城是个非常重要的城市,其店铺可与天津和上海相媲美。但随着航路长期不通,山东北段运河逐渐废弃,大批山陕商人陆续撤离了东昌府,东昌城顿显萧条,商业迅速衰落,只留下一座空荡荡的山陕会馆。民国《聊城县乡土志》卷一描述了这一变故:"殷商大贾,晋省人为最多,昔年河运通时,水陆云集,利益悉归外省,土著无与焉。迄今地面萧疏,西商俱各歇业,本地人谋生为倍艰矣。"

(3)张秋镇

张秋镇,又名安平镇,位于鲁西平原阳谷县境内,临清、济宁之间,为东阿、寿张、阳谷三县所共辖,是大运河与金堤河、黄河的交汇处,是一座完全依靠运河漕运而兴盛的商业性城镇。万历年间,该镇已有商业街市数十处,牙行二三十家,商业店铺则"以数百计"。明代礼部尚书、大学士东阿人于慎

---

① 金尚宪:《德州》,载蓬莱市历史文化研究会主编、袁晓春编注《朝鲜使节咏山东集录》,黄河出版社 2007 年版,第 170 页。

行在《安平镇志旧序》中这样描述："南北二千里辐辏而受成焉，则尤称要重哉。乃其地籍东阿，而错麓于阳谷、寿张之境，三邑鼎峙而有之。……漕渠出齐鲁之郊，旋之若带，张秋其襘结也。北二百里而为清源，而得其贾之十二；南二百里而为任城，而得其贾之十五；东三百里而为泺口，而盐筴之贾与东兖者十而出其六七，此亦迁史称陶、宛、邯郸都会之区也。"[①]张秋的商品来源远及闽广、吴越、山陕，输入商品以杂货、绸缎为大宗，输出商品有枣、梨、棉花、棉布、粮食等，分销和集散范围主要是位于临清、济宁之间的兖州府北部、泰安府西部诸县，同时也将大批的商人、商帮、商队带到了张秋。

张秋商业发达，明代政府在此设税课局。文献记载："正统九年(1444)，设山东兖州府东阿县张秋镇税课局，置大使一员，先是钦天监春官正王巽奏：'张秋镇适临南北往来河道，约有十余里许，街道市肆、客商买卖及船只屯聚，宜于是开局收办课税。'至是户部勘复，请如巽言。从之。"[②]当时的张秋，"镇城幅员数里，自南而北，则漕渠贯其中，自东而西，则谯楼绾其口。城中街市以此定其界焉"[③]。镇上有各种市场，如炭市、柴市、南米市、北米市、葱市、羊市、小猪市、大猪市、锅市、花市、木头市、果子市、牛市等。不仅有省内商人前来交易，更有来自江宁、凤阳、徽州等地的江南商人前来交易，"街盛时江宁、凤阳、徽州诸缎铺比屋居焉，其地百货亦往往辐辏，乃镇之最繁华处"。"闻之乡长老云，其始占籍镇中者仅八家为市，迨弘治塞决，改名安平，以后修养生聚，称殷盛焉。商贾刀泉贸易，肩相摩，万井乐业，四民衣食于阛阓者，不啻外府。"[④]张秋在建置上不过是个镇，但在商业上并不逊于大多数府、州或县城。康乾时期，张秋商业发展达到鼎盛。当时张秋经营的商品种类繁多，为保障市场秩序与物价稳定，政府设置的牙行达43家，每年征收的商税超过180两，"镇中诸行最盛者曰屠、曰曲，其课各三十五金而有盈焉；其次曰杂货、曰叚行，则二而当一矣；又其次曰梭布、曰平机布、曰

---

① 康熙《张秋志》卷首。
② 《明英宗实录》卷一一二。
③ 康熙《张秋志》卷二。
④ 康熙《张秋志》卷二。

磁器、曰铁器、曰篓纸、曰板片，厚薄差焉，盖六而当一矣”①。道光以后，因战争、黄河决口、运道淤塞、漕粮海运以及现代交通工具的兴起等因素，张秋的历史地位急剧下降。

(4)东平

明洪武元年(1368)改东平路为东平府。明成祖继位后，因“漕运之利钝，全局所系也”，因而开始疏浚运河。当时从济宁到临清的运河地段多丘陵，地势高，水爬坡上行，终因水势不足，时常干涸。宋礼等官员采纳了汶上民间治水专家白英提出的“引汶绝济”的建议，修戴村坝，遏汶水入小汶河南流，“使趋南旺，以济运道”。运河东平段历经整修，形成一道三坝连接的拦河石坝，明清后统称为戴村坝(图8－8)。戴村坝妥善地解决了丘陵地段运河断流的现象，使船只畅通无阻。明成祖迁都北京之后，大运河便成了交通大动脉，每年从东南运粮米等物资数百万石。明代江淮一带的漕粮，每年约有400万担经这里运往京都。漕运物资以官方漕粮为大宗，但客观上大大刺激了东平商品经济的活跃。各地商人往往将此地作为货源地，购置南来北往的货物，然后将其贩运到更远的地方。东平城帆樯林立，商旅穿梭，店铺密布。东平博物馆中现存修整戴村坝时出土的清代石权(图8－9)，石权就是石秤砣，是古代称量工具，早在春秋时期就已经出现，但“重一百五十斤”的石权并不多见，可见各地商人在此批发来自南北的物

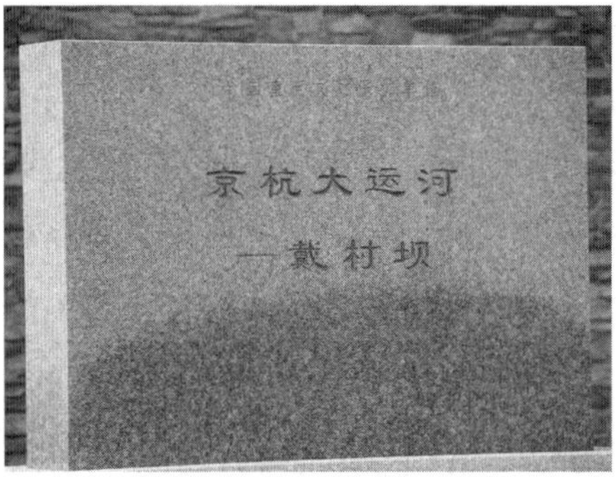

图8－8 戴村坝

图8－9 石权

① 康熙《张秋志》卷六。

资,量多且重,故需要大秤称之,从而印证了东平的商业繁盛。

3. 鲁中地区的商业中心

明初以后,随着政治中心移至济南,山东东部与西部的联系通过鲁中大道日益频繁密切,因而也促进了这一地区商品经济的活跃与发展。当时鲁中地区的商业中心主要有传统商业城市潍县,还有周村镇、颜神镇等地。颜神镇由于工商业的发展在建置上升格为博山县①。

(1)周村

周村地处鲁中腹地,是鲁中大道上的重要商镇。周村之名始见于明代嘉靖年间的《青州府志》,内有周村"居民三百家"的记载。这是近三百多年来山东一个颇有名气的地方,曾被称为"大镇""巨镇""旱码头""鲁省经济中心""山东第一商埠"等,尤以"旱码头"名扬国内。顺治年间长山籍官员李化熙目睹市税过重对商业的困扰,于是一方面"代为完纳",另一方面上书山东巡抚为周村免税。李化熙在周村北门街立下"今日无税"碑(图 8-10),"以立市始末,请方伯勒石永禁,为镇备税,世以为常。则斯镇地僻而业盛"。康熙四十九年(1710)年长山知县金铽在《周村义集记》中云:"长邑南十八里为周村大镇,地不通夫水陆而天下之货聚焉,熙熙然贸易有经如遊化日",周村既没有陆路交通之利,又无水运之便,却成就繁荣,在此过程中官僚成为官商之间重要的调停者。嘉庆三年(1798)长山知县王衍霖在《周村重修兴隆桥碑记》中说:"旧有镇市曰周村,烟火鳞次,泉贝充牣,居人名曰旱码头。码头者,商贾往来停泊之所,若汉口、佛山、景德、朱仙镇之属。以其不通水路,

图 8-10 周村的"今日无税"碑

① 许檀:《明清时期山东经济的发展》,《中国经济史研究》1995 年第 3 期。

无巨舰飞帆破浪翻风之概，故别之曰旱码头云。”[①]周村之所以发展为“天下之货聚焉”的旱码头，和其本身及四邻经济作物的发展和家庭手工业的兴起有密切关系。

周村，原为周村店，明末改为周村镇。最初周村以四、九为大集形成羊毛、皮革、棉花等物资的集散地。入清以后，由于交换物繁多，又定三、八小集，专售丝绸，后又增加了二、七粮食集。每逢集期，人山人海，货物丛积，本县及邻县牵牛、推车、手提、肩担者纷纷到来，景况颇盛。市场上出现了专售某种特定商品的街巷，有些街巷的名称保留至今，如丝市街、绸市街、棉花市街、粮食市街、银子市街、蓝布市街、鱼店街、油店街、水胶厂街等。还有专门市场如布鞋市、鱼市、青菜市、粮食市、杆草市、箔柴市、碎货市、带子市、土布市、铁器市、窑货市、估衣市、木货市等。最繁盛的是位于镇中贯通南北的大街，全长约三里，是周村最繁盛之地及中心。

周村凭借交通要冲的优越地理位置，日益发展成为一座商业性的“大镇”。清初是周村的兴起时期，也就是从“义集”到“旱码头”的发展阶段。康熙时期，周村镇就已“商贾云集”，“天下货物聚焉”。乾隆至道光年间，周村商业迅速发展，并达到鼎盛。据史料记载，时人把周村与汉口、佛山、景德等全国著名工商大镇相提并论，由此可见周村市镇经济之繁盛。从清代中叶开始，周村逐渐成为山东中部的棉布、丝绸加工集散中心。道光以降，周村开始从单纯的商业中心向加工制造业中心转化，也可以说是工商业并重的时期。[②] 周村是山东土布的重要加工集散中心，主要收购附近各县所产大布、小布、线带等棉织品，经加工染踹后销往关东、华北各地。清代中叶周村经营布业的商号有数十家，其中批发业集中于盘龙街、化龙街，铺商集中于大街、丝市街，摊商集中于南下河布市。

周村是山东中部的生丝、丝绸、茧绸的集散市场，设有丝店、丝局、绸货店等数十家。随着丝绸贸易的兴盛，周村镇本身的丝织业也逐渐发展，一批

① 嘉庆《长山县志》卷一三。
② 许檀：《清代山东周村镇的商业》，《史学月刊》2007 年第 8 期。

丝织机房相继开设，织品有湖绉、洋绉、华丝葛、线春等，到清末周村机户已达5000余户，年产丝绸、麻葛百余万匹，销行京师、东北、新疆和蒙古等地。周村的铜器制造业也较发达，清初因私铸铜钱，康熙皇帝曾下令派兵前往查禁。清代中叶，周村的铜器业已有一定的规模，清末进一步发展。铜器作坊主要分布于祠堂街、盛武街一带，大者八九人，小者三四人，多系前店后场。其制品有铜盆、铜勺、响器、广锁、喇叭等，其中铜盆、响器、广锁等远销苏州、上海、汉口、天津。周村的铁器、锡器制作也有一定的规模，铁器制品有炉口、炉条，锡器则以酒器为多。油坊业也是周村的重要行业之一。榨油业在清中叶以降有较大发展，一个明显的标志就是传统的大豆输出在此时开始转为以豆油、豆饼输出为主。同时随着花生的引种和推广，传统的榨油业又增加了新原料，花生油很快成为周村的大宗商品之一。

总之，清中叶以降，周村的棉布加工、丝织、铜器制造、榨油等业均有较大的发展，所产棉布、丝绸不仅占领了东北、华北的广大农村市场，而且有一部分打入城市市场，成为享誉全国的著名品牌。周村逐渐成为山东本地产品的加工和销售中心，而不再是“各行货物皆出南省”的状况。周村之盛到近代方衰落下去。

（2）颜神镇

颜神镇位于鲁中山区，是山东省手工业重镇，“颜神一镇……虽土地贫瘠，然矿藏丰富，物产之利，上达庭阙”[①]。自明代以来，陶瓷、琉璃、煤炭是颜神镇的三大产业。清代前中期，颜神镇虽居偏僻之地，但其发达繁盛的工商业对周围各县地产生了巨大的辐射力，并日渐成为著名的工商业“都会”[②]。清初著名学者顾祖禹曾言：“颜神镇，府西南百八十里，接莱芜、淄川二县界。以齐孝妇颜文妻居此而名。地宜陶，又产铅及煤，居民稠密，商旅辐至，设巡司及税课局于此。”[③]鉴于颜神镇的重要经济地位，雍正末，颜神镇改为博山县，升为县治。由于煤炭、陶瓷、琉璃、铁冶等的发展，颜神镇各

---

① 〔清〕孙廷铨著，李新庆校注：《〈颜山杂记〉校注》，齐鲁书社2012年版，引言第1页。

② 乾隆《博山县志》卷三，《乡社》。

③ 《读史方舆纪要》卷三五。

方面也迅速发展。康熙《颜神镇志》和乾隆《博山县志》都真实地反映了当时的繁盛情况:“……大街,长三四里,民居稠密,商货往来,多由于此。北出大街渡河而西,民多业琉璃,为西冶街……范河门外倚河滩者为北关街,中途东转者为北岭街,民多业瓷窑。河滩西起于叠道,北至沙沟为税务司街,其民多贩瓷器。”[①]同时颜神镇同周围各邻境也有着密切的交换关系,成了方圆致百里的贸易中心,所谓“四方商贩咸聚于此”。颜神镇的产品“北至燕,南至百粤,东至高丽,西至河外,其行万里”[②]。颜神镇之发展,不仅促进了邻近各邑手工业的商品化,而且推动了以粮食为中心的农产品的商品化,即所谓“四远之外,载粟以易械器,而镇之陶冶亦得以其械器易粟”[③]。当时的颜神镇所需食粮已几乎全靠外援,“镇虽有陶冶而无稼墙,饔飧所资皆取于邻境”,镇人还十分担心,“一遇荒年闭籴,焦、煤、铅、银、琉璃、丹矾其可炊而腹果乎”[④]。故《颜山杂记》卷四云:“民之为道,本业不足然后有货殖。”到清前期,颜神镇已是具有相当规模的工商业城镇了。

清代末期,博山工业生产得到进一步发展。光绪八年(1882)李希霍芬在《中国》一书中描述了颜神镇工业的生产情景:“博山县是我直到现在所遇到的工业最为发达的城市,一切在工作着,动着。这个城市有着一个工厂区的烟熏火燎的面貌,浓深的烟云表示各个工厂的地点。因为这里优良的矿坑所出产的出色的煤,很早就已经促使各种的工业产生,而这些工业通过若干世纪发展了下来。”[⑤]从宋代开始,经过了几个世纪到清末,出售煤炭的炭店已发展为七八十家了。[⑥] 陶瓷和琉璃在明清时期也有了长足的进步,经营者甚多。民初出版林修竹编《山东各县乡土调查录》亦云:“城关一带窑炉两业,均极发达,用工人四千余名,故无职业者绝少,男女均能自给。”《中

---

① 乾隆《博山县志》卷二。

② 〔清〕孙廷铨著,李新庆校注:《〈颜山杂记〉校注》,齐鲁书社 2012 年版,第 119 页。

③ 康熙《颜神镇志》卷二。

④ 康熙《颜神镇志》卷二。

⑤ 彭泽益编:《中国近代手工业史资料(1840—1949)》卷二,生活 · 读书 · 新知三联书店 1957 年版,第 132 页。

⑥ 官美堞:《古代工矿市镇——颜神镇的形成和发展》,《文史哲》1988 年第 6 期。

国实业志(山东)》载:山东陶瓷业,起源于宋朝……自博山煤矿开采之后,发现陶瓷新原料,于是,博山遂成为山东陶瓷业的中心。

4. 山东半岛的主要商业中心

随着山东东部半岛地区经济的崛起,一批沿海城镇呈现繁荣景象,但由于受到海禁政策的限制,山东沿海地区的海上贸易并不旺盛。相较于运河沿岸区域在明清时期的发展,这个区域的商业仍显落后许多。

(1)胶州

胶州北濒渤海,南临黄海,“舟航之利捷于他郡”,故“民多逐利四方”。明代嘉隆年间即为“商贾辐辏”之所,也是山东大豆、海产输往江南的主要码头,“商船往来终年络绎”。明代隆庆年间,胶州在南北海运中依然占有重要地位。梁梦龙言:“海道南自淮安至胶州,北自天津至海仓,各有商艇往来其间。自胶州至海仓,岛人及商贾亦时出入。臣等因遣人自淮安转粟二千石,自胶州转麦千五百石。”[①]清康熙十八年(1679)开海禁,一度中断的沿海贸易迅速恢复,康熙末年贸易范围已扩大至闽广。雍正年间重定船税,胶州每年征银7540两,这一数额相当于清初山东沿海18州县船税总额的9.6倍,足见胶州海贸发展之迅速。清代中叶胶州沿海贸易进一步发展,上海、苏州均有胶州帮商人开设的会馆。同时,胶州城内牙行、行户、铺户非常普遍。雍正六年(1728),福建商船驶入胶州后,“投行主李万盛家”,李万盛为其“验票纳税,卸货发行”。[②]

(2)登州

登州于明洪武九年(1376)升格为登州府,治所蓬莱。管辖宁海州、蓬莱县、黄县、福山县、栖霞县、招远县、莱阳县和文登县。明末设登莱巡抚于此,登莱巡抚袁可立曾在此操练水师,登莱成为关防重镇。辖区莱阳、黄县都是山东半岛重要的商业码头,“凡平(度)、掖(县)、栖(霞)、招(远)之土产,江浙闽广之舶品,皆以此为集散所”。半岛北岸的商业码头以黄县为最。该县

① 《明史·梁梦龙传》。

② 中国第一历史档案馆编:《雍正朝汉文朱批奏折汇编》第13册,江苏古籍出版社1990年版,第773—774页。

地寡人众，"丰年之谷不足一年之食"，却号为东海"富庶之区"，其原因即在于商业繁盛，居民多"习贸迁之利"。

明代时，登州港成为军商两用港口。洪武九年(1376)，明代政府将登州升为府以后，环"刀鱼寨"筑城墙，修建水城，名为"备倭城"，并驻重兵防守，成为明代海防要塞中心。① 明初禁海，但官方海运不受禁，所以登州港的军港地位突出。永乐年间(1403—1424)解除海禁，有7次海上漕运经登州港，登州港作为海漕运输的始发港，始终处于举足轻重的地位。登州在明初是朝、日使节往来以及商贸往来的主要港口。天启四年(1624)朝鲜因"久旱民饥"，而登州粮食价格便宜，所以朝鲜人不断"贸米于登州"。登州港也是南来北往船舶的必经港和寄泊地。正统十二年(1447)登州港有百余艘船从事海运。嘉靖三十二年(1553)年轻的戚继光升任署都指挥佥事、山东总督备倭，负责山东沿海备倭事宜，在登州水城设立水师基地，登州港的商业用途大大缩小，但山东海防面貌焕然一新，倭寇屡遭挫败。

整个清代，登州港作为商港，随着海禁政策的变化，时盛时衰。清初(1655)禁海，登州港商船出入受到严格控制，商业活动冷落。1684年废止禁海，商业活动再现繁荣景象，前往朝鲜半岛和日本的海外航线全部恢复。1717—1727年再次海禁，清廷下令禁止与南洋贸易，但"凡商船照旧令往东洋贸易"，外国船在中国停航期间，可以进行贸易。作为军港，登州一直倍受重视，常年驻守重兵。1706年登州港有4艘巡逻舰，战兵250人；1816年兵舰2艘，军船六七只，战兵四五百人，担负着东至成山、西至大沽河、北到北隍城海面的巡防任务。直到1825年清政府开始官督商办海运粮米，登州港又兴旺起来。需要说明的一点，登州受海禁限制，除却港口的作用外，城市商业并不发达，万历年间就有人称"登之为郡，僻在一隅，西境虽连莱、青，而阻山介岭，鸟道羊肠，车不能容轨，人不能方辔"②，交通不便阻碍了登州的商业发展。第二次鸦片战争以后，清政府与英、法签订了《天津条约》，将登

① 朱龙、董韶华：《登州港与东方海上丝绸之路》，《中国海洋大学学报(社会科学版)》2004年第4期。

② 顺治《登州府志》卷一九。

州辟为商埠,后来又改为烟台,说明当时烟台已经发展起来,超过了登州港。

（三）农村集市

明清时期山东商贸迅速发展,集市众多,商业繁荣,有的集市还发展为市镇。

各地集市不断设立并日渐完善,成为商品流通的重要渠道。开市都有固定日期,围绕镇,形成区域经济中心。嘉靖《章丘县志》记载,“镇者,居民所聚之地也。货物交易厚,五日一集,或三、八或二、七,为日不同,信以通财,会以给用,古为市之良法也”,“关厢之集,东关一、西关二、新街四、北街五,每五日一周,周而复始,盖一日一集也”。各种集市时间交替,几乎每日都有可赴之集。潍县城内有两大古代市场,“一在城内大街十字口,一在东关大街十字口”,定期集市则是“城内者七,在东关者七,在南关、西关者各一”①。济南历城县,城外旧无市集,“抱布贸粟者远趁数十里外,(姚述祖)询诸父老,为立义集于东关,免其税。……称为姚公集”②。各地庙会山市与定期集市相互补充,每年一至两次,交易活跃。

在沿海地区,形成诸多以海产品为主要商品的集市。如万历七年《即墨县志》载,即墨每到捕鱼季节,“土人在此行船筏捕鱼,海岸葺庐舍,市鱼者车相辐辏,至五月终止”;乾隆《诸城县志》记载秋收时节,诸城便“商贾云集,逾月方罢”;沾化县“每年小满后鱼大至,渔舟集此地不下千艘,然多燕赵客,六十日鱼去即止”③。

许多位于交通枢纽的集市逐渐发展为新的市镇,如台儿庄原为峄县南北物资交流的枢纽,因为“商贾辐辏,富于县数倍”,从而成为镇;夏镇(今微山县)原为漕运码头,四方客商云集,形成固定集市,进而为村,再而成镇。临清清平县城所属魏家湾村,位于运河与马颊河交汇处,本为农副产品集散市场,其商业规模超过清平县城。

---

① 《潍县志稿》卷七。

② 乾隆《历城县志》卷三四。

③ 《古今图书集成·方舆汇编·职方典》卷一九二。

三、商人队伍的壮大

明清是全国商品经济大发展的时期。明代中后期,山东地区“民逐末利”之风盛起,经商之风胜过前代。社会各阶层在商业氛围的带动下,自觉或不自觉地卷入市场大潮,商人队伍不断壮大。明人归有光言:“古者四民异业,至于后世,而士与农、商常相混”,“士商相混”说明社会各阶层都被吸引至商人队伍中。我们将山东商人群体按照来源分为农业劳动者经商、儒生经商、外地商人定居山东经商、官僚经商四类。

(一)农业劳动者经商

明清之际,农业劳动力过剩,人地矛盾突出,许多农业劳动者被卷入商品经济大潮。他们一般出售家庭手工业商品,或者外出出卖劳动力。民国《济阳县志》记载济阳县徐芳桐因家贫为人佣耕,“族中化成、文谟两公爱其忠实,使与经商,不数十年富至巨万”。光绪《平阴县志》记载平阴县农民贝思长世代业农,“家贫以力营食……虽身出负贩,无一夕不回家”。《民国重修商河县志》载,马某“力农服贾,躬瘏拮为家人先,又善朱公、白圭之术,不数年财雄一方”。《民国长清县志》载,长清县房衍俊业农养家,“或负贩或工役,得值易粟”。《醒世姻缘传》对乡村从商者也有描述,如农夫祝其嵩,“家中止得十来亩田,门前开个住客的店”。《聊斋志异·农妇》描绘了女性农民转化为商人的形象,“有农人妇,勇健如男子,辄为乡中排难解纷。与夫异县而居。夫家高苑,距淄百余里;偶一来,信宿便去。妇自赴颜山,贩陶器为业。有赢余,则施丐者”。乡村居民经商者有些并无多大资本,专以从商为谋生之业,史料多有记载。如商河县,王同家境赤贫,“以卖茶为业”,谢祯祥“家贫,贩棉为业”,王伯忠“居泺口镇,贩瓷为业”。《聊斋志异·布客》载“长清某,贩布为业,客于泰安”。

(二)儒生经商

明清时期,社会重商趋利之风日盛。人们评判一个人成功与否,开始以财富的多少为依据，小说《金瓶梅》中提到西门庆与他人结拜排序长幼时，不“叙齿”，而是“叙财”，即根据财势排序长幼。富人可以通过向政府捐钱换取官衔，挤压了士人阶层上升的途径。在此风气和现实的影响下，“君子喻于义，小人喻于利”的道德信条开始发生改变，“士商”频繁进入人们的视野。山东地区儒生弃儒经商的现象非常普遍。山东儒生“弃儒从贾”的主要原因是读书未能解决家贫，无奈走上经商之路。

民国《历城县志》卷六中记载杨鋕泰之二族侄，“皆愿去读就商，爰引荐盐业中”。贾延龄，“授室后，食指日繁，乃弃儒就商……在鹾纲垂三十年，为历任运司所倚重”；徐谦，“子业鹾，能养亲，……贫家子有游惰者，授以赀，劝之负贩，不索偿。亲朋子弟读书无成者，荐入市肆习商业”；关呈麟“幼业儒，值家中落，继先业整理鹾务，每值纲，竭己奉公，为运司所器重，倾心委任”。宣统《濮州志》记载，读书人刘滋，家有薄田二十余亩，且患有眼疾，生活窘迫，于是卖掉薄田，偿还债务，用剩下的银子作为资本开始经商。

（三）外地商人定居山东经商

山东商人群体中还有一部分外地商人，他们在山东定居经商，有小商小贩，也有巨商大贾。《聊斋志异》中多次记述外地商人定居山东的情况。如《聊斋志异·云翠仙》中的梁有才，“故晋人，流寓于济，作小负贩”；《醒世姻缘传》中的济南当铺老板秦敬宇为浙江义乌人，在明水镇开梭布店的薛教授是河南“卫辉府胙城县人”；《民国历城县志》记载，刘克昌“山西洪洞人，以业鹾居历城之泺口镇”；有些外地商人还开展有组织的活动，如《民国长清县志》记载，长清县“南关山西会馆关帝庙，为山西商人在清乾隆五十七年醵资建”。徽商和苏商在临清的客籍商人中为数最多，有专门为徽、苏商所设的义冢集中处，占地约 30 亩。

（四）官僚经商

明清时期，较之前代，有更多的官僚投入到商业大潮中来，甚至连皇室也不例外。明清时期山东地区最具影响、最有代表性的大官僚、大地主家庭无疑为衍圣公孔府。孔府土地遍及山东、河南、直隶、江苏四省，在山东的祭田“坐落兖、曹、泰三府，郓城、鱼台等十六州县境内”，“分五屯、四厂、十八官庄”。明代衍圣公进京朝贡时，常常夹带土产私货去销售。孔府更多的经商模式是由孔府出资，委托族人代为经营。如康熙初年，孔府与峄县族人孔尚乐合伙贩卖煤炭，“获利可达万金”。清嘉庆年间，天津的孔氏族人孔广升为孔府从事粮食贩卖生意。除此，孔府还开当铺、油坊、花烛店、粮店等。

清嘉庆年间，济宁籍官员孙玉庭，为乾隆四十年进士，历任两广及黔滇巡抚、浙江等省巡抚，两湖、两广总督、体仁阁大学士等职务，其子孙皆为科举三甲并担任重职。这样一位朝廷重臣与济宁商人联合收购了玉堂酱园，后来玉堂酱园由孙家独资经营，并将其产品进贡入宫，经过多年的经营，玉堂酱菜发展成为“京省驰名”“味压江南”的驰名品牌，玉堂酱园也成为著名的百年老店。

《醒世姻缘传》第二十三回：“一位杨乡宦官到了宫保尚书，赐了全俸，告老在家。”杨尚书家住山东绣江县明水镇，他在庄园外的古堤边盖了五间茅草房，沿着河堤种了许多桃树、柳树，开起了小酒馆，“两三个钱一大壶，分外还有菜碟。虽是太平丰盛年成，凡百米面都贱，他这卖酒原是恐怕有来游玩的人没盅酒吃，便杀了风景”，当属山东旅游经济的开创者。

四、海禁之下的沿海贸易

明清时期，海禁政策使山东沿海地区的海上贸易受到严重制约。正如王赛时先生所言：“虽然登辽航线的频繁往来还能点缀一下空荡的海面，但海禁政策所造成的负面影响却让众多的沿海居民远离了海洋活动。对于航海而言，明代山东的海洋总显得是那样灰暗和沉闷。”[①]国内沿海贸易基本绝迹，海外贸易见于记载的也大都是因为军事、战争所引发的商业活动，如明代后期政府与日本在辽东半岛、朝鲜半岛的战争，这些战争都已把山东沿

---

① 王赛时：《山东沿海开发史》，齐鲁书社 2005 年版，第 279 页。

海作为重要根据地，故而军事商业得以发展。清代前期也实行了严厉的海禁政策。虽然国内沿海贸易有所发展，但海外贸易始终没有起色。其时，山东与朝鲜尚有一定海外贸易，与日本的贸易几乎消失。鸦片战争后，晚清政府被迫开放了山东沿海的一些港口，山东的对外贸易才得以迅速发展。

在国内贸易方面，山东通往江浙闽粤的航道被官方严格控制，只有国家需要跨海运输的时候，才会放行大批船队，民间贸易一直处于被压制的状态。明代后期海禁松弛，山东半岛南岸的个别港口被允许向南方作短线航行。隆庆至万历的一段时间，明代政府批准了胶西港与淮安通航，而当时即墨港却被封闭，船只不得进出。清代放开海禁政策后，山东沿海地区的国内沿海贸易才有所发展。

图 8－11　日本“宽永通宝”钱币

在海外贸易方面，山东商人也漂洋过海到日本、朝鲜从事对外贸易。虽然明代海禁政策非常严厉，但仍未完全阻隔山东商人与国外的贸易往来。[①] 在即墨，当地民间商人“畜坚舟，乘顺风，不十日可抵高丽界”，运载木材回来，“货诸边海居民，居民利其美材而价廉也，辄与之通贸易”[②]。1984 年，登州水城出土了数枚日本“宽永通宝”钱币（图 8－11），说明当时山东与日本保持着较为密切的海上贸易。清顺治十年（1653），还在海禁期内，发生了一起海商私自出海事件。官府在即墨女姑口查获一艘来往于山东与日本之间的商船。这艘商船共有海商与水手 80 多人，他们从事走私贸易的原因各不相同，“或因消折本钱，羞归故里。或以阻滞河道，萍聚苏州，徘徊歧路。值居停王之实为线索，以久惯房志吾为耳目，潜纠不逞

① 姜生等著：《鲁商文化史》，山东人民出版社 2010 年版，第 354 页。

② 同治《即墨县志》卷十，《地方事宜议·海防》。

之徒,各买绸绫毡布等货。挈附来相之舟,假道庙湾,售之倭国”[①]。他们将绸绫等货物贩往日本,又从日本贩来“胡椒、紫檀、钢藤”等物。清政府在清初并非完全禁止商民出海,如果领有官府执照或者到海外购买铜、银,则在允许之列。有些资本充足的官员和富民自己买船从事海上贸易。山东商人洪汝昭就曾自造商船到日本进行贸易。他向官府虚报去辽东等地贸易方得允许出海。康熙二十二年(1683),洪汝昭在去日本的船上病故,船归其亲属沈鸣生掌管。据其船上的人透漏,在山东的诸官和富民中,仍有很多人派船出海贸易[②]。乾隆七年(1742)朝鲜黄海水使李义翼曾上奏:“唐船采参者,漂泊我境,近颇频数,故滨海愚氓,与之惯熟,或相买卖,遂使边禁渐弛,此宜严防也。”朝鲜李朝英宗为此下令:“此后唐船犯境者,守令、边将依律严管。沿民之交通买卖者,宜先斩后启也。”[③]“唐船”即指山东及中国其他省份沿海的民间渔船,可知清代前中期山东沿海居民经常到朝鲜与当地居民交易,为此朝鲜不得不采取一些政策加以限制。

明清时的海禁政策,致使山东沿海地区的经济毫无生气。明代海禁政策导致山东沿海地区的商业经济萎靡不振,如即墨由原来的海滨富邑逐渐衰落为穷困之乡。万历年间即墨知县许铤曾云:“本县系本省之末邑,僻居一隅,与海为邻,既非车毂辐辏之地,绝无商贾往来之踪,近城市者别无生理,止以耕田度日,滨海洋者田多盐碱,则以捕鱼为生。壮者代役,懦者佣工,游手之徒,颇居十之二。”[④]海禁政策致使即墨百姓无法从海产品贸易中获利,“鱼盐无贸易之通,居民鲜网罟之利,是滨海之疲邑也”[⑤]。这与古代即墨的繁盛有天壤之别。

明清政府的海禁政策遭到了很多时人的反对和抨击。当时包括很多地

---

① 台湾“中研院”历史语言研究所编:《明清史料》己编,中华书局 1987 年版,第 349 页。

② 林春胜:《华夷变态》卷八,转引自陈尚胜:《鸦片战争前清朝海外贸易政策研究》,山东大学博士学位论文,2001 年,第 16 页。

③ 吴晗:《朝鲜李朝实录中的中国史料》(下编)卷八,中华书局 1980 年版,第 4514 页。

④ 同治《即墨县志》卷十,《地方事宜议·通商》。

⑤ 同治《即墨县志》卷一,《疆域》。

方官在内的开明人士不断呼吁明政府开放海禁，开启海上贸易。即墨知县许铤引据各种例证，证明山东海疆通商则活、闭商则困的道理，希望政府开放即墨港口。“考之青齐，古逐末之国，本非专仰给于农，而管子富齐，全在榷利。今淮海通舟，天所以为登莱赤子开一线生路，乃闭其咽喉，则本县所未解也……嘉靖十八年，本县城阳社民牛稼者，告允行海舟，自淮安觅船，两昼夜直抵城阳之西金家口通贸易。是岁大饥，沿海之民，赖之以不死。行之数年，牛氏以富，附舟者咸利之。此即其明验大效也……则大破常格，宽其厉禁，凡民船商船之往来淮海者，给之印照，树之标识，或令输桩木于官，如胶州故事。庶几淮海之滨，舟楫绎络，百物鳞集，墨之粟可入淮，淮之货可入墨，物不甚轻，货不甚贵，二万之供，不必十万之粟，民财可阜，国赋易完。即万一遇饥荒，有此生路，亦不至坐毙。此无穷之利也。”[①]即墨这个自古“逐末”之地，具有浓厚的商业传统和优质的交通资源，放开海禁，一定会更加物产丰饶，民众富足。

五、货币流通与金融机构

（一）主要流通货币

明代货币政策大体是前期主要流通大明宝钞，中后期主要流通白银，铜钱流通贯穿始终。明代山东地区通行的纸币是大明宝钞，同时铸造流通各种铜钱，如“弘治通宝”“嘉靖通宝”“万历通宝”等。济宁地区发现的明代货币主要有“嘉靖通宝”“万历通宝”“天启通宝”“泰昌通宝”“崇祯通宝”。2015 年威海环翠区发现一座明墓，出土 4 枚“万历通宝”。明中期以后白银成为主要货币，形成“朝野率皆用银，其小者乃用钱”的格局。1964 年微山县文物工作者在南四湖的南阳岛上发现 2 个明代银元宝，元宝呈“V”形，高 4.3 厘米，长 7 厘米，宽 4.1 厘米，底部呈蜂窝状，面部各有戳记，一个是“山东盐课李金城”（图 8 – 12），一个是“天祥银炉”，文物工作者考证这两枚银

① 同治《即墨县志》卷十，《地方事宜议 · 通商》。

图 8 - 12　明代银元宝——山东盐课李金城

元宝为明代盐税税银。[①]“李金城”三字乃银匠之名,“天祥银炉”四字乃铸造的机构。清代前期实行银钱并用政策,大数用银,小数用钱,铜钱如“康熙通宝”“雍正通宝”“乾隆通宝”等,此外银元在中国的流通范围日广。2008 年章丘市西河遗址发掘清代墓葬出土 5 枚“道光通宝”,2 枚“嘉庆通宝”,2 枚“乾隆通宝”。[②] 2015 年烟台发掘出多枚铜钱,包括“乾隆通宝”“嘉庆通宝”“道光通宝”“咸丰通宝”“光绪通宝”。[③]

明代初期继承了元代的纸钞政策,规定货币流通以纸钞为主、铜钱为辅,大明宝钞为主要流通货币。洪武七年(1374)明太祖朱元璋下诏设立宝钞提举司,洪武八年(1375)颁发“大明通行宝钞”,建立了以宝钞为主,铜钱为辅的货币制度。大明宝钞是明代官方发行的唯一纸币,分六等:壹贯(图 8 - 13)、五百文、三百文、二百文、一百文。一贯等于铜钱一千文或白银一两,四贯合黄金一两。洪武二十六年(1393),朱元璋为进一步推行宝钞制度,下令:“凡印造大明宝钞与历代铜钱相兼行使,每钞一贯准铜钱一千文”。以后历朝沿袭通用。后来随着大明宝钞的不断贬值,明代政府开

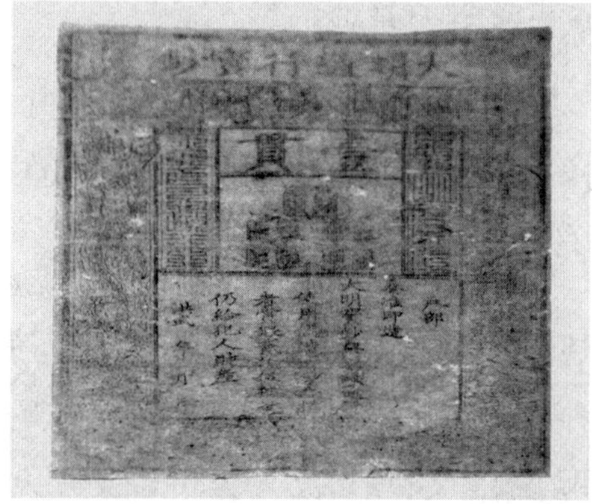

图 8 - 13　钱文为“壹贯”的大明通行宝钞

① 林飞主编,济宁市金融志编纂委员会编:《济宁市金融志》,山东人民出版社 1995 年版,第 61 页。

② 山东省文物考古研究所、章丘市城子崖博物馆:《章丘市西河遗址 2008 年考古发掘报告》,《海岱考古》2012 年第 5 辑。

③ 徐明江等:《烟台开发区皂户头墓葬发掘报告》,《海岱考古》2015 年第 8 辑。

始增加铜钱的流通。明代流通的铜钱主要有三种:制钱、古钱、私钱。铜钱作为政府的主要发行货币,是在明英宗以后废止宝钞,宝钞基本退出流通领域之后。明初朱元璋在京师设宝源局,各行省设宝泉局专事铜钱铸造,铜钱背面有各省的局名。明代于洪武元年(1368)铸造了"洪武通宝",一直到弘治朝,为了维护大明宝钞的流通而一度中断铸钱。1970 年春至 1971 年初,山东省博物馆发掘了邹县(今邹城市)明代鲁荒王朱檀墓,墓中出土了许多文物,如冠冕袍服、琴棋书画、漆木家具、仪仗木俑、金质冥钱等,其身铺 19 枚"洪武通宝"金币(图 8-14)。明代制造钱币的数量比较有限,在金融市场上流通较多的是唐宋的铜钱,表明明代在铸造钱币方面存在着一些不足。明代一直存在铸造制钱铜料缺乏的问题。明代中期之后,民间私自铸造钱币的现象比较盛行,国家相关机构铸造铜钱的材料较缺乏。万历年间(1563—1620),随着商品经济的发展,对于货币的需求量也在不断增加,国家铸造铜币的数量随之增加,但是,国家铸造的货币仍然不能够满足需求。明代每一个皇帝在铸造本朝制钱时,均规定与先朝旧钱相兼而行,以旧钱济本朝铸钱铜料之不足,形成明代货币政策中的传统政策。① 此后一直到明末崇祯时候,明代历朝政府都发布有关与铜钱铸造或发行有关的命令,从表 8-1 中可以看出,铜钱的铸造和发行政策在明代非常混乱和不连贯。

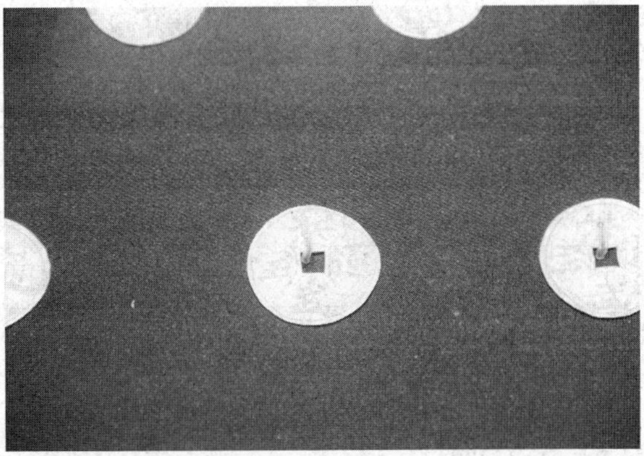

图 8-14　出土于明鲁王朱檀墓中的"洪武通宝"金币

① 杨薪燕:《明朝货币金融发展历史研究》,《兰台世界》2012 年第 30 期。

表 8 - 1　　明代铸币政策简表

年份	内容
元至正二十一年(1361)	铸大中通宝
洪武元年(1368)	铸洪武通宝,颁布钱制
八年(1375)	停止宝源局铸钱
九年(1376)	停止各省铸钱
十年(1377)	恢复各省铸钱
二十二年(1389)	恢复宝源局铸钱,改定钱制
二十三年(1390)	更定钱制
二十六年(1393)	再停各省铸钱
二十七年(1394)	禁用铜钱
三十年(1397)	再停宝源局铸钱
建文元年(1399)	恢复铸钱,改定钱制
二年(1400)	再定钱制
永乐六年(1408)	铸永乐通宝
宣德八年(1433)	铸宣德通宝
正统十三年(1448)	禁用铜钱
天顺四年(1460)	恢复铜钱流通
弘治十六年(1503)	铸弘治通宝,只铸小钱,光背,不记各省局名
嘉靖六年(1527)	铸嘉靖通宝
嘉靖十九年(1540)	停铸嘉靖通宝
隆庆四年(1570)	铸隆庆通宝,复收钱
万历四年(1576)	铸万历通宝,金背
天启元年(1621)	铸泰昌通宝,停铸大钱
崇祯元年(1628)	铸崇祯通宝
崇祯十五年(1642)	铸崇祯当十钱

资料来源于彭信威:《中国货币史》,上海人民出版社 2007 年版,第 993—994 页

明代中期以后，随着商品经济的不断发展，白银逐渐进入流通领域，最终成为主要流通货币。正统朝之后，金融市场流通的货币主要是白银，国家在进行税收的时候主要是征收折色白银。至隆庆年间，白银逐渐取得合法货币的地位。银两成为本位货币，交易价值大者多用白银计值，民间亦是普遍用银，但小额交易还是多用钱。明代的白银主要是用秤量货币，主要使用的单位是两，根据具体形状以及是不是为整钱或者碎钱可以分为几种类型：碎银、银锭、银元。

图 8－15　光绪十九年银锭（藏于山东博物馆）

清代前期的币制大体上与明代相同，实行白银与铜钱并行流通的复本位制，以白银为主，银钱并用。“银与钱相为表里，以钱辅银，亦以银权钱，二者不容畸重。”[①]清代前期，不仅政府收税要用银两，政府支出以及国内大庄的商业贸易也是用银两来计算价格和支付的。因此，银两在清代是一种法定的本位货币，它和铜钱实际上具有主币和辅币的关系。顺治六年（1649）清代在山东设炉铸钱，次年实行钞贯之制，仿明钞形制。乾隆十年（1745），陈宏谋曾上言：“用银为本，用钱为末。”[②]也就是说，大额交易用白银，小额交易用铜钱。清代白银主要采用银锭的形状。当时银锭种类繁多，大体上可以分为四种：第一种是元宝，形状似马蹄，也叫马蹄银（图 8－15）。第二种是中锭，多为锤形，叫做小元宝。第三种是小锞或锞子，像一个馒头，也叫小锭。第四种是散碎的银子，有滴珠、福珠等名称。[③] 虽然清代政府以白银为本位货币，可是老百姓在日常生活中多数情况下还是使用铜钱。通常人们手里只保留一些小块银锭或散碎银两，一方面作为储存货币，一方面防备与官方打交道所需。在实际生活中，若老百姓手里的铜钱不足，才将这些银两到钱铺或商店换成铜钱，用来应付日常的开支和进行各种零星支付。铜钱是和老百姓日常生活最密切

① 《清朝文献通考》卷一六。
② 《皇朝经世文编》卷五三。
③ 李育安：《清代的币制和纸币流通》，《郑州大学学报（哲学社会科学版）》1994 年第 6 期。

图 8－16　钱文为制钱伍百文的大清宝钞

的货币。顺治十八年（1661）山东道御史余司仁上疏，建议朝廷采取收买私铸钱来禁止民间私铸。2014 年，青岛一工地发掘 5 枚清代铜钱，包括“顺治通宝”和“康熙通宝”。2015 年，临清卫河发现多枚清代铜钱，包括“乾隆通宝”等。清代大部分时间使用白银和铜钱，而纸钞则是间断发行使用。顺治朝、咸丰朝、光绪朝都曾发行过纸钞。清代纸钞主要有大清宝钞（图 8－16）和户部官票。

（二）传统金融机构

明清时期，传统的金融机构诸如当铺、票号、钱庄、银号等，都有较大发展。下面分述之。

1. 当铺

当铺，明清时期又称“质库”“典当”“解铺”“解库”“解当铺”等，是专门收取抵押品而放款的中国传统金融机构。典当业是最古老的行业之一，起源于南朝佛寺，堪称中国传统金融业的鼻祖。明代大大小小的城市中，几乎到处都有当铺。特别是在一些大城市中，当铺数量之多是空前的。典当最基本的业务是抵押，可解民间急时之需。明代典当业以商人资本为主体，商人纷纷投资经营当铺，并且成为典当业的一支主要力量。随着商品经济的发展，许多商人在商品流通和商品交换过程中积累起数十万两甚至数百万两资金，社会上出现了巨大的商业资本，并且形成财力雄厚的各地商帮。他们开始经营盐、茶等业及包括当铺在内的金融机构。明代嘉靖时，翊国公郭勋在临清、德州等地开了很多店铺，“大放私债”。外地商帮中，徽州典商极为活跃，徽典几乎成为典当铺的代名词。临清“以聚贾获名”，更是徽商活跃的场所。经商和放债是徽商谋利生财的主要手段。山陕商人在山东各地也开设了不少典当铺。

写于明代后期的《金瓶梅词话》(图8－17)是一部长篇小说,以描写家庭生活为题材,借《水浒传》中武松杀嫂一段故事为引子,通过对兼有官僚、恶霸、富商三种身份的封建时代市侩势力的代表人物西门庆及其家庭罪恶生活的描述,揭露了明代中叶社会的黑暗和腐败,具有较深刻的思想价值。《金瓶梅词话》的作者是兰陵笑笑生,山东人写山东事,小说内容与山东地区有密切关系。故事发生在山东西部运河一带,小说的叙述语言及人物语言都与鲁西运河一带的语言环境一致,小说的作者或写定者必定长期生活在鲁西运河一带,至少非常熟悉这一带的情况,反映的是明代山东商人的情况。

图8－17　《金瓶梅词话》封面

《金瓶梅词话》中有许多关于临清典当的描写,如西门庆"又打开门面两间,兑出二千两银子来,委傅伙计贲第传开解当铺。……衣服首饰、古董书画、玩好之物,一日也尝当许多银子出门"。西门庆死时,"当铺已占银两二万两"。[①] 西门庆开解当铺是生财的重要渠道,为其带来巨额利润。他勾结朝中权奸太师蔡京,以恶商之躯步入官场,其贿资金的来源之一,便有当铺。另外,《金瓶梅词话》第四十五回、第五十八回、第七十四回、第九十五回都提到了西门庆的当铺。第九十回还提到老者王杏庵守个当铺,"便每日丰衣足食",还可周济别人。

写于明末清初的《醒世姻缘传》(图8－18),作者西周生,也是山东人写山东事。小说以一个人生业果、冤仇相报的两世姻缘故事为线索,对明末清初社会黑暗的两大症状——腐败的官场和浅薄的世风作了鞭辟入里的解剖,是一部非常杰出的中国古代世情小说。小说用山东中部方言作成,故事背景主要是山东济南府绣江县(章丘的别称)明水镇。明水镇有浓厚的

① 兰陵笑笑生:《金瓶梅词话》第二十回。

图 8－18 《醒世姻缘传》

乡土气息，中间写到明代末年这一带地方的实有人事，如济南“守道副使李粹然”（第二十一回），“癸未”（崇祯十六年）除夕“大雷霹雳，震雹狂风”（第二十七回），《济南府志》里都有记载。

《醒世姻缘传》中多处大段描写当铺经营的情景，如第五十回：

狄希陈想起：“前年娶孙兰姬的当铺正是那东门里边的秦敬宇，浙江义乌人。既说他家有当十的折钱，换钱之际，乘机得与孙兰姬一面，也不可知。况且姑子李白云曾说，再待三年，还得一面。只怕这就是个偶凑机缘。”

他不等狄宾梁知道，自己走到秦敬宇店内柜台外边坐下，与秦敬宇拱了拱手。秦敬宇见他少年标致，更兼衣服鲜华，料道不是当甚衣饰的人物。

秦敬宇问道：“贵姓？有何事下顾？”狄希陈却瞒了他的本姓，回说：“贱姓相，绣江县人，闻得贵铺有当十的折钱，敬要来换些，不知还有否？”秦敬宇道：“虽还有些，不知要换多少？”狄希陈说：“约三百两。”秦敬宇道：“只怕三百两也还有，便是不够，我替转寻。但这几日折子钱贵了。前向原是朝廷要收折子钱回去，所以一切援纳事例都用折钱。那有折钱的人家，听了这个消息，恨不得一时打发干净；恐怕又依旧不使了，一两可换九十文。若换得多，银色再高，九十一二个也换。如今折子钱将次没了，官府胶柱鼓瑟不肯收银；所以这折子钱，一两银子还换不出七十七八个来。”狄希陈说：“我打听得每两可换九十三文，如何数目便这等差的多了？”秦敬宇道：“适间曾告过了，如今就是小铺还有些，别家通长的换尽了。”狄希陈说：“每两九十文何如？”秦敬宇道：“这个敢欺么？别人家多不过是七十八文，小铺照依行使钱数，若是足色纹银，每两八十文算。相公再往别家去商量，不要说八十以上，就是与八十个的，相公也不消再来下顾，就近照顾了别人。”狄希陈道：“这是大行大市，你一定不易哄我。你且把一锭元宝收下，待我再去取来。”秦敬宇放在天平内兑了一兑，足数五十两，写了一个收帖，交与了狄希陈，说道：“钱在家里，不曾放在铺中，如相公用得急，今日日西时到家里去交易；如用得不急，明日早我在家拱候。”狄希陈想了一想，说道：“明早我还有小事，不消在家等我，爽利明日晚上些罢。”与秦敬宇约就，分别去了。①

第七十六回：“过了几日，狄希陈要在兵部洼儿开个小当铺，赚的利钱以供日用，赁了房屋，置了家伙，叫虎哥辞了长班，合狄周一同管铺掌柜，狄周娘子住在铺中做饭。后来虎哥娶了媳妇，也就住在店后掌管生意。狄希陈发了一千本钱，虎哥伶俐，狄周忠诚，倒也诸凡可托。”②

当铺以收取动产为抵押，向抵押者放款，其盈利称为“利钱”，从《姻缘传》中可见，当铺也兼营银钱的兑换，而且看人行事，当铺老板看狄希陈“少年标致”“衣服鲜华”，接待起来便格外礼遇，典当银元宝付给的折子钱就较多。因为这类人一般兑换与典当品数额大，所得“利钱”也就多。

2. 钱庄

钱庄是中国传统金融机构之一，明清时期又称“钱摊”“钱桌”“钱店”“钱铺”等，早期业务主要是银钱兑换，后来发展为从事存放款并发行庄票的信用机构。钱庄早在明代中叶隆庆、万历年间即已产生。它最初是以“列肆兑钱”的形式出现。经过100多年到清康熙年间，逐渐从钱摊发展为设有铺面的钱铺。不过它的业务内容仍未超越银钱兑换的范围，即所谓“卖钱之经纪铺”。其后又经历了半个多世纪的活动，到乾隆后期，这种经营特殊商品、

---

① 《醒世姻缘传》第五十回，《狄贡士换钱遇旧　臧主簿瞎话欺人》。

② 《醒世姻缘传》第七十六回，《狄希陈两头娶大　薛素姐独股吞财》。

图 8－19　宣统年间莱阳天成钱庄发行的壹仟文庄票

货币的商店开始在银钱兑换的基础上发展为承担存放款的信贷业务，并且出现了由钱铺签发的信用票据（图 8－19）。这种信用票据在商品经济发展过程中得到了社会的普遍认可和重视之后，钱庄才完成了传统金融机构所需承担的全部职责。

明清时期，山东运河城镇商品经济空前活跃，使得商业资本相对集中于一批商富大贾手中。钱庄的经营者感到与其让自己的大量资金长期闲置，还不如适当进行经商放债，以获取利息。因此明末清初时一些规模大、资本雄厚的钱庄便采取多种经营，除经营货币兑换业务外，还经营存放款业务。清代大商人胡雪岩当初就是钱庄的小伙计，通过放债和收债获得利润。《临清市志》记载，民国以前的临清钱庄，乡间放债在百缗左右者，以 3 分利息，城区则 2.5 分。钱庄的开设者须拥有较多的资金，一般是权贵势要之家或富商巨贾。山东运河沿岸的城镇中有不少钱庄。它们大都设于城市中工商业比较发达的热闹街市。聊城山陕会馆碑刻中的晋人钱庄就有日隆店、德昌钱店、义元钱铺、晋元钱店、恒升钱店等五家。临清的钱店主要集中在繁华的商业街，如中州地区的马市街主要集中了银钱、皮货、鞋帽、海味、果品、杂货等铺，北区的牛市街有钱店、杂货店。《临清市志》载，光绪年间临清有钱庄 10 家，民国时期有 21 家，有官办、商办、官商合办 3 种，经营上主要分为独资经营和合资经营，资本最多为 6000 元。主要办理存放款、汇兑业务，也有少数发行钱票的。民国初至民国后期，境内最大的银号有 3 家，即兴源、福太、道生，经营资金均 6000 元（银元）。

钱庄还发行钱票或庄票。钱票是一种信用票据，由钱庄、银号等信用机构签发。它在一定范围内流通，起着代替货币职能的作用。山东省使用钱票的情形大致与直隶省相同。道光十七年（1837）山东巡抚经额布在查询山东钱票流通情形后指出：各地“咸以钱票之行，商民相安已久，尚无前项流弊”，省内“各钱铺收换银两，系现钱与钱票相兼并用……而所出钱票亦仍由本铺取钱，随到随支，并无票上注写外兑及换外票字样”。所以他主张：“嗣后各钱铺收换、银两，或钱或票，仍由民便，其所出之票仍向本铺取钱，不准支吾磨兑。”同时他也强调“习俗积渐而成，利弊相因而至”，钱票虽被允许流通，但严禁开写期票，或注写外兑及换外票字样，以防止钱铺“空出虚票，不付现钱”。①

清代小说对明末清初钱店的货币兑换及放债有不少描写，如《醒世姻缘传》书中多次提到了钱铺的主动兜揽放款等业务。《醒世姻缘传》第一回反映了钱桌经营。

武城县这些势利小人听见晁秀才选了知县，又得了天下第一个美缺，恨不得将晁大舍的卵脬扯将出来，大家扛在肩上；又恨不得晁大舍的屁股撅将起来，大家舔他粪门。有等下户人家，央亲傍眷，求荐书，求面托，要投做家人。有那中户人家，情愿将自己的地土，自己的房屋，献与晁大舍，充做管家。那城中开钱桌的，放钱债的，备了大礼，上门馈送。开钱桌的说道：“如宅上用钱时，不拘多少，发帖来小桌支取。等头比别家不敢重，钱数比别家每两多二十文。使下低钱，任凭拣换。”那放债的说道：“晁爷新选了官，只怕一时银不凑手。”这家说道：“我家有银二百。”这家说道：“我家有三百，只管取用。利钱任凭赐下。如使的日子不多，连利钱也不敢领。”又有亲眷朋友中，不要利钱，你三十，我五十，络绎而来。

这个晁大舍原是挥霍的人，只因做了穷秀才的儿子，叫他英雄无用武之地。想起昔日向钱铺赊一二百文，千难万难，向人借一二金，百计推脱，如今自己将银钱上门送来，连文约也不敢收领，这也是他

① 中国人民银行总行参事室金融史料组编：《中国近代货币史资料（第一辑）》，中华书局1964年版，第132页。

生来第一快心的事了！送来的就收，许借的就借。来投充的，也不论好人歹人，来的就收。不十日内，家人有了数十名，银子有了数千两。日费万钱，俱是发票向各钱桌支用。用了二百五十两银买了三匹好马，又用了三百两买了六头走骡，进出骑坐，买绫罗、制器皿，真是钱可通神！不上一月之内，把个晁大舍竟如在“槐安国”做了驸马的一般。随即差了一个旧小厮晁书，带了四个新家人祝世、高升、曲进才、董重，携了一千两银子，进京伺候晁秀才使用。①

上文中，“发帖来小桌支取”，意为可以凭借“钱帖”到钱桌借钱，“钱数比别家每两多二十文”，意为这家钱桌比其他钱桌的利息更低。“日费万钱，俱是发票向各钱桌支用”，说明当时钱桌的资本实力较为强大，晁大舍凭“钱票”可以向各家钱桌借到很多银子。文中的“钱帖”“钱票”都属于信用票据，各家钱桌之所以敢借钱给晁大舍，完全是因为他的父亲晁秀才被“选了知县”。殊不知，当晁秀才还是穷秀才时，晁大舍“向钱铺赊一二百文，千难万难，向人借一二金，百计推脱”。这种不以财产而是以官位做担保的放贷行为，实际上存在较大风险，如果晁知县去职或被贬谪，各家钱桌的贷款或许就血本无归了。

3. 票号

票号是中国传统金融业的重要组成部分，又称“票庄”“汇票庄”“汇兑庄”等。它起源于汇兑，为不同地区间资金调拨服务，起着促进商品流通和扩大国内市场的作用。一般说来，票号的主要活动范围在黄河流域和华北各省，而以北京为中心。票号的出现，结束了现银镖运的金融落后历史，贯通了全国商业贸易资金的借贷，为商品经济的发展起到了极大的推动作用。

周村是票号最为发达的商业城市。周村有“天下第一村”之称，历史上商贾云集，曾经入驻过众多老字号特别是金融老字号，如复盛公、日升昌、三

① 《醒世姻缘传》第一回，《晁大舍围场射猎　狐仙姑被箭伤生》。

晋源票号、福诚义银号、晋生裕银号、德庆和银号、丰亨豫银号、恒生钱庄等。最兴盛时，周村的票号钱庄有百余家之多，街道两旁，票号钱庄鳞次栉比，金元宝、银币铜元吞进吞出，噼里啪啦的算盘声响彻天空。民间有谚语，“济南、潍县日进斗金，不如周村一个时辰”。当年的盛况，可以从现存于周村的票号展览馆窥见一斑（图8－20）。早在康熙年间，就有山西商人在周村设立汇兑庄。康熙二十五年（1686），山西商人邱尚德即来周村开设钱行汇兑庄。中国首家票号日升昌也于道光十七年（1837）在周村等地设立分号。道光十八年（1838）日升昌出资开办日新中票号，在周村、济南等地开设分号，存放、汇兑量居山西票号之最。而山东当地的知名银号——福诚义，是周村城里有名的商号八大家之一，开办于道光末年，一度成为周村最大的家族工商业集团之一。大德通票号后来居上，光绪十年（1884）在周村设立分号。后来山东本地商人也陆续投资银钱业。至1921年，周村规模较大的银号就达到108家，总资产达600万两之多。明清时期位于运河沿岸的台儿庄也得到迅速发展，被乾隆皇帝称为“天下第一庄”。当时呈现“商贾迤逦，一河渔火，歌声十里，夜不罢市”的繁盛景象。光绪年间，山西人吴玉章从太原阳谷来台儿庄，开设“日升昌”分号，为各路商贾办理汇兑和存放金银业务。[①] 当时济南的各银号出资修建了福德会馆，作为银钱交易场所。“济南福德会馆，银市也。其第为统城银号摊修，故楼厅房舍甲市廛，官绅巨室往往借其处以宴客。”[②]

图8－20 位于周村的票号展览馆

① 温跃等：《从战争废墟到抗战文化新地标——山东金融业支持台儿庄抗战文化产业发展纪实》，《中国金融家》2015年第9期。

② 《益智录》卷三。

（三）时人对货币的看法

货币是商品流通与交换的媒介。由于所处经济发展阶段不同，或由于所处历史时代不同，古人对货币流通持有不同的看法。如西晋鲁褒通过《钱神论》一文表达了货币产生初期人们对货币职能的盲目崇拜，唐代张说通过《钱本草》一文把铜钱喻为包治百病的灵方妙药，元代高则诚通过《乌宝传》一文对纸币流通进行了拟人化的分析与批判。

明清时期，山东运河城市处于繁盛状态，商品与货币流通极为发达，其中也孕育了很多接地气的咏钱诗文。如清代乾隆年间微山南阳人马西华通过《钱赋》一文表达了时人对铜钱的喜爱与憎恶。

> 钱钱，你本是国宝流远，万事你当先，你内方是地，外圆象天。你无翼能飞，无手能攀，周游四海，运用无边。有了你许多方便，没了你倍受熬煎；有了你精神刚健，没了你憔悴恹然；有了你夫妻和睦，没有你妻离夫散；有了你亲朋笃乡，没了你骨肉冷淡。见几个登山涉水，见几个鸡鸣观天，见几个抛妻别子，见几个背却椿萱，见几个游浪江湖，见几个千里为官，见几个为娼为盗，见几个昼夜赌钱，谁不为钱？说什么学富五车，七步成篇；说什么文崇北斗，才交邱山；论什么圣贤名训，朱子格言；讲什么穷理尽情，学买人天。有钱时人人钦敬，无钱时个个憎嫌。钱钱，你性太偏，你喜的是富贵，恶的是贫贱；看来有无都被你牵连；钱钱，你不是明镜，不是圣贤，倒有些平衡，有些威权。能使人掀天揭地，能使人平地登天，能使人不第为官，能使人颠倒是非，能使人为贱为贵；因此钱人人爱恋，个个欲贪。人为你能灭天地，人为你败坏纲常，人为你冷灰复燃，人为你忘却廉耻，人为你无故生端，人为你舍生忘命，人为你平地作颠，人为你天涯遍走，人为你昼夜不眠。钱钱，人人为你挂牵，出言你当先，成也是你，败也是你，何不思钱想钱？钱钱，你去我不烦，你来我不欢，绝不被你颠神乱志，废寝忘餐，从今以后，休说那有钱无钱！钱钱，你易我难，大限到来买不还，人人都一般，到不如学一个居易候命，

随修安然，其不闻得机，有劳而获，有俭有攒，何必思钱想钱！

《钱赋》作者除阐述货币“周游四海，运用无边”等基本功能外，运用大量篇幅描写整个社会因被金钱所挟持而导致的各种不良后果，如“妻离夫散”“为娼为盗”“败坏纲常”“无故生端”等。最后，作者表明了自己的货币观，“你去我不烦，你来我不欢，绝不被你颠神乱志，废寝忘餐”，即不为金钱所累，做到“有劳而获，有俭有攒”。

除了马西华的《钱赋》，清代著名政治家刘墉撰写的《咏钱》一诗也很有意思。“小小怜阿堵，方圆取象精。谁言能使鬼，何物顿呼兄。姹女差堪数，官娃合解争。王郎编太满，沈令制偏轻。榆荚飘难似，溪荷叠未成。蚨为双翼化，童说五铢名。歌笑空囊在，江流一个清。非珠烦缕贯，有字亦金声。古比尊罍玩，新同钞币行。顺时权子母，圜法贵持平。”[①]《咏钱》诗侧重于描述历代货币制度与货币政策的演变，包括轻钱与重钱的关系、铜钱与钞币的关系、货币发行与回笼的关系等。《咏钱》诗强调货币治理，较之历代的咏钱诗赋要深刻许多。

① 《刘文清公遗集》卷六。

第九章　近代山东的商业与贸易(上)

1840 年是中国封建社会发展史上的转折点,然而,经济的转折滞后于政治的转折。直到 1856 年之前,晚清政府始终严防山东沿海与国外的商业贸易。1856 年,英法发动第二次鸦片战争,晚清政府战败后,被迫签订《天津条约》,规定包括登州(蓬莱)在内的 10 个沿海港口开放为通商口岸。1861 年,英国驻登州领事马礼逊经过详细考察,认为登州港口水浅,没有船舶避风场所,不能顺利开展贸易。于是要求具有优越的地理位置和优良港湾的烟台取代登州。烟台开埠后,山东传统的商业布局开始改变,走上了商业贸易近代化的道路。

一、近代商业发展的经济基础

商业发展需要物质基础。近代山东农业、手工业的发展为山东商业的发展奠定了物质基础,为商业的发展提供了商品保障。现代交通、通讯业的发展则为商业的发展提供了巨大的商品需求。

(一)近代山东农业的发展

近代以来,山东农业继续发展,由于农业耕作方法的改进、作物品种的改良等,粮食单位面积产量有所提高,这为粮食的商品化发展提供了条件。

表 9-1　　清代各朝山东省田地数

朝代	田地数(亩)①	人口数②	人均田地
顺治十八年(1661)	74,133,665	8,529,228	8.69
康熙二十四年(1685)	92,526,840	10,231,686	9.04
雍正二年(1724)	99,258,674	20,945,710	4.74
乾隆十八年(1753)	99,347,263	24,095,870	4.12
嘉庆十七年(1812)	98,634,511	29,060,120	3.39
咸丰元年(1851)	98,472,844	33,382,486	2.95
同治十二年(1873)	98,472,846	35,342,267	2.79
光绪十三年(1887)	125,941,301	36,822,429	3.42

田地数增长率=(当期田地数-上期田地数)/上期田地数,人口增长率=(当期人口数-上期人口数)/上期人口数。测算康熙二十四年、雍正二年、乾隆十八年、嘉庆十七年、咸丰元年、同治十二年、光绪十三年较上期田地增长率为24.8%、7.3%、0.9%、-0.7%、-1.6%、0、27.9%,人口的同比增长率为20.0%、104.7%、15%、20.6%、14.9%、5.9%、4.2%。可见,在清代,山东的人口经历了一个加速的过程,人口的增加带来土地耕种面积的增加,但田地数的增长远远低于人口的增加速度。按照英国学者马尔萨斯的推论,生活资料的增长慢于人口的增长速度,所以贫穷是人类不可改变的命运,多出的人口总是要以饥荒、瘟疫、战争等方式被消灭掉,人口不能超出相应的农业发展水平。可是,到近代,在耕地面积不能进一步增加的前提下,中国人口数依然增加,人地矛盾并未像马尔萨斯所预言的那般悲壮。求其原因,正是山东近代机器工业的兴起、农业耕作方法及种植结构的改进和调整、作物品种的引进与改良等因素提高了单位面积粮食产量,从而使土地的负载能力大大增强。

山东的粮食作物从明代中后期就实行两年三熟制,到清康熙年间(1662—1722)已极为普遍。如康熙《巨野县志》卷七所载:"种植五谷以十亩为率,大约二麦居六,秋禾居四……二麦种于秋后,小麦更多,先大麦播

① 梁方仲编著:《中国历代户口、田地、田赋统计》,中华书局2008年版,第530页。
② 赵文林、谢淑君:《中国人口史》,人民出版社1988年版,第407—409页。

种，历冬至夏五月收刈。”咸丰年间（1851—1861），像沂水这样土地条件较差的地区也是“两年三收，初次种麦，麦后种豆，豆后种蜀黍、谷子、黍稷等”。麦豆复种可以提高土壤肥力，增加土地总产量，同时也可以提高商品率，为粮食的商品化发展奠定基础。每到麦收时节，外地商人纷纷赴产地收购，“黄豆黑豆最为民利，与麦同重。……晚秋丰获，输租税毕婚嫁皆持以为资”①。

近代以来，山东农业的突出变化是，经济作物种植面积的扩大，专业化和商品化的程度加深。近代棉花需求量的增长和价格的提高，促进了棉花种植面积的扩大和种植区域的日益广泛。不仅原有的植棉区扩大了种植面积，许多原来不种棉花的地区也开始种植棉花。除棉花外，花生、烟草等经济作物的种植面积也迅速扩大。农作物的集中种植方面，如鲁中和鲁南地区的烟草种植，鲁西、鲁北、鲁西南地区的棉花种植等向专业化种植发展。这些经济作物被纳入商品生产和流通领域，商品化程度加深。

（二）近代山东手工业与工业的发展

山东自古以来传统手工业发达，《古今图书集成·职方典·东昌府物产考》记载：“临清工组，织帕幔，备极绮丽，转鬻他方”，“羊裘、毡罽出自临清者佳”，“毡，出东昌临清者甲于他处”。河北宣化有“临清布帛铺”，远销外地。济南的手工业，有烟草业、铜器业、竹器业、皮革业、酱菜业、酿酒业等，济南的皮革销往江南各地。周村的手工业产品也非常丰富，有粗布、绢丝、铜器、镜子、木梳、毡帽、酿酒、药材等。近代以来，随着外国商品的进入，传统手工业品开始卷入商品市场，并且会随国际、国内市场的需要而发展或萎缩。如从1850年开始，掖县草帽辫出口畅销欧美，1915年，获巴拿马太平洋万国博览会金奖，于是山东烟台、新城（今山东桓台）、寿光、乐陵、马头（今郯城县马头镇）等地草帽辫的制作一度极为兴盛。而一战时期，欧洲市场的草帽辫贸易衰落，山东的草帽辫生产也因出口受挫而衰落。1860年，招远粉丝由龙口港出口，很受市场欢迎，俗称“龙口粉丝”，于是粉丝生产成为烟

---

① 《临朐县志》卷八，《物产》。

台一带的重要手工业。20 世纪 20 年代，烟台文登、牟平、福山等地因丝价高昂，农民竞相养蚕，到处是纩丝厂，但 1931 年以后，丝价骤落，于是农民纷纷改种价格更高的烟叶。

外国商品的涌入对传统手工业冲击很大。例如，洋靛的大量输入也曾使山东土靛出口大幅度下降。棉纺织业是传统手工业部门的代表之一，但随着洋纱和洋布的大量进口，对传统的手工纺织业构成严重威胁。烟台开埠前后，外国机制棉纱和棉布就开始涌入山东，一步步夺占了土纱、土布市场。1886 年，烟台进口的印度孟买棉纱是 56725 担，这个数目“五倍于 1882 年的进口量”。1867 年，烟台进口棉布已接近 55 万匹。1872 年，棉布进口达 100 余万匹。洋纱的价格比棉花的价格低，所以用洋纱织布比用中国人自纺的纱合算，青岛开埠以及胶济铁路修建后外国纺织品进一步涌入内地市场。到 1905 年，由青岛运入内地的洋纱、洋布分别为 10.5 万担和 127.4 万匹，其中运入潍县及其附近地区的棉布 40.6 万匹、棉纱7.16 万担，运入周村及其附近地区的棉布61.2万匹、棉纱2.25万担，运入济南及附近地区的棉布 25.2 万匹、棉纱 7670 担。洋纱、洋布的进口，严重影响了山东的传统纺纱织布业，各地县志中所记载停纺土纱、改用洋纱，停织土布、改用洋布现象在 20 世纪初已非常普遍。例如邹县“自洋纱畅销，而邹县之纺业顿失”；滕县“织户全用洋纱，妇女之纺车久歇矣”；莱阳农家妇女“往岁大半纺纱”，但在洋纱冲击下，纺纱“久经停歇”。随着手工纺纱业的停歇破产，大批手工织布不得不放弃纺纱，转而购用洋纱织布。临淄织布一向为手工出产大宗，但织布原料“用洋线者三之二”。安丘“棉布为常产大宗，旧用土线，今年皆用洋纱”。高宛（今淄博高青县）“境内织工颇多，半用洋棉，其土棉亦甚属寥寥耳”。即便是在一些土纱业仍能勉强得以维持的地区，由于洋纱的竞争，土纱价格持续下跌，也呈现难以为继的趋势。潍县一带是山东最著名的手工业棉织区，日商为争夺市场，在潍县设立商行，推销日产棉纱。因其无须缴纳营业税及各项捐税，价格便宜，当地机户都愿购买。故日本在青岛各厂所产之纱，一半运销潍县，严重地排挤了当地土纱。土布业到 19 世纪末继而受到冲击，“此种旧式之纺织，遂至逐渐消灭”。“在昔妇女专纺织，洋货甚少,故常用者为土布……清末,……国产日稀。”[①]福山因地处烟台口岸境内,所受洋货冲击较之其他地区尤为严重,该县“自洋线洋布入口”,手工纺织业遂“大衰”。在广大内地,手工纺织业的破产对人民的生活造成了严重影响。在馆陶,原先妇女多以纺织为业,到清代末年洋布洋线盛行以后,专务纺织的妇女人数减少;以盛产土布闻名的陵县,“清之中叶,出产白粗布最多,当时滋博店、神头镇、凤凰店各街有布店七座,资本雄厚,购买白粗布运销辽沈,全县收入颇有可观……女子均有工可作,家计不无小補且可免群居无事。……迄机器纺纱输入内地,白粗布销路顿形滞澁,渐至断绝,全县手工业无形破产,农民经济影响甚巨”[②],桓台县“旧惟妇女纺线织为粗布、小布,粗布销本地,小布销外境,自洋线洋布兴,此业遂归淘汰,民生益困”[③]。为争夺土布市场,日商甚至直接仿照当地土布式样,采用机器纺织,产布运至潍县一带出售。机织土布比原土布宽2寸多,且价格便宜得多,所以销路很畅,销量日益增加。1931年运至潍县的机织布为726吨,1933年即猛增至2979吨,相当于潍县所产土布最盛时6000吨的近一半。[④]

在外国商品大量输入的冲击下,传统手工业缓慢向近代工业转型。到20世纪初,凡是有外国商品大量进口的地方,传统手工业生产都不同程度地受到排挤。受到倾轧的手工业者有两条道路:第一,纷纷采用机器生产向近代工业转型,如民国年间,潍县拥有铁轮机达到5万台,从业人员10余万人,并且出现了专门制造织布机、漂染整理布匹的工厂10余家,形成了相对完整的织染漂产业链,成为改良土布业的后起之秀;第二,步步退却,直到最后陷入破产的境地,大量的手工业部门因不适应市场的竞争而日渐消失。

到1913年,华商在山东开办的近代工厂共有991家,主要分布在矿山、酿酒、缫丝、火柴、烟草等行业。[⑤] 近代工业主要集中在烟台、济南、青岛等沿

---

① 《黄县志》卷四。

② 《陵县续志》卷三。

③ 《桓台志略·法制》

④ 章有义编:《中国近代农业史资料》(第3辑),生活·读书·新知三联书店1957年版,第423页。

⑤ 张玉法:《中国现代化的区域研究·山东省(1860—1916年)》,台湾“中研院”近代史研究所,1982年,第546页。

海、铁路沿线一带。

（三）近代山东交通运输业与邮政通讯业的发展

交通运输业与邮政通讯业同属于商业的辅助部门，是商业信息及产品运转的重要载体。近代交通运输业主要包括轮船航运业、公路运输业、铁路运输业，邮政通讯业主要包括电报业和电话业。交通运输业扩大了商品运输量和流通范围，加速了商品周转，使商业贸易更加活跃。邮政通讯业则加速了信息交流，便于工商业者掌握市场动态，快速调剂物资和组织生产。二者的设立为山东商业贸易的发展创造了良好的条件。

1. 航运

18 世纪后期，上海就开辟了上海至芝罘的北洋航线，至 1861 年烟台开埠，外资航运业涌入烟台。外国轮船业在山东的青岛、烟台和龙口等对外通商口岸率先发展起来。随后，以轮船招商总局为代表的华资航运企业也得以发展。1873 年，轮船招商总局在烟台设立分局，打破了外资航运业在山东的垄断，开通烟台到牛庄、天津、上海、福州、台湾、厦门、汕头、香港、日本、爪哇等地的航线。1882 年，烟台与朝鲜建立贸易关系，开始有定期班轮往来。1893 年，华侨轮船公司成立，开通上海—烟台—仁川定期航班。一战前后，国民政府为了建立新经济制度，也采取了许多有利于经济发展的措施。国内外的良好局势为经济发展提供了有利时机。山东沿海航运业格局发生了重大变化，民族航运业有所发展。1928 年，轮船招商总局在青岛设立分局，20 世纪 30 年代，青岛华资轮船公司达到 20 家，烟台达到 26 家。

图 9－1　上海轮船招商总局旧址

政记轮船公司是 20 世纪初华北地区最大的华资航运企业。该公司是

图9-2　大连政记轮船公司办公楼原址(曾位于大连市中山区长江路)

1904年由山东文登人张本政创建的,也是近代烟台首家轮船航运企业。企业创办之初,仅有轮船一艘,资本4万银元,1000吨位,定期往返于丹东、烟台和大连之间。到1911年,企业拥有8艘轮船,资本8万银元,业务也不断扩展。一战开始,欧美自顾不暇,外资航运业在烟台处于停顿状态,政记轮船公司趁机扩展业务,利润最高时平均每分钟收入100银元。①到一战结束,政记轮船公司跃居华北航运业之首,客货轮15艘,总吨位12000吨以上,航运范围远至日本、东南亚一带。1920年,政记轮船公司改组为烟台政记轮船股份有限公司,业务进入飞跃发展时期。1923年,公司由烟台迁往大连(图9-2)。张本政由日俄战争发迹,在中日战争中沦为汉奸,1943年,大连政记轮船公司改称大连政记轮船株式会社,1945年8月日本投降后,该公司倒闭,张本政被处决。

1898年,德国人斥资约5000万马克维修青岛港,使其成为东亚地区设备最为完善的港口。1901年,德国汉美轮船公司开辟青岛第一条远洋航线。1908年,日本轮船开通神户到青岛、香港到青岛的定期航班。到1910年,青岛与远至欧洲的国内外港口都有航线联系,与国内和世界各地的联系也越来越密切。

除烟台、青岛设有较大规模的轮船公司外,威海卫、牟平、掖县、海阳、诸城、日照、无棣等地也实现通航。海运线路的相继开通,促进了山东对外贸

① 宋玉娥、胡守义:《政记轮船公司》,载唐功文等编《烟台文史资料》(第二十四辑),中国文史出版社2004年版,第13页。

易的发展。

2. 公路与铁路业

公路与铁路是整个交通运输业的重要基础设施之一，也是区域商业贸易的重要载体之一。山东的陆路交通自古已有四通八达的官道和大路。

近代公路的修建与汽车运输业的发展是相辅相成的。1904年，德国在青岛动工修筑了由台东镇至崂山柳树台的台柳公路。该公路全长30余公里，成为山东乃至全国最早通行汽车的公路。继德国人在山东修建现代公路后，山东当局也通令各县修建县道及镇道、村道，并要求各县将旧有官道改善加宽作为县道，使各县、各镇之间有完备的公路网络。1922年，山东修筑成烟潍路，为山东省第一条横贯山东半岛的公路，东起烟台，经福山、蓬莱、黄县、龙口、莱州、昌邑，西止潍坊。修筑烟潍公路需要资金与土地，资金匮乏的北洋政府发行地价债券48万元，分100元、50元、10元、5元、1元五种，券上注明“交通部烟潍路”“短期债券”等字样（图9－3），每年以抽签方式偿还。1937年以前，山东共有公路6183公里。

图9－3　北洋政府时期山东地方政府为修建烟潍公路发行的壹圆债券

作为商业的重要载体，铁路的出现与发展，无疑大大推动了近代山东交通运输业的发展。1937年以前，山东境内的铁路主要有胶济铁路和津浦铁路两条，构成山东陆上交通的两大动脉。胶济铁路1899年开工，1904年全线通车。青岛至济南干线总长为

图9－4　济南老火车站位于胶济铁路的西起点，曾是亚洲最大的火车站，1992年被拆除

395.284公里(图9－4)。1912年9月,孙中山以全国铁路督办的身份,由北京南下,从济南到青岛,沿途视察胶济铁路。津浦铁路是穿越山东南北的另一条重要铁路干线。始建于1908年(清光绪三十四年),于1912年(民国元年)全线筑成通车,是中国南北的要冲,北起天津,南至浦口,与沪宁线隔江相望,中经沧县、德州、济南、泰安、兖州、临城、徐州、宿县、蚌埠、滁县等,全长1009.48公里,是华北通向华东的主要干线,也是一条重要的南北干线。

另外,1905年,山东农工商务局修建胶济铁路小清河支线,全长4.42公里;1912年,在济宁士绅的推动下,兖州专达济宁的津浦路"兖济支线"建成通车;1912年,商办台儿庄至枣庄的台枣铁路竣工通车。1912年年底,黄河洛口大桥建成通车,津浦铁路全线贯通,结束了以黄河为界分南北两段通车的局面。铁路与济南商埠接轨,交通更加顺畅,客货运输能力也大大提高。

3.邮政通讯业

作为传递经济信息的载体,邮政事业以其独特的功能促进了商业的近代化。邮政通讯业是指通过邮政、电报、电话传递信息以达到通信目的的部门。山东近代邮政通讯业最初是出于军事的动机,但发展起来以后,对商业的促进作用不言而喻。

邮政主要指的是以传递信函为主的通信事业。山东传统的为民间通信而设立的机构被称为民信局。民信局在邮政还未出现及其出现以后初期,一直在承担中国民众的通信任务。1934年国民政府交通部统一邮政业务,民信局结束了其历史使命。山东近代邮政最先发轫于烟台。1855年,福州正大民信局开设烟台分局,为境内第一家私营邮政机构。1868年,烟台东海关设邮务办事处。1878年,清政府总理衙门在北京、天津、上海、烟台和牛庄五个城市试办邮政,山东省第一个国办邮政机构——烟台邮局成立,归海关管理。外文信件的处理由海关书信馆负责,另设华洋书信馆处理中文信件。华洋书信馆在山东发展很快,济南、周村、德州相继设立分支机构,并专门设立马班运送邮件。邮政官局建立以后,把民信局视为最主要的竞争对手。如1891年,据烟台海关报告,通过海关邮局寄递的中文信件每年有二三千封,使用邮局的大多是外国人,中国人习惯通过民信局进行信件寄递。1896 年,大清邮政正式开办。烟台海关邮局被改编为山东省邮局,1899 年青岛邮局和济南邮局相继建立。围绕着烟台、济南、青岛三个中心,邮政官局从城市逐渐扩展至全省各州县。1914 年设山东邮务管理局,管理全省邮务。

电话、电报则是利用有线电、无线电等电磁系统传递符号、文字、图像等信息的通信方式。1881 年,清政府架设津沪电报线,沿途经过山东济宁、临清,由此在两地设电报分局,是山东电报行业的开端。1885 年济南、烟台、德州电报分局成立,1887 年胶州始设电报局。1900 年,丹麦大北、英国大东水线公司,擅自铺设上海至烟台,烟台至大沽、旅大、威海的电报水线(海底电缆),并在烟台设电报局。同年,德国人也铺设了青岛至上海、烟台的海底电缆,成立青岛德国电报局。1906 年至 1907 年,潍县至胶州沿胶济铁路线架设电报线路,胶州对外电报线路除至青岛、沙河、烟台线外,又增加至高密、潍县、济南线。至 1935 年,山东设有济南、青岛等电报局 2 处,烟台、济宁三等电报局 2 处,另有四等电报局 5 处,电报线路总长度为 4571.2 公里。电报局的建立,有利于更快捷地接收商业信息。

山东最早安装电话的城市是青岛和烟台,都是 1899 年由德国人开办的。1902 年,济南兴办官办电话局,在省抚院各衙门内安装电话设备,形成了小规模的电话网,这是山东最早自办的市内电话网。1909 年,烟台设立市内电话交换机构,1910 年,正式成立烟台电话局。1922 年,中国政府收回青岛、胶州、李村、沧口、四方等地的日本电话局,设立胶澳商埠电话局。1935 年,山东全省 108 县全部开通省办长途电话。1936 年,烟台电话局并归烟台电报局,改称烟台电信局。抗战之前的山东邮政、有线电报、无线电报、电话通讯等领域也都有长足的发展,处于全国前列。

近代山东的铁路、公路、航运、邮政、电话、电报等部门得以建立,交通建设初步形成了水陆空的立体网络。交通运输与邮政通讯业的发展,扩大了商品运输量和流通范围,加速了商业信息的交流,提高了效率,加速了商业贸易的发展。商业贸易开始具备现代商贸的雏形。

二、传统商业向近代商业的转变

（一）新旧商业中心的交替

随着西方列强的经济入侵，近代山东的商业中心开始更新演变，各地市县均有商业市镇兴起，为数众多的市集星罗棋布，近代紧密庞大的商业体系逐步形成。

1829年，包世臣将西部运河沿岸列为经济繁华之所，“闸河，以台庄入东境，为商贾所聚，而夏镇、而南阳、而济宁、而张秋、而阿城、而东昌、而临清，皆为水马头。而济宁为尤大，与济南、长山之周村相埒”[①]。1850年前后，山东地区的商业中心主要集中在烟台、胶州、周村、潍县及西部运河沿岸地区。《胶济铁路调查报告总编》卷下载：“清光绪末叶，鲁省经济发达，民阜物殷，交易极盛。惟时，省内商业中心为烟台、胶州、周村、潍县四处。”[②]

西部运河沿岸地区在传统经济时期曾是山东省省内的重要经济中心。这里有鲁西平原这个粮食主产区，而且有便利的运河交通。1850年以前，这里人口密集，交通便利，工商业发达。临清、济宁、聊城、德州等都是重要的商业中心。其中临清是山东运河沿岸最大的商业城市，居运河要冲，商贾云集，是冀鲁豫三省主要的经济枢纽和粮食流通中心；济宁曾是明代全国32个大城市之一，“南通江淮，北达京畿”，“百货萃聚”，是南北货物的集散地；聊城是鲁西北东昌府的流通中心，与山陕、辽东的关系紧密；德州则由军事重镇发展而来，因运河漕运必经，被称为“九达天衢”。但是，随着太平天国的北伐战争和运河堵塞，运河沿岸的工商业经济开始衰落。待到近代山东沿海各口岸相继开放及胶济铁路的修建，运河地区的商业中心地位迅速被取代。

烟台的商业从1826年清政府用海运转运漕粮开始兴起，各大商帮开始往来烟台进行各种商品的转运，随着经营规模的扩大，逐渐在烟台设立行栈。鸦片战争以后，抵达烟台的商船开始贩运洋货。1843年8月，山东巡抚

---

① 包世臣：《安吴四种》卷六，《闸河日记》。

② 《胶济铁路调查报告总编》卷下《商业》。

梁宝常向清政府奏报，荣城、文登、福山等县海面上发现有双桅外国舰停泊，与商民贸易。清政府令山东巡抚严禁各海口商贩与外国船私相交易。① 但是从1859年起，外籍商船开始混入广州商船中驶入烟台港私行贸易。因烟台港贸易而征收的税银约占登州府税额的一半，清政府还在烟台对过往船只和货物征收厘金。1861年，烟台成为通商口岸，8月22日，直隶候补知府王启增主持烟台对外开放仪式，宣布筹建东海关。1863年，英国人汉南首任东海关税务司署税务司。自此，烟台迅速发展为山东乃至中国北方重要的商业中心。

胶州，因胶水"水色如胶"而得名。胶州在唐宋已是全国闻名的重要出海口，被称为海上丝绸之路的起点。及至明清，胶州的海上贸易更为发达。有一句民谚，"金胶州，银潍县，铁打的周村"，证明了胶州在近代以前是兴盛的商业中心。到了近代，德国人把青岛规划为远东的重要军事港口和自由贸易港，随着胶济铁路全线贯通，胶州的海上贸易再度兴盛。

周村东南面的临朐县、诸城县是重要的产丝基地，北面的邹平县、博兴县是产棉区，南面的博山则是产煤、制瓷、制陶的中心地区，这些地方所产物品多以周村为中心集散地。因此，到乾嘉时代，周村发展为商业手工业城市，"三、八日小集，四、九日大集"，"商贾云集"，被称为"旱码头"。到近代，伴随烟台港的兴盛，周村成为丝业生产中心及商业贸易中心。丝织品和草帽辫经周村运往烟台出口，从烟台进口的棉纱经周村转售鲁中南各地。

潍县历史上和胶州一样是商业市镇。清中期郑板桥称："云外清歌花外笛，潍州原是小苏州"，"若论五都兼百货，自然潍县甲青齐"。近代前期潍县依然是山东重要的经济枢纽，是沿海与内地贸易的转运中心。

1860年到1932年，随着烟台、青岛等沿海城市和济南、潍县、周村等内陆城市先后对外开放，以及胶济铁路的修建与通车，山东近代的商业中心逐

---

① 烟台市地方史志编纂委员会办公室编：《烟台市志（上卷）》，科学普及出版社1994年版，第11页。

渐转移至青岛、济南、烟台及胶济铁路沿线地区。自胶济铁路通车以来，德国极力在胶澳地区扩展经济势力，青岛逐渐成为山东的物产集散地及华北贸易输出大港，并成为山东第一商业中心。烟台有烟潍公路、青烟公路辅助烟台港进行对外贸易，虽然发展水平不及青岛，但依然商业繁荣。济南作为省会城市，制造业不发达，但地处胶济铁路、津浦铁路交汇点，成为山东首屈一指的货物转运枢纽，也成为重要的商业中心。同时，绝大多数商埠都分布在沿海及胶济铁路沿线，半岛地区有四个，即烟台、青岛、威海、龙口，胶济铁路沿线有三个，即济南、周村、潍县。上述城市临近港口或铁路，与外部市场联系紧密，信息畅通，因而日益成为新兴商业中心。

可见，随着近代产业的兴起，沿海、胶济铁路沿线很快便超越西部运河地区而后来居上。山东近代工场手工业比较发达的地区和近代山东最大的农产品加工市场和最重要的工业地带强强联合，山东东、北部必然成为经济及商业的中心。这种格局长期存在，并对今天山东的经济地理产生了深远的影响。

（二）商业市镇与集市

除大的商业中心外，商业中心周边以及每个县市都兴起了数十个商业市镇。例如，黄县就是随着胶东半岛经济区崛起而兴起的商业市镇，城内“居肆而贾者，东街有衣肆，南关有粮肆，西关列肆数百，银钱之肆多至数十，闽广苏杭西洋巧丽之物，靡不毕有，俨然一小都会矣”①。据实业部统计，当时“全省商业市镇共计有八百五十六处。所有商店约二万二千数百家（潍县未详）”②。近代市镇的形成往往有其特殊的契机。如 1905 年，胶济铁路通车，在淄博辛店设站，每天有 8 对货车、4 对客车经停，于是此处开始形成客商货物的集散处，大约十年后的 1915 年，围绕辛店站，形成各种百货店、客栈、菜馆、商铺合计 50 余家的小市镇雏形。到 1936 年，辛店站已有较大货栈 4 家、炭栈 17 家、客栈 10 家、银号 20 余家、杂货店 8 家、百货店

---

① 同治《黄县志》卷三，《食货志》。

② 实业部国际贸易局编：《中国实业志·山东省》（乙），宗青图书公司 1934 年版，第 124 页。

3 家、茶庄 1 家、五金铁器铺 2 家……市区面积已达 1.5 平方公里，成为鲁中知名的经济重镇之一。①

另外，近代山东地区还出现了许多专业化的市镇，例如泰安大汶口是花生产品专业市场，牟平、益都、栖霞与昌邑柳疃是丝织专业市场，掖县沙河镇是草帽辫专业市场等。近代山东半岛和胶济铁路沿线地区，始终处在烟台或青岛港的直接辐射之下，加之农业和工业也大都布局在这一核心地带，因此这一地区市场网络发育成熟，是各大市镇的集中之地。

县镇中的集市是商业的最基层单位。集市在中国起源很早，"日中为市"，"交易而退，各得其所"。早在明清，山东各商业市镇既有固定地点的集市，也有固定时间的集市。如鲁中山区的颜神镇是工矿业区，大量铁制品、陶瓷、煤炭、琉璃等需要输出，粮食、布帛需要输入。到近代，县镇中形成了自然商业区与集市，如孝妇大街"居民稠密，商货往来，多由于此"。利津在明代弘治年间（1488—1505）建张里长屯集，到嘉靖年间（1522—1566），共有集市七处。集市一般有固定开集时间，如《沾化县志》所载，"四关集以三八轮转，一六小集在县署前。流钟镇集一六，黄升镇集二七，泊头镇集一六，富国镇集五十，利国镇集三八，邢家集五十，新集镇集四九，丰氏镇集二七……"。随着近代商品经济的发展，山东第一大集市——淄川大集在民国期间就盛极一时。因淄川西近省城、东连胶莱的地理位置，吸引东北和邻近 11 省市的商贩来此经商。淄川大集以西关为核心，固定的商号、货铺 50 多家，农历一、六日集市时，设摊商贩约 500 人。1940 年，淄川大集还建立"下河滩戏院"，活跃商旅的娱乐生活，大集更加热闹非凡。同样闻名的还有周村大集。明清以来，周村百业兴盛，立集之后，立即成为货物集散地。明崇祯时期（1628—1644）形成"四、九"大集，清乾隆年间（1736—1795）增加"二、七"大集，近代，又形成"三、八"小集，成为鲁中北部第一大集市。

与此同时，商业活动还集中于"庙会"。庙会以祈神、祈福为主旨，吸引着大量香客，但因开设时间多集中在春耕之前或秋收之后的农闲时期，所以

① 李障天、阎象吉主编：《淄博经济史料》，中国文史出版社 1990 年版，第 208—211 页。

人们利用这个时候出售各种手工制品,其贸易功能不可小觑。如明万历年间临邑县的娘娘庙会,“远近咸集”,“近庙三里井汲皆竭”,可见游者之众,庙会吸引各地商人们聚集于此。又如沾化有“妙相寺会,在寺前三月十八日;药王庙会,在南广四月二十三日;城隍庙会,在西关街七月初七日;三官庙会,在北关十月十八日……”[①]。淄博的庙会以博山的辰巳山庙会为代表,“以夏历四月十五为会期,为农用物品市场”,一直延续到新中国成立后。庙会的商家以贩夫贩妇为主,流动经营,出售的东西一般是农具、铁器、草席、陶器等日用物品,可以弥补集市商品种类的不足。集市数量少而且规模小的地区,对于庙会的依赖性就强。所以,庙会成为我国传统的物资交流形式之一。

近代以来,集市数量、规模与范围远远超越明清。如栖霞臧家镇,每到集期,邻县蓬莱、福山、本县以及烟台的商人都来此赶集,兴盛时每日有汽车往返于烟台和臧家镇。泰山农历四月初十至二十日的庙会,可谓山东土产推介会,有山东磨刀石、粗白棉、柳条器等当地产品[②]。

从张利民等学者所搜集的数据可见,山东明代 42 个州县,有 704 个集市;清初 64 个州县,有 1126 个集市;清中叶 74 个州县,有 1580 个集市;清末 56 个州县,有 1555 个集市。从每州县拥有的集市数量来看,集市一直到晚清,处于迅速增长的态势。除此,集市的开市频率一般每集一月六至十次,集市越多,商业贸易越繁盛。

表 9 – 2　　**明清山东集市发展状况**[③]

	明代 (嘉靖—万历)	清初 (顺治—雍正)	清中叶 (乾隆—道光)	清末 (咸丰—宣统)
州县数	42	64	74	56
集市数	704	1126	1580	1555
州县平均集市数	16.76	17.59	21.35	27.77

① 民国《沾化县志》,第 142 页。

② 章有义编:《中国近代农业史资料》第 2 辑,生活 · 读书 · 新知三联书店 1957 年版,第 273 页。

③ 张利民等:《近代环渤海地区经济与社会研究》,天津社会科学院出版社 2003 年版,第 95—96 页。

然而，据1933年对山东邹平七市镇的调查发现，“赶集者”越来越少，定期市集衰退，而市镇中的商店和店铺都有增加。究其原因，正是商品化大潮席卷下，人民越来越依赖市场，需要市集间隔日期缩短，逐渐成为每天营业的固定市场，以满足人们的日常交易。①

（三）传统商业组织继续发展

1. 牙行

牙行是典型的传统商业组织之一。古代和近代从事贸易中介的商业组织被称为牙人或牙行。秦汉称驵、驵侩，唐五代称牙、牙郎、牙侩，宋元明清又有引领百姓、经纪、行老之称，一般称之为牙人。明代嘉靖时始称行。近代牙行有两种类型：一是单纯的买卖中介。他们负责评估物价、主持交易，然后从买卖双方各提取一定佣金（外佣、内佣）。“凡为商贾买卖之介绍者曰牙，处于供给与需用者之间，代客买卖货物，交互说明，以抽取费者是曰牙行。”这类牙行还代替政府监督管理客商船户，促成交易后，要“附写客商船户籍贯姓名、路引字号、货物数目，每月赴官查照”②。二是有自己的商铺，在一定行业中进行产品的收购与销售。这种类型的牙行一般拥有雄厚的资金，从事代购代销经纪业务，有的还自营购销，获利颇丰，在传统与近代的转换中最易适应时代的变迁。牙行同时还承担着为政府征收课税的职责，清代各州县对于集市一般不设专职征收人员，于是“业牙行者，纳费领帖，按年缴纳课程，是为牙税”，牙行向官府缴纳费用领取牙帖，凭牙帖可以在一定范围内向商贩征税，“贩夫贩妇无一不征”。牙行在山东有着悠久的历史，直到新中国成立之初，在商品流通领域一直发挥作用，具有顽强的生命力。如《济宁风俗通览》所记牙行，“斗户是经县衙门批准，在集上专门充当买卖粮食、花生、枣等生意的中间人，如有人买粮食，卖粮食的必须把盛粮食的口袋背到斗户设的摊前，摊子地上铺席，席上放升、斗。如买粮人要一斗，卖粮人

---

① 章有义编：《中国近代农业史资料》（第2辑），生活·读书·新知三联书店1957年版，第275页。

② 《清朝文献通考》卷二一。

把粮食倒进斗里，必须冒尖，斗户用刮子一刮，斗里的粮食归买主，买主付给卖粮食的钱，刮落在席上的粮食则归斗户”①。明清时期，政府对市镇的税收管理主要依靠牙人和牙行。牙行领帖后需按年缴纳牙税，类似于西欧的包税商。省区越大，商业越繁盛，牙税就越多。光绪年间，惠民县16个市镇中，较大的省屯镇、青阳店、于家寨、淄角镇、李家庄、胡家集、永利镇等7个市镇设有牙行。据1912—1928年《中华民国商业档案》所记，山东从1915至1919五年间山东的牙税收入依次为169335元、151021元、250520元、235080元、213986元，占当时全国牙税收入的8.8%、7.9%、9.8%、9.7%、12.2%。② 可见山东商业贸易逐年繁盛。较小的市集，则不设牙行或不领司帖。牙行的存在具有双重作用。一方面，居间介绍，有利于商品交换的顺利进行；另一方面，牙行常利用买卖双方不熟悉市场行情的情况，从中牟取额外利润，伤害买卖双方的利益。如货未脱手而卖主急需钱用时，牙行放高利贷，货售后又不及时付款，以图利息；或是采取对买方预收货款以图利息等手段获取暴利。针对牙行的各种弊端，清政府也出台了一些监管措施，如为防止牙行太多，苦累商民，“饬令各该藩司，因地制宜，著为定额，报部存案……牙帖俱由藩司衙门颁发，不许州县滥给”③，严厉处罚牙人的违规行为，严格控制牙帖的发放。雍正初年，山东乐安县（今广饶）县令李方膺对该县集市牙行、税课进行了整顿：区分为“应纳课程者二十一行”，“不应纳课程者四十五行”，在全县42个集市中，仍保留牙行设置的有13集，革除牙行的则有29集。乾隆年间（1736—1795），额定牙帖的数字基本固定。到道光、咸丰年间，山东的牙帖数是5149个。

近代以来，牙行的弊端显现更多，比如增加交易费用，商人资本和小生产者不能直接结合等，牙行逐渐演变成为阻碍商业发展的力量。每遇大批成交时，牙行往往自顾不暇，耽误买卖，精明的商人便自行交易，照付佣金，牙行的中介职能进一步削弱。在新的历史条件下，传统的牙行逐渐发生分

① 山东省济宁市政协文史资料委员会编：《济宁风俗通览》，齐鲁书社2004年版，第393页。

② 中国第二历史档案馆，全宗号一〇二七，卷号244。

③ 《清朝文献通考》卷五三。

化。一方面，资金雄厚的牙行纷纷边做牙行，边做自营，迅速向商业资本家转换。另一方面，商铺为摆脱牙行控制，也凭自身财力买取牙帖，自兼牙行，自收自运。传统牙行日趋衰落，它们或转化为批发商，或改营货栈业，大量实力薄弱的牙行因不适应商品经济发展的需要而被市场淘汰。但在广大农村地区，由于现代商业发展不充分，所以牙行还发挥重要作用，这种情况一直持续到新中国成立前。

2. 旧式零售、批发商号

开埠前，传统旧式零售批发商号主要集中在国药、杂货、绸布、鞋帽、钱业等行业。资金雄厚者创建连锁商号，进行各种商品的零售批发。如道光初年烟台地区的大地主李秉和在胶州金口镇创设“来永春”“德春”“新春”等土产行、油坊、当铺。后来在济南、上海、天津等地开设122处“春”字号商铺。随着胶济铁路和津浦铁路的建成，农产品和手工业产品的商品交易量迅速增加，市场规模扩大。不少牙行鉴于市场交易收入丰厚，纷纷转而自营大宗买卖，转化为批发商或购销商。旧式零售批发商号后来逐渐向现代商业转化。

（1）花行。花行指专门经营棉花的商家。清末至民国初年，花行仅为代客买卖，收取佣金，无大规模经营行为。随着济南同省内外和海外贸易的发展，特别是第一次世界大战期间日本势力侵入山东设厂纺纱以后，济南成为华北棉花的采购中心，中外数家纱厂相继建立。由于对棉花的需求量猛增，于是纱厂将货款交给花行，由花行派人收购，传统经营棉花的花行变为棉花采购的买方代理人。1909年，东昌府堂邑镇棉商王协三在济南设立第一家花行——阜成信花行。此后，花行作为济南商业中规模较大的行业，1913年有9家，1927年增至57家，成为济南商业中“业务最发达者”之一。棉花价格受国际市场行情影响颇大，济南大的花行每天要打电话给日本大阪市场询问行情。

（2）牛市。近代山东各地均有买卖牛只的市场。“开市之日，附近村乡各运其所畜之牛，集于市场，以待买主，故凡该处卖出之生牛，皆此牛市场购来者。”①山东省内著名的牛市集中在茌平、平度、昌乐、莱阳、济南等地。民国初年,牛市逐渐被牛栈业取代。济南牛栈业在1915年前后生意极盛,仅申汇一项每日可有5万两银子的交易。此后四五年间,受第一次世界大战影响,业务有所下降,战后逐步恢复,1927年有专业牛栈25家,年出口3万头,虽然营业状况仍未达到1915年时的水平,但仍不失为济南商业中较大规模的新行业。

(3)杂货行。传统杂货行是商业分工不明确时代的产物,所以它的经营范围上至绸缎,下至葱蒜,几乎无所不包。清末济南杂货行经营批发业务的有五大家,即泰来栈、恒聚栈、致成栈、复兴栈、裕成栈;较大的门市部有乾德和、乾德祥、公祥、春和,其中乾德和有“杂货王”之称。同治年间,专营茶叶的茶庄从杂货店分离出来。此后,随着商业分工逐渐细化,越来越多的专业商店形成,许多杂货行转化为以经营中档商品为主的零售批发杂货庄。1933年3月,天津国货售品所在济南设立分所,专门销售国产布匹、文具、化妆品、搪瓷、橡胶等国货,资金充足,货源丰富。

(4)粮行。粮行是专门经营粮食购销的机构,历史悠久。济宁“人和粮行”创立于明末清初,乾隆年间达到鼎盛。粮行一般有店堂、柜房、住室、仓库,专人设摊售粮。济南粮行主要分布于南关及馆驿街一带,将曲阜、泗水的面粉,龙山、章丘等地的小米、杂粮运进济南城进行销售。到近代,因为济南、烟台成为山东两大粮食集散地,于是济南和烟台专门经销粮食的粮栈业迅速发展起来。粮栈规模远大于粮行,是当地商业资本专业经营粮食购销的机构,服务对象已经不是单个城市。济南粮栈多集中在经一路一带,1912—1915年粮食大宗交易均直接在胶济货场完成。粮栈属于专门的卖方代理人,粮食贩运商通过粮栈将粮食批发出去。1918年济南成立粮食公所,粮商把粮食存放在公所或粮栈内,买卖成交后,支付给公所或粮栈手续费。1919年济南专业粮栈已达50余家,20年代末30年代初,即使受“济南

---

① 章有义编:《中国近代农业史资料》(第2辑),生活·读书·新知三联书店1957年版,第273页。

惨案"、世界经济危机等因素影响，济南商业颓势凸显，但粮栈业仍有95家之多，年交易额2300余万元，与花行的交易额不相上下。

3. 贩夫贩妇

直到现代社会，中国最传统和基础的商业组织是个体的贩夫贩妇。他们走街串巷，从事小本百货的买卖经营。近代商品经济发展之下的贩夫贩妇，对近代通信和交通运输技术的运用率极低，商业贸易水平较低。他们是集市中最基本的主体构成，是牙税的主要承担者。他们所销售的商品包括粮食、棉花、布匹、牲畜、农具和其他农副产品和手工业品，均与人们的日常生产生活密切相关。他们有些是农闲时期利用集市或庙会销售商品，获得收入补贴家用，这些人群占总农户的14.8%。① 阳信县流坡坞镇农民因土地贫瘠，多以商贸为副业。如"'七七事变'前，贫农绝大部分都到河南去卖包子"，几家合股，拉着大车带上家具和一伙子一二十人，搭伙做买卖；有些富农自己赶车外出贩运粮食，有些富农开一小间中等的杂货店，或赶集贩卖杂货。② 他们中的成功者，一般会设庄经营，形成商户。如淄博西关小商贩吴相成，一元钱的本钱起家，经营礼服、鞋帽、化妆品等，1927年建立泉茂祥杂货店，1937年已有资本1000元，买卖兴隆，后被日本人绑架，勒索大洋2000元，才被迫停业。③

（四）新型商业组织的建立

近代山东商业面临着从传统向现代的过渡。传统的商业组织如牙行、旧式零售批发商号等，随着沿海城市与内陆中心城市的相继开埠，日益向现代商业转化。同时，随着市场的拓展，商业还出现了一系列新的模式，如洋行、大型百货公司、商品博览会、物品交易所等具有新式商业经营技术、经营理念的新式商业企业。其中大型百货公司在资本来源、组织制度、经营模式等方面完全不同于传统的商业组织。商品博览会则是评判商品质量、促进

① 唐致卿：《近代山东农村社会经济研究》，人民出版社2004年版，第450页。

② 唐致卿：《近代山东农村社会经济研究》，人民出版社2004年版，第465页。

③ 李障天、阎象吉主编：《淄博经济史料》，中国文史出版社1990年版，第205页。

商品信息交流以及传播商品知名度的有力平台。物品交易所不仅是大宗商品的交易场所,也是商品价值实现的场所。

1. 洋行

洋行是各种外商行号的总称,有的称为公司,有的称为代理行或贸易行。特别在早期,大多称为洋行。一战以前,来自德、美、英的洋行占据主导。一战后,日资迅速向中国渗透,其中有较大影响的贸易机关有100多家,几乎遍布中国的所有重要商埠和交通枢纽。例如,总部设在东京的三井物产株式会社、三菱商事株式会社、大仓商事株式会社、服部贸易株式会社、东亚通美株式会社,总部位于大阪的住友合资会社、株式会社岩井商店、东洋棉花株式会社、伊藤忠商事株式会社、日本棉花株式会社、江商株式会社、日本商工株式会社、野村木材株式会社等,总部位于上海的增幸洋行、瀛华洋行、燧生火柴有限公司等。这些贸易机构均在青岛、济南设立支部。

胶济铁路通车以及济南开埠以后,德、日、英、美等国家逐渐把济南作为向内地拓展市场的立足点,纷纷在济南设立了洋行。20世纪10年代初,济南的欧美洋行有20余家。如德国有义利洋行、德孚洋行、大隆洋行、礼和洋行、禅臣洋行、哈利洋行、美最时洋行、瑞来洋行、亨利洋行、吉利洋行及昌大洋行等11家,英国有太古洋行、泰隆洋行、亚细亚洋行、卜内门洋行、祥太洋行及英美烟公司等6家,美国有恒丰洋行、美孚洋行、慎昌洋行、德士古洋行及大来洋行等5家。除此,还有日本三井洋行、大仓洋行、日华洋行、日中洋行等。这些洋行,绝大部分都位于商埠区内。

烟台是近代山东第一个对外开放的口岸,进口洋货随着开埠迅速增长,因而洋商相继在烟台设立洋行,以改变过去在烟台零星贸易的状况。洋行主要有英国资本、德国资本、日本资本、美国资本等。洋行业务大都是综合性的,它们不仅经营进出口贸易,而且也经营航运业和保险业,有的甚至还开办工厂和经营银行等。这些洋行一方面活跃了烟台的商业贸易,另一方面也压抑了中国民族工商业的发展。在外国洋行的竞争下,烟台开埠初期由本地人所掌握的沿海贸易大权,逐渐被外国洋行所剥夺了。至1901年,洋行发展到26家,1902年达到43家。随后,民族资本得到较快发展,洋行有减少的趋势,1911 年,烟台洋行减少为 29 家。

青岛也是近代洋行设立较为集中的城市之一。洋人凭借其巨额资本操纵了青岛的进出口贸易。最先在青岛设洋行的是德国资本,香港顺和洋行、烟台哈利洋行和上海辉记洋行于 1898 年在青岛设立分支机构。到 1913 年,青岛已有德国洋行 27 家。1922 年青岛宝隆洋行设立,其总部设于丹麦首都哥本哈根,在中国有 6 处分行。1932 年,青岛日资商店有 908 家,英资有 18 家,法资有 3 家,德资有 32 家,俄资有 51 家,其他侨商 17 家。

下面介绍近代山东 10 家比较有代表性的洋行。

(1)福开森洋行。于 1861 年由英国商人麦斯·福开森在烟台开办,是烟台最早的洋行,主要经营英国至烟台的航运。1867 年 9 月,福开森洋行从英国加的夫港试航烟台成功。此后的三个月里,先后又有八艘英国船只,装载着煤、铁、布匹等,分别由英国的加的夫、威尔士、纽卡斯尔、利物浦和澳大利亚的新南威尔士等地直驶烟台。这是烟台与国外直接通航的开始。1870 年福开森在烟台山附近建"福开森码头"。

(2)和记洋行。于 1864 年成立,英国资本,华北最著名的英国企业,主营经营航运和保险业,还经营一般商业和委托代理业务。该行老板英国人艾柯夫,兼任比利时王国及瑞典王国驻烟台领事。在该行代理的许多企业中,有一些是世界上最重要的航运公司,如著名的劳埃德船舶协会。同时,它还是烟台唯一一家经营出租车业务的洋行,它拥有一支现代化的车队和宽敞的库房。和记洋行 1934 年进行改组,更名为茂记洋行,并在青岛和威海设立了分行。

(3)盎斯洋行。1886 年,由德国人盎斯在烟台开办,是近代烟台最大的洋行之一。德国人盎斯最先在烟台开设缫丝局,后转让给中国,利用获得的补偿开办了盎斯洋行。主要经营进出口和保险业,同时也经营一些重要航运公司的代理业务。它积极参与烟台贸易的一切活动,不仅是烟台出口柞蚕丝的先驱,而且"把最初使烟台成为向欧洲出口花生的港口计划变成了现实",同时也是当地最早经营西药和外国医疗器械的洋行。

(4)仁德洋行。英国传教士于 1893 年在烟台开办,是外国传教士在中国经营的最成功的企业之一。英国北爱尔兰人詹姆士·马茂兰夫妇在烟台及胶东传教的过程中,利用一些廉价的闲置妇女劳力,传播花边生产工艺,销往海外,获取利润。后来马茂兰在烟台大马路创办了以自己名字命名的公司——“詹姆士·马茂兰公司”,而中文名则根据中国传统“仁义道德”而命名为“仁德洋行”。除烟台的总公司外,它在青岛、济南都有分公司。20世纪20年代,仁德洋行是外国资本在烟台的首户,不仅在远东工业品出口方面处于领先地位,在茧绸、花边、刺绣品和发网出口商中也名列前茅,在这些行业中,每年都经办大笔生意。1923年,该洋行进口了一部马车式的福特汽车,这是烟台第一辆汽车,之后为美国福特汽车公司经办代理业务。此外,该洋行还开设了一个工程部,并拥有烟台最大、最现代化的印刷厂;创办了烟台唯一的一份外文报纸——英文《芝罘日报》;开设了专为外国侨民服务的电影院等。

(5)士美洋行。1898年由美国人路易斯·亨利·史密斯在烟台开办,早期业务是作为俄国华俄道胜银行的代理,经办银行、航运、保险和进口业务,它自己也租赁轮船从事烟台到海参崴的贸易。因与俄国政府关系密切,所以被归为俄商洋行。1908年,华俄道胜银行在烟台设立分行后,该洋行又增加了出口业务,经办丝绸、草帽辫、头巾、花边、刺绣品和发网的出口。士美洋行由于有华俄道胜银行做后盾,自在烟台开办以来,业务发展很快,日俄战争前,它就在大连、旅顺开设了分行,以后又在上海、龙口开设了分行。

(6)美孚洋行。美孚石油公司在中国的办事机构。1894年,在上海设立第一家办事处。1899年在烟台设立办事处。该行是控制山东石油市场最久的洋行(图9-5)。1904年以后,美孚石油公司在中国设华北、华南两个总公司,总公司下设分公司。烟台办事处起初直属上海美孚总办事处,1915年和济南办事处同隶属于青岛美孚分公司,被称为烟台支公司。设东西两个账房,东为“洋账房”,西为“华账房”。

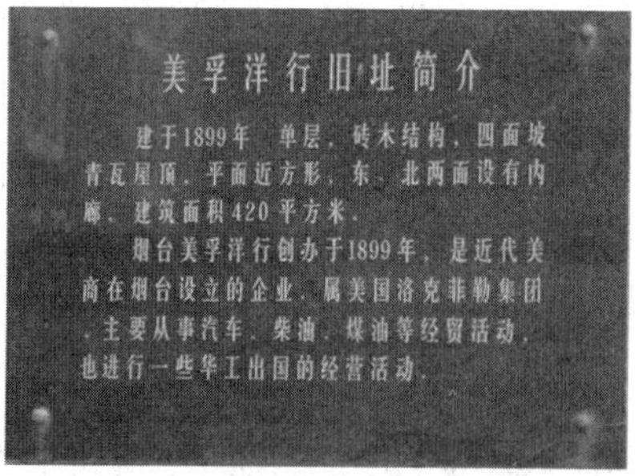

图9-5 美孚洋行旧址简介

美孚洋行在烟台销售石油产品，1913 年以前主要是煤油，1913 年以后，柴油、汽油、润滑油陆续进入烟台市场。美孚洋行有自己的油料运输系统，成品油运至烟台港后在油栈和码头仓库内储存，再运销中国内地。美孚洋行在济南设立办事处，在安东（即今丹东）和大连建造储油站，在威海建造一个油库。美孚洋行还兼营苦力贩卖，把拐骗来的华工集中至烟台运往国外。

（7）三井洋行。日本商人于 1898 年在烟台开办，主要经营煤炭、高丽参、一般商品和保险业。它是烟台贩卖抚顺煤的唯一商行，此煤在烟台被广泛用于家庭、轮船和锅炉的燃料。同时，该行也是被朝鲜政府授权经营高丽参的唯一代理。高丽参为朝鲜政府所垄断，年经营额相当可观。烟台进口的高丽参，复出口至华南和南洋等地。该行经营的保险业，由于其保险种类繁多，在烟台保险业中占有相当比重。

（8）义利洋行。由德国人德伯雅所创办，于 1911 年在济南建成开业，主要经营五金交电产品以及日用杂货。

（9）礼和洋行。成立于 1906 年，业务范围相当广泛，经销的进口商品以美孚洋行的石油、德国西门子电料电器设备、柏林染料厂的淀蓝等为大宗，其他如钢铁、五金机械、武器、日用百货、文具纸张等，无不经营。礼和洋行是济南德国资本规模最大的洋行。其在济南的销货对象，数额较大和比较经常的有山东机器局，主要交易钢铁原料和枪支零件；枣庄煤矿和淄博煤矿，主要交易矿山设备；另外，津浦铁路黄河大桥的建筑钢材、济南电灯公司和造纸厂的部分设备，也是由礼和洋行经办的。五金、布匹和日用百货等进口物资，多是华人商店签约订购的。其经营的出口货物，主要有大豆、花生、草辫、兽皮和猪鬃等。济南礼和洋行每年进口销售额约 150 万元，出口额约 100 万元，总计年营业额 250 万元左右，年获利在 50 万元以上。

（10）禅臣洋行。德国公司，从事远东贸易。1897 年德国占领胶澳后开始筹建青岛分行。1899 年，禅臣青岛分行成立，1902 年济南分行成立。主要负责收买山东土特产，进行出口、加工、返销等活动。其远东贸易利润雄厚。山东内地的猪鬃，收购价每担 360 元到 450 元，禅臣的外销价则为每担 1000 元到 1200 元。1914 年日本取代德国在山东的势力范围以后，禅臣青岛分行总经理霍夫特被日本军捕获并押在日本战俘营，直到一战后才获释。1917 年中国对德宣战，禅臣洋行退出中国市场。

另外，由于淄博张店既是山东产棉区，又是胶济铁路的交通枢纽，所以日本人在张店开设多家洋行从事棉花的运销。1921 年，日本花行只有 3 家，1923 年增加为 8 家，年交易量占张店总交易量的 79.93%，张店的棉花市场掌控在日本洋行手中。

洋行在山东内地的设立带来洋货的大量倾销。首先，它改变了山东人的生活习惯。“沾化尚俭朴，当民国十年前，农工各界男子，常年仅着土布短衣……应酬服饰，亦用土布制造。……十年后风气渐开，又兼洋货输入，应用衣料，十有一、二改用洋布。……婚丧应酬，亦尽改用现代之便服式，并多有以舶来品制造。”①同时，洋货倾销，急剧改变着山东的商业结构。它们从山东攫取了巨大的经济利益，也重创了民族工商业。一些不适应新经济环境的老字号相继倒闭，“济南省城情形，自洋货充斥市面以来，商业界上已非向昔，如近来典商亨裕、钱商公聚等号倒闭之家时有所闻”。受到物美价廉的洋布及机制棉织品的冲击，传统经营土布的棉布行也因货物滞销而萧条、倒闭，传统商业趋于萎缩。只有那些迅速适应了新环境的老商号方获得发展。

2. 新式商业店铺和大型百货公司

在传统商业组织存续的基础上，近代山东商业出现了洋布商店、五金商店、西药商店、大型百货公司等新式商业。如 1892 年，王宗周在烟台创办山东大药房，为境内首家国人开设的批发零售西药房。1908 年，烟台中西大药房开业，次年改为中西大药房股份有限公司，为烟台最早集中西药生产、销售和中西药门诊为一体的综合企业。1880 年，烟台开设奶铺，是山东最早经营乳制品的店铺。他们中间的许多商家，在长期的成功经营中，逐渐具有商业文化底蕴，并且取得了广泛的社会认同，被现代人称为“老字号”。所

① 章有义编：《中国近代农业史资料》（第 2 辑），生活·读书·新知三联书店 1957 年版，第 255 页。

谓“老字号”，根据2006年商务部的界定，“老字号”商铺是指始创于1956年(含)以前，历史悠久，拥有世代传承的产品或服务，具有鲜明的中华民族传统文化背景和深厚的文化底蕴，取得社会广泛认同，形成良好信誉的商业品牌。[①] 孔令仁、李德征先生主编的《中国老字号》一书归纳了山东省的商业老字号，其中济南32家，青岛28家，烟台10家，淄博6家，威海5家，德州4家，临沂3家，济宁3家，潍坊3家，枣庄2家，莱芜、菏泽、日照各1家。商业老字号主要集中在百货商店、副食果品、茶叶钟表、绸缎布匹、服装鞋帽、文体用品等方面。老字号既是近代商业组织的主要代表之一，也是商业文明的光辉成果。

(1)日用百货类。山东著名的老字号百货商场主要集中在济南、青岛、烟台等大城市，经营基本上仿照上海南京路上的百货商场，往往集购物、娱乐于一体，吃买玩乐样样俱全。

济南大观园(图9-6)，是1931年官僚靳云鹏所创实业。大观园按照南京夫子庙、上海城隍庙古建筑风格建造，分内外两个市场，外市场以商品经营为主，如绸布、杂货、鞋帽、文具、糖果、糕点等各类铺房；内市场则以娱乐为主，鼎盛时期修建了四大影剧院。

图9-6　济南大观园

青岛国货公司，于1933年由民族资本家王新三创办。20世纪30年代，在全国性的抵制洋货提倡国货的浪潮中，青岛成立各界国货运动委员会，在天津路开设了国货商场，1933年，在王新三等的筹划下，集本地官、商和银行的资金20万元，在国货商场的基础上，组建青岛国货股份有限公司。1936年，青岛国货公司与中国国货联合营业股份有限公司合作改组，在河

① 商务部关于“振兴老字号工程”的通知，参见《中国对外经济贸易文告》，2006年4月27日。

南路组建了青岛中国国货股份有限公司,以运销、经销国货为己任。

烟台新世界商厦,1931 年由烟台裕华钱庄经理刘英堂等人集资兴建。商厦占地 2239 平方米,两层楼房,划分为若干摊位出租。一楼主要是商品经营,有资金颇丰的知名门市,如经营化妆品的“志庆祥”、经营杂货的“同昌号”,还有各类小摊点;二楼主要是娱乐场所,既有剧院,也有点歌的“乐子园”。

(2)副食杂货。副食杂货的经营是随着商业贸易的发展而出现的。古代社会,朝资夕卖、引车卖浆的贩夫贩妇所经营的主要是副食杂货。近代以来,有了规模较大主营副食品的商铺或市场。较大的有烟台公利市场、济南泰康公司等。

烟台公利市场,于 1918 年由烟台总商会创办。占地 5082 平方米,平房 500 余间,经营鱼、肉、蛋以及日用百货。鼎盛时期有商号 85 户,从业人员 436 人。

济南泰康食品公司,于 1914 年由青岛商人徐咏泰、庄宝康集资 5000 元创办。乐汝成任经理,主营糕点和南北杂货。后来自产水果罐头,因为口味不错、经营灵活,很快就拥有不少忠实的客户。自此形成自产自销、前店后厂的经营风格。1920 年,泰康改组为股份公司,糕点、罐头成为其主营项目。

(3)茶叶钟表。中国的茶叶产地集中在安徽、浙江、湖南、四川以及福建、云南等地,除满足当地消费外,这些地区的茶叶主要外销到北方诸省市及边地。山东有着悠久的饮茶历史,是茶消费大省,茶叶利润丰厚。因此山东的茶叶市场非常繁荣,茶叶店数量很多。近代,形成品牌的茶叶经销商有德州华振茶庄、济南泉祥茶庄等。钟表传入中国源自明清外国传教士敬献的礼物,进而推动了中国钟表的贸易与生产。19 世纪 40 年代,广州、上海等通商口岸的外国显贵、富商、外交官和华侨都以携带进口名贵钟表为荣,所以在这些地区开设了不少以接修名牌钟表、兼营钟表销售的字号。山东钟表业的生产与销售始自 20 世纪初。

1871 年山东德州商人张荣祥等人集资开设广兴和茶庄。1896 年,开设第二家茶庄——华振茶庄。华振茶庄历史最为悠久,规模也最大。在激烈的市场竞争中,华振首创产地直销法,既保证了产品的新鲜度,又大大减少了中间环节，提高了竞争力。华振的另一优势体现在其独到的服务上，想顾客之所想，真正把顾客看作上帝。如销售便于携带的“小包茶”，鲜花盛开的季节在小包茶中放置鲜花一枚，名为“一口鲜”，对大客户采取记账赊销制，对行动不便者送货上门……在理性的非价格竞争之下，到新中国成立前，德州茶叶市场以华振为牛耳。

1915 年，山东威海人李东山投资 25000 元在烟台创办宝时造钟厂，产销两旺，利润可观。到 1935 年，宝时造钟厂年产量达 3 万台，畅销广东、福建、九江、长沙、汉口、宜昌、安庆、南京、宁波、上海、河南、汕头、青岛以及胶东的广大地区，带动了整个烟台钟表业的发展。

1918 年，浙江宁波商人郑章斐在济南创办亨得利钟表店，这是济南钟表业第一家大型商店。济南亨得利是上海亨得利的分店，货源充足、品种齐全，可以满足不同层次消费者的需求，很快打开济南市场。到 1924 年，又在济南开设四家联号的亨得利钟表店，垄断了济南钟表市场。

（4）绸缎布匹

新式布店以山东章丘旧军镇孟氏家族在济南开设的隆祥布店和济南瑞蚨祥绸布店（图 9－7）为典型代表。清乾隆年间山东章丘旧军镇孟兴智、孟兴泰兄弟在省城济南创建了庆祥布店和隆祥布店。不久，孟兴智又到北京设立了瑞生祥绸布店，孟兴泰在周村设立了恒祥染店。后来兄弟分家，孟兴智分了济南的庆祥和北京的瑞生祥，孟兴泰分了济南的隆祥和周村的恒祥。此后，各自经营，都有很大发展。从 19 世纪中叶到 1949 年新中国成立，孟家曾先后经营过 96 家商号和其他商业，其中主要有绸布店 50 家，茶叶店 20 家，这些商号都以“祥”字命名，世人统称“祥”字

图 9－7　瑞蚨祥绸布店

号,遍及济南、青岛、烟台、北京、天津、上海、苏州、杭州、扬州、保定、沈阳、哈尔滨等十几个大中城市。

孟兴泰后人于1917年开设隆祥布店东号,1930年开设隆祥布店西号。1934年大力推销国货,日销售额一度达到800银元。1935年增设百货柜、金柜,自制金银首饰,成为同行业中的佼佼者。孟兴智孙孟传珊于同治元年(1862)在济南城内商业最繁华的芙蓉街开设了“瑞蚨祥”布店,专门经营绸缎布匹。1868年孟传珊第四子孟洛川掌管店务,先后在天津、北京、烟台、青岛、上海开设分店,成为驰名中外的绸布业第一大家。瑞蚨祥采取家族式公司运作,设全局、地区和商店三个层次,开展连锁经营。各店号按旬报告,重大事项由孟洛川亲自决定,从不假手于人。对理财一丝不苟,锱铢必较。企业利润按东七西三分配,购置修葺房产和设备从管理费中开支,不列资产,既不需东家投资,又可成为东家财产。对代理人的使用不签订任何合同,随时有被辞的可能,因此被称为“水牌上经理”。

孟洛川(1851—1939)是孟氏家族鼎盛时期的代表人物。他不仅是近代中国著名民族商业资本家,也是鲁商的重要代表人物之一。他十几岁时,就对商业经营和管理之道烂熟于胸。18岁那年,父亲孟传珊见他颇有心计,让其到北京掌理庆祥、瑞生祥等企业。孟洛川从此掌管商号70年,因为他善于钻研经营生财之道,其商业经营深受儒家文化影响,用人注重能力,管理十分严格,最终成为纵横商场、驰名全国的商界巨子。因为孟洛川及孟氏家族财力和势力影响极大,当时报界皆称孟洛川为“金融巨头”,并流传着“南有胡雪岩,北有孟洛川”的佳话。歌谣也说:“山西康百万,山东袁子兰,两个财神爷,抵不上孟洛川。”瑞蚨祥在全国就有房产五十六处,价值836万余银元。1933年南京国民政府实行法币改革时,仅上海瑞蚨祥兑换存储的流动资金就达1000余万元。后来虽因种种原因企业逐渐败落,但1956年全行业公私合营时清产定股数字,仅瑞蚨祥和泉祥两个系统的资本,尚有人民币220万元。

孟洛川一生多次举办慈善和公益事业,诸如立社仓、修文庙、设义学、捐衣施粥及捐资协修《山东通志》等。孟洛川每次捐赈之后,地方大吏必为其奏请封赏。光绪十七年至二十年(1891—1894)福润任山东巡抚期间,为他奏准江苏即用候补道之职;光绪二十五年(1899)山东受灾,巡抚毓贤委孟洛川为平粜局总办,并为其奏准知府补用道二品顶戴;光绪三十四年(1908)山东劝业道成立后,被任为济南商务总会协理;光绪三十二年至宣统元年(1906—1909)端方任两江总督期间,为其奏准头品顶戴,朝廷还诰封其为奉直大夫,诰授为光禄大夫。袁世凯于1914年任命孟洛川为参政院参政。

(5)文体用品。从19世纪中期起,随着西风东渐以及社会生活的变迁,在城市中出现了各种新的文化活动形式。商业组织中出现了专门经销文化、体育用品的字号商铺。他们既经营笔墨纸砚等中西文具,也经营中西乐器。

19世纪90年代,济南商人夏刻胜与本家兄弟三人合股创办济南三仙号商行。商行最初主营正宗水晶石眼镜、墨盒、水旱烟斗及笔帽等,后来增加了民族乐器的经营。因为商行只收购济南城中民乐制造高手的产品,故吸引了省内外的艺人前来购买。

新式商业一般在商品销售、组织规模、地理位置及机械照明、温度调节、防火、制冷设备、通信设备等方面与传统商业店铺有巨大差别。比如,它们的商业资本主要来源于工商业利润,如创建于1933年的青岛国货公司,由青岛地方当局集官、商、银行界资金20万元,在青岛原国货商场基础上建立;内部管理制度比较规范,有健全的会计制度,实现学徒制向实习生制转变,实行固定工资制度;采用现代化的经营方法,如明码标价、广告宣传。时值提倡国货、抵制日货之际,青岛国货公司即以促进国货发展为宗旨,运销各地国产品和发售自制产品,年经营额七八十万元。新式商业不再是旧时小商店的简单组合,而是标志着新的经营理念和经营方式的变革。面对近代以来不断变化的市场环境,这些商业老字号留给人们的启示就是:坚守中国传统优秀商业理念,并不断适应市场竞争的要求实施组织创新而日益发展。首先,为适应市场竞争,这些老字号商铺根据顾客的不同需求采取多元经营方式。比如,瑞蚨祥早期以经营土布为主,零售兼批发;绸缎的销售在营业总额中居于次要地位。后来洋货销路日增,土布受到排挤,瑞蚨祥所经营的棉织品，逐渐更换为洋货，土布则处于附带地位。还针对高端客户设置定机货，把高级缎料委托厂家加工，质量高于一般，花样新，售价高。隆祥布店和瑞蚨祥均在资金充裕的情况下增设金柜，经营金银首饰业务。其次，重服务保质量，采取非价格竞争。如德州华振茶庄对大客户采取赊销方式，对老弱顾客上门送货。济南广华文具店更是对纸制品采取自产自销，保证产品质量上乘。瑞蚨祥打出“货真价实、童叟无欺”的招牌，从不采取大减价、大甩卖、大赠送、打折扣等一般商家所采取的促销方式，而是以质量、服务取胜；在销售中，一个营业员专门接待一位顾客，自始至终一包到底，便于了解顾客的购买心理。

3. 货栈业

货栈业脱胎于传统客栈、牙行及旧式批发商号，同时又深受西方洋行的影响。外地长途贩运大宗商品的商贩在客店落脚和存货，因人地生疏，便多支付费用委托客店方代为销售或转运他处。这种代客买卖、存放和转运的交易，逐渐使这些客店在地方上领取“牙帖”，成为政府特许经营批发商号，这就是早期的货栈贸易，这些客店就是货栈业的萌芽。19 世纪 80 年代起，外商在通商口岸的码头建起仓库，经营仓储、运输、保险、打包等业务，从事进出口商品的经营，极为有利可图。于是，一些精明的中国商人开始效法。随着通商口岸对外贸易的发展，以及洋商与华商之间购销活动的增长，中国商人先在沿海后在内地的城镇设立了各种货栈，代办购销，经营土洋货批发。货栈业从一般商人资本中分离出来，并在整个商人资本中占据举足轻重的地位。货栈业主要经营大宗进出口商品，或与进出口有关的商品。其经营方式主要是对大宗货源汇集分销、批发代购、代理买卖。货栈资本不同于一般商业资本之处还在于，它服务于中外贸易，与外国商业资本发生直接联系，这是山东商业近代化的一个重要标志。一个个专业货栈，将山东农产品、手工业产品与畜产品以前所未有的态势纳入世界市场之中。

近代山东货栈业最早在烟台兴起。沿海地区的商人资本进入烟台后，首先投资于利润高、周转快的货栈业，主要经营中外商人的代理购销与货物批发业务。当时的烟台商号,“以行栈为最巨,代客船买卖而扣其用,业此者盖不下十家”。到 20 世纪初,烟台的大宗货物交易都需经货栈之手进行。货栈业务主要是接纳客商、媒介交易、代办购销、经营货物批发等。凡内地到烟台购销货物的客商,通常委托货栈代办购销。同样,洋行到内地采办农副产品,也需要由买办通过货栈来购买。

继烟台之后开埠的青岛货栈业的发展也十分迅速。开埠之初,外国商人并不熟悉中国内地市场,而买办人数有限,于是外商购销商品主要是依靠货栈。在这种情况下,许多商人纷纷将资本投入货栈贸易业,为内地商人办理栈存、购销、贴现等业务,或代洋商入内地采办土货,并为其分销棉纱、布匹、煤油、火柴等洋货。例如,在棉纱进入内地市场后,潍县帮货栈成为青岛与潍坊转运批发的枢纽。1909 年至 1936 年,青岛有 4 家潍县帮货栈,潍县织布业每年所需棉纱约 6 万件左右,均由青岛潍县帮货栈发运。货栈自洋行大批购进棉纱后,批发售于潍县各线庄,线庄再转售于当地的布庄、大线贩、织布工厂、染织工厂。当时青岛市济南路靠近车站码头,因此聚有众多的客栈,居住着全国各地来往青岛的客商。济南路紧靠铁路,房屋紧凑,街上多土产店,仅织绳厂就有仁聚德、公和兴、德顺兴等店号。在济南路 10 号大门的上方,曾发现一块石匾,虽然历经岁月冲刷,但依然可以看到上面写着“土产杂品综合贸易货栈”的字样(图 9－8)。这个组合式的院落,院内有天德栈、天顺栈、德顺栈、裕昌栈、源昌栈等几家客栈。这些客栈虽然简陋,仅有通铺或吊铺,但住的人很多。在新中国成立前,青岛附近各县的农民、小贩用独轮小车、大马车将农产品运到这里批发。青岛市的北京路也是如此,专营外地客商投宿批发的客栈很多。

图 9－8　青岛市济南路 10 号发现的货栈匾额

沿海开放之后,货栈业在内地城镇也得到了发展(图 9－9)。济南通

图9－9　同昌货栈匾额

车开埠后，广东帮、青岛帮、潍县帮行栈纷纷在济南设立分号，从事粮食、花生、土洋布、洋杂货、皮货等商品的交易，掌握着土洋贸易。1918年，济南人韩兆旭在济宁开设东隆昌杂货栈，从上海、广州、汕头等地购进红糖、白糖、江大米、纸张以及日产白糖、海带、大板纸等，从济宁收购土产运销上海、济南、青岛等大城市，再转卖香港、南洋等地，1927年流动资金达上万银元。

货栈是沟通沿海与内地、国外市场与口岸市场之间联系的重要渠道。货栈借助新的经营方式积累了大量资金，同时也吸引了更多的旧式商人投资货栈业，使得商人资本的构成发生了变化。在大批商人投资货栈业的同时，他们的资本也由普通商业资本转化为货栈资本。随着货栈业的发展，货栈资本在山东商业资本中占有了举足轻重的地位。

4. 商品博览会

举办商品展览会是西方商业发达国家进行展示产品和技术，拓展渠道，促进销售，传播品牌而进行的一种宣传活动。晚清时面对外国资本入侵造成中国外贸严重逆差的局面，广大商人及实业界逐渐认识到学习西方筹办物品展览会等一系列活动的重要性，“有陈列则有比较，有比较则有优劣，有优劣则有竞争，有竞争然后存进步”。为增强竞争力，促进实业发展，1910年，两江总督端方于南京举办南洋劝业会，历时达半年，共有中外30多万人参观，这是中国历史上首次以官方名义主办的国际性博览会。

1913年，任山东省实业司司长的潘馥，拨付3万元财政预算来创办展览会，“以为提倡实业之先导”。1914年6月，山东第一届物品展览会在济南成功举办。为办好这次展览会，山东官方专门成立了一个主办机构来负责具体运作，称为“山东展览会兼办巴拿马赛会出品协会”。精心的筹划加上各界广泛的参与，使这次展览会获得巨大成功，并产生了深远影响。据山东省长公署公布的《山东物品展览会报告书》所记载："此次展会以民国三年(1914)6月15日开会7月15日闭会，时间虽短，而出品陈列者计达累万。全省物品，征集周全。其规模之宏巨，影响之深广，均可谓前所未有。"中外来宾参观莅会者，每日不下万余人。北京政府农商部总长张謇6月23日抵达济南，专程参加了山东物品展览会，并予以极高评价。天津英文《京津时报》、青岛德文《新报》、济南《山东日报》等媒体进行了相关报道。

为使此次展览会规范有序，主办者在参照国外展览会有关规则的基础上，制定了详细而又具体的章程，即《山东物品展览会章程》，共分5章50条。而其他项目如临时市场、财务运行、游览活动等也各自制定了相应的细则。据《山东物品展览会章程》记载，本次展览会所有出品以山东本省天产物、人为品为限，物品陈列分为10部。为进一步增强工商业者的竞争意识，以谋求产品的改良与进步，本次展览会进行了严格细致的产品评选活动，会后统计，展览会评选出金牌120名、银牌295名、铜牌354名。获奖产品被送巴拿马万国博览会参展，不少产品获得金奖。本次展览会促成了大量交易，展览会特设临时市场作为各业商家洽谈交易、互通信息的场所，以辅助展览会的进行。

5. 物品交易所

16世纪中期，比利时的安特卫鲁成立商品交易所。17世纪初，荷兰阿姆斯特丹成立股票交易所。交易所是商品经济发展的产物，可分为物品交易所和证券交易所两大类，是大宗商品或证券的交易场所。近代中国先有证券交易所，后产生物品交易所。中国第一个自己的交易所是1918年成立的北平证券交易所。就近代山东的情况而言，证券交易所非常落后，物品交易所则较发达。物品交易所给省内甚至全国商人提供了大宗商品的集中交易场所，既有现货交易，又有期货交易，极大地促进了商品流通与贸易发展。青岛物品证券交易所是当时省内最具影响力的物品交易所。

在青岛交易所成立之前，由日商主导的青岛取引所株式会社大楼经营纱布、面粉等期货交易，及日本金票交易，独占青岛物品交易市场。"九一八"事变后，为维护本国商权，青岛工商业者进行罢市，不去取引所进行交易。为夺回证券物品交易的控制权,在青岛市长沈鸿烈的支持下,青岛民族资本家宋雨亭、柳文亭、张立堂、梁和璞等人开始筹备青岛物品证券交易所。1931 年 9 月,青岛物品证券交易所股份有限公司(简称青岛交易所)在齐燕会馆先行开业,经营土产有花生米、花生油,其次是棉纱期货交易。1933 年天津路兴建的交易大楼落成,同时也领取了正式营业执照,于是交易所由齐燕会馆搬迁至大楼。1934 年,交易所开办证券业务。交易所设有理事会,重大事项须经理事会决议,订有必要的规章制度,并注册备案。交易所担保买卖双方按期交货、收货,向成交双方收取一定的费用。青岛交易所主要交易物品,证券交易数量较少。

(1)组织形式。青岛交易所筹备时,定为 2 万股,每股 20 元,资金总额 40 万元,筹备委员率先认购股票,其他工商业户协商认购。由股东大会选举产生理事 25 人,再由理事中选出理事长 1 人,常务理事 4 人,监事 3 人。凡属交易所的重大事项,须经理事会决议后,交理事长执行。理事长主持交易所的一切事务;4 个常务理事协助理事长工作,分管土产部、纱布部、证券部、会计科。会计科办理会计、庶务、文牍事宜。3 位监事负责检查账目及业务活动是否违反规章制度。当时交易所每年可获纯利 20 万元,利润分配比例如下:公积金 13%,房屋修缮费 2%,职工奖金 14%,家具折旧费 22%,股东红利 4%,滚存下年度 9%。①

(2)交易程序。青岛交易所的主要业务是土产和纱布交易,并非证券交易。就证券交易而言,股票、债券等定期交割,即购买时只记账,到交割期始交现金,因而成为一种投机手段,只要核发认购证后即可参与交易。因不交现金,就产生了买空卖空。其间,若股价上扬,交割时便可赚一笔;若下跌,交割时要借贷交现。就货物交易而言,青岛交易所设土产部和纱布部两个市场,每部有 40%—60% 家殷实商号为代理店。代理店须经理事会严格审查,资本雄厚、信用卓著者,方为合格。各代理店依次编号,编号就是各代理

① 戚志成:《青岛物品证券交易所创建始末》,载山东省政协文史资料委员会编《山东工商经济史料集萃》(第二辑),山东人民出版社 1989 年版,第 4 页。

店在交易所内的牌号，取得牌号的商号的经理，叫经纪人，只有经纪人或经纪人的代表，才有资格进所交易。这些商号除为自己在交易所内买卖，还为一些没有牌号的工厂、商号及外地客商代理买卖，也为一些专事买空卖空、投机倒把的人代理买卖。星期一至星期六的上午、下午进行交易，头一笔成交的“行市”叫作开盘，最后一笔成交的“行市”叫作收盘或锁市。每一笔交易成交，立即以交易双方代理店的牌号为标记，写在公告牌上，以示公开为证。花生米以50吨为交易单位，以百市斤为计价单位；花生油以车（每车1万斤）为交易单位，以百市斤为计价单位；棉纱以10件为交易单位，以件为计价单位；棉布以25件为交易单位，以匹为计价单位。每50吨花生米成交（合扶），交易所征收经纪人手续费8.4元，经纪人收取委托商家手续费16.8元。每车花生油成交（合扶），交易所征收经纪人手续费2元，经纪人收取委托商家手续费5元。棉纱每10件成交（合扶），交易所征收经纪人手续费6元，经纪人收取委托商家手续费12元。棉布每25件成交（合扶），交易所征收经纪人手续费12.5元，经纪人收取委托商家手续费50元。所有成交货物均为期货，以本月末或下月末为交货、收货日期，到期不能交货、收货，无论盈亏都必须合扶割清；交货、收货时，由交易所取样按照规定的规格标准检验评定合格与否，检验不合格者，则须另行备货检验。①

(3)押金交纳与发还。交易所按照各代理店在交易中的亏损数字收取押金，以后如行市再有变动，还要根据新的亏损数字收取续押金，以此类推。在这种情况下，如委托人无力交付押金、续押金，代理店要对交易所负责，承担亏损债务；如因以后行市的涨落，亏损有所减少，或转亏为盈，则可退还押金、续押金。退还的押金、续押金，在期末以前并不交还原代理店，而由交易所暂为保存，等到期末结算后，才能发还。押金、续押金存入银行的利息，则为交易所的收益。交易所收取的手续费、佣金、仓库租赁费、押金利息，都是有增无损、稳妥可靠的收益。例如某经纪人在本日午前、午后两市，共买进

① 戚志成：《青岛物品证券交易所创建始末》，载山东省政协文史资料委员会编《山东工商经济史料集萃》（第二辑），山东人民出版社1989年版，第4—5页。

花生油 50 车,又卖出 45 车,兑除买进花生油 5 车,计 5 万斤,平均价格每百斤 20 元。当日交易所的公定价格每百斤为 18 元,则每百斤亏损 2 元,计亏损 1000 元。交易所作出结算后,立即书面通知经纪人,在翌日开市前必须交纳 5 车生油的亏损押金。如次日价格继续下降,交易所作出结算后,再次通知经纪人交纳续押金。如价格回涨到 20 元,或回涨一小部分,交易所结算完毕,于次日退还该代理店前交之押金、续押金的全部或一部分。交易所每天收场后,必须做出结算,把所有经纪人的盈亏数额列出表来,据此收取或发还经纪人的押金、续押金,并作出各经纪人存、空数目余额表,分送各经纪人。到交易所进行交易者,不论是买方还是卖方,也不论是盈是亏,均要交付交易所代理店的手续费、押金、栈租、保险费、利息以及其他附征捐税等,这些与赌博场中的抽头极为相似。①

青岛交易所创办后,华商纷纷退出青岛取引所,转入交易所,1935 年生意兴隆至鼎盛。"七七事变"后日军重新占领了青岛,青岛取引所恢复营业,并迫令留在青岛的交易所理事刘宾廷等同意交易所与取引所合并。抗日战争胜利后,青岛交易所于 1946 年召开股东大会,成立了青岛交易所复业筹备处,但 2 年后复业失败,青岛交易所退出历史舞台。

三、近代山东金融业的出现与发展

近代金融业既是商业发展的必然产物,也为商业的发展提供资金保障,保证了商品流通和社会经济生活的正常运行。

(一) 传统金融业

中国传统的金融信用机构主要有钱庄、银号、典当与票号。钱庄俗称买钱卖钱的"钱店",发源于上海,明中叶从经营银钱兑换业务的钱摊慢慢发展起来,兼营存放汇兑,至清乾隆年间(1736—1795)已有钱业公所。有时人们

① 戚志成:《青岛物品证券交易所创建始末》,载山东省政协文史资料委员会编《山东工商经济史料集萃》(第二辑),山东人民出版社 1989 年版,第 5—6 页。

把一般资本雄厚、规模较大者称为银号,规模较小的称为钱庄。钱庄遍布大小城镇,甚至穷乡僻壤,是中国传统金融机构的主要代表之一。票号是主要从事汇兑业务的传统金融业机构,又称票庄或汇兑庄。唐代的“飞钱”、宋代的“便换”、明后期的会票是汇兑及异地款项划拨的最早形式。道光初年,出现了由山西商人发展而来的专营汇兑业务的金融组织——汇兑庄(票号)。典当是中国封建社会带有金融属性的一种准金融机构。起源于南北朝时期的质库,是在民间借贷基础上逐渐形成的具有高利贷性质的金融机构。

1. 钱庄

山东钱庄业的发展兴衰大致与全国同步,在传统金融机构中,钱庄最为普遍,约90%的县有钱庄。山东钱庄业起源于银钱兑换。清代货币制度属于银铜平行本位制度,银、铜两种金属以其本身的价值作为货币同时流通,但银两、银元和制钱、铜元的铸造以及名称、重量、成色、质量、规格极不统一。民国初年,山东就有16种之多。康熙年间(1662—1722)济南就有“银桌子”进行货币兑换,嘉庆年间莱阳县出现“全和钱庄”。鸦片战争后,白银随着战争赔款大量外流,社会上银贵钱贱的现象日益突出。1884年,吉林开始制造机制银元,1903年山东开始铸造机制银元,货币兑换业务更为不可或缺,刺激了钱庄的发展,山东在晚清时期已形成一些著名的大庄号。如济南的瑞生祥,在芝罘、天津、北京等地都有分庄,存、放、汇业务齐全(图9-10)。又如芝罘的谦益丰钱庄,发行庄票,还代收关税、厘金。烟台顺泰号钱庄发行的庄票在胶东流通,代政府保管盐税(图9-11)。1905年,顺泰号钱庄与谦益丰钱庄共同出资在胶澳开设谦顺银号,成为当时首屈一指的大银号。在未开埠的青岛地区,钱铺是最重要的

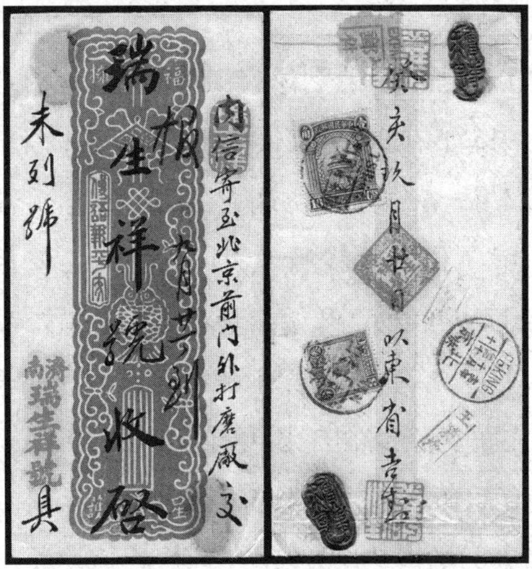

图9-10　济南瑞生祥寄北京挂快封

图 9－11　烟台顺泰号汇兑钱庄发行的壹圆庄票

金融机构。德国经营青岛时期，青岛钱庄有数十家，大钱庄有复诚号、豫泰号等。其中复诚号钱庄资产约 150 万元，在青岛商界、金融界首屈一指。

清末民初，社会经济处在新旧交替状态，旧式银号、钱庄仍大量存在。1912 年，山东共有钱庄 977 家，资本总额 4338111 元①，钱庄业务范围只限于本地。山东钱庄业主要分布于商业较发达的地区，据 1912 年的调查，钱庄在 20 家以上的县份有昌邑、黄县、章丘、潍县、历城、利津、莱芜、福山等。钱庄均发行庄票（图 9－12）。周村在 1915 年有 90 余家钱庄，资本万元以上的即有 23 家，各钱庄为协调业务，还成立了“福德公馆”（俗称“钱行会”）。龙口在乾隆年间（1736—1795）开始出现各式钱庄（如钱铺、汇兑庄、兑款庄、放账铺、银号等），鸦片战争后，钱庄增多，光绪初年县内有钱庄 60 余家，1904 年增至 168 家。曹州府菏泽在光绪年间（1875—1908）始有钱庄，1918 年前后迅速发展，仅县城就有钱庄 128 家。胶济铁路沿线的桓台、安丘和胶东的莱阳、即墨、平度等地，钱庄业因进出口贸易和出口型加工副业的扩大而蓬勃发展。桓台 1904 年有钱庄 3 家，1921 年增至 18 家，1933 年达 36 家。安丘钱庄 1921 年仅县城的放款户就达 100 户，即票者 300 余户。莱阳在 20 世纪初出现一股开办钱庄热，1917—1933 年间，有钱庄 20

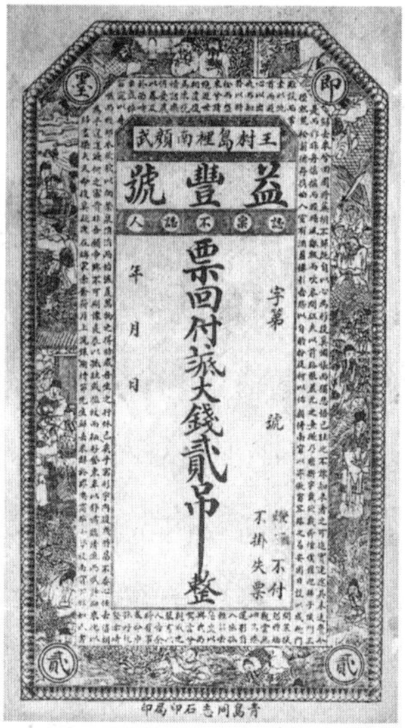

图 9－12　益都钱庄益丰号发行的庄票

① 实业部国际贸易局编：《中国实业志·山东省》第十编（癸），宗青图书公司 1934 年版，第 25 页。

余家,各村小钱庄多达数百。即墨抗战前钱庄最多时达128家。平度钱业鼎盛时,大小钱庄、票号达千余家。山东掖县的王氏兄弟在20年代从家乡来到青岛,摆钱桌兑换钱币,1928年开设义聚合钱庄,从事银元、铜元、外币的兑换,30年代又扩展了放款、仓库、抵押、储蓄和土产经营以及经纪人等业务。1934年,义聚合钱庄达到鼎盛时期,购置原中国银行3层大楼两座,三处仓库,拥有资产上百万元,员工一百余人,成为青岛私营钱庄之首。1938年,义聚合钱庄随着日军占领青岛而衰落,义聚合钱庄的原址被出让给敌伪,王氏三兄弟之一的王德合投敌做了汉奸。

20世纪20年代,随着新式金融机构的建立和发展,济南等大城市钱庄银号受到冲击,越来越多的商业资本和民间资金从旧式钱庄中抽离,转而投注于新式银行,旧式钱庄逐渐在兑换银元、铜元、纸币和存放款及少量外埠汇兑业务上,资本数量、经营规模远不及新式银行。1926年后,张宗昌督鲁,许多银钱号遭受苛捐杂税之苦,纷纷歇闭。

到20世纪30年代初,国民政府的"废两改元"政策出台,使钱庄原先赖以生存的条件逐步丧失,钱银业衰落与蜕变的趋势更为明显。面对市场的变化,钱庄向银行业转型,但少有成功的典型。1932年,山东全省共有钱商686家,比1927年前减少了约1/3。到抗日战争时期,山东银钱业庄号大多自动停业。

2. 典当

典当业是在民间借贷基础上逐渐形成的具有金融属性的准金融机构。它的起源可追溯到南北朝的质库。典当业的日常业务主要是收当和取赎,其特点是以实物为抵押,以实物所有权转移的形式取得临时性贷款。对于处在急迫境遇的下层人民,典当业具有"救急、方便、快捷"的特性。

山东典当业作为商人资本经营的一种重要形式,发展的极盛时期是在清代中叶。雍正年间(1723—1735),典当商达585家,到乾隆朝(1736—1795)时,典当商号多达1351家。典当商主要集中在运河沿岸地区的临清、济宁、聊城、高唐等城镇以及沿海地区的胶州、潍县、黄县等地。此外,济南、章丘、泰安等地的典当业也相当兴盛。清咸丰(1851—1861)以后,由于战乱和伴随而来的社会动荡,典当资本江河日下,由盛而衰。典当商号屡次在混战中遭受洗劫。1855 年，曹县的山西籍典当商为避太平军、捻军，“集市之当店全撤”，“城关之当典亦撤城内”，一时间当地典当商户“较之往昔不及十分之一”。胶东黄县，“曩者富户多质库，不暇经营，坐拥自然之利，自捻匪扰乱以来，质库巨资付之一炬”，户数骤减。潍县嘉道年间（1796—1850）有典当 72 家之多，经过咸、同时期的战乱，到宣统时只剩 4 家。①

到清末光绪年间（1875—1908），山东还有当铺 200 余家。此时济南有较大的当铺 9 家，分别为山西帮的正立、谦裕、永吉，章丘帮的济祥、福盛、恒裕，济南官僚陈家的惠和、惠祥、惠丰。潍县有典当 4 家，当地人开设的元祥、元亨在城内，黄县人开设的谦益、裕丰在东关。各地都有典当业的翘楚。如济宁的裕兴典有资本金 10 万两。桓台的永吉当创于 1885 年，有资本金 2 万元，贷放额 1.254 万元。淄川的隆吉当创于 1894 年，有资本金 2.5 万元，贷放额 2.7 万元。黄县富商丁氏开设当铺 10 多家，在黄县有利美、和义、履泰、利有、益丰、宝增，在高密有亨泰，在即墨有共来，在莱阳有庆来，在滨州和里则有广丰、惠丰。此外，莱阳有天复、瑞来，莱州有合和、隆兴，沙河有汇源永，周村有永孚、阜祥、惠吉，禹城有大德当，兖州有恒顺号、广生号，曲阜有李增龟，邹县有晋豫公，曹州府有吉隆。

民国成立后，受辛亥革命、护国军“倒袁”等社会政治运动的冲击，典当业开始凋零。1912 年，山东典当商户数已减少至 111 家。不过，章丘籍官僚型商绅张子衡恰在 1912 年开设章丘金丰当铺，凭借其在济南官场与金融界的势力，吸收官款，盈利甚丰。不过，好景不长，金丰当铺 1914 年即歇业。济南设立多年、资本充足的 9 家典当，因张宗昌滥发钞票大受损失，陆续于 1925 年至 1927 年停歇。济宁的 3 家大典当，亦因省钞和当地利济钱票贬值而赔累不堪，于 1928 年全部倒闭。山东典当业衰败至此，平民急困告贷无门，外商乘机开设典当，进行高利盘剥，地方政府不得不鼓励华商重组典当。1931 年 10 月 13 日，山东省政府第九次政务会议通过《山东省典当业暂行规则》，规定典当利息不得超过年利 2 分，并不得有叠滚息及预扣息；质物取赎

---

① 光绪《曹县乡土志》之《商务》，同治《黄县志》卷三《食货志》，光绪《潍县乡土志》之《商务》。

期为12个月,满期应宽限1个月;典当对质物负全责,不许使用和出借,逾期不赎者当铺可自由处理;不得典当有传染病物及违禁品。1932年6月16日,韩复榘在济南开了一家叫作“裕鲁当”的官办当铺。由时任山东省赈务委员会常务委员的赵新儒任监督,辛铸九任董事长,韩复榘的亲戚薛映书为总经理。当铺设在按察司街南首路东,两扇高高的黑漆大门,上面墙上嵌着韩复榘题的“裕鲁当”石刻横匾。门口还搭起一座过街木牌坊,上写“裕鲁当”三个大字,一进按察司街南口便可望见(图9-13)。

图9-13　济南市闵子骞墓保存的裕鲁当石匾

典当业在传统社会的兴盛,很大程度上得益于典当资本与地方官府关系密切,政府的多项待用款多存入典当生息,构成典当商经营周转资金的重要来源。清政府垮台后,典当商的靠山没有了,加之民国政府的地方行政款项绝大部分转入财政部门管理或存入银行,这就使典当资本失去了一项资金来源,经营也难以维持以前的规模。20世纪20年代后,典当业资本相继歇闭。到1928年,山东各县典当仅存21家,典当资本不足100万元。1930年至1932年内政部的调查显示,山东国人开设的典当,“仅十有五家而已”①。抗日战争胜利后,国民党统治区货币加速贬值,当铺无利可图,更趋没落。

3.票号

票号主要经营异地存取的汇兑业务,因由晋商创办,故称为“山西票号”。山西票号资本势力极大,所谓“山西票庄遍天下”。19世纪50年代时,山西票号遍布各主要商业城市设立分号,各地分号在总号的指导下互相

① 实业部国际贸易局编:《中国实业志·山东省》第十编(癸),宗青图书公司1934年版,第103页。

图 9－14　位于周村古镇的大德通票号

支援，相互配合，从事商业汇兑业务。据《山东省志》记载，山东省内的票号大多为山西人经营。自清初，山西商人就在济南开设票号，清末民初，较大的有大德通、大德恒、大德元、晋逢祥、新泰厚等数家，专做山东与北京、西北地区的汇兑、贷款，在商界颇有影响力。其中晋逢祥于 1904 年设立，年汇兑额达 800 万元。票号钱庄多集中在西门大街、鞭指巷一带。自同治初年后，晋商在周村先后开设票号。从 19 世纪中期之前到 20 世纪初期，先后有 12 家山西票号在山东的济南、周村、烟台等地开设分号，平遥帮的有日升昌、新泰厚、协同庆 3 家，祁县帮的有元丰久、大德通（图 9－14）、大德恒、大德川、三晋源 5 家，太谷帮的有志诚信、协成乾 2 家。继山西票号之后，山东帮、河北帮的票号相继在山东各地开设，兴盛一时。烟台除有一家山西票号外，还有三家总号设在北京的信贷庄，信贷庄是当地唯一的货币贷放商，每笔业务通常在 2000—3000 两之间。在未开埠的青岛地区，钱铺兼营钱庄与票号的职能，即贷款与汇兑两项业务。胶州城内的十一家钱铺每日挂牌公布银两与铜元的汇兑价格，同时也公布向本省其他贸易中心汇款收取的汇兑费用。票号对调剂地区间的金融汇兑提供了便利，有利于这一时期商品经济的发展。

票号与清政府关系非常密切，从 19 世纪 60 年代开始，票号就为清政府进行公款的运解。洋务运动时期，各省机器局之间常有资金往来，如山东巡抚丁宝桢为筹建四川机器局，由山东调拨军火，其筹拨银两就是通过四川、山东的票号进行汇解。1891 年，清政府修建关东铁路，要求山东等 16 省每省每年拨银 5 万两，这些款项也是由票号汇解。票号缓和了清政府在财政收解上的困难。1911 年辛亥革命，票号受到严重打击。1912 年以后，银行汇兑业务日盛，加之票号自身经营陈旧等原因，日趋衰败。

（二）新式银行业的兴起

晚清时期，随着商品生产与商品交换的范围不断扩大，以票号和钱庄为中坚的传统金融业已经不能满足时代的要求，开始在新式银行业的冲击下走向衰败。1896 年，山东巡抚崇恩参照外国银行章程，奏准清政府，于同年八月创立山东通济官钱局，总局设于济南，由赈抚局筹拨银 3.8 万两，京钱 2 万串，作为开办的资本。光绪二十七年（1901）五月，通济官钱局更名为山东官银号。山东官银号发行的纸币流通于全省（图9－15），济南以发行银两票、银元票为主，周村和潍县分号以发行制钱票为主要业务。山东通济官钱局成为旧式金融业向近代银行过渡的重要形式，金融近代化在山东拉开了序幕。

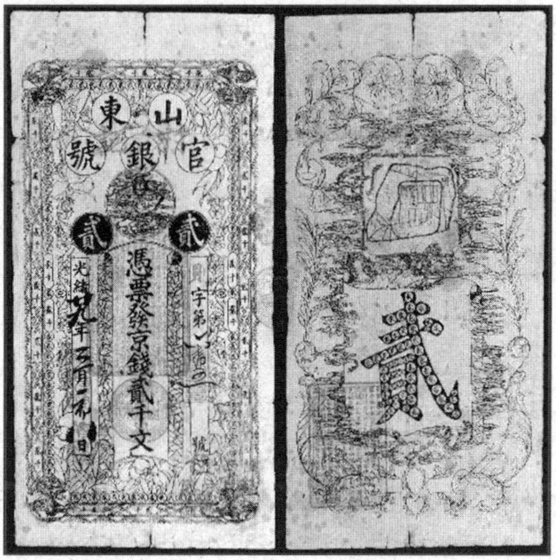

图 9－15　山东官银号发行的贰仟文制钱票

1. 外资银行

随着山东各口岸的相继开放，市场容量不断扩大，外资银行纷纷进驻山东各地。外资银行的丰厚盈利，对华资银行起到诱导及制度示范效应。

最早进入山东的外资银行是德国德华银行。德国德华银行 1898 年在青岛设立分行，1906 年在济南设立分行。德华银行除办理一般银行业务外，还积极配合德国殖民当局对中国进行经济侵略，在山东发行银行券和辅币，在全省流通，辛亥革命前曾一度左右了青岛、济南等地的金融市场。德华银行在 1899 年 6 月成立“德华山东铁路公司”和“德华山东矿山公司”，铺设胶济铁路（包括博山支线），并开发铁路沿线的矿产资源。

日本横滨正金银行 1913 年在青岛设立支店，1914 年日德战争中日本获

图 9－16　日本横滨正金银行发行的银拾钱

胜，日本横滨正金银行一跃成为青岛金融业的霸主，其发行的钞票（图 9－16）达 2800 万日元，由青岛一直流通到胶济铁路沿线。日元的流通，刺激了日元流通区经营兑换业务的钱庄的兴起。1915 年，日本横滨正金银行在济南设立支店。1922 年，我国收回青岛，但青岛的金融业依然掌控于外资银行尤其是日本横滨正金银行手中，华资银行的存放款总额比不上一家日本横滨正金银行的存放款总额。日本横滨正金银行控制胶海关税款，中国银行和山东银行青岛分行所收海关税款均要转存入日本横滨正金银行。1929 年以后，经过华资银行对日本正金横滨银行的抵制，日本横滨正金银行在山东的势力才逐渐削弱。1931 年，济南支店关门歇业，房产卖与山东省民生银行；1937 年，青岛支店关门歇业。及至济南、青岛沦陷后，日本横滨正金银行又卷土重来。直到抗战结束后，青岛支店被中国银行青岛分行接收，济南支店被中央银行济南分行接收。

英国的汇丰银行和麦加利银行也在山东各地增设分支银行，扩大业务规模。汇丰银行最先在威海卫委托英商太茂洋行代理业务，1912 年在青岛设立分支机构，1926 年在烟台开设分行。汇丰银行采用上海分行的牌价做外汇交易，主要承做欧美商人进出口贸易的外汇结算业务。颐中烟草公司每年 2500 万元的流动资金均由汇丰银行提供。汇丰银行几乎成为英商的财政顾问。1941 年，太平洋战争爆发，青、烟分行均被正金银行接管。

此外，山东各地还有俄资、法比合资、美俄合资等外资银行。近代所有的外资银行在山东的经营特点往往是伴随其本国商业在山东的浸透实力而消长。以日资银行在青岛为例，日本占据青岛后，日本资本以前所未有的规模涌入青岛，日资正金、朝鲜、正隆、龙口等银行全面取代德资银行。1916 年青岛正金银行存款余额为 46.8 万日元、145.8 万银元、10.4 万银两，贷款发生额为1170万银元、40万银两，贷款余额约合银元90余万元，汇兑业务总额5907万元。[①] 同年，以3万元起家的日资龙口银行在青岛设立支行一年，就取得骄人业绩：存款额43万日元、136万银两，贷款额23万日元、86万银元、109万银两。中国收回青岛主权后，日资商业企业及银行在青岛的势力才逐渐减弱。

外资银行的业绩主观上为其国在山东实行经济侵略提供金融后盾，但在客观上也为山东华资银行的建立提供了示范效应。

2. 华资银行

1898年，中国通商银行在烟台设立分行，成为山东境内开办最早的华资银行。中国通商银行在烟台开设分行的初衷是对海关的巨额税款寄予很大希望，但事实是关税、盐税等大宗税收存解管理权始终掌握在海关总税务司和汇丰等外国银行手中，中国通商银行烟台分行在经营上几乎无利可图，“鲜人过问，几乎门可罗雀”。1905年，中国通商银行除保留上海总行和北京、汉口两分行及烟台支行外，其余分行一律停办，1907年后烟台支行也关闭。中国通商银行是盛宣怀一手筹建并控制的，它“招集商股”，却又“奉特旨开设”，并有发行钞票、代收库平银的特权。所以，张之洞评价它是“不官不商，亦官亦商，不中不西，亦中亦西”，性质上存在诸多争议。一般来说，华资银行可分为官办银行与商办银行。

(1)官办银行

官办银行是近代中国实力最为强大的华资金融机构，又可分为国家银行和地方银行两种。官办银行的设立，意味着中国近代银行制度建设的开始。官办银行大都采取股份制经营，官股具有绝对优势，吸收部分商股。1905年清政府在山东设立户部银行济南分行，这是山东历史上第一家官办银行。清末至民初，山东官办银行约有9家（见表9-3）。除此，官办的金融机构还有四联总处、邮政储金汇业总局、中央信托局、中央合作金库在山

---

① 转引自庄维民、刘大可：《日本工商资本与近代山东》，社会科学文献出版社2005年版，第204、205页。

东设立的办事处或者分支机构。同时,抗日战争及解放战争时期,山东革命根据地设有根据地银行,如北海银行、鲁西银行、冀南银行、瑞华银行。近代山东官办银行不具备对当时中国金融业的监管能力,其主要业务集中在三个方面。第一,发行纸币。如韩复榘创设的山东省民生银行,1936 年发行 1 角、

表 9 - 3　　　　山东省官办银行简表

时间	行名	资本额	性质	主要业务	地点
1905 年	户部银行	10 万两,后增至 20 万两	官办,分行	政府税收及公款存放	济南,1908 年改大清银行,1911 年设青岛支行
1910 年	交通银行	600 万元	官办,分行	铁路、电报、邮政、航运款项收付,发行兑换券	济南、烟台、济宁、青岛
1913 年	中国银行	800 万元	官办,分行	代理省库,对企业放款	济南、青岛
1924 年	青岛地方银行	75 万元	官商合办	发行纸币,市政公债	青岛
1925 年	山东省银行	1000 万元	官办,总行	发行纸币,代理省库、代办公债募集与偿还	济南,青岛、烟台设分行
1929 年	中央银行	120 万元	官办,分行	经理国库,发行货币,管理金融	济南、青岛
1932 年	山东民生银行	600 万元,实收 320 万元	官商合办,总行	代理省库,发行角票,代发省库券,其他银行业务	济南,青岛、烟台、周村等地设办事处
1933 年	青岛市农工银行	25 万元	官商合办	存放款、汇兑业务,代理市库,发行铜元票	青岛
1936 年	临沂农民银行	20 万	官商合办	对私人商号、银号、钱庄发放贷款	临沂
1946 年	中国农民银行		官办,分行	供给农业信用、发展农村经济之专业银行,且为四大发钞银行之一	青岛、济南

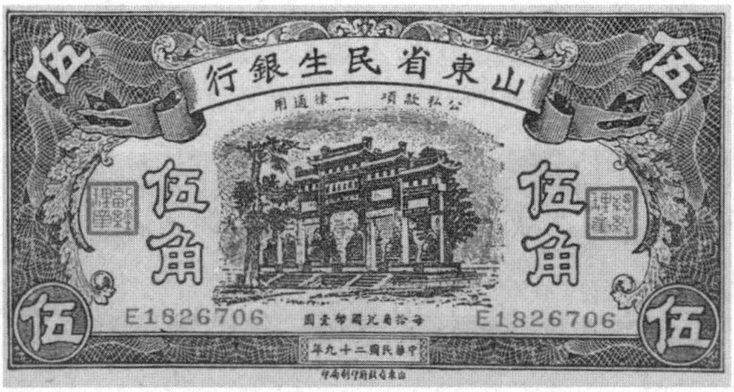

图 9－17 山东省民生银行发行的伍角纸票

2 角、5 角辅币券 250 万元，1939 年发行 250 万元，1943 年发行 754 万元，1947 年发行 2483.5 万元（图 9－17）。官办银行发行货币，调剂金融，稳定经济，充实财政。但在军阀混战的时期，为筹措军费，也会滥发货币，扰乱经济秩序。如张宗昌督鲁时开设的山东省银行大肆发行纸币，两个月即发行 300 万省行钞票，导致物价飞涨，各业停滞。第二，存款、放款和汇兑业务。官办银行享有特权，资本额较大、实力雄厚，最初主要以政府财政为服务对象，基本不与普通工商业来往。20 世纪 30 年代以后，除代理国库、发行货币外，官办银行业开始服务于工商，办理对工商业户存放款等银行业务。如中国银行的放款大户是济南仁丰纱厂、华庆面粉厂和东元盛染厂等。交通银行的放款对象主要是鲁丰纱厂，还有铁路和邮电系统。山东省民生银行，更是直接标明其营业宗旨是注重民生及辅助农工商业，“民生银行自成立以来，不独地方杂税机关存款悉为兜揽，大宗抵押放款，如鲁丰纱厂、丰年面粉公司亦由该行揽去独做。此外，如土产商、粮行、棉花行之押款、百货商店、杂货行、经理烟卷煤油等号之信用放款，同业短期信用放款，农村零星放款，该行均能承做”①，1933 年放款 649 万余元，1935 年放款 812 万元，起到一定推动城市工商业及农村经济发展的作用。第三，发行公债。官办银行是公债的主要承销机构。如 1935 年，青岛市发行“市政公债”，总额 150 万，年息 7 厘，照票面九八折实收，指定中央银行青岛分行和青岛农工银行为还本付

① 南京中国二档《鲁行二十二年上期营业报告书》，转引自房郁琴，贺传芳主编《山东近代银行券与根据地货币》，山东省钱币学会，1992 年，第 32 页。

息机关。经营公债不仅回扣大、利息高,还可作为发行准备和储蓄存款准备,这是公办银行重要盈利来源。

(2)商办银行

一战期间和战后初期欧美帝国主义国家暂时放松了对华经济掠夺,山东地方政府通过官办银行收回金融主权,打破外资银行在山东金融业的垄断地位。在有利的国内外政治经济形势下,山东商办银行业进入黄金时代。1918 年,济南、周村、黄县、章丘、泰安、惠民、济宁、滕县、峄县等地共有银行总行和分行机构 17 家,实缴资本总额 369 万元,相当于钱庄资本的 3 倍;存款额达 742 万元,相当于钱庄存款额的 19 倍。银行资本的增加和业务的扩展,反映出以银行为代表的新式金融业在山东逐渐产生并且发展壮大。这些银行均开展存放款、汇兑、发行纸币、兑换货币、工商业贷款等业务活动,其经营范围和规模远非银号、钱庄可以比拟。

商办银行既有山东省内银行,也有省外商办银行在山东开设的分支机构。创建比较成功,存续时间超过 10 年的山东省内商办银行有东莱银行、山左银行、中鲁银行等。

①东莱银行。于 1918 年 2 月 1 日由掖县人刘子山出资 20 万元在青岛创建,是青岛开办最早的商办地方商业银行。创办人刘子山(1877—1948)的商业经历颇有戏剧性。第一次世界大战期间,刘子山与日本殖民当局达成鸦片销售协议,成为日军的鸦片买办批发商,短短数年之内,就获利 4200 万元之巨,成为青岛臭名昭著的“烟土大王”。一战结束后,刘子山将巨额资金投入房地产业,在青岛兴建“大院房”,一度拥有青岛市天津路等整条街道的房产,人送绰号“刘半城”。东莱银行总行最初设在青岛,在济南、大连、天津、上海设有分支机构。该行除办理存放款、汇兑和金银证券买卖等商业银行业务外,还从事兑换外国货币及有价证券买卖。东莱银行的业务主要面向往来于山东、江浙、东北和内地省份的商人,开业第一年,所收存款即达 250 万元以上。东莱银行的会计货币计算单位分为银元、银两、金票三种,同时按三种计算单位分别计算,“故该行实际上资产负债之状况,颇能一目了然,不致因换算而失真,此为该行特异之点”。1920 年年底的结账报告显

示,1920 年比上一年净增 15 万余元。[①] 1923 年东莱银行改组为股份有限公司,资本增至 300 万元,并在上海设立分行,成为当时私营商业银行中规模较大的一家。东莱银行以重金借用中国银行的钞票版面,发行钞票。1926 年,因长芦盐商多与天津东莱银行有业务往来,天津东莱银行的业务发展得很快,于是东莱银行天津分行改为总行,青岛行改为分行。1928 年东莱银行总行又由天津迁到上海,天津、济南、大连、青岛的各行均成为分行。此时,其存款余额经常保持在 100 万银元以上,均比当时的私营金城银行、大陆银行等发达。在此期间,创办人刘子山还向大陆银行、太平洋保险公司等金融机构投资,并担任董事职务。刘子山晚年开始深刻反思和忏悔贩卖鸦片的经历,大范围涉足各种公益事业。如捐款兴办济南孤儿院,捐资兴建山东大学,捐款疏浚小清河等。1937 年日本第二次侵占青岛后,刘子山避居天津法租界,拒绝与日伪合作。同时派儿子刘少山赴上海东莱银行,传达他的指示:"国难时期,宜闭关自守,紧缩业务。本人自愿不再提取股息,以维同人生计。"此后,刘子山将东莱银行业务交与刘少山管理。国民党统治时期,法币严重贬值,东莱银行的信贷业务已无法控制。1953 年东莱银行并入公私合营青岛分行。

②山左银行。山左银行于 1922 年 9 月 22 日由青岛绅商傅炳昭等人在青岛发起创立,实收资本 40 万元。该行主要经营存放、汇兑、仓库等业务,颇得地方绅商信任。1923 年呈准北京政府注册,在济南、大连等地设分行。1930 年按新公司法修改章程,变更资本总额为 50 万元,重新在南京政府实业部、财政部登记。1950 年 5 月因无法维持而停业。

③中鲁银行。中鲁银行是由中鲁钱庄改组而成的。1926 年 10 月王寒臣等牛商在青岛设立中鲁钱庄,资本银元 5 万元,后增加到 15 万元,改称中鲁银号。1930 年资本总额收足 30 万元,呈请财政、实业两部注册,名义上是银号,但业务和机构状况和银行相似,并在济南、上海、潍坊、大连设有分支机构,经营存、放、汇等各项银行业务。1931 年 1 月 1 日,该行再次增加资本

---

① 《民国九年东莱银行营业纪略》,《银行周报》1921 年第 8 期。

20万元,正式改称为中鲁银行。中鲁虽改组为银行,因其存、放、汇等各项业务多沿袭银号的做法,颇能投合旧式商人的需要。1935年,受各地金融风潮影响,中鲁银行发生挤兑风潮而无法维持。

随着山东工商业活动的日趋活跃,省外商办银行也纷纷在山东设立分支机构。外省银行不仅实力雄厚,而且业务范围广,除一般商业银行业务外,各有特色。在山东设立分支行的省外商办银行有10家最为成功,其中我国著名的“北四行”金城银行、大陆银行、盐业银行、中南银行先后在青岛、济南等地设立分行。金城银行于1931年进入青岛,同年建造起青岛金城银行分行大楼,拥有韶关路别墅等地产。“南四行”中的上海商业储蓄银行、浙江兴业银行也在济南、青岛等地设立分行。如上海商业储蓄银行,总行在上海,设济南、青岛等分行,大力吸收颐中烟草公司、怡和洋行等外国企业在山东的存款,扩展储蓄及拆放业务。大陆银行,1919年创建,总行在天津,1920年设济南支行,后设滕县、青岛支行。除此,1916年成立的中国实业银行,总行在天津,后迁至上海,同年设济南分行,后在青岛、威海、潍县设分支机构,抗战爆发后停业。1920年设立的边业银行,总行在北京,1921年在济南设分行,经营普通银行业务。1920年成立的劝业银行,总行在北京,1923年在济南设分行,1927年停业。明华商业储蓄银行开办于1920年,总行原设在北京,后迁至上海。1922年,在青岛设立支行,设有商业、储蓄、信托三个部。该行在青岛银行界首次推出储蓄业务,秉承“一元起存”原则,零存整取,甚至以高出同业一二厘的存款利率吸引大批储户,在其国内的几个分行中,青岛支行的业务最为发达。

与官办银行相比,商办银行的资金运行及救援机制还不完善。1935年初,因中国白银大量外流引发白银风潮,上海因此停业倒闭的中外金融机构达30多家。上海金融风潮波及青岛银行界,青岛中鲁银行首遭波及,储户挤提兑风潮出现,后迅速延及明华商业储蓄银行青岛分行、中国实业银行青岛分行等多家中资银行。当时明华商业储蓄银行青岛分行的储蓄存款已达350余万元,储户高达15000余家。然而明华银行青岛分行利用银行制度上的漏洞,正常的经营性放款仅30余万元,大量资金投向上海房地产和实业,与美商合资兴建东海饭店，加之向政府放款、个人非法挪用等原因，致使大量资金停滞，欠款无法收回，资金周转不灵，挤提风潮一起，青岛明华银行顿时陷入困境。接到明华银行告急求援后，青岛特别市政府当即出面召集岛城各银行齐聚市政府，商讨救济以免风潮扩大，殃及青岛全城的金融界，影响社会稳定。市长沈鸿烈亲自出面要求驻青各银行切实担起责任，即使如此，各银行也没有提出有效的援助措施，市政府束手无措。至此，明华银行求告无门，不得不于1935年5月23日晚8时宣告停业清理。明华银行350万元的存款大部分蒸发，借款无法追回，该行15000余户存户损失惨重，由此引发岛城多家银行出现挤提存款、挤兑钞票的风潮。受到青岛分行的连累，明华银行上海总行及天津、北京、济南分行也相继停业清理。倒闭后的青岛明华银行债务长期未能得到清偿，给众多中小存户和拥有债权的华资银行造成较大财产损失，社会影响恶劣。究其原因，和商业银行兴起初期政府对银行缺乏有效的监管和救助制度建设、银行资金利用结构严重不合理有关。青岛明华银行破产案是20世纪30年代青岛急速迈向区域性金融中心和受到全国性金融危机影响的一个典型的金融风险案例。其影响面之宽广，牵涉人之多，时间延续之长，在青岛历史上绝无仅有。[①]

山东新式银行业的发展，主要经历了四个阶段：第一阶段是1912年前，新式银行开始出现，对旧式金融业影响不大。第二阶段是1912—1924年，银行业发展迅速，近代化金融体系初步建立，与旧式金融业呈现此长彼消的趋势，金融业话语权多掌握在外资手中。第三阶段是1925—1929年，军阀督鲁时期银行业受到干扰较多，波动发展。第四阶段是20世纪30年代，银行逐步取代了传统金融机构的主导地位，青岛成为山东半岛的重要港口和金融中心。在传统金融机构衰落、分化和重生的同时，新式银行业异军突起，虽然跌宕起伏，但在现代化道路上不断进步。为了适应市场发展的需要，各种金融同业组织纷纷建立，主要有当业同业公会、钱业同业公会、银行公会、保险业同业公会等。近代山东地区金融同业组织的蓬勃发展，也可视

① 周兆利：《青岛明华银行倒闭风潮》，《青岛日报》2011年5月9日第06版特刊。

为区域金融现代化的重要内容。

（三）保险业的兴起

保险是最古老的风险管理方法之一。它起源于公元前10世纪欧洲海上贸易的风险规避，某位货主遭受的损失要由船主、所有该船货物的货主等受益人共同分担。17世纪，现代保险制度在英国诞生。保险是对经济活动人的一种经济保障，保险业的形成是商业发展的必然结果，同时又为商业贸易提供了强有力的保障。在保险经营中，保险资金的运作贯穿着各当事方之间的资金融通活动，体现了保险的金融性质。因此，保险业与银行业、证券业等构成金融业的主要主体。

山东近代保险业同样始自外国保险业的示范效应。1886年，和记洋行开办了烟台至天津、烟台至香港的航线，同时开办航运险，成为烟台具有垄断性的船务与保险公司。保险业与航运业休戚相关。变幻莫测的航运风险是商人无法抵御的，保险业成为航运业的坚实后盾。外商一般将轮船公司与保险公司集于一身，这样既可获取巨额保险利润，又可保障自身航运业的发展。1897年，德华银行、禅臣洋行等均办理青岛与德国通邮通航的船货保险。1904年，济南开埠，外资保险业由沿海逐渐向内地延伸。

烟台至上海沿海是外国海盗船活动最猖獗的水域之一。在外商保险的启迪之下，中国商人们逐渐产生了保险意识。但是华商在向外国保险公司投保时，往往会受到种种非难。于是华商兴办保险业的热情被激发出来。如招商局向怡和等外国保险公司投保时，要出巨额保费，保银10万两，每年保费须纳“一万两有零”，远不如自开保险公司经济。1875年，轮船招商局创办保险招商局，其公布的第一批办理保险的口岸中包括烟台，成为第一家进入山东的华资保险公司。1912年后，先施、华安等华资保险公司在青岛设立代理处。1932年，济南才出现华资保险公司——上海银行附设的宝丰保险公司和中国银行附设的中国保险公司。

但总的来说，保险业在金融业中所占比重不大，与英、美、法德等列强相比更是望尘莫及。时人总结的原因有二:一是“民智之不发达”,整个国家缺乏科学素养,民众认同“人生有命,富贵在天”,不相信“风险平均率”,所以不会轻易投保;二是“大家庭制度”,传统的“家族共产互助制”,本身是一种互助保险社,虽有“保险之雏形,然亦终止于雏形而已”,反而成为保险业发展缓慢的重要原因。①

（四）混乱的货币制度

从晚清到北洋政府时期,再到南京政府时期,流通在山东省内的货币繁多,金融市场与货币制度极为混乱,大致分为清末和民国两个阶段。

第一个阶段:清末。山东的货币以白银为主,铜为辅。白银类货币以银元为主,兼有银饼、银片、碎银等种类。鸦片战争之前山东市场上的外国银元以西班牙铸造的“本洋”为多,鸦片战争之后,则以墨西哥的“鹰洋”为多。光绪十三年(1887)初,两广总督张之洞上奏,要求设立钱局,向外国购买机器铸钱,获得批准。1889年钱局竣工,定名为广东钱局。1890年,附设于广东钱局内的银厂开始铸造银元,每枚银元重库平银一两或七钱二分,其中每枚库平银七钱二分的银元正面有“光绪通宝”字样,背面有蟠龙花纹,俗称“龙洋”。此后各省出现了设厂铸造银元的浪潮。各省铸出重量、成色不一的银元,引发流通领域的混乱。光绪三十二年(1906)五月初九日,刑部一起“造买假银案”咨文提到,山东益都人静新云“因贫起意”,伙同直隶唐县人高顺铸造假银售卖,由静新云负责制造,高顺“在外行使”,共卖假银三十二两。高顺因行使假银被抓获后供出静新云。最后静新云按照伪造金银罪被处以杖责一百,服刑三年。高顺作为从犯,服刑二年半。②

清末山东地区的小额支付依然用铜钱。除了传统的方孔铜钱,随着社会对货币的需求量日益增大,铜元应运而生。光绪二十三年(1897),江西道

---

① 权时:《我国保险业不发达之原因》,《银行周报》1936年第35期。

② 中国第一历史档案馆:《光绪年间查禁伪造货币史料(上)》,《历史档案》2009年第2期。

监察御史陈其璋奏请“仿造大小铜元，以补制钱之不足”。光绪二十六年(1900)，广东试铸铜元成功后，地方各省遂仿行铸，至光绪三十一年(1905)，全国包括山东在内已有17个省22个钱局铸造或试铸铜元，其面值有一文、当二、当五、当十、当二十几种。铜元发行初始，其价值大大超出币面价格。受利益驱使，地方督抚竞相多铸争销，加之不少地方出现私铸、减重现象，致使铜元“铸造日多，行销日滞，法价已不可保”①。由于供大于求，铜元急剧贬值造成币制紊乱，通货膨胀严重，中央与地方之间、地方与地方之间矛盾尖锐。为挽回利权，1905年户部奏定《整理圜法章程》，决定在天津设立户部造币总厂，地方统为造币分厂，并裁停归并部分钱局，将铸币权收归中央。山东省于光绪二十九年(1903)在省城西门外东流水购地建造铜币厂。计自光绪三十年(1904)七月开铸起，至光绪三十二年(1906)十二月十四日停铸止，共铸造当十、当二两种铜币，折合当十铜币2.96274556亿枚。② 1906年，山东铜币厂归并直隶为一厂。山东市场上流通的铜元有大、小两种。大铜元每枚兑换制钱20文，每50枚兑换银元1元；小铜元每枚兑换制钱10文，每100枚兑换银元1元。同时，晚清山东市场上行使货币职能的还有钱庄、商号发行的钱庄票。目前发现的钱票幅最大(225×111mm)、发行最早的是咸丰年间招远县罗峰日昶钱票。早期山东省存世的清代钱票还有同治钱票3枚，光绪、宣统时期的50余枚。③ 德占时期的青岛流通的货币主要是德华银行发行的银元票和银两票，银元票以墨西哥银元为本位，银两票以中国银两为本位。后来还发行了5分和10分的镍币。

第二个阶段：民国时期。1914年北洋政府铸造袁世凯头像的银元(俗称“大头洋”或“袁头”)；1933年国民政府铸造印有帆船图案的银元，俗称“船洋”；1934年铸造的孙中山头像的银元，俗称“小头”；此外，还有一角、二角、五角的辅币及银角。这些货币均在山东市场上流通。

山东地区的货币制度因军阀相争而尤为混乱。为争夺地盘，扩充势力，

---

① 中国第一历史档案馆：《晚清各省铸造铜元史料》，《历史档案》2010年第1期。

② 中国第一历史档案馆：《晚清各省铸造铜元史料》，《历史档案》2010年第1期。

③ 盛志坚：《目前发现最早的山东大清咸丰钱票》，《中国钱币》2010年第3期。

保证军需,军阀纷纷通过设立银行发行货币。1925 年至 1928 年,军阀张宗昌督鲁,张氏通过设立山东省银行发行大量“省钞”、军用票、债券搜刮民财。“省钞”三年内发生四次大的挤兑风潮,至 1928 年 1 月,已形同废纸。

1930 年蒋冯阎中原大战时,韩复榘任“讨逆军”第三路军总指挥,率部开赴山东,9 月在济南任山东省主席,开始了韩复榘督鲁时期。韩复榘时期山东流通的货币一部分来自于山东平市官钱总局发行的货币。山东平市官钱总局又名山东平市官钱局,1930 年 1 月成立。总局设在济南西门大街,分局设在潍县、滕县、济宁、临清等地。截至 1932 年年底,该局辅币发行总额达 609000 元,后该局发行角票(1、2、5 角)100 万元。因铜元笨重,1935 年 11 月山东省政府特许山东平市官钱总局发行铜元票代替铜元流通。韩复榘上台后即着手组建山东省民生银行。1932 年 7 月山东省民生银行在济南正式挂牌营业。该行建立之前,1932 年 6 月 11 日召开的省府政务会议上通过决议发行省库券。该库券面值为 1 元、5 元、10 元 3 种,票面均印有各县县名,并规定发行限期。在济南发行 52 万元,在省内 108 县发行 248 万元,指定民生银行和平市官钱局代理兑现。由于该库券可以在市面上流通使用,故其性质与纸币无异。①

为谋求经济金融统一,南京国民政府于 1933 年颁布《银本位币铸造条例》,实施废两改元政策,规定银元交易为合法,银两交易为非法,确定了银元本位制度。实际上,青岛市早在 1929 年即实施了“废两改元”改革。自德占青岛以来,青岛进出口贸易及金融诸项权利都操于列强之手,后又因日本的长期盘踞,各项权利又收于日本人之手。1929 年 4 月,南京国民政府接管青岛后将其改设为特别市。青岛各界已深切感受到了金融被外人操纵的痛苦,认为“以虚银两为计数之单位,授外人以操纵之柄,已为不可解之事”,“欲打压正金之势力及外人之经济压迫,非实行废除胶银不可”。1929 年 7 月,由明华银行行长张絅伯首先倡议,中国银行青岛分行行长郛志和正式提

---

① 陈传银:《试谈山东民国纸币和铜元票》,《收藏界》2007 年第 4 期。

案，青岛金融界联合废除胶平银，改用银元，打响了全国“废两改元”的第一枪[①]。青岛市的“废两改元”改革打破了外资银行对青岛金融市场的垄断，华资银行迅速成为青岛金融市场的主要力量。如中国银行青岛分行一跃成为青岛的汇兑中心，到1936年拥有存款929万元（包括同业存款200余万元），放款599万元[②]，居当时青岛金融业之首。青岛的“废两改元”改革也为其他地方提供了经验，推动了全国“废两改元”改革进程。青岛迈出第一步后，“废两改元理论与事实皆已水到渠成，全国实行不过时间问题。青岛乃为其先驱耳”[③]。1933年3月，南京国民政府开始在上海试行“废两改元”改革，4月开始在全国范围内实行。此后，山东省内其他地区也相继实施“废两改元”改革。自此，全国货币制度始呈统一之势。

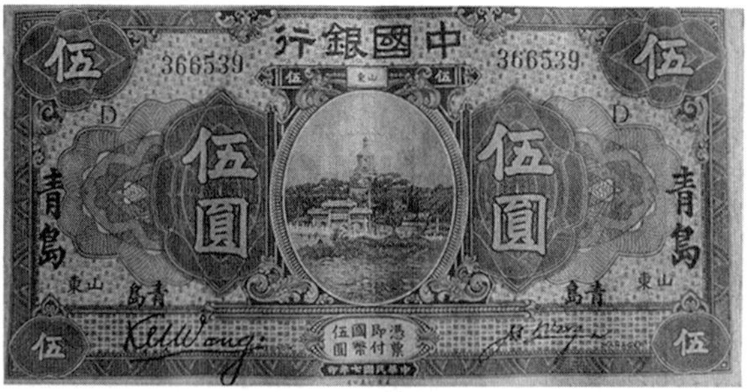

图9－18　中国银行发行的“伍圆”纸币

1935年南京国民政府颁布《施行法币布告》，实施法币改革，规定以中央、中国、交通银行所发钞票为法币，1936年中国农民银行加入，最终统一了货币发行权。山东省也积极施行法币政策，使用法币进行各种交易（图9－18）。在南京国民政府统一货币权的同时，法币也开始了其通货膨胀的历史。抗战胜利后，国民党政府借接收之机大肆进行金融抢掠，开始时将法币与日伪政权发行的“联银券”等价流通，后又将“联银券”压至6元兑法币1元。随后法币币值狂跌，1947年山东解放区北海币1元平均兑法币18.05元，1948年1元平均兑574.6元。从1937年至1948年年，法币的购买力变化如下：1937年法币100元，可买两头牛；1941年法币100元，可买一袋面粉；1948

① 江礼㯋：《述青岛废除胶平银之经过》，《银行周报》1929年第31期。

② 山东省政协文史资料委员会编：《山东工商经济史料集萃》（第二辑），山东人民出版社1989年版，第65页。

③ 江礼㯋：《述青岛废除胶平银之经过》，《银行周报》1929年第31期。

年法币 1 万元，可买一百张纸。法币的恶性贬值导致山东国统区物价飞涨，人们开始拒绝使用法币交易，自发使用银元交易。就全国而言，从抗日战争爆发至 1948 年 8 月 21 日实行金圆券止，国民政府法币发行额高达 664 万亿元，比抗战前夕增长了 47.4 万倍。

为解决愈发严重的通货膨胀问题，南京国民政府于 1948 年 8 月 19 日公布《金圆券发行办法》，实施金圆券改革，限 9 月 30 日前将法币及东北流通券兑换成金圆券（法币 300 万元折合金圆券 1 元）。同时禁止买卖金银外币，凡持有者都必须兑换成金圆券。金圆券改革也是一种金融掠夺行为，丝毫无益于通货膨胀的解决，反倒加快了通货膨胀速度。当时，国民党控制的山东济南、青岛等大城市也推行金圆券改革，其结果是物价飞涨速度更快、货币贬值程度更深，金圆券原计划发行 20 亿，很快增至 60 亿（图 9－19）。南京国民政府时期的通货膨胀是中国历史上最严重的通货膨胀之一。据千家驹、郭彦岗两位先生的估计，从 1948 年 8 月到 1949 年 6 月的 10 个月中，金圆券膨胀了“六十五万倍”，如果从 30 年代末算起的话，“国民党政府增发钞票 1400 多亿倍，而物价上涨八万五千多亿倍”①。南京国民政府的通货膨胀政策，使山东百姓财富遭到空前浩劫，并严重损害了山东国统区的经济发展和商业贸易，山东国统区的经济已经崩溃，政权也即将垮台。1948 年 9 月 24 日济南解放后，人民政府立即肃清金圆券，先以 2400 元、后以 2000 元北海币兑换 1 元金圆券，很快完成兑换计划，结束了南京国民政府造成的金融币制混乱状态，使北海币迅速占领市场。②

图 9－19　金圆券

① 千家驹、郭彦岗编：《中国货币发展简史和表解》，人民出版社 1982 年版，第 54 页。
② 张俊华：《近代山东银行的创设与金融业发展》，《春秋》2014 年第 2 期。

第十章　近代山东的商业与贸易(下)

一、地方政府的兴商措施

近代山东地方政府采取多种措施振兴商业,如通过自开商埠吸引各种资本介入商业行业、通过设立劝业道指导商业建立、通过广设商会协调商业发展等。

(一) 自开商埠

烟台、青岛等通商口岸被迫对外开放,各种经济权利控制在外国资本之手。为摆脱外国列强的干扰,近代山东地方政府通过自开商埠等多种形式主动开放,谋求省内经济发展。1904 年 5 月 1 日,也就是胶济铁路正式开通前的一个月,山东巡抚周馥和他的前任、时任北洋大臣兼直隶总督的袁世凯一起,联名上奏朝廷,称“济南本为黄河、小清河码头,现在又为两路枢纽,地势扼要,商贸转输较为便利”。“至省城迤东之潍县及长山县所属之周村,皆为商贾荟萃之区。该两处又为胶济铁路必经之道,胶关进口洋货、济南出口土货,必皆经由于此。拟将潍县、周村一并开作商埠,作为济南分关,更于商情称便,统归济南商埠案内办理。”[①]请求批准济南、周村、潍县三地自开商埠(图 10－1)。1905 年 5 月 15 日,济南、周村、潍县正式开埠。同年,在济

① 中国第一历史档案馆:《清末济南潍县及周村开辟商埠史料》,《历史档案》1988 年第 3 期。

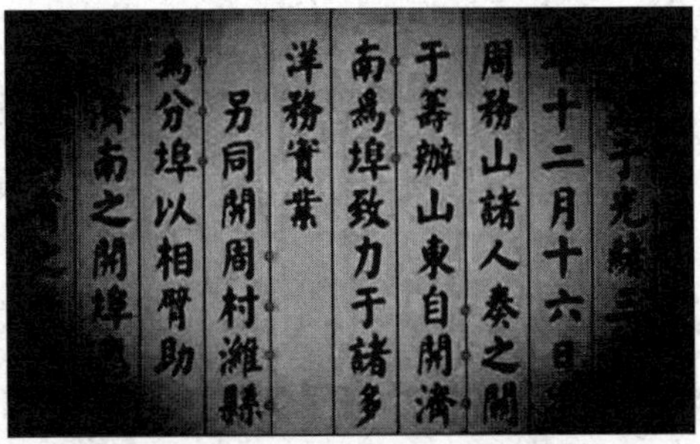

图 10－1　济南、周村、潍县同时开埠

南成立商埠总局，在周村、潍县设立商埠分局。根据《济南商埠开办章程》，济南商埠东起十王殿，西至北大槐树，南沿长清大道，北到胶济铁路，占地 4000 余亩。埠内分四区，“准各国商民任便往来，租地设栈，与华商一体居住贸易”①。自济南开埠后，商埠内的建筑、道路及其他公共设施，次第兴建。至宣统年间，济南商埠已初具规模，并吸引了众多的中外商人在此设店经商，从而促进了济南商业经济的发展。宣统二年（1910）山东巡抚孙宝琦在奏折中提到：“近年以来，济南一埠，市廛栉比，路线纵横，物产骈罗，商贾辐辏，日新月盛，渐有成绩可观。”②山东是近代中国自开商埠的典型省份之一，除济南、周村、潍县三地同时开埠外，省内其他城市如龙口、济宁等也相继开埠，从而加快了近代山东对外开放的步伐。

（二）创立劝业道

1907 年清政府实行地方官制改革，各省纷纷设立劝业道，“禀承农工商部、邮传部及本省督抚办理全省农工商业及各项交通事务”③。1908 年，山东地方政府创立劝业道。劝业道是最高实业管理机构，山东劝业道也是在全国最先设立的省级劝业机构之一。劝业道在鼓励发展农工商务方面采取了一些积极的措施。如在农业方面，饬令各州县设立农桑会，引进与推广国外农作物优良品种，开垦荒地，兴修水利，提倡蚕桑及林渔业改良等；在商业方面，督促各地成立商会，举办商品陈列馆，鼓励土货出口，发展交通航道以利商品流通等；在工业方面，在谋求发展官办工业的同时，鼓励民间私人开办工厂，组织各地工艺技工参观学习，改良旧工艺，引进先进技术，并对一些

① 中国第一历史档案馆：《清末济南潍县及周村开辟商埠史料》，《历史档案》1988 年第 3 期。

② 中国第一历史档案馆：《清末济南潍县及周村开辟商埠史料》，《历史档案》1988 年第 3 期。

③ 《大清光绪新法令》，第 4 册，商务印书馆宣统元年铅印本，第 18—19 页。

新式企业给予支持与奖励。劝业道对省内实业进行统计后上报农工商部，农工商部再予以批复。总之，在劝业道的扶植鼓励下，山东陆续创办了一批近代工商企业，促进了民族工商业的发展。

（三）广设商会

近代山东商会的普遍设立是山东近代化的重要标志。设立初期，官办色彩较为浓厚，成为近代政府兴商措施之一。

中国古代很早就有行会的存在。到清代，行会有两大类型：一是按籍贯组成的商帮会馆，二是对某一行业的买卖经营进行控制的同业行会。清代后期，行会组织逐渐发生变化。在清政府未设管理商业的职能部门之前，各地商会实际上承担着商业管理工作。光绪二十九年年底（1903 年 12 月），清政府商部奏准仿照欧美、日本资本主义国家的商会组织，颁布《商会简明章程》，明令各省城市旧有商业行会、公所或会馆等名目组织，一律改组为商会。此后，商业行会逐步改变了传统的封建性质与行帮习惯，开始具有近代商会的鲜明特色。1914 年 9 月，北洋政府公布《商会法》，规定商会为法人，是一个独立组织，为商人自己的“合群组织”。

山东省第一个民间商会组织济南商会公所于 1902 年开办。它是参照上海商会公所章程，以城市 24 行帮为组织基础而组建的。山东商务总局总办亲自兼管商会，总办不仅亲自出席商会举行的历次大会，而且规定遇有重大商情、需资情事，须由总董（总理）代为上陈总办，重大功过奖惩也由商务总局总办代表官府督办。1905 年，济南商会公所改称山东济南商务总会，其职责功能也根据《商会简明章程》作了相应调整，以“联络商情，启导商智，保护商业”为宗旨，属领汇兑、典当、钱业、杂货业、绸布业、酒业等 24 个行业。“瑞蚨祥”掌门人孟洛川参与组建济南商务总会，1908 年任总会协理。根据《商会简明章程》中“凡属商务繁盛之区，可设商务总会，商务稍次之地可设分会”，近代山东各县基本上都设立起商会或商务分会组织。长山县周村镇是较早设商会的市镇，其从清末至 1937 年始终是山东首屈一指的商业重镇，故在 1905 年成立第一家市镇商会；羊角沟是寿光县小市镇，因小清河疏浚而商业兴盛，商号众多，1905 年设立商会公所，1906 年成立商会；掖县沙河镇以集散草帽辫闻名，1910 年成立商会。辛亥革命前，山东各地成立的商会共计 30 余处（表10－1）。

表 10－1　辛亥革命前山东各地设立的商会组织

商会名称（设立时间）	总理姓名	入会商号数	变更情况
潍县商会（1902）	陈阜	538	1905 年改组，总办改为总理。1915 年总理改称会长。1934 年潍县商会之下，依其相同行业组成基层管理机构称同业公会
临清商会（1904）	冀澜	400	
山东济南商务总会（1905）	王懋琨	875	由 1902 年成立的“济南商务会所”改组而来，1914 年改称“山东济南总商会”
周村镇商会（1905）	王晓斋	302	1902 年始建商会局，1905 年正式更名为商会
兖州商务分会（1905）	颜振翻	140	后改组为兖州商会
博山县商会（1906）	石冠英	160	1921 年改组
烟台商务总会（1906）	梁礼贤	1045	1904 年开始筹备，1920 年改称“烟台总商会”
青岛华商商务总会（1910）	傅鸿俊	260	1916 年改组为山东青岛总商会
滕县商会（1906）	徐毓坊	124	
威海卫商埠商会（1906）	孙福山	70	
宁海州商务分会（1906）	杨延怡	10	1915 年改组为商会
黄县商务分会（1906）	丁树祯	482	1915 年改称黄县商会
寿光羊角沟商会（1906）	袁文熥		20 世纪 20 年代改组为总商会，寿光县城另设分会，出现一县两商会的现象

续表

商会名称（设立年代）	总理姓名	入会商号数	变更情况
益都商务分会（1906）	徐芳洲	118	
诸城商务分会（1906）	刘承训	200	
沂州商务分会（1907）	狄建鳌		1916 年改组为商埠商会
兰山商务分会（1908）	蒋鸿翔	120	
济宁商务分会（1908）	刘赓勋	102	
荣城石岛口商务分会（1908）	王德维	96	
费县商务分会（1909）	杨枫林	113	
冠县商务分会（1909）	沙灵华	68	
沙河镇商会（1910）	曲学唐	92	
临朐商务分会（1910）	闽继仲	83	
郯城马头镇商务分会（1910）	刘庆泽	82	
单县商务分会（1910）	石□修	87	
齐东长福镇商务分会（1910）	李磻溪	21	
即墨商务分会（1910）	赵廷瑞	56	
莱阳县商会（1910）			1915 年改组
临邑商务分会（1910）	方灿奎	45	
邹县商务分会（1911）	董祐	140	

续表

商会名称（设立年代）	总理姓名	入会商号数	变更情况
聊城商会(1911)	邱珍	156	
昌邑柳疃镇商务分会(1911)	姜述贤	132	
高唐商务分会(1911)	陈昶成	50	
沾化商务分会(1911)	张春照	68	
利津商务分会(1911)	李钧	65	
德州商务分会(1911)	马□	105	
龙口商务分会(1911)	王和言	310	1916 年改组为龙口商埠商会
济南商埠商务分会(1911)		380	1914 年改称“山东济南商埠商会”

《晚清山东地方商会史料》记载了晚清山东省 14 个地方商会的成立、经理人及试办章程等方面的内容。

①济南商务会所。光绪二十八年(1902)八月开办。在籍湖北候补知县谭奎翰为坐办。奏折中阐明了组建商会公所的缘由:“今兹富国首在兴商,商之振兴要资讨论。查欧美以商立国,通都大邑均设有商务学堂、商务总会,研求商理,考察商情,故能商智日开,商战日烈,富强之道实始于斯。我东省素少富商,学堂尚可暂从缓议,而他族日逼,商会宜及时举办,以期自保利权。”

②长山县周村商会。光绪二十八年(1902)十一月开办。在籍山西候补道判马葆光和谭奎翰办理。后王昱祥接办。一切章悉照济南商会。

③潍县商会。光绪三十一年(1905)三月开办。公举陈陔为总理。一切章程悉照济南商会。

④临清商会。光绪三十年(1904)六月开办。各商公举冀澜为总董。章

程宗旨明确,“商会之设,首以联络商情为第一要义”。无论行商、坐贾,本籍、外籍,只要在当地经营,均应同心协力。会规明确,“入会后,各行各业如有须更改行规及议定价值等事,必须邀集总分董赴会公议,不准私自更章”,“商家往来如有账目纠葛、口角争辩等事,不准邃尔遽尔兴讼,须邀集两造齐集公所,凭总、分董公平核算调处。如会中实不能为排解,准由总分董到署面禀,折开节略,本州立即口传到署,秉公断结,即据节略为断立案,并无须呈纸层叠,徒滋讼累”。

⑤兖州商务分会。光绪三十一年(1905)正月开办。颜振翻为总理,除因地制宜另定简章外,基本都是遵循商部奏定章程办理。与其他商会相比,兖州商会购入各种商报供会员翻阅参考。“商有商学,心思耳目苟不灵通,势必所算辄左。现因经费难筹,暂不设学,先购各种商报存置会中,以便入会各友检阅。”针对平日上门叨扰的地痞、乞丐以及游僧化缘,兖州商会设立基金,“于每月朔望,择乞丐中之老弱笃疾酌施钱文若干,资其生活。十五岁以上,五十岁以下身体强壮者,概不准向入会各商乞索分文”。

⑥沂州商务分会。清光绪三十三年(1907)开办,狄建鳌为总董。临沂城内商贸红火,有各类商铺120余家,钱庄百余家,集市贸易也非常活跃。商会在城内鲜鱼市赁民房作为办公场所。

⑦曹州商会。光绪三十一年(1905)五月开办,在曹州府城的山西会馆设立曹州总局。

⑧滕县商会。光绪三十二年(1906)十月开办,徐毓坊为总董。保商性质非常明显,其章程第九条:“凡在会各商,地方官均一律较常优待保护。”

⑨宁海州商会。光绪三十二(1906)正月开办。杨延怡、陈嘉礼为总副各董。其章程强调工商相辅相成,“工艺为商务之本源,工艺兴商亦因而盛”。

⑩诸城商会。光绪三十二年(1906)十一月开办。刘云根为总董。该商会分“常会”“大会”和“特会”,“在会商号,每日或早或午,须齐集公所,研究商务事宜,是为常会。又须于每月十五日到公所接晤,总董事将平日研究事宜公议一次,以备振兴商业,是为大会。其有遇事应由公所办理者,不拘时

日,即赴公所报知,由总董事会同分董事公议处理,是为特会”。

⑪黄县商务分会。光绪三十二年(1906)十一月开办。丁树祯为总董。该商会也分“常会”“特会”,“每月初二、十六两日午后一点钟齐集公所”为“常会”,其周期明显长于诸城商会。“凡入商会各商号,所有事件关于商业者,无不一律保护”,但因商家“贪图微利”“贩运一切违禁之物”的违法行为不在保护之列。

⑫寿光羊角沟商会。光绪三十二年(1906)十月开办。最初袁文熥为总董。后制定试办章程规定,“益隆栈等十家轮流值月,某家值月即以某家为总董,其余为分董”。

⑬青岛商务公所。光绪三十年(1904)十二月开办。1910 年,经胶澳总督批准,转呈清政府农工商部备案,发给“关防”,正式成立青岛华商商务总会。傅鸿俊为总理、丁长昇为协理。1916 年,青岛华商商务总会改组为青岛总商会。

⑭烟台商务总会。光绪三十年(1904)五月开办。万奎基为总理。刘兆嵩为协理,1906 年,梁礼贤为总理。烟台商会明确宗旨,“确守商部奏定章程,不准沾染官场丝毫气习”。所以在处理经济纠纷时,如果遇到自己店铺牵扯其中,无论总理、协理还是董事,一律回避,以做到“大公无私”“处事公正”。[1]

辛亥革命之前的商会大多是由商人自行组建,少数是由地方官署“赞助”组成,或在旧有会馆的基础上建立,此时商会组织多采取总理、协理、董事制。[2] 民国时期,山东各地兴起实业热潮,1915 年农商部修订规定商会为法人,工商企业经理人为会员,明确商会职能。政府对商会的规范与利用激发起山东各地商业组织的成立。到 1919 年,全省商会数达到 117 个(表 10 -2)。

---

① 丁进军:《晚清山东地方商会史料》,《历史档案》1996 年第 4 期。

② 庄维民:《近代山东的商人组织》,《东岳论丛》1986 年第 2 期。

表 10－2　　1912—1919 年山东省商会发展进度统计表①

年份	1912	1913	1914	1915	1916	1917	1918	1919
商会数	47	45	61	82	88	96	101	117
会员数	6043	6836	8723	10713	10964	13346	14160	

商会不仅维护各行业的同业利益，促进行业发展，同时还是政府进行经济管理的重要市场中介。1909 年，烟台“修筑挡浪海坝”，开始征收“海坝丝捐”，“山东茧绸之担数，按每担五六钱开列”。此举引起烟台丝商的不满。理由有二：一是绸贵于丝，却按与丝一样的比例征捐；二是捐率按量而不是按价征收，现在商品价格下降 40%，仍按行业繁盛时期的比例征收，不合理。于是，1913 年烟台商务总会向工商部发出呈请，提出“当此商战剧烈之时，但求成本减轻一分，而销路即畅一分。相应函请贵总会查照，转呈工商部请咨外交部及财政部税务处，准将海坝丝捐量为酌减”。

商会在协调商业纠纷方面也发挥重要作用。1912 年，烟台中国茧绸社与美国提奥特加里公司出现绸货纠纷，农商部与烟台总商会反复发函调查调解。除此，商会还造福于当地，烟台商会一成立就筹银 40 万两，建烟台港东西岸公路，全长 924 米，1903 年竣工。1919 年，烟台商会创办贫民工厂。

商会在各地的社会、政治生活中一直发挥着重要作用。1922 年，中国政府收回青岛，青岛商会积极提供公产档案，协助南京国民政府接收主权。

民国建立后，商会的独立性日益增强。1916 年，山东商会通过了《山东济南总商会章程》7 章 29 条，该章程与 1914 年北洋政府颁布的“商会法”相参照，对商会的组织、人事、经费、活动等各方面做出了具体而详细的规定。商会也由“总理制”改为“会长制”。山东商会有自己独立支配的经费和财产，经费来源主要有两种：一是入会商号交纳的会费和捐赠，二是商会处理债务纠纷的提成。商会的经费从筹措、开支到查核都由商会按照自己的财务制度独立处置，体现了商会作为独立商办民间社

① 山东省地方史志编纂委员会编：《山东省志·商业志》，山东人民出版社 1997 年版，第 416 页。

团的性质。

1917年,山东昌邑、潍县商人李修行、滕学海等人呈报农商部,要求建立昌、潍两县的卖绸商人的保商公会,处理“东伙”关系,得到农商部批准。

抗战时期,山东商会被日本人控制。此时商会不仅没能起到维护民族工商业者利益的作用,反而沦为日本侵略者掠夺中国财富、奴役中国人民,为其侵略战争服务的工具,其自身亦受到严重摧残。日占青岛期间,重新组建伪青岛市商务会,采取董事制。青岛商会沦为日本经济侵略的工具,其独立性丧失。齐燕会馆被改为兴亚俱乐部,地域性同乡行帮组织的影响力大减。沦陷期间,济南商会所属工商业倒闭达三分之一以上,其余大部分也濒临破产。1948年9月,济南解放后,市商会行使济南特别市授予的职权。1949年10月,济南市、青岛市工商业联合会筹备委员会成立,同时也宣告近代山东商会的结束。

二、近代商业发展的各个阶段

近代山东商业的发展,可分为晚清、民国建立至抗战前、日伪统治时期、抗战胜利至新中国成立前四个阶段。随着经济、政治的变迁,各个时期表现出不同的商业发展内容。

（一）晚清时期

晚清时期,山东商业发展的最重要内容是省内各类城市的相继开埠,传统商业向近代商业转变。近代山东城市开埠可分为两种:约开商埠(主要是沿海城市)与自开商埠(主要是内陆城市)。沿海城市开埠,打开了中国的门户,一方面为外国资本掠夺中国的自然资源敞开了大门,另一方面使沿海城市的商业有了发展。1861年开埠的烟台是山东省最早开埠的通商口岸。1898年,德国侵占胶澳,并将其辟为商埠,港口贸易开始兴盛。威海是山东沿海第三个被辟为商埠的通商口岸,1898年英国强行租借,进而将威海定为自由港,威海于1900年开埠。1905年,济南、周村和潍县同时自开商埠。

（二）民国建立至抗战前

民国建立至抗战前，随着现代航运、铁路业的发展，龙口等城市继续开埠，省内民族商业有了一定的发展。但日本资本入侵的步伐明显加快，并引发省内民众的抵制日货运动。

1. 民族商业的发展

辛亥革命后，随着交通运输业的发展，人口增加以及保护商业法令的实施，山东民族商业有了较大发展。以济南为例，济南是山东陆路交通中心，日本占据青岛时，为躲避战乱，青岛的一些工商业主开始将资本转移至济南。1916年，军阀吴大洲占据周村、潍县，两地商业资本也大量流入济南，他们在济南开办银号、汇兑庄、棉布庄、碎货行等。1914年加入济南商务总会的会员达1800家。济南的民族商业以章丘孟家和桓台苗家为代表，形成集团势力。随着洋货的涌入，杂货业、新兴电料行、车行发展较快，济南双得利车行、大兴电料行先后开业。为规范商业行为，1914年北洋政府制定《商人通例》，规定了17个行业为商业。为促进商业发展，时任山东实业司司长潘馥（图10－2）领导举办山东省第一次物品展览会，展览会占地60余亩，划分街衢，各商业、饭馆、戏剧业开展经营活动，促进了民族商业的竞争意识。1914年北洋政府公布《商会法》，商会的普遍设立成为这个时期民族商业向近代化发展的标志。

图10－2　潘馥

2. 龙口开埠

龙口于1914年开埠。开埠后贸易范围东至登州、烟台、安东，南至上海、宁波、香港，北至大连、旅顺、营口，西通羊角沟、虎头崖、石灰嘴、大沽口、塘沽、天津等。随着来往船舶的增加，龙口商号由开埠前的100余家增至300余家，其中洋广杂货70余家。

3. 日商资本入侵与抵制日货运动

日本取代德国侵占青岛后，日本接收大量德国工商企业，大批日商涌入青岛，进行经济掠夺。日商在青岛的企业1916年有27家，1917年达18个行业207家，占青岛全部商户的30%。此后日商在外商企业中占据约90%以上的比例。1919年五四运动爆发，山东商界积极参与抵制日货运动，青岛、济南、烟台、济宁、潍县、周村等省内主要城市相继罢市。五四运动中，全省日货大减，有的近乎绝迹。在抵制日货的同时，山东各界提倡使用国货。1930年，青岛各界国货运动委员会成立。国货运动委员会提倡使用国货大纲、实施办法、治本方法，规定各机关、学校、家庭均应购用国货。1932年济南成立山东省劝业商场，后改为国货商场。国货商场以“提倡国货，振兴商业”为宗旨，场内商人一律出售国货，并筹设国货批发所、国货陈列馆、国货公司以及国货推销委员会。在1934年济南国货商场的开业典礼上，韩复榘说：“如今世界潮流、科学进步、工商业竞争，我国事事落后，因为工商业不如人，每年才有几万万的入超。流出去的钱是哪里来的？都是中国人的……以后无论个人、家庭或是所在的机关，凡本国有的东西，不管是好点坏点，钱贵点贱点，还是用本国的好。因为少买一点外货，钱少流出一点，国家就多一点生机，望大家觉悟、猛省、努力实行。”①在地方政府的大力倡导下，这一时期山东城乡商业有了一定程度的恢复和发展，商品流通不断扩大，商品种类及销售数量有所增加，商业规模得到扩展。据统计，1932年全省商业市镇共有856处，商店22000家。

（三）日伪统治时期

日伪统治时期，省内商业发展受到严重摧残。日军侵占山东后，对山东的金融实行全面控制，初期强令日本军票和法币通用，使大量日钞充斥市场。日军继而发行“联银券”，并使其成为法定“国币”，结果使大批银行钱庄无存无放，瘫痪破产。在日伪统治下，山东民族商业受到严重摧残。如济

---

① 《山东民国日报》，1934年12月2日。

南的棉布市场,1939 年经营量 56 万匹,不足抗日战争爆发前销量 308 万匹的 20%;经营行庄战前 120 余户,战后仅余 50 户;茶叶每年进销量 650 万斤,较战前减少 20%;药材的集散量不及战前的 1/3,使已有数百年历史的、全国三大药市之一的济南药会凋零。

(四) 抗战胜利至新中国成立前

抗战胜利至新中国成立前,国统区商业日益衰落。抗日战争胜利后,国民党政府以"接收"为名,行掠夺之实,大肆抢占社会财富,导致大批商户歇业。如济南 1946 年歇业商户 104 家,1947 年为 529 家,1948 年为 545 家,合计 1178 家,还不包括自行倒闭歇业的。同时,国统区出现了恶性通货膨胀,如济南地区的面粉价格 1948 年 8 月比 1946 年 1 月上涨 4100 倍。济南市场批发物价总指数,1948 年 8 月比战前上涨了 2.2 万倍,其中,小麦、玉米、大豆、棉花等农产品价格上涨了 4.1 万倍,棉纱、白布、煤炭、食油、面粉、食糖、火柴等工业品价格上涨了 8.8 万倍。物价上涨的幅度在历史上是罕见的,"法币"已成为一堆废纸。面对物价暴涨,国民党政府于 1947 年先后公布了《经济紧急措施方案》《非常时期取缔日用重要商品囤积居奇办法》《评议物价实施办法》《财政经济紧急处分令》等抑制措施。但商人仍存货不存钱,甚至拒绝出售商品,造成有行无市、有市无货的局面,国统区经济最终崩溃(图 10-3)。

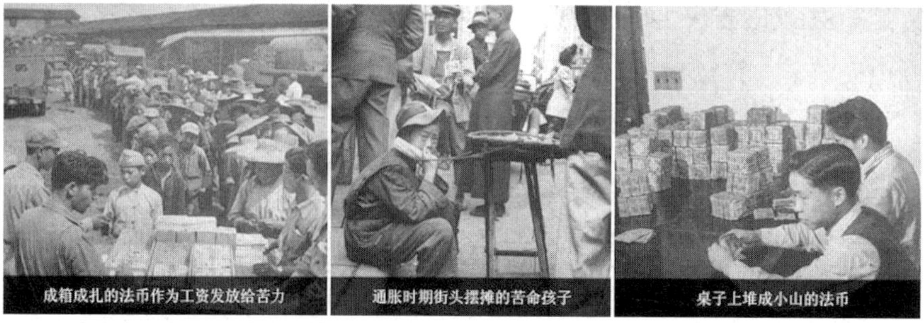

图 10-3 法币严重通货膨胀是国民党政权崩溃的重要原因之一(摘自凤凰网,2010 年 11 月 12 日)

三、活跃在近代山东的主要商帮

明清以来，商品行业日益繁杂，商人队伍日渐壮大，市场竞争日益激烈。在没有国家明文商法保护的前提下，商人们利用乡里、宗族关系联系起来，互相支持，从而形成地域性的商帮。商帮由于影响力大，于是就成为某种商品或多种商品市场价格的制定者和左右者。同时，商帮通过各种“行规”“帮规”等来规避内部的恶性竞争，增强外部的竞争力。在山东商贸史上，除了本土商帮——鲁商外，还有来自其他省份的商帮，如山陕商帮、浙商等。各地商帮来山东进行空间转换与交流，活跃了近代山东商品经济与国内贸易发展。

（一）鲁商

山东商帮又称鲁商，崛起于明清，是近代中国十大商帮之一（图10－4）。山东商帮具有齐鲁文化和儒家文化的双重文化底蕴，两种文化所倡导的豪爽诚实、崇德重义在鲁商身上都有突出的表现。与其他商帮相比，山东商帮的致富之道质朴单纯，经营方式以长途贩卖和坐地经商相结合，并讲求信用，遵守商业道德和规范的商业准则。

鲁商发轫于先秦，形成于明清时期。春秋战国时期，“通商工之业，便鱼盐之利”的齐国商人应是初期的鲁商。在汉代，自张骞出使西域后，山东临淄、东阿、定陶等地生产的丝绸，经洛阳、潼关，汇集长安，再出口到西域。丝绸之路的开辟，加速了山东商帮形成的步伐。隋代修建京杭大运河沟通海河、黄河、淮河、长江和钱塘江五大水系，山东的临清、济宁、德州、聊城等沿运河城市活跃起来，为后来山东商帮的形成打下了坚实的基础。

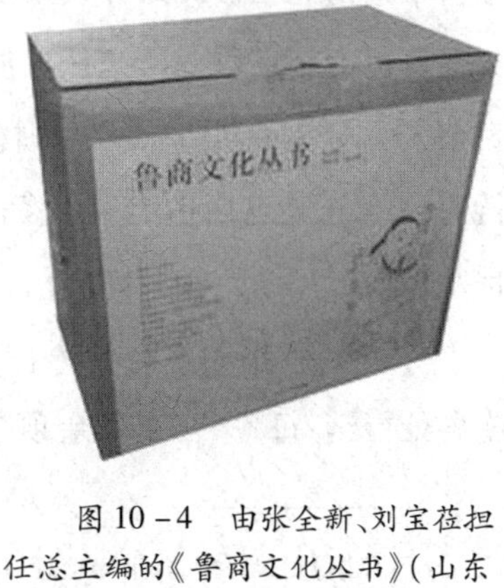

图10－4　由张全新、刘宝莅担任总主编的《鲁商文化丛书》（山东人民出版社2010年版）全面反映了山东商帮的发展历史

明清时期，商品经济迅猛发展，中华大地出现了不同地域特色的商人群体，地

域商帮逐渐兴起，山东商帮也正式形成。《清稗类钞》（农商类）“客帮”条：“客商之携货远行者，咸以同乡或同业之关系，结成团体，俗称客帮，有京帮、津帮、陕帮、山东帮、山西帮、宁帮、绍帮、广帮、川帮等称。”山东商人的足迹遍布山海关外、直隶、山西、天津、北京、上海、苏州、南京、芜湖、汉口、开封等地，直至日本、朝鲜、俄罗斯远东地区、南洋等地。清代初年，山东商人已在这些地区建有会馆，如“旅汉山东帮”在牛皮出口港汉口设有“齐鲁会馆”，山东商人在中药材和丝绸中转站上海设有“山东会馆”，胶青登三府商人在苏州建立“东齐会馆”等。

近代商会的建立对于鲁商的形成起到了重要的推动作用，商人间的联系更加紧密。近代人们在探讨山东商人时，已不再着眼于单个的人物或现象，而是把山东商人视为一个有自己组织和管理的整体。他们拥有一套包括商业管理、经营谋略、商业品德和营商风格在内的系统内涵。鲁商除在本地经营或行走贩运外，在各地以经营饭庄和绸缎业为多。鲁商被比喻为左手拿《论语》、右手拿算盘的人，鲁商深得儒家内圣外王之道。如以瑞蚨祥为例，在追求盈利的同时把诚实经营和商品质量看得高于一切，即“内圣”。同时，鲁商积极扩展市场，成为业内翘楚，则是“外王”。“北京工商业之实力，昔为山左右人操之，盖汇兑银号、皮货、干果诸铺皆山西人，而绸缎、粮食、饭庄皆山东人”①，近代鲁商几乎掌控了北京商业的半壁江山。清末民初在大栅栏半条街几乎被瑞蚨祥及所属企业所占据，北京商会的会长、副会长、常务委员也由旅京鲁商所担任。从清光绪年间开始，山东德州商人约“三千三百余人”，分为两类：一是“或囤积或开张售卖”的坐商，二是“远道贩运专业行商”。② 正是这所占比重不多的行商，与其他地区的山东商人一起，将“杂粮水运至天津销行，岁计二万石”，花生“十三万斤”，山薯“二十万斤”，西瓜“十八万斤”，“帽胎水运至天津，销行北京及东南各省；陆运至山西陕西河南各处行销，每岁共 7400 余顶”，“洋线由天津水运至州境行销，岁计 1200

---

① 〔民国〕夏仁虎撰，骈宇骞整理：《旧京琐记 · 市肆》，参见车吉心主编《中华野史 · 清朝》（卷五），泰山出版社 2000 年版，第 5098 页。

② 《德州乡土志 · 实业》，光绪年间抄本。

件，内转销山东内地者 900 件。洋油由天津水运至州境行销，岁计 16 万箱，内转销山东内地各境者 15 万箱"。"洋布自天津水运至州境行销，岁计 900 匹，内转销邻封各地者 500 匹。洋纸自天津水运至州境行销，岁计值银 500 两。杂色洋货自天津水运至州境行销，岁计值银 5800 两。"[①]民国以后，山东商河、掖县、平度、昌邑、寿阳、阳信等县的草帽辫，由商贩或辫庄在商河等地收集后，用船运到潍县，再由潍县运往天津或青岛；山东西部的草帽辫，则先集运到济南，再由济南转运天津等地。[②] 天津的山东商人经过近百年的经营，到 20 世纪二三十年代，凭借稳健的经营方式，业务日臻繁荣，在天津市场上几乎凌驾山西帮之上。

（二）山陕商帮

在山东，经济实力最强的商人集团是晋商，他们常联合陕西商人组建地缘商业集团，合称山陕商帮。早在清代初期，山陕商人就在山东中西部地区的城镇商业中占据优势地位。分布在山东各地的会馆中，山陕会馆所占比重最大，数量有 10 个之多。山陕商人的经营主要集中在盐、典、钱三个行业。如峄县盐、当二商"多山右人"，特别是盐商，"自道光以来，领运者多山右巨贾"。道光年间(1823—1850)，曹县城内"钱店及杂货多山西人"，城外市镇"皆有山西贾人开设典当、钱店，均生意茂盛，一切贸易颇资其利"。而在曹州府城菏泽，钱商也是"多晋省人"。山东晋帮商人与盐、典、钱三业的内在联系，构成了其资本经营的一大特色。

在省城济南，山西帮商人的声势地位曾经煊赫一时，在银钱业、典当业拥有很大的经营势力。但是民国后，晋商营业走向衰落。到 20 年代中期，晋帮商人开设的谦裕、永吉、正立三家大典当行相继歇业，即使在其过去最擅长且最具实力的银钱业，晋帮商人同样也是江河日下，几乎完全为山东商帮所取代。1920 年，济南商埠的 27 家银号中，只有两家为晋帮商人所开，其

---

① 《德州乡土志·商务》，光绪年间抄本。

② 樊如森：《天津与北方经济现代化：1860—1937》，东方出版中心 2007 版，第 147 页。

余银号多为山东章丘帮商人所开。

（三）浙商

浙商是近代中国十大商帮之一，作为浙商重要代表的宁波商人，在近代山东的济南、青岛、烟台等地亦很活跃。

宁波商人在近代济南轻工业中有一定的经营活动。著名食品企业泰康食品公司就是宁波商人创办的。镇海人庄宝康、徐泳春于1914年在济南设立泰康食品厂，并于1924年将该厂改为股份有限公司。1929年，泰康公司把上海、济南泰康罐头股份有限公司改名为“中国泰康食品股份有限公司”，乐汝成为总经理，总管理处从济南迁到上海，并在济南设立分公司。此外，宁波商人项松茂的五洲药房、黄楚九的中法药房、孙梅堂的大西洋、王光祖的亨得利等店在济南开设代理机构。宁波商人张絅伯于1923年经同乡李思浩的推荐，去青岛筹设明华商业储蓄银行青岛分行，建成后任经理。由于他善于经营，业务发展迅速，吸收存款最多时达百余万元，居当地私营银行首位。张絅伯后受青岛市市长沈鸿烈之邀，出任青岛繁荣促进会主任。明华银行总行改设上海后，张絅伯任总经理，但明华银行的业务重点仍在青岛，张絅伯兼青岛分行经理，来往于沪、青两地。宁波商人在烟台的经营行业包括五金、化工、药材和钱庄业。由宁波商人傅筱庵、朱葆三等人为主要投资者的济东银行，在烟台设分行。浙商经营灵活、务实，且富有进取精神，对山东商业发展逐渐具有相当的影响力。

（四）粤商

明清之际，广东商人不断向内地拓展商业，山东作为北方地区的沿海大省，是粤商重要的活动场所。粤商主要贩运南北货物，“广货”成为山东人喜欢的紧俏商品。

光绪以后，广东商人在山东的活动日趋活跃，不但从烟台到广东开通定期航线进行海上运输，而且越来越多的广州商人来山东经商。

19世纪80年代烟台的广东商行一共有22家，其中的粤商行栈把周边的莱阳、黄县、栖霞、牟平、平度甚至潍县都纳入以其为主的土产流通体系中。光绪八年(1882)广东商人郭德礼在山东招远玲珑山开办采金工场达三年之久。1885 年,广东商人李宗岱在李鸿章的支持下,挤走郭德礼,在玲珑开采黄金达 50 年之久。在青岛、济南、潍县等主要城市,粤商在花生、棉花、粮食贩运贸易上几乎可以左右市场行情。

除了贩运贸易,一部分粤商还直接在山东投资建厂。张裕酿酒公司是粤商在山东兴办实业的典范。1892 年,张弼士投资 300 万两白银,在烟台开辟 3000 亩葡萄园,建造了中国第一个、也是当时亚洲规模最大和世界第三大的葡萄酒工业园基地,成立了以其姓氏"张"开头,以"裕"取意祖国昌隆兴裕的"张裕葡萄酿酒公司"。1915 年,张弼士带领中国代表团出席在美国旧金山召开的"巴拿马太平洋万国博览会",张裕的 4 种葡萄酒(可雅白兰地、红葡萄酒、味美思和雷司令)一举夺得一个金奖三个优等奖,这是中国产品在世界上获得的第一块金牌。1881 年年底,德资烟台缫丝局经营陷入困境,广州商帮买办领袖唐茂枝同烟台缫丝厂经理盎斯谈判,实现了轮船招商局并购烟台缫丝局事宜。

明清时期,活跃在山东的商帮还有苏商、徽商。康熙年间,姑苏人戴玉堂在济宁开酱菜铺子,后来成为百年老店"玉堂酱园"。戴玉堂应是山东最早、名气最大的苏商。明代中期以来,徽州外出经商的人数众多,队伍庞大,结帮营商,山东的商业重镇临清,成为徽商的大本营,有"临清十九皆徽商占籍"的说法。但是,进入近代,在新的历史条件下,苏商、徽商逐渐退出山东市场,而以长江中下游为经营中心。商帮构成的变化,归根结底源自于贸易形势的变化。浙商与粤商充分利用了自身在沿海贸易上的优势,与行栈业和行栈资本紧密结合,活跃于农副产品和手工业产品的远程贸易领域。但晋商、徽商则仍旧固守在盐、典、钱及少数几个传统行业,在贸易上转入劣势。

四、近代山东的对外贸易

山东的对外贸易古已有之。闻名世界的丝绸之路,不论是陆路还是海路,山东都是源头之一。但近代对外贸易与古代大不相同。古代对外贸易,是主动的、自主的，交易是平等的，而近代对外贸易很多是被动的，受外国资本左右的。近代山东的对外贸易，主要集中于沿海地区和胶济铁路沿线地区的开放口岸。这些口岸的对外开放，既是外国列强倾销商品和资本输出的外在要求，也是山东经济发展的内在要求。在外国资本和民族资本的双重作用下，这些口岸城市的对外贸易都得到了相应发展，同时也带动了其他行业的发展，从而促进了山东经济的现代化进程。

（一）近代省内城市的对外贸易情况

1. 烟台。《福山县志》称："古无烟台之名，以其附近有芝罘，故外洋通商皆直名以芝罘"，烟台是近代山东沿海最早的对外开放口岸（图 10－5）。1867 年，英国首辟直达烟台的贸易航线，继而日本、俄国和欧美国家也开通了烟台航线。从此烟台成为山东沿海洋货进口和土货出口的集散中心。在时人眼中，烟台港口"船舶往来，四时不绝；帆樯林立，货物辐辏，买卖极盛"。从 1861 年开埠到第一次世界大战前，烟台是近代山东第一个贸易大港。在烟台的外国资本势力中，英国占绝对优势，其次为日、美、俄、朝鲜等国。1867 年 9 月，英轮"芬塞尔"号满载煤炭从英国直航烟台成功，之后 3 个月内又有 8 艘商船从英国驶入烟台，运来大批煤炭、铁和布匹等货物。从此，英国的棉制品、煤炭、铁条、铁钉等源源不断输入烟台。1868 年，运到烟台的英国铁钉、铁条 31827 担，煤炭 3200 吨；1869 年，分别增至 5 万多担和 7500 吨。日本等国主要向烟台出口棉纱、布匹、火柴、煤、糖等。

图 10－5　烟台开埠陈列馆

作为山东沿海贸易中心，烟台港进口商品以工业品为主，以鸦片、棉纱、棉布、金属品为大宗，其次为煤油、大米、面粉、精糖等。其中，棉布、棉纱、煤油增长最快。1864 年进口棉布 11.1929 万匹,1900 年增长为131.3570 万匹,1906 年增长为 174.5584 万匹,随后开始下降,到 1920 年降为 35.4175 万匹。1872 年进口棉纱 1980 担,1900 年增长为10.9458万担,1901 年达到最高值 18.5447 万担,随后开始下降,到 1920 年降为 4020 担。1868 年进口煤油 2310 加仑,1900 年增长为 484.4342 万加仑,与棉布,棉纱相似,1901 年煤油进口量达 879.8334 万加仑,之后下降。[①] 出口以土货为主,主要是豆饼、豆类、豆油、咸干鱼、虾米、虾干、茧绸、丝、草帽辫、粉丝等农产品及野蚕缫丝。1863 年至 1900 年,烟台出口的豆饼由59.6904万担增长为 115.9638 万担,咸鱼干由 980 担增为 43901 担,虾米、虾干由 2922 担增为 9011 担,茧绸由 203 担增为 2588 担,丝由 22 担增为 23115 担,草帽辫由 307 担增为 35737 担。[②] 烟台是金国最大的草帽辫输出港。中国的野蚕缫丝(柞蚕机械加工丝)大部分输出美国,法国、日本次之,1916 至 1918 年输出总额依次为 24225 担、13165 担和 14310 担,输出港以烟台为最大数量。烟台进出口贸易于 19 世纪末 20 世纪初发展到鼎盛,1905 年的贸易总额达到新中国成立前的最高值,为 44352585 两。1911 年烟台港出口贸易额开始超过进口贸易额。后由于青岛港的兴起,特别是青岛港与胶济、津浦铁路的联运,“一港两路”几乎将烟台进出口渠道夺占一空,使之由山东沿海第一对外货贸集散口岸,下降为专司山东沿海地区贸易的二流港口。

2. 青岛。1898 年,德国迫使清政府签订了《胶澳租界条约》,胶州湾成为德国的殖民地,青岛成为山东第二个对外开放的约开商埠,山东成了德国的势力范围。随着胶济铁路和津浦铁路相继通车,整个华北地区纳入青岛的商务范围,使青岛港的进出口贸易以 13% 的年平均增长率迅速发展,并超过烟台港,成为仅次于天津的北方第二大港。

第一次世界大战前后,青岛的对外贸易结构发生了重大变化。战前中德贸易占绝对优势,德商操纵青岛贸易大权,并在青岛享有优惠特权。1902

---

① 交通部烟台港管理局编:《近代山东沿海通商口岸贸易统计资料(1859—1949)》,对外贸易教育出版社 1986 年版,第 136、137 页。

② 同上,第 137—138 页。

年从德国进口的铁路、矿山设备就占青岛德货进口的40%。1910年，从德国进口铁路器材一项，货值就达260多万海关两，占德货进口总值的38%。战后，日本势力膨胀，取代德国成为青岛对外贸易的霸主。第一次世界大战中，欧美国家对青岛的进出口贸易大为跌落，日本占领青岛、驱逐德国势力之初，青岛对外贸易一度为日本一家独占。1921年，日本在青岛的贸易额为2662万海关两，占青岛外贸总额的87%。战后欧美国家对青岛的进出口贸易有所恢复发展，其中美国发展最快。到20年代初，美国在青岛的贸易额比重达到10%，仅次于日本，占第二位。

1922年，中国从日本手中收回青岛的主权，青岛港的吞吐量逐年增加。1929年至1937年抗日战争全面爆发前，青岛港的年吞吐量保持在200万吨以上，最高年份1936年达298.8万吨。进出口船舶年停泊3900艘次以上，最高年份为4801艘次。进出口货物在六七百万吨，其中有6个年头达到700万吨以上。贸易额也呈逐年增长趋势：1923年为10746万海关两，占全省贸易总额的71.63%；1930年达到18581.8万海关两，占全省贸易总额的80%。1931年最高，达到21827.5万海关两。因日本帝国主义侵占东北三省等原因，从1933年到1937年，贸易额均未达到1亿两以上，如1933年为8987.4831万海关两，1935年为9979.1万元。但在中国北方诸大港口贸易额比重中，青岛港贸易额所占比重有增无减，如1932年占32%，1937年全面抗战爆发前夕占到38%。

进出口货物结构方面，青岛港主要进口洋货和出口土货。

（1）进口商品以工业制成品为主，还包括部分土货。德占时期青岛进口的大宗洋货有棉布、五金、糖、面粉、煤、美国煤油、铁路材料、开矿材料等。其中，面粉在1905年进口287担，1912年进口8.0685万担，8年中增长了281倍，成为增长速度最快的进口洋货。其次青岛进口洋货中棉布、五金、糖和美国煤油增长也很快，它们在1913年的进口量分别是1903年的4.6倍、14倍、28.7倍和5.8倍。棉布在1903年进口47.6088万匹，1913年进口218.0782万匹；五金在1903年进口1.5276万担，1913年进口21.5461万担；糖在1903年进口1.0681万担，1913年进口30.6998万担；美国煤油在 1903 年进口 87.5338 万加仑,1913 年 511.1727 万加仑。随着进口洋货数量的增长和种类的增多,它们的销售市场也扩大了,而市场需求的增加又促使洋货进口量更大的增长。据统计,1904 年胶济铁路全线通车,由铁路运入胶州、潍县、周村及附近地区的洋货运量总值为 699.2977 万海关两,1905 年即增长到 888.0749 万海关两,其中以棉布、棉纱、金属、煤油和火柴为消费大宗[①]。

(2)出口商品以农业产品为主。1903—1942 年,青岛重要原货出口商品以花生、花生仁、花生油、豆油和棉花为大宗,另有草帽辫、海味、鲜果、(鲜、冻、干、咸)肉、各种丝(黄、白、乱丝等)、茧绸、煤、木材、金属、烟叶等商品。所谓“原货”,是指从山东集中起来水运至外国的土货。20 世纪以后,青岛成为山东沿海出口量最大的港口。花生以 1913 年出口 102.5486 万担为最高值,其余产品则是在 20 世纪 20 年代以后稳定增长。

3. 威海。1898 年英国强占强租威海卫,宣布威海卫为自由贸易港。为吸引中外商人到威海卫投资经商,英国人除修建码头、组建驳船公司外,还鼓励当地商人和其他外国人到威海建码头开设洋行。随着码头、洋行的增多,威海卫的商业及对外贸易由此兴起。据统计,1902 年进出威海港的船舶达 146 只,1909 年增至 567 只。威海港的对外贸易额,以 1919 年为例,进口额537.4141万元,出口额达 273.5672 万元。但是,自此以后,威海港进出口贸易没有什么发展。1930 年,南京国民政府收回威海卫主权后,贸易有所发展,但以后又处于停滞或下降状态。从《近代山东沿海通商贸易统计资料(1859—1949)》看,威海港口的吞吐量,1930 年为 0.8 万吨,1931 年为 4.3 万吨,1932 年为 3.1 万吨,1933 年最高为 7.2 万吨;1934 年降低一半多,为 3.4 万吨;1935 年为 4.9 万吨,1936 年为 4.1 万吨,1937 年为 4 万吨,1938 年至 1942 年分别为 1.3 万吨、1.1 万吨、1.2 万吨、1.2 万吨、0.7 万吨。[②] 可见,

---

① 交通部烟台港管理局编:《近代山东沿海通商口岸贸易统计资料(1859—1949)》,对外贸易教育出版社 1986 年版,第 140、143 页。

② 交通部烟台港管理局编:《近代山东沿海通商口岸贸易统计资料(1859—1949)》,对外贸易教育出版社 1986 年版,第 131 页。

受日本侵华战争的影响，威海港逐渐衰落。进出口贸易额，1930 年总计 146.0132 万海关两，1931 年为 389.9 万海关两，1932 年为 603.4856 万海关两，1935 年为 512.7 万元。威海出口以花生、食盐为大宗，进口以石油、面粉、棉布、煤炭为大宗。进口主要由香港、上海、天津、大连等港口转运，出口则主要由香港转运销往欧洲。

4.龙口。龙口于 1914 年自开商埠。龙口港开放以后，进出口贸易大有发展，且进出口货物有较大变化。开埠前以煤炭、木材为进口大宗，出口以粉丝、豆饼、杂粮为主。开埠后，出口除粉丝有所增加外，豆饼、杂粮反转为进口。进口则渐次由棉纱、棉布、煤油等占了优势地位，煤炭、木材等退居进口的次要地位。龙口外商主要是日本和俄国，但直接贸易不多，贸易多为转口出入。1919 年，由中国工程人员自己设计的栈桥式近代码头建成，龙口港名声远扬，对外贸易迅速发展起来，超过威海而跃居山东沿海第三大对外贸易港口。1927 年至 1931 年，龙口各业商号达 637 家，有 77 个国家和地区与龙口有贸易往来。其进出口贸易额，据各种材料综合统计，1919 年为28.9 万海关两，1922 年为 100 万海关两，1932 年增至 923.2598 万海关两。1937 年以前的最高年份达 1180 万海关两。1917—1938 年土货出洋数高于洋货进口。龙口粉丝驰名中外，为出口之主要商品。1927 年的出口量为 2620 万公斤。其他如黄县把梨、供香、砂粉、草辫等，亦为出口之大宗。威海与龙口港的定位实质上是全国性大商港和地区性小港间货物流通的中转站。

5.济南。济南是近代山东最大的内陆开放城市。1905 年自开商埠后，济南的对外贸易开始起步。辛亥革命后，济南的进出口贸易总体呈上升趋势。一战结束后，欧美外资势力大批涌入，济南的海外贸易达到繁盛时期。据调查，1923 年，胶济、津浦两路运入济南的货物总量达 454000 吨，运出达 446000 吨；从价值上看，胶济、津浦两路 1924 年输入货价为 795.4675 万银两，输出货价为 5535.2316 万两。济南是中国北方最大的棉花市场，棉花年上市量 100 万担左右，大多通过津浦铁路、胶济铁路转至上海、青岛出口。仅日本在济南就设有 10 余家洋行经销原棉，充当日本纱厂的代办人，操纵济南的棉花市场。

（二）近代山东的主要海关

海关主权是国家主权的象征,海关关税收入则是国家财政收入的重要组成部分。近代山东乃至中国,外国列强不仅掌握了中国的海关主权,还控制了关税收入。1861 年烟台开埠,开始筹建东海关,1862 年,东海关监督衙门设立。1863 年,海关总税务司长赫德设立东海关税务司署。1899 年德国公使海靖与赫德签订《青岛设关征税办法》,设立胶海关。围绕着海关主权,近代中国历届政府同外国列强进行了激烈争夺。南京国民政府成立后,于 1928 先后与英、美、德等 11 个国家签订了关税条约,实现了关税自主。但日本政府极力阻挠,国民政府于 1930 年 6 月与日本政府签订了关税协定。近代山东的主要海关有设在烟台的东海关、设在青岛的胶海关以及解放区海关。

1. 烟台的东海关。近代烟台口岸有两个海关:一个是建于 1862 年晚清政府控制下的东海关监督衙门,另一个是建于 1863 年由海关总税务司署所管辖的东海关税务司署。围绕着东海关的控制权,中国政府与外国列强展开了激烈争夺,主要分为以下四个方面。

(1)1862 年至 1900 年为晚清政府海关行使主权时期。东海关监督衙门建成之初,隶属清廷户部,为东海关总关,俗称“常关”。它对山东沿海 23 个海口享有完全的主权,各海口所设钞关统归其监督管辖,并按户部制定的税则征收厘税。东海关税务司署建立后,由于洋人税务司的属员任免权掌握在总税务司洋人手中,只执行总税务司的指令,因此东海关监督衙门无权管理东海关税务司。烟台钞关、威海卫钞关逐渐脱离东海关监督衙门。东海关税务司俗称“洋关”。东海关监督衙门只能管理中国帆船及所载货物,而外商船舶及其货物的管理被东海关税务司署控制。不过此时东海关监督尚可行使主权,对所收关税有权进行分配使用(图 10－6)。

图 10－6　东海关五十两银锭一枚

(2)1901 年至 1930 年为海关税务司接管时

期。1901 年《辛丑条约》签订后，在总税务司赫德的策划下，外国列强迫使晚清政府用关税、厘税和盐税做抵押偿还战争赔款，从而控制了中国海关的主权。根据总税务司的指令，烟台港及其 50 里内的常关并入洋关，移交东海关税务司署管辖，自此烟台港征收的全部关税和厘金不再由东海关监督上缴和分配，而改由税务司直接储存于设在烟台的英国汇丰银行和俄国道胜银行，然后上报总税务司分派给各“缔约”国家，东海关监督再无权过问和经办进出口外洋的船舶监管和进出口货物关税。后来龙口、威海等海关也并归洋关。1912 年成立的中华民国无力收回海关管理权，海关的权力依然掌握在洋人税务司手中。

（3）1931 年至 1937 年为洋海关的附庸时期。1930 年，中华民国南京政府对关税内容进行改革，全国关税裁厘会议决定裁撤全部常关，改为洋关分卡。1931—1937 年，东海关税务司署以东海关的面貌出现。东海关监督公署成了专门转达南京政府财政部下达东海关的文件、指示和命令的机构。东海关监督实际上成为洋关的附庸，原属于东海关监督的权力，全部由东海关税务司所取代。

（4）1938 年至 1945 年为日本傀儡时期。1938 年，日本占领烟台，东海关完全被日本侵占。2 月，南京国民政府财政部通过总税务司下达命令，宣告撤销东海关。3 月，伪华北政务委员会根据日本控制海关的需要，成立“芝罘港务局”，全面取代了东海关管理港务。1939 年横滨正金银行强行接管了包括龙口、威海卫分关的全部账目。1942 年，东海关监督更名为海关长，取消缉私课，以适应日本侵华战争的需要，直至 1945 年 8 月烟台解放为止。

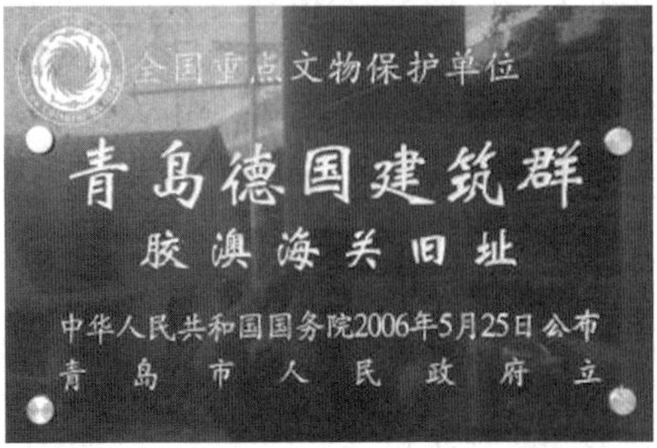

图 10－7　位于青岛市新疆路 16 号的胶澳海关旧址

2. 青岛的胶海关（或称胶澳海关）（图 10－7）。1899 年胶海关设立后，青岛地区德租界内的常关及分卡与东海关脱离隶属关系，统归胶海关管理。

1922 年,北洋政府收回青岛,同年 12 月设胶海关监督公署,青岛各常关、常关分关、办事处均归监督公署统辖。不过,直到 1929 年,胶海关税务司都是由外国人担任。1929 年 4 月,国民政府才正式接收胶海关。1931 年,南京国民政府财政部海关税务司对海关机构进行调整,将所有常关改称海关,并重新划分了隶属关系。原东海关的乳山口、石岛、石臼所、陈家官庄、张家埠和金家口等分关分卡改属胶海关监督公署。1937 年,南京国民政府财政部通过总税务司下达命令,宣告撤销胶海关。日本占领青岛后,日伪北平临时政府又成立胶海关,将胶海关最高长官的职务名称改为"海关长"。1945 年 8 月,日本投降。国民政府接收青岛之后,只设胶海关税务司署,未设胶海关监督公署。1949 年 6 月,青岛解放,中国人民解放军青岛市军事管制委员会派出军代表接管胶海关。1950 年,中央人民政府海关总署通令各地海关名称统以所在地城市现有名称为关名,胶海关正式更名为中华人民共和国青岛海关。

3. 解放区海关。山东解放区的海关工作可追溯到抗日战争之始。1938 年 4 月,胶东的蓬莱、黄县、掖县相继建立了最早的抗日民主政权,成立了北海行政督察专员公署。为了筹集抗日经费,中共党员、北海行政公署专员曹漫之与龙口海关谈判要求以 80% 的关税作为抗日经费,后提取 60% 的关税用于抗战。1941 年,山东各抗日根据地在与敌伪统治区交界的交通要道和集镇,设立类似海关性质的税务所、税卡,并设有税务武装。1945 年 8 月 24 日,烟台解放,烟台抗日民主政府派贾振之接管了东海关。东海关成为中国共产党领导下的第一个解放区海关。1948 年,烟台第二次获得解放,东海关受烟台港务处管辖,1950 年,正式更名为"烟台海关"。除此,1947 年—1948 年解放区海关还组建了滨海海关、渤海海关和滨北海关。

（三）外国资本与近代山东对外贸易

外国资本在近代山东的对外贸易中扮演了重要角色。通过条约开埠或自开商埠,近代山东的对外贸易由沿海的青岛、烟台、龙口、威海扩展到济南、周村、博山、淄川、张店、潍县、高密等多处。在近代山东的外国资本中,

19 世纪后期英国资本占有重要地位,20 世纪初期德国资本占有重要地位,20 世纪上半叶日本资本则占据主导地位。外国资本在近代山东对外贸易发展中的表现主要有三个特点:

1. 在外资的操纵下,近代山东成为外国列强的商品倾销地和原料产地。据 1933 年的调查,山东的土货出口,1933 年比 1868 年增长 200 倍以上,洋货进口增长 30 倍多。如 1935 年山东沿海各口岸的进出口贸易额如下:胶州(青岛),进口额为 5123. 3 万元,出口额为 4855. 5 万元;威海,进口额为 221. 2 万元,出口额为 291. 5 万元;烟台,进口额为 667. 8 万元,出口额为 785. 2 万元;龙口,进口额为 279. 9 万元,出口额为 326. 4 万元。由以上数字看,除青岛为入超外,其他三港均为出超。

2. 日本资本对近代山东对外贸易的影响最大。第一次世界大战以后,日本势力膨胀,占了绝对优势,垄断了山东的对外贸易。日本商人以青岛为基点,沿胶济铁路西进,在沿线城镇遍设工厂、商铺、洋行,投资经营,从而逐步确立了在山东商业贸易中的垄断地位。1922 年,青岛有洋行 16 家,其中日本洋行就有 9 家,占 56. 25% 。1928 年,青岛贸易市场上的花生、棉花、畜禽产品出口,"大部分已操于日本人之手"①。20 世纪 30 年代,日本商行遍布山东各地,如在济南 10 家,在张店 4 家。山东商贸市场几乎全为日商操纵。山东市场日货充斥,据 1934 年的统计,胶东 8 个县,日货占 90% 以上。其他方面,日本"将山东的轻工业完全垄断,在青岛的七家纱厂中,日本就占去了六家,青岛的中国火柴业倒闭衰退,整个青岛市充满了日货"②。近代山东主要的棉花交易市场均被日本所控制。济南是省内最重要的原棉贸易中心,每年运往青岛日本纱厂约七八十万担。"济南棉花行市,几全操日人手中,而其每日行情,亦悉听青岛日纱厂之需要情形,由洋行论定市价之增减。"③此外,日本资本还控制了山东的棉纱和棉布市场。近代纺织机器兴

① 民国《胶澳志》卷五,《食货志 · 商业》。

② 山东省档案馆、山东社会科学院历史研究所合编:《山东革命历史档案资料选编》(第三辑),山东人民出版社 1981 年版,第 265 页。

③ 吴知:《山东省棉花之生产与运销》,《政治经济学报》1936 年第 1 期。

起以后，潍县一带成为全省著名的棉纺织区，1933 年有织机 7 万到 10 万张，年产土布 200 万匹，为全省销量可观的商品。日商见潍县土布销路很好，便进而仿照土布样式，采用机器纺织，直接将布匹销往潍县一带市场。机器织的布较土布细密，且较土布宽 2 寸有余，价格也便宜二三角至七八角，所以销量日益增加。1931 年销量为 726 吨，1933 年便增至 2979 吨，占当地年运出棉布 6000 吨的近半数。至 1934 年，日厂产布已充斥市场，潍县土布几无销路，土布机大都停工。

3. 外资造成的国际走私活动严重危害了近代山东的对外贸易发展。外国资本的走私行为在山东早已存在，但日本商人的走私活动尤为猖獗。20 世纪 30 年代，国民政府的关税自主运动，在收回关税自主权的同时，提高了日本商品的关税税率，而世界经济危机又迫使日本商品寻找销售市场，于是日本资本在华北进行大规模的走私活动，山东首当其冲，成为"华北走私的先声和开端"。海关总税务司署每年编辑的《海关中外贸易统计年刊》（图 10－8）中可见典型性的叙述。如：烟台港直接进口洋货，1934 年为 760 万元，1935 年为 970 万元，表面上呈增加趋势。而 970 万元的货物总值中，缉查的私货即占 200 万元，是年，该港关税总额的 1/3 系征自充公私货，仅上半年缉获私货案件就有 130 件。海关统计中所列人造丝进口 36.8 万公斤，皆为充公私货；砂糖 1.9 万公担，也多系私运货品。龙口港 1933 年 130 万元的关税收入中，所征缉获私货进口税占 13%。1934 年，海关统计进口货物中，人造丝为 140854 公斤，而上年仅 12690 公斤；糖品由上年的 4260 公担升为 16570 公担，两项激增的原因是缉私数额的飙升。大规模的走私活动，不仅扰乱

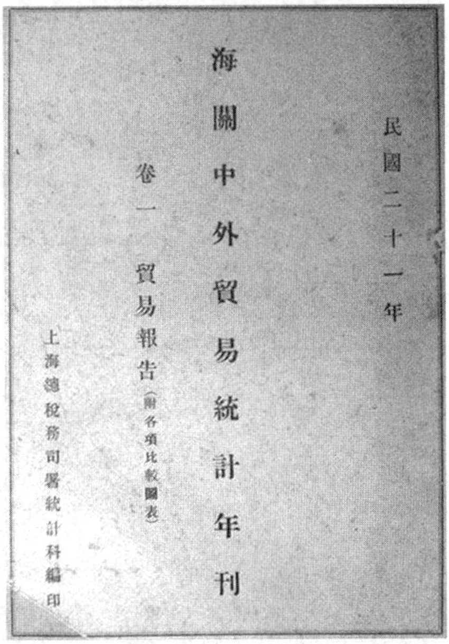

图 10－8　《海关中外贸易统计年刊》

了山东市场的价格，破坏了正当贸易，而且使民族工业备受冲击，在山东最为突出的是生丝和丝织行业的衰败。

周村丝织业的衰落在很大程度上归咎于走私。近代走私活动兴起后，日本人制造的丝进入周村的渠道增多，一是由下洼、埕口卸船的私货，在向驻防部队缴纳一定费用后，便可自由进入周村；再是由天津、秦皇岛进货，经铁路运输抵达周村。另外，青岛、龙口未被查获或被查补交税款的走私人造丝也大量涌入周村。一时间人造丝汇集周村，日商、华商趋之若骛，造成了丝织业的畸形发展。1934 年前后，火车运输每日到达周村的人造丝，最少时约 4 节至 5 节车厢，多时达 13 节车厢，每节可装载 300 箱。但好景不长，面对走私狂潮，南京国民政府加大了缉私的力度，除督促海关订立缉私章则、建立缉私舰队、成立关警队外，还加强民船管理，对铁路、公路、内河运输严加稽查，实施了许多查缉方策。1935 年，国民政府一方面委派胶海关到周村缉私，另一方面扣留了储存在上海的周村丝绸，严令丝绸商和丝织业主将所有人造丝、半成品和成品补交关税，产品出境须领取运输证，并在车站、邮局设卡。不足一年，使用人造丝生产的丝织工厂和作坊基本歇业，周村丝织业一落千丈，此后未再兴盛。

（四）对外贸易与近代山东经济中心的变迁

对外贸易的兴起与发展与山东的经济现代化进程密切相关。对外贸易虽使外国列强倾销了商品、占据了市场，但同时也引发了省内新式工商业的发展。不仅如此，对外贸易还引发了近代山东经济格局的变迁。

1. 西部运河沿岸地区的进一步衰落。传统经济时期，西部运河沿岸地区曾长期是省内经济中心，因为这里有便利的运河交通及发达的农业及商业。1850 年以前，鲁西平原是山东的粮食主产区，人口密集，交通便利，故而运河沿线工商业发达。临清、济宁、聊城、德州等都是重要的商业中心。其中临清是山东最大的商业城市，是冀鲁豫三省主要的经济枢纽和粮食流通中心；济宁是兖州、曹州府的流通枢纽，与江苏、安徽联系最为密切；聊城是鲁西北东昌府的流通中心，与山陕、辽东的关系紧密。基于农业和商业的繁荣，此时的运河沿线平原地区是山东的经济中心区，经济发达程度远高于半岛地区。19 世纪 50 年代的太平天国北伐战争和黄河改道，造成运河堵塞，运河沿岸地区的工商业经济由此衰落。近代山东沿海各口岸相继开放及胶济铁路的修建，更加速了运河地区的衰落速度。在东部沿海地区最早接受外来事物的同时，省内的物流、人流、资金流逐渐从西部转向东部，由此导致东部地区的经济发展速度大大加快。

图 10－9 济宁被称为中国运河之都

2. 东部地区的崛起。晚清以来，迅速发展的对外贸易改变了山东原有的经济格局，由“西强东弱”逐渐变为“东强西弱”。从 1860 年到 1932 年，烟台、青岛等沿海城市和济南、潍县、周村等内陆城市先后对外开放，形成了山东内外结合的开放格局。但商埠的分布极不均衡，绝大多数商埠都分布在沿海及胶济铁路沿线，半岛地区有四个，即烟台、青岛、威海、龙口，胶济铁路沿线有三个，即济南、周村、潍县，运河地区有一个，即济宁。无论是在烟台一口通商时代，还是在诸港分立时代，山东半岛和胶济铁路沿线地区始终处在烟台或青岛港的直接辐射之下，山东近代农业和工业也大都布局在这一核心地带。而且由于地理位置优越，市场网络发育成熟，尤其是中级以上集散市场基本上分布在这一地区。但是山东丘陵横亘中部，鲁南鲁北判若两省。德国人胶济、胶沂两条铁路的规划，就是希望能把鲁北鲁南物流汇集于青岛，增强内部的凝聚力，但是胶沂铁路计划落空。交通不便阻挡了青岛对鲁南的辐射。北部是港口的直接腹地，临近港口和铁路，与外部市场联系紧密，信息畅通。随着近代产业的兴起，北部地带很快便超越西部运河地区而后来居上。

3. 经济中心的变迁。随着“东强西弱”格局的演进，沿海地区和胶济铁路沿线地区日益成为近代山东经济中心地区，而广大的西部、南部地区基本上是原料产地，处在依附地位。在经济比较发达的山东半岛地区，其内部也形成了不同的经济体系。一个是以烟台为中心的胶东外向型经济体系，这里是山东近代工场手工业比较发达的地区。另外一个是以青岛、济南为中心、以铁路为纽带的青岛外向型经济体系，这里是近代山东最大的农产品加工市场和最重要的工业地带。同鲁西运河地区相比，山东半岛地区不仅在产业构成上优于广大西部和南部，而且在地域构成上，北部也表现出绝对的优势。如青岛、济南成为棉纺织工业和农产品加工业中心，潍县成为织布业中心，烟台是外来手工业集散中心和缫丝业中心，周村、益都、栖霞是丝织业中心。另外，还出现了许多专业化的市镇，例如泰安大汶口是花生产品专业市场，牟平、益都、栖霞与昌邑柳疃是丝织专业市场，掖县沙河镇是草帽辫专业市场等。基于近代工农业和商业的北部经济带，成为全省经济最强大最有活力的地区，“东强西弱”“北强南弱”的经济格局最终形成。这结束了西部运河地区作为全省经济轴心的时代，胶济铁路和沿海经济带成为全省的经济重心。

五、山东革命根据地时期的商业与贸易

山东革命根据地的经济建设在中国近代经济史上占有重要地位，其中就包括商业贸易的突出发展。1937 年，抗日战争全面爆发后，山东人民在当地共产党组织的领导下，连续发动一次次武装起义，建立了数十支大大小小的抗日武装，并逐步发展成统一的山东抗日根据地，成为联结华北、华中两大抗日根据地的重要纽带。山东抗日根据地的大致范围包括今山东大部地区，除内部所属各根据地外，还与全国其他抗日根据地相邻，如南部的华中、西南部的冀鲁豫、西部的晋冀鲁豫、西北部的冀南、北部的冀鲁等。1945 年 8 月 13 日，山东省政府成立，黎玉任政府主席，这是全国范围内第一个由中国共产党领导的省级民主政府（图10－10）。解放战争时期，山东解放区进一步扩大，不仅包括今山东大部地区，还包括今江苏、安徽、河南、河北的部分地区。1949 年 3 月 30 日，山东省政府改称山东省人民

政府，康生任山东省人民政府主席。有了军事斗争的保障，山东革命根据地的商业贸易不断发展。

图 10 - 10　位于莒南县大店镇的山东省政府和八路军 115 师司令部旧址

（一）发展原因

同其他革命根据地一样，山东革命根据地的商业是根据地发展的必然产物。其一是发展根据地经济的需要。山东革命根据地地处相对偏僻的广大农村，本身经济就已经残破，加之农村个体经济生产力低下，因此基本上没有什么工业，军民必需品尚不能自己制造。因此，要发展根据地经济，除了提高自身的生产能力外，必须和外界开展商业贸易，进行物资交流，调剂余缺。其二是对敌斗争的需要。日本侵略者和国民党反动势力在军事策略上实行“以战养战”，企图在商业贸易上扼杀革命根据地。为此，反动势力建立了许多经济破坏组织，如日伪“物资对策委员会”、伪银行，还有国民党的货币战等。由此，革命根据地商业工作的中心任务是，开展物资交流，平抑物价，调剂有无，开展对敌经济斗争。

（二）商业政策

山东革命根据地的商业政策主要围绕两个方面进行：一是通过对日伪统治区的贸易，发展了抗日根据地经济。1940 年，山东省临时参议会通过

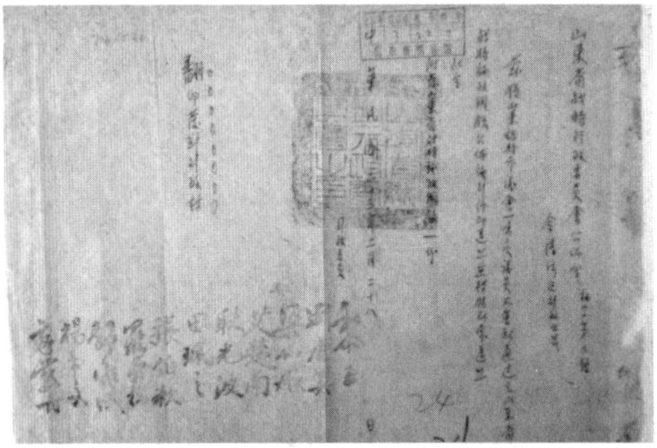

图 10－11 《山东省战时施政纲领》施行颁布令

的《山东省战时施政纲领》(图 10－11)提出:统制对外贸易,禁止运粮资敌。各公营商店、贸易局依照新条例,改变以法币对外采购的办法,实行出口物资交换,由单纯的反封锁转变为统制贸易。1945 年,薛暮桥在全省工商工作会议上指出:货币斗争完成了停法(币)禁伪(钞)工作,平抑稳定了物价,各地币值达到基本一致;贸易管理取得主动地位,开始做到高价输出,低价输入;扶助群众生产和保障供给也取得了相当的成绩,减轻了群众负担。二是通过对国统区贸易,壮大了解放区经济。为保障解放战争的顺利进行,解放区政府组织武装经济工作队,对烟台、龙口、黄县、莱阳、潍县进行重点封锁,凡解放区一切军用品、日用必需品绝对禁止输往敌区。同时开辟采购路线,吸收军用物资支援战争,如西药、电料、军火、布匹、棉花、鞋料等。基于这样的目的,根据地政府的主要贸易政策确定为“对外统制贸易,对内自由贸易,积极发展海上贸易”。实践证明,这套贸易政策行之有效,并最终取得了贸易斗争的胜利。

山东革命根据地从 1938 年草创时期,就开始着力于商业政策的制定。商业政策大致可划分为三个阶段。第一个阶段,1938 年至 1942 年,根据地商业初创时期。主要实施统制贸易政策,坚持以货易货原则,对敌进行反封锁斗争。根据地的贸易政策是对外实行严格的集权统制,保障外来必需品的输入和内地剩余品的输出,禁止一切必需品如棉花、煤、铁、羊毛、粮食等输出资敌,同时奖励和保护内地商人,联络敌区大小商人输入必需品,并把内地的非必需品带出去。1940 年根据地颁布《贸易暂行条例》,其宗旨为“以粉碎敌人经济侵略及封锁,对外实行统制贸易,保护并促进本省经济建设之发展,有计划的输出剩余生产品,由敌方换取必需品,切实做到以货易货,对内发展根据地自由贸易,调剂有无,繁荣市场,平衡物价,稳定金融,配合其他经济部门之工作,达到根据地自给自足的经济基础”。对外贸易方面,为展开对敌经济斗争,严密实施统制贸易,根据地将出入境货物分为四类:奖励出入境货物、许可出入境货物、限制出入境货物、禁止出入境货物等。对内贸易方面,则实行自由贸易,即“凡在本根据地内各行政区间及县与县间,须自由贸易。除有特别规定外,各区县不得假借任何口实实行统制与征税”①。

1942年5月,中共山东分局财委会指示,严禁粮食、棉花、毛皮等重要产品出境,一般剩余土产品由贸易局统一运出,私商携带物资出境须经贸易局登记,并保证换回同等价值或一定比例的必需品。同年9月,为打破敌人倾销法币、掠夺资源的阴谋,省战工会决定对敌展开全面经济斗争,实行土产“出口证”制度,统一出境贸易,提倡使用土货,纠正不等量交换,争取输出输入的平衡。胶东地区则实行以物易物政策,规定花生油可作为特种货物换取棉花、纱布。

这个时期的以货易货,限制了法币流入和物资输出,防止了敌人倾销法币掠夺物资,形成了对敌关税堡垒。但这一贸易政策具有较大的盲目性,机械执行以货易货政策,妨碍了剩余产品的销路。采用一刀切的贸易方法,规定物资输出与输入的细枝末节,而事实上农业生产的季节性使各地物资输入与输出常常是不平衡的,硬性规定导致贸易停滞。同时,为避免走私,实行粮食统制,造成粮食调剂困难;渤海封锁多产的棉花,鲁中封锁多产的羊毛,造成供求不均。

第二个阶段,1943年至1944年,根据地商业由分散走向集中,由幼稚走向成熟。这个时期商业政策的制定者已经积累了较多的经验,开始利用商业规律去指导商业发展。虽然仍实施统制贸易政策,但统制的范围收窄,在禁止奢侈品等输入的同时,大量输出食盐、棉花等大宗商品。1943年8月,山东分局指示,统制物资的方针是建立经济阵地,对敌贸易政策要更为积极

---

① 山东省财政科学研究所、山东省档案馆合编:《山东革命根据地财政史料选编》(第五辑),济南印刷八厂1985年版,第4—5页。

主动，打破敌人的封锁政策。除了继续禁止或限制奢侈品、迷信品的输入，根据地奖励剩余物资的输出，如鲁中的烟叶，清河的棉花，鲁南的山货，滨海胶东的食盐、花生油等，通过输出剩余物资换回必需品，吸收外汇，保护本币（北海币），改善军民生活。为了掌握重要输出物资、吸收外汇，或者换回我们所需要的各种物资，根据地实行食盐、花生油与烧酒的专卖。

这一阶段的新贸易政策扭转了不利形势，如滨海购进 40 万发子弹及医药、电料器材，支持了抗战。在进出口的重要集市设立公营商店，掌握物资，做到高价输出、低价输入，争取贸易上的主动。1943 年，滨海区实行食盐管理，把输出盐价提高一半，同时期其他物价跌落一半，增加了政府财政收入。1944 年，滨海区贸易纯利达 3400 万元。

第三个阶段，1945 年以后，根据地商业完善时期。这个时期商业机构基本健全，各项政策也日趋成熟。在正确商业政策的指导下，有效地实现互通有无，并粉碎了敌人的经济封锁。抗战胜利初期，继续统制少数主要物资，实行输出输入专买专卖，照顾人民利益，非必要时不采用禁出禁入办法。为了执行专卖出口的新贸易政策，山东革命根据地设立了一系列公营商店。1946 年全省工商工作会议将实行统制和管理的物资分为三类：第一类是特种进出境物资，实行统制管理，如滨海的花生米、花生油、食盐，清河的粮食、棉花和食盐。第二类是一般输出输入物资，需领取“许可证”，并办理外汇和本币兑换手续即可自由买卖，同时奖励或限制某些物资的输出或输入。第三类是有关国计民生的重要物资，由政府组织公营商店进行调剂，主要是利用地区差和时间差调剂供求，平衡物价。

解放战争时期，继续对国民党统治区实行贸易管理，保护解放区的重要物资，争取公平交易。除军需物品和粮棉等重要生活资料外，其余剩余物资如花生油、食盐、烟叶、羊毛、蚕丝及山果、水产等奖励输出，以较有利的价格换回所需物资。1947 年 6 月 25 日，《山东省土产品出口管理暂行办法》规定：“平衡出、入口贸易，稳定币值，粉碎反动派经济掠夺与经济封锁，确保并争取必需品之进口，山东省政府特授权工商局对土产品之出口实施管理。”进出口商人如果出口生油、生米、披猪及活猪、黄烟叶、粮食等土产品，必须按照一定比率进口包括汽油、电器通讯材料、枪械弹药等在内的必需品。①

1948 年,根据地的对外贸易发生了很大变化。因为敌占区物资严密封锁,海上匪船抢劫,敌占区与解放区之间的商贩有些被特务操纵,再加上执行土地改革政策对工商业有影响,滨海、胶东半岛北线进出境贸易由盛而衰。与此同时,滨北、渤海贸易由分散到集中,更加剧了对外贸易的萎缩。针对这种情况,华东工商部确定贯彻奖出限入的方针,奖励剩余物资大量输出,如水(干)果、鲜干鱼、草帽辫、蔬菜等;奖励输入对自卫战争和解放区建设有利的工具、原料及制成品;限制输出对敌有用的主要物资、原料、燃料,如棉花、粮油、煤炭等;同时继续限制输入解放区已能生产或具有生产条件的日用品(火柴、肥皂、细布及烟茶酒)、奢侈品及迷信品。为取得对敌贸易斗争的主动和有利地位,实行"七统一",即组织领导统一,进出境办法统一,税则税率税目统一,商品标准统一,对外价格统一,外汇调度统一,输入计划统一,概括就是方针政策与步调统一,以增强斗争力量。对输入物资的管理,分为免税、征税、特许征税、禁止输入 4 种,对出境物资的管理分为禁止、统销、管理、自由出境(征税或免税)4 种。统销范围包括花生米、花生油、棉花、猪鬃、黄金,商人不得自由经营。管理物资包括黄烟、生丝、粮食。凡办理输出管理物资,必须事先输入指定物资,才能办理输出,或凭免税输入货物登记证办理出境。通过实施上述政策,对敌贸易斗争取得了重大成绩。

（三）商业税收

山东抗日民主政府建立之初,即着手整理抗战前国民政府设立的税种。至 1940 年,设立的税目有田赋、契税、救国捐、货物救国捐、盐捐、烟酒营业牌照税、矿租等 7 种,取消其他旧税约 40 多种。1940 年,山东省战工会在施政纲领中提出,废除苛杂,整理税收,实行累进税制。1941 年,山东省临时参议会讨论通过了《山东省税收暂行条例》《货物税征收施行细则》《县税务

---

① 山东省财政科学研究所、山东省档案馆合编:《山东革命根据地财政史料选编》(第五辑),济南印刷八厂 1985 年版,第 122—123 页。

局征收处组织大纲》等税收法规,为各地制定正规的税收政策提供了依据和标准,标志着山东抗日根据地的税收工作初步走上正轨。《山东省税收暂行条例》规定,税收项目分为国家收入和地方收入,其中国家收入包括田赋、盐税、矿务税、货物税、印花税等,而地方收入包括田房契税、牲畜屠宰税等。[①]

《山东省税收暂行条例》颁布后,矿税、营业税、烟酒税、当税、契税等在各地先后开征。当时经济基础较好的胶东区,各类税收项目比较齐全,财政工作成绩显著。各地工商收入占财政收入的比重都较高(图10－12)。

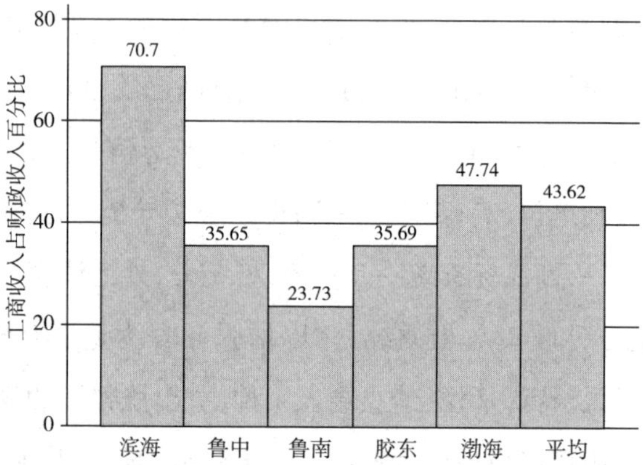

图10－12　1945年7月各地工商收入占财政收入的比例图

1.营业税。这是当时最重要的商业税收收入之一,属于省款收入,实行累进税率,但课税标准每年都有变化。考虑到工商业发展的具体情况,有的年度也会免除营业税,如1948年免征营业税。1948年4月,《山东省政府关于免征三十七年度营业税的布告》[②]指出,为扶助生产,发展贸易,繁荣国民经济,并恢复我解放区与各新解放城市被蒋匪摧残之工商业,特决定民国三十七年(1948)度之营业税,无论老解放区或新解放城市一律免征。

2.货物税。由于山东革命根据地的工业制造业并不发达,所以货物税收入并不高。解放战争中,随着潍坊、济南、徐州等城市的相继解放,货物税

① 山东省档案馆、山东社会科学院历史研究所合编:《山东革命历史档案资料选编》(第七辑 1941年6月—11月),山东人民出版社1983年版,第267页。

② 山东省财政科学研究所、山东省档案馆合编:《山东革命根据地财政史料选编》(第五辑),济南印刷八厂1985年版,第154页。

的收入开始提高。1947 年 1 月 12 日,《山东省政府关于修正各项税率公布执行的命令》[①]使得进口货物税率增幅明显,棉麻毛丝产品由 30% 提高至 40%,糖产品由 10% 提高至 15%,茶叶由 15% 提高至 30%,烟草由 20% 提高至 30%,碱制品由免税提高到 10% 等。出口货物包括动物产品、油脂、子仁等,税率普遍提高 10 个百分点。产销屠宰税率普遍提高 100 个百分点。

3. 房捐与土地税。房捐即房产税,主要是对城市的房产征税。国民政府以前也征收过此类税种。山东革命根据地是最早制订征收办法并真正征收房地产税的革命根据地之一。山东革命根据地的房地产税主要包括房捐、土地税等,于 1946 年开征,主要是在解放较早的胶东地区。从 1939 年北海专署公布《田房契税暂行章程》到 1946 年胶东区颁布《征收城市田房税暂行办法》,再到 1949 年济南市政府颁布《商埠地租暂行征收办法》、青岛市公布《征收房捐暂行办法》,山东革命根据地十年间颁布了十余项省级或地方房地产法规。这些法规的制订或实施,为革命根据地的房地产税征收工作提供了最基本的指导与规范,同时也获得了相应的城市建设经费。作为最成功的革命根据地之一,在较短时期密集出台房地产法规,属于山东革命根据地的一大特色。山东革命根据地的房捐征收工作,在某些方面或许能对当今全国热议的房产税提供一些借鉴。

作为向城市房屋的产权所有人按照房屋的租价征收的一种税,房捐属于城市地方税收。1948 年 12 月 28 日,潍坊特别市政府公布《潍坊特别市征收房捐暂行办法》,开征房捐,从而使潍坊成为省内最早开征房捐的城市。1949 年,《山东省政府关于征收房捐及娱乐捐的指示》(图 10－13)为房捐征收工作定下基调,即“新办的税捐”,“征收办法必须根据各地具体情况决定,不可能也不必做出统一的决定与规定统一的税制,但征收的范围与原则必须一致”[②]。济南市于 1949 年 4 月 12 日公布《济南特别市房捐暂行征收

① 山东省财政科学研究所、山东省档案馆合编:《山东革命根据地财政史料选编》(第五辑),济南印刷八厂 1985 年版,第 73—78 页。

② 山东省档案馆、山东社会科学院历史研究所合编:《山东革命历史档案资料选编》(第二十二辑),山东人民出版社 1986 年版,第 3 页。

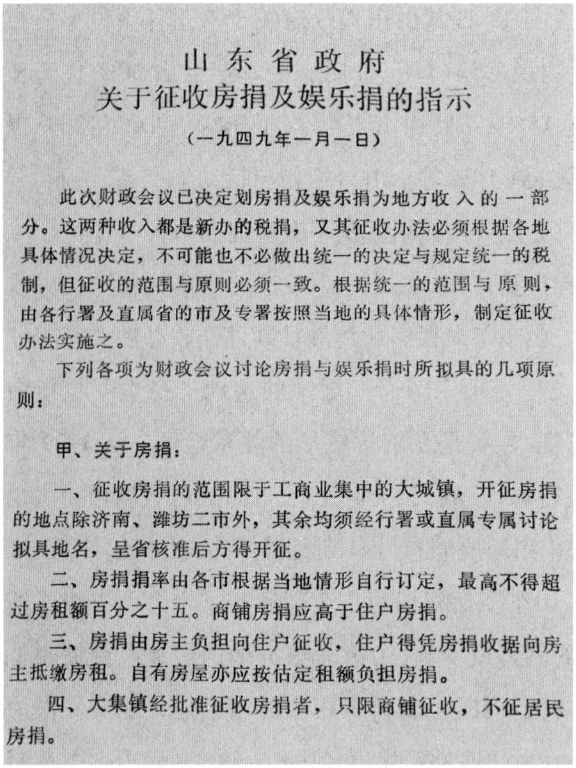
山东省政府
关于征收房捐及娱乐捐的指示
（一九四九年一月一日）

此次财政会议已决定划房捐及娱乐捐为地方收入的一部分。这两种收入都是新办的税捐，又其征收办法必须根据各地具体情况决定，不可能也不必做出统一的决定与规定统一的税制，但征收的范围与原则必须一致。根据统一的范围与原则，由各行署及直属省的市及专署按照当地的具体情形，制定征收办法实施之。

下列各项为财政会议讨论房捐与娱乐捐时所拟具的几项原则：

甲、关于房捐：

一、征收房捐的范围限于工商业集中的大城镇，开征房捐的地点除济南、潍坊二市外，其余均须经行署或直属专属讨论拟具地名，呈省核准后方得开征。

二、房捐捐率由各市根据当地情形自行订定，最高不得超过房租额百分之十五。商铺房捐应高于住户房捐。

三、房捐由房主负担向住户征收，住户得凭房捐收据向房主抵缴房租。自有房屋亦应按估定租额负担房捐。

四、大集镇经批准征收房捐者，只限商铺征收，不征居民房捐。

图 10－13 《山东省政府关于征收房捐及娱乐捐的指示》

办法》，成为全国最早开征房捐的省会城市。1949 年 12 月 5 日青岛市人民政府颁布《征收房捐暂行办法》，青岛成为省内最晚开征房捐的城市。后来随着省内主要城市的相继解放，中国共产党的统治重心由农村转向城市的时候，房捐和土地税发挥了越来越重要的作用。房地产税逐渐扩征到全省的城镇。山东革命根据地的房地产税收工作，不仅获得了大量的战争经费，从而保证战争顺利进行，也为共产党接管城市、积累城市建设经验提供了宝贵财富。

4. 盐税与酒类专卖。1948 年 3 月，《山东省食盐运销及征税暂行章则》①规定，盐运盐税由工商局依据盐场分布、盐运路线的实施情况，组织盐店进行管理。盐价由盐店与盐户共同商定，盐税就场征税，税率为场销价的150%，以市担市斤为数量单位，从量征收。盐店负责调剂运销，掌握盐价，协助组织生产，征收盐税。运盐、购盐须先向盐店登记，缴齐盐价、盐税后领取产销税证再行装运。山东省的财政收入除公粮外，主要分为税款收入、田赋收入、公营企业营利收入、烧酒专酿利润收入四种。而四项收入中，专酿

① 山东省财政科学研究所、山东省档案馆合编：《山东革命根据地财政史料选编》（第五辑），济南印刷八厂 1985 年版，第 334—335 页。

利润收入一直占财政收入的第一位。1949 年 3 月,《山东省酒类专酿暂行条例》[①]规定,由山东省烟酒产销管理局实行酒类专酿,禁止私人酿造。

5. 田房契税。契税是指买置田房或典当田房所纳的契约税,属于旧有的地方税收。抗日民主政权成立后,为保障人民产权,规定民间买置田房按章领契投税。无论是抗日战争时期还是解放战争时期,无论是农村还是城市,契税都有征收,但额度较小,更多强调新政权的存在与保护。由于当时的环境,契税大都集中于农村征收,后来才在城市广泛推开。抗战前山东的契税是地方上一项重要财政收入,一部分上交省库,一部分留县用。买契按价纳 6% 的税,典契按价纳 3% 的税。另在契约纸下每张征收教育附捐 0.2 元。

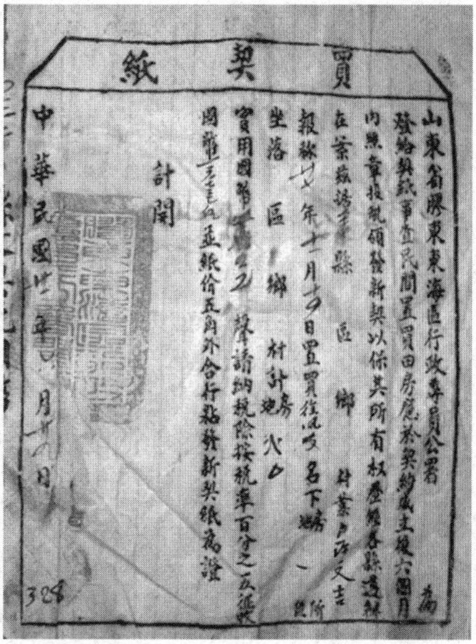
買契紙
山東省膠東東海區行政專員公署
發給契紙事查民間置買田房應於契約成立後六個月
內照章投稅領發新契以保其所有權歷經呈縣遵辦
在案茲據 縣 區 鄉 村業戶
報稱 年 月 日置買 名下
坐落 區 鄉 村
實用國幣 呈請納稅除按稅率百分之五徵收
國幣 並紙價五角外合行給發新契紙為證
計開
中華民國 年 月 日

图 10－14　胶东区的买契纸

胶东区于 1938 年 10 月开征契税,定税率为买契 5% ,典契 1.5% 。1939 年,北海专署公布《田房契税暂行章程》,是山东抗日根据地第一部田房契税法规。

1940 年 12 月,省战工会颁布《田房契税暂行办法》。规定民间置买田房,须于契约成立后 3 个月内照章纳税领契,始为合法买卖,契税按买价 5% 征收,所有抗战以前未纳税的白契,一律补征契纸费,每张契纸(图 10－14)费 5 角,典契不税。民间未纳税的白契,于公布 6 个月内照章纳税,否则以延税论;因故损失契约者,在 6 个月内申请补契,只纳税额的一半,但延税 6 个月以上则按延税论罚。外国人对于田房有租赁权无购买权,其用教会或其他名义买卖田房者,依法无效,拒绝其投税。机关团体及其他公益法人为

① 山东省财政科学研究所、山东省档案馆合编:《山东革命根据地财政史料选编》(第五辑),济南印刷八厂 1985 年版,第 291 页。

不动产的买卖者，免纳契税。各县征收契税，除由县征收办理外，也可委托区公所代办。对无故不纳税或匿写契价者，根据匿价多少处以缴纳税额50%或1倍的罚金。凡根据地的人民，有向伪组织缴纳契税者，除将契约作废外，以资敌论罚，敌占区人民向伪组织缴纳契税者，一律无效。

1945年，《修正山东省田房契税暂行条例》①规定，买契税每亩最低1元，最高10元，赠与契税与买契税同，交换契税按买契税减半征收。由于税率低，手续简便，加之宣传动员好，人民投税情绪高涨，甚至敌占区人民都愿向根据地政府投税。1946年9月，《修正山东省田房契税暂行条例》②规定，对于买契税，房基及七、八、九级地每官亩征收契税60元，四、五、六级地每官亩征收契税50元，一、二、三级地每官亩征收契税40元；赠与税率与买契税同，交换契税减半征收，补契税减半征收。

6. 其他收入，有募捐、整理官产逆产、处理汉奸财产、处理敌伪资财、献金献粮献物资等。

（四）贸易斗争

战争年代，山东革命根据地的经济环境极为恶劣，时常有大量伪钞输入，套取根据地的重要战略物资。如何防止敌伪政权大量输入伪钞来套取重要物资呢？除货币政策与货币斗争外，山东革命根据地通过山东省工商管理局等进行了强有力的贸易斗争。当时的贸易斗争，目的就是防止敌人到根据地套取物资，同时根据地又能通过贸易换取所需物资。

1. 组建山东省工商管理局，积极开展对敌贸易斗争

抗战爆发后，日伪政权对山东革命根据地实行经济封锁。山东各抗日根据地从1938年开始进行零星、分散、小范围的贸易，并设立贸易基金、组织贸易局等，但成效不明显。1941年7月，晋冀鲁豫边区政府成立，原太行

① 山东省财政科学研究所、山东省档案馆合编：《山东革命根据地财政史料选编》（第五辑），济南印刷八厂1985年版，第369页。

② 山东省财政科学研究所、山东省档案馆合编：《山东革命根据地财政史料选编》（第五辑），济南印刷八厂1985年版，第371页。

贸易总局与太行生产合作社合并,改组为边区生产贸易管理总局,同年9月,更名为晋冀鲁豫边区工商管理总局(简称贸易局),在冀鲁豫行署设工商局。1943年8月,山东省战工会主任黎玉在省临时参议会会议上作施政报告时提出,改进贸易政策、整理公营商店,扶助私营商店,保护根据地的内自由贸易等政策措施,并确定合并部队和机关的商店,成立工商管理局,统一领导贸易、工业生产、货币外汇管理以及合作事业。同年9月10日,中共山东分局发出《关于设立工商管理局,加强对敌经济斗争工作的指示》。山东省战工会与中共山东分局确定工商管理局的中心工作是货币斗争、贸易管理与生产建设,并通过三者的配合,加强对敌经济斗争,保障军民生活。中国著名经济学家薛暮桥先生曾长期领导山东革命根据地的工商管理工作,他将贸易斗争、货币斗争与军事斗争相结合,有力地促进了山东革命根据地的经济建设工作。

薛暮桥(1904—2005),江苏无锡人,是中国共产党第一代经济学家与经济领导者的杰出代表。1943年年初来到山东革命根据地,历任山东分局政策研究室主任、山东省工商局监委(主持工作)、山东省政府秘书长兼实业厅厅长等职。薛暮桥山东革命根据地的经济贡献与思想,涵盖了财政政策、土地政策、货币政策、贸易政策等多方面。

在粮食征收方面,薛暮桥主张将"按实产量征粮"改为"按应产量征粮"。1943年年初,薛暮桥的建议被中共山东分局所采纳,其原则应用到1943年的《中共山东分局关于征收救国公粮的指示》中。新的征粮办法,极大提高了农民的生产积极性,山东革命根据地的公

图10-15　《薛暮桥回忆录》(天津人民出版社2006年版)

粮收入逐年大幅增长。

在土地政策方面,薛暮桥主张改善雇工待遇,反对机械地普遍增资,因为高工资导致解雇现象较为严重。他认为,唯有将蛋糕做大,才能真正解决分配问题。关于高利贷减息,薛暮桥建议采取灵活的处理方式,避免过分干扰金融市场而带来副作用。

在货币政策方面,薛暮桥主张确立抗币主权,建立经常性的兑换机关,最终赢得货币战争。多年以后,薛暮桥在山东革命根据地对敌货币斗争的这一神来之笔被后人称为"巧计立大功"。薛暮桥领导的货币战争,坚持货币主权,实施物资本位提出为保持物价稳定须控制货币发行量,并根据货币需求变化调节货币供给。

在贸易政策方面,薛暮桥主张将"以货易货"改为"专卖出口",最终赢得贸易战争。随着货币斗争的胜利,山东革命根据地的对外贸易政策也发生了重大转变,"对外贸易取消以货易货政策,代以掌握重要输出物资,组织输出,吸收外汇,或者换回我们所需要的各种物资"。新贸易政策的实施,使得山东革命根据地的贸易战争取得丰硕成果,渐渐使得山东革命根据地成为当时中国最富裕的革命根据地。

1943 年 10 月,山东省战时行政委员会制定了《山东省工商管理暂行规程》,规定全省设立工商管理处,各战略区设立工商管理局,专员区设工商管理分局,县设工商管理县局,各县之中心集市、生产地区重要关卡设工商管理事务所,一般地区与边境要道设立检查站。同时,山东省临时参议会通过《山东省各级工商管理局组织条例》,规定了各行政区管理局、分局、县局、事务所及检查站的人员编制与职能分工。1943 年秋,中共山东分局决定,滨海区首先成立工商管理总局,把工业、商业、贸易与税收工作统一起来,实行集中统一领导。12 月,胶东行署也发出指示,建立各区工商管理分局,统一领导各区的经济斗争。

1944 年 8 月,黎玉在滨海、鲁中、鲁南工商管理局工作会议的总结中指出,工商工作基本上已达到预期的要求,初步取得了对敌经济斗争的主动权,挽回了上年币值跌落、物价高涨、物资外流所造成的经济损失,贸易工作开始获得成效，打击了敌人的经济掠夺，冲破了敌人的经济封锁；生产建设已初具规模，布匹能大部自给，文化用纸亦开始自制，肥皂、毛巾类已能满足市场需要。1945 年 5 月，薛暮桥在全省工商工作会议上的讲话，列举了工商管理工作中取得的许多显著成绩：货币斗争取得主动地位，开始做到高价输出，低价输入；扶助群众生产和保障供给也取得了相当的成绩，减轻了群众负担；滨海区的食盐、花生油输出价格提高了 50%，估算全省各解放区每年输出食盐 300 万担、花生油 5000 万斤，每年增加收入折合粮食 1 亿斤以上。

2. 地方建立统一的工商贸易体系，支援解放战争

1945 年 8 月，抗战胜利后，边区工商管理总局的工作改为主要负责工商行政管理，下设工商管理处、工业处、贸易处。贸易处的具体业务由新成立的边区贸易总公司经营，总公司在每个行署下设分公司，山东设临清分公司。

1945 年 11 月，胶东、西海两级工商管理局为促进革命根据地的商业发展，将所辖西由村龙泉商店、柞村朱旺商店、沙河镇沙河商店改组合并为一个统一领导的工商贸易体系，命名为“震东公司”。震东公司设在掖县沙河镇，设三部一室：营业部、保管部、总务部、会计室。直属企业 13 个，其中有 4 个商店、9 个工厂。主要经营业务有：(1) 经营粮食。从东北等地采购粮食，同时行使中国传统的“常平仓”职能，夏秋收购粮食，防止谷贱伤农，冬春出售积粮，防止粮商哄抬物价。(2) 收购棉花和土布。公司一方面派出采购组到产棉区采购，一方面在沙河镇设立收购点，利用集期收购棉花。收购的棉花交给生产合作社，发动妇女纺纱织布，最后交给军需后勤，有力地支援了解放战争。(3) 收购猪皮、牛皮等军需用品。(4) 组织土特产品加工。公司大量收购猪鬃、草辫、花生、蚕丝等土特产品，或就地加工，或直接与敌占区交换紧缺物资。解放战争胜利后，震东公司被撤销，在其原址上建立起百货、棉花、粮食等公司，现在则为沙河供销社。

3. 发展海上贸易，打破陆上封锁

面对敌人严密的陆上封锁，山东革命根据地拓展了海上贸易。山东革命根据地打通了面向上海、东北的贸易路线，还开辟了通往朝鲜及海参崴的航线。

(1) 通过海上贸易，采购各种生活必需品。抗战时期，胶东、滨海、渤海

等区都曾在大连、上海等城市设立公营贸易公司，购买各种抗战所需物资。如滨海区贸易局就曾在上海设立地下行栈，1942 年春派人常驻上海，负责推销土特产品，采购根据地所需物资，从上海采购了大批医药、军工用品、印刷器材、手工业原料等。1944 年夏，派驻上海的工作人员被捕；9 月，滨海贸易局派张仲棠去上海营救，设法把存在上海的物资运回山东，恢复上海的工作。张仲棠找到元和行何老板，通过伪海军司令部，以商人的名义保释被捕人员，并将在上海的货物分装 7 条船偷运出关，计有电料、药品、医疗器械、钞票纸、文具、缝纫机、军工用品等，大部运回山东，重新打开上海的贸易通道。1945 年 3 月，又装了 3 船花生油运往上海，分给同茂、同兴、元和三家商号经营，减少了同私商的矛盾。1945 年 7 月，日照县局派张仲棠再去上海发展以自营为主的业务，并向浙闽方向扩展。不久，日本投降，滞留在上海的大小船只 11 艘，为把货物运回山东，张仲棠、傅共安通过元和行何老板，雇用一艘军船运出吴淞口，再分装上 12 条货船安全北返。1946 年，滨海工商局又派人去上海采购推销，组织输出花生油 250 万斤，换回一大批必需品。

1945 年日本投降后，滨海、滨北沿海地区解放，以涛雒为对外贸易中心。当时山东省政府及滨海各机关、贸易生产行多集中于涛雒，因此南北船只来往频繁。当时滨海区的对外贸易以上海为主要对象，除上海市民食油多系滨海区供给外，还转口外运。1945 年至 1947 年年底，山东革命根据地与上海贸易频繁，输出以生油、生米、生果、披猪、土丝、黄菸等为最多，输入以军工原料、五金、电料、汽油、交通器材、西药、化工原料、文具、纸张、棉花、棉布、火柴、火纸、红白糖以及一般日用品为最多。自 1947 年 8 月国民党军队占领石臼所以后，上海船货输入解放区的数量急剧减少，滨海区输往上海的生油也比 1946 年减少了 60%，购运军需物资也相当困难。所以贸易开始转向浒浦、苏州，经浒浦转运上海，上海货物直运苏州转道运至解放区。

（2）通过海上贸易，采购各种军工产品。1946 年，胶东工商管理局公布贸易方案，规定公营贸易公司可与外区商人建立贸易关系，运进军火枪械，以花生油为交换，如对方不要花生油，可用等价物品交易。花生油交换比率为：子弹 200 粒或美式轻机枪子弹 100 粒，换花生油 100 市斤，在海口仓库交货，出入免税。外商以白布、棉纱交换食盐，其比率是：白布 1 匹(40 码)换食盐 25—30 石，棉纱 1 捆(20 或 16 支)换食盐 15—20 石。渤海区也规定了特种物资专卖办法，专卖种类包括粮食、棉布、土布、豆饼、油类。特种物资不限定必须换回物资，根据各地具体情况，兼顾战争及群众的需要。

关于山东革命根据地的海上贸易，当时曾长期在这里工作的谷牧同志认为，山东(根据地)的经济工作搞得很灵活，创造出许多其他根据地没有的经验，比如发展"海外贸易"就是其中一项(图 10 - 16)。太平洋战争爆发之后，日本帝国主义的战线拉长，活动在中国沿海的舰艇逐渐减少，对抗日根据地的海上封锁减弱，与根据地做生意的民间商船逐渐增多。根据地政府通过对商人讲解宣传以及敌占区工作人员的直接工作，逐渐动员了一批商船驶进根据地的港口，也有因风向等原因误入根据地港口的。除了和敌占区的民间贸易，山东革命根据地与苏北新四军的根据地也展开了贸易。敌占区的食用油等物资依赖解放区逐渐成为一种既成事实，日本侵略者和汪伪政权也只好默认这个事实。通过对敌占区的贸易，所获得的大量收入被根据地政府大量用来购买抗日急需的物资，对日本侵略者和汪伪政权来说，这是一种极大的讽刺。而山东革命根据地由于采取了灵活的经济政策，从而掌握了经济斗争的主动权。① 因山东革命根据地较早发展"海外贸易"，有海关业务，所以南下时有不少山东的干

图 10 - 16　《谷牧回忆录》(中央文献出版社 2009 年版)

① 谷牧：《谷牧回忆录》，中央文献出版社 2009 年版，第 102—103 页。

部充实到沿海各省的海关等部门。

（五）建立人民海关，征收海关关税

山东革命根据地的海关工作可追溯到抗日战争之始。1938 年 4 月，蓬莱、黄县、掖县相继建立了最早的抗日民主政权，成立了北海行政督察专员公署。此时北海行政督察专员便开始与敌占区的海关联系，注意做他们的工作，为建立抗日根据地人民海关做准备工作。

1. 抗战初期，通过谈判的方式，争取龙口海关关税用于抗战经费。1938 年，为了筹集抗日经费，北海行政公署与龙口海关谈判，要求以 80% 的关税作为抗日经费，但东海关副税务司龙口分关负责人仲伟忠未同意。9 月 7 日，驻龙口海关办事处的 4 名游击队员，向仲伟忠出示了国民党委任的黄县县长曹漫之（共产党员）写的信函，信中以恳切而严正的言辞要求海关向游击队交出 60% 的税收，支援游击队抗战。在此情况下，仲伟忠同意并当即交出 3097.92 银元关税。仲伟忠向国民党政府财政部电告强提关税事后，国民党政府财政部特电国民党山东省政府查究。北海行政公署以烟台失守、海关被敌操纵、关税不能资敌等理由电复。1939 年，游击队退出县城之前，坚持提取 60% 的关税用于抗战。

2. 工商管理局建立后，通过所站制度征收关税。1941 年，山东各抗日根据地沿边缘交通要道和集镇，设立类似海关性质的税务所、税卡，并设有税务武装。对出入解放区境界的货物（特别是食盐），仿效海关开展征收货物税和盐税、查禁走私等工作。各税卡隶属于抗日民主县政府的征收处或财政科。1942 年起，山东省战时工作推行委员会先后于胶东、鲁南、滨海等地广泛发展税收机构，管理进出口贸易与征收进出口税，其任务相当于海关的职责。1943 年秋冬，各大区相继成立了工商管理局，并在各海口、陆地对峙边缘区设立工商事务所、检查站，管理进出口船只、行商，稽征进出口货物税，查缉走私。这些职能都类似海关的作用。1944 年，胶东行署工商局统一领导胶东全区的工、商业和稽征关税等工作。胶东工商局内设贸易、关税等科。各专署、县工商局根据职能范围，依据实际需要设立了海关事务所、

检查站,初步建立了海关的基层职能组织,并日趋完善,为抗日战争胜利后建立解放区海关打下了基础。①

3. 抗战胜利后,随着各海关的相继解放,根据地在接收旧海关的基础上,建立了各人民海关,从而正常征收关税。石岛关区、连云港关区的出口大于进口,处于贸易顺差地位,烟台关区、胶州关区的进口大于出口,处于贸易逆差地位。进出口贸易总额依次为烟台关区、石岛关区、胶州关区、连云港关区(表 10 – 3)。山东革命根据地主要有烟台海关、连云港海关、渤海海关、青岛海关等。

表 10 – 3　　1949 年上半年山东解放区海关贸易统计

（单位:千万元人民币）

口岸	出口货值			入口货值			共计
	出口	转出	合计	入口	转入	合计	
石岛关区	103.76	133.22	236.98	128.60	186.64	147.24	384.22
胶州关区	100.91	17.29	118.20	108.30	18.42	126.72	244.92
烟台关区	96.66	69.58	166.24	132.70	89.75	222.45	388.69
连云港关区	3.99	51.12	55.11	3.94	7.10	11.04	66.15
合计	305.32	271.21	576.53	373.54	301.91	507.45	1083.98
百分比	52.97%	47.03%	100	55.30%	44.70%	100	

(1)烟台海关。烟台海关原为东海关。1862 年成立东海关监督衙门,辖山东沿海五府十六州县共 23 个海口建立的钞关。1863 年,东海关(洋关)税务司署建立,从此东海关的权力逐步被洋人掌握。1945 年,抗日战争胜利,8 月 24 日烟台抗日民主政府接管东海关。1947 年 10 月 1 日,国民政府占领东海关。1948 年 10 月 16 日,烟台获得第二次解放,烟台市人民政府接管东海关,并沿用"东海关"之名。1949 年 1 月,烟台进出口管理局将威海、龙口海关改为分关,划归人民东海关。至此,人民东海关成为全国解放区最大的海关。10 月,山东省工商管理部国外贸易管理局命令,胶海关所属

① 山东省地方史志编纂委员会编:《山东省志 · 海关志》,山东人民出版社 1997 年版,第 51、52 页。

石岛分关划归东海关,龙口分关改为龙口海关事务所,威海分关改为威海海关事务所。1949 年 11 月 26 日,山东省人民政府颁布通令,对全省海关机构进行调整,东海关更名为烟台海关,隶属山东省国外贸易管理局烟台分局领导。

(2)连云港海关。1946 年,为适应开展海外贸易的需要,滨海工商分局先后成立海关事务所和检查站,行使海关职权,监管进出口船只、货物,征收进出口货物税。1947 年 6 月,成立了涛雒、安东卫两个海关,隶属滨海第一工商分局垂直领导。1948 年 3 月,涛雒、安东卫海关合并,新成立了安东卫海关。12 月,撤销安东卫海关,成立连云港海关。1949 年 1 月,人民解放军渡江作战前夕,连云港海关抽调大批干部随军南下,参加京、沪、杭等城市解放后海关接管工作。6 月 2 日,青岛解放后,连云港海关改为分关,隶属青岛胶海关领导。

(3)渤海海关。1946 年渤海工商管理局将所辖主要海口的工商事务所改为海关事务所。之后,在此基础上调配干部扩充建立海关机构,共设三个隶属海关:埕口海关、下洼海关、羊角沟海关。1948 年 9 月,成立渤海进出口管理局,同时成立了渤海海关,归属该局直接领导。1949 年 2 月,平津战役胜利后,华东财办下令撤销了渤海进出口管理局和海关,下洼海关事务所改为检查站,由羊角沟海关事务所管辖改归龙口分关直接领导。

(4)青岛海关。青岛海关原为胶海关。1949 年 6 月 2 日,青岛解放,山东省人民政府从东海税务分局和胶东解放区海关抽调了 10 余名干部,与胶州局所属滨北解放区海关干部汇合,组成青岛市中国人民解放军军事管制委员会(简称军管会)接收胶海关工作队,连同入城干部和武装巡缉队共 100 余人进驻胶海关。此时军管会受山东省工商部青岛进出口管理局领导。接管的政策是“原职原薪、原封不动”和“先交代,后清点,自交自接”。由于组织周密,准备充分,宣传工作做得好,胶海关 344 名旧有人员密切配合,使接管工作于 6 月 19 日顺利结束。接管后,遵照“完整接收、逐步改造”的政策,开始对旧体制进行改造。一是设立人事科,加强新旧人员的思想教育与整顿;二是精减人员,调整机构,配备干部;三是改革薪金福利制度,调整工资福利;四是改革制订各项业务制度,立即恢复各项海关业务工作。1949 年 11 月

26 日，山东省人民政府颁布通令，对全省海关机构进行调整，胶海关更名为青岛海关。更名之后，青岛海关隶属山东省国外贸易管理局青岛分局领导。

（六）北海银行对山东革命根据地商业与贸易的影响

根植于山东革命根据地的北海银行，经历了 7 年抗日战争和 4 年解放战争。作为中共领导下较早成立的银行，北海银行（图10－17）始终是山东革命根据地的金融旗帜。北海银行通过钞票发行、农业放款等方式有力地支撑了山东革命根据地的商业贸易。

图 10－17　位于沂南县的北海银行旧址

1. 稳定通货，繁荣商业。无论是抗战初期和中期发行辅币，还是后期成为本位币，北海币的发行基本上都是依据市场上商品流通的需要、人民财富的增减和市场交换的情况决定发行数量。[①] 北海银行以一定数量的重要物资作为货币发行的主要保证。每发行 1 万元货币，至少有 5000 元用来购存物资。如果物价上涨，就抛售物资回笼货币，平抑物价；如果物价下降，就增发货币加快流通，收购物资。抗战时期，用重要物资做货币发行准备金比用金银等贵重金属作为准备金更适合当时的战争环境。因为持有北海币的群众所需要的是粮食、棉花等生活必需品，敌伪经济掠夺的主要物资也是如此，故采取“物资本位”可以掌握经济建设和对敌斗争的主动权，避免几种货币共存所带来的不应有的损失。

2. 在商业贸易活动中进行货币战。根据地采取政治斗争与经济斗争相结合的方式，由北海银行灵活掌握货币比价，保持北海币的信誉，禁用伪钞，排挤法币，吸收外汇，以达到稳定币值、保护群众切身利益和挫败敌人商业掠夺的目的。比如，在敌人增发伪钞、提高物价的时候，根据地压低伪钞比

---

① 刘大可、张照东主编：《山东经济史·近代卷》，济南出版社 1998 年版，第 446 页。

值,同时购存敌人所需物资,适当提高物价;而在敌人紧缩伪钞、平抑物价的时候,北海银行则吸收敌区物资,扩大本币流通范围。这样,就将货币发行与争夺物资结合起来,更好地为对敌斗争及战时财经工作服务。

图 10-18　北海币

3.将北海币投放于农工商业。北海币投放于农工商业的比重经常占到北海币发行总额的50%—60%。1943年,北海银行总行为了加强山东抗日根据地的经济建设,发布了北海银行营业章程,对工商贷款进行了规定。后来,由于各级工商管理局的成立,一切的工商贷款完全由工商局负责掌握、调查与考核,银行只是负责办理手续发款,主要贷款给内地必需品工业以及贸易和军需日用品企业。胶东分行东海支行的放款情况见表10-4。

表 10-4　　1944 年上半年胶东分行东海支行合作社放款统计表

（单位:元）

地区	纺织业		渔民业		其他		合计	
	户数	金额	户数	金额	户数	金额	户数	金额
文东	17	68500	3	60000	14	64300	34	192800
文西					25	85500	25	85500
荣成					26	96600	26	96600
牟平	13	24600			7	29000	20	53600
支行					3	18500	3	18500
合计	62	210800	19	535200	91	591400	17	21337400

资料来源:中国人民银行金融研究所、中国人民银行山东省分行金融研究所:《中国革命根据地北海银行史料》(第一册),山东人民出版社1986年版,第531页

1945 年 8 月至 1946 年 8 月,胶东分行发放工商业贷款共计 9000 多万元(见表 10－5)。

表 10－5　1945 年 8 月至 1946 年 8 月胶东分行发放的工商业贷款

行业种类	金额(万元)	行业种类	金额(万元)
铁工厂	282.15	渔盐业	2850.00
纺织业	173.51	粮食土产业	290.30
小手工业	50.25	远船代理客事业	286.30
企业	1600.00	杂货业	595.40
印刷业	120.00	银钱业	1200.00
其他手工业	1450.00	其他商业	376.82
合计	9274.73		

资料来源:《大众日报》1946 年 8 月 30 日

4. 城市业务。从发展过程看,北海银行大部分时间在农村开展业务,解放战争后期随着各城市相继解放,其城市业务才有所发展。城市业务逐渐形成以存放款为主,兼有反假票、汇兑、外汇、投资经营等内容的格局。

(1)抗战胜利初期,北海银行的城市业务主要是发行本币排挤伪钞,恢复城市工商业。日本投降后,山东省政府与北海银行利用济南、青岛、徐州等地收兑伪钞的机会迅速排挤伪钞,换回各种物资。仅胶东区 4 个月内就排挤了 600 万元以上的伪钞,渤海区驱逐伪钞在 10 亿元以上(图 10－19)。

图 10－19　中国联合准备银行发行的“联银券”是当时比较重要的伪钞之一

同时,普遍设立北海银行支行和办事处,大量发行本币,吸收物资,积蓄资财,用作恢复经济的建设资金。由于采取了以上措施,解放区城市的经济状况有了很大好转。首先是商业的恢复与发展。如威海在解放后的一年时间里恢复和新开设的商店达 101 家,行商 1712 家,摊贩 856 家。龙口商号由 300 家发展到 400 家。其次,工业、手工业和出入口贸易也有一定的恢复,且超过日伪时期。威海在一年内开工的工厂和手工业作坊有 189 家,比日伪时期增加了 160 家。各沿海城市进行了海关改革,进出口贸易呈现日趋活跃的势头。出入口贸易的发展,不仅换回了解放区所必需的工业品,输出了剩余产品,而且扩大了解放区的政治影响和经济影响,加快了城市经济的恢复和发展。

(2)城市大规模解放时期,北海银行的城市业务主要是排挤法币,并大力发展本币存放款。由于军事上空前伟大的胜利,相继解放和收复了潍坊、济南、烟台等城市。在这些城市里,对法币采取了排斥为主、收兑为辅的方针,基本上肃清了法币,建立了本币阵地。如潍坊 6 个月共吸收存款 186 亿,其中公营存款约占 81%,民营存款约占 19%(表 10 - 6)。胶东分行工商业存款达到了 64000 万元,对城市业务的开展与银行的头寸调度起了很大的作用。存款对象多是公营企业,其次是行栈杂货业及部分工业,存款业务吸收了一部分暂不用的闲散资金存入银行,密切了与商业的关系。

表 10 - 6　　**1948 年下半年潍坊支行存款统计表**　　(单位:亿元)

	公营存款	民营存款
6 月	19.2	0.4
7 月	46.0	0.5
8 月	14.8	3.3
9 月	21.4	7.9
10 月	21.6	11.6
11 月	29.2	10.2
合计	152.2	33.9
占比	81%	19%

资料来源:《北海银行总行档案》第二三号卷

(3)投资经营。革命战争时期的北海银行还从事一定的投资经营工作，如胶东分行东海支行通过与私人设立合营商店、联合盐民进行盐业投资、独资经营工厂、进行实物买卖(如棉花、生油、土布等)等。北海银行的投资经营工作,争取了物资,支援了战争。

(4)促进货币统一,迎来新中国的曙光。1948年,随着解放战争的胜利进展,山东解放区进一步扩大,并与华北解放区连成一片。然而,两个解放区之间的货币既不统一(山东流通北海币,华北流通冀南币),也缺乏货币兑换的服务,兑换比价亦不固定,给两解放区之间的物资贸易与人员流动带来不便。比如,两大区的野战军常须到对方地区作战,却因缺乏对方地区的货币而带来障碍。

早在1947年7月31日,北海银行总行《北海月刊》创刊号即撰文指出解放区之间存在的货币问题:“由于各解放区之间已经打成一片,过去货币关系上的相互不够协调,已经成为一个严重问题,首先是生产发展的要求,不能再是局限于一个小范围以内的自给自足,而需要各解放区之间的物资畅通交流,调整有无,以求达到整个解放区范围的经济上的自给自足,独立自主与自力更生。其次是贸易税收政策上的不够统一与协调,货币问题,是很大的人为的障碍。再次,在伟大的爱国自卫战争大兵团作战情况下,各解放区的部队,往往需要机动到另一个地区作战,常因货币问题引起很多困难。再者,为统一对敌经济斗争的力量亦必须解决以往存在着的各解放区货币关系上若干不应有的自相斗争、抵销力量的现象。”①

为此,1948年5月13日,山东解放区与华北解放区为改善两区的货币关系,在两区接壤地带建立货币混合流通区以及汇兑和兑换等问题,草拟了《关于华北与山东两区间货币工作的协定(草案)》。1948年,山东省政府与华北人民政府在德州召集两区接壤地带的银行、贸易部门举行联席会议,于9月23日达成《关于贯彻华北华东货币统一联席会议的决

① 王海丰:《关于调整目前兄弟解放区货币关系问题的意见》,载《中国革命根据地北海银行史料》(第四册),山东人民出版社1988年版,第3—4页。

定》,决定“冀币(包括边币,以下同)与北币于十月一日起始按一比一比值在两区相互流通”①。然而,当时在接壤地带两种货币的实际比值约为北币1元比冀币0.74—0.87元,北币的购买力与冀币相差约百分之二十②,这成为两区货币等值混合流通的障碍。为此,“货币统一小组”通过抛售物资、回收北币,同时增大冀币的投放量,使得山东物价回落约10%,而华北物价上涨约10%,两区的物价与货币比价趋于一致。到1948年10月初,北币与冀币的比值已达1∶0.98—1∶0.99,等值流通的条件已经成熟。因此,1948年10月5日,山东省政府发布《山东与华北两区货币固定比价互相通用》的布告。由于事前准备充分、宣传组织到位,山东解放区与华北解放区的货币统一工作一举成功。1948年10月5日布告货币统一后,受到人们的普遍欢迎,人人称便,如义成号经理说:“从今后再不用考虑票子上吃亏或占便宜了,可安心经营货物了。”而且,“统一后到十月二十号期间,物价还无大的波动”③。

1948年11月初,淮海战役开始。为了促进山东与华中地区的物资交流,保障淮海战役的胜利,山东解放区与华中解放区也实现了货币统一。淮海战役前,除收兑外,华中地区使用华中币,山东地区使用北海币。淮海战役发动后,参加战役的三大兵团进入华中后每月要一百亿到两百亿华中币,因当时华中币生产量小,肯定供不应求。解放军三大兵团在津浦铁路两侧作战,如果一边使用华中币,另一边使用北海币势必会引起金融紊乱,给作战造成困难;如果全部使用华中币,通货骤增也会引发市场混乱,造成华中物资缺乏无法维持,市场将来亦难整理。因此,华东局1948年10月5日发电向党中央请示及告知有关淮海战役中华中币与北海币的使用问题,提议各兵团均使用北海币,同时华中工委发布告宣布北海币与华中币在老五、

① 中国人民银行金融研究所、中国人民银行山东省分行金融研究所编:《中国革命根据地北海银行史料》(第四册),山东人民出版社1988年版,第19页。

② 中国人民银行金融研究所、中国人民银行山东省分行金融研究所编:《中国革命根据地北海银行史料》(第四册),山东人民出版社1988年版,第41页。

③ 中国人民银行金融研究所、中国人民银行山东省分行金融研究所编:《中国革命根据地北海银行史料》(第四册),山东人民出版社1988年版,第39—40页。

六、七分区等价流通，以便利部队行动。流入华东之北海币由山东方面组织物资运往华中抛去收回，并组织商人前来山东购买货物。1948 年 11 月 9 日，中央及华东局回电批准并由华中行政办事处发布告，内容有：第一，华中币与北海币的固定比值从本年十一月十五日开始在华中与山东两解放区内相互流通。第二，华中币与北海币的固定比价为一比一，以后两解放区所有完粮纳税及一切公私收支均须按此比价流通使用。第三，不论军政人员或商民人等私定比价或拒绝使用者，一经查获，一定依法严厉处分。这一时期的北海银行币均不加盖地名，便于山东以外的地区流通。

1948 年 10 月至 11 月，山东解放区的北海币先后与华北解放区的冀南币、华中解放区的华中币实现统一，便利了各解放区之间的物资流通，支援了解放战争的战略反攻，并为不久后全国货币的大统一奠定了坚实的基础。1948 年 12 月 1 日，北海银行、华北银行、西北农民银行合并为中国人民银行，主要发行人民币。1949 年 7 月 1 日，在北海银行设立中国人民银行山东发行库，掌管货币发行、票样管理、旧币的收回焚毁及反假等工作。北海银行逐步收回所发之贰佰元以下北海币、伍佰元北海币、壹仟元北海币、贰仟元北海币、拾万元本票等。山东省内流通的其他货币也予以回收并焚毁。

参考文献

一、著作

[1] 马克思:《资本论》,人民出版社 1975 年版。

[2] 马克思、恩格斯:《马克思恩格斯全集》,人民出版社 1972 年版。

[3] 马克思、恩格斯:《马克思恩格斯选集》,人民出版社 1995 年版。

[4] 马克思、恩格斯:《马克思恩格斯文集》,人民出版社 2009 年版。

[5] 王国维、罗振玉撰,何立民点校:《流沙坠简》,浙江古籍出版社 2013 年版。

[6] 翦伯赞:《中国史纲》,商务印书馆 2010 年版。

[7] 斯坦因:《西域考古记》,商务印书馆 2013 年版。

[8] 干宝:《搜神记》,中州古籍出版社 2010 年版。

[9] 圆仁:《入唐求法巡礼行记》,广西师范大学出版社 2007 年版。

[10] 沙海昂注,冯承钧译:《马可波罗行纪》,中华书局 2004 年版。

[11] 陈直:《汉书新证》,天津人民出版社 1979 年版。

[12] 谢桂华等编:《居延汉简释文合校》,文物出版社 1987 年版。

[13] 齐涛:《丝绸之路探源》,齐鲁书社 1992 年版。

[14] 张学海:《考古学反映的山东古史演进》,山东文艺出版社 2004 年版。

[15] 张炜、方堃主编:《中国海疆通史》,中州古籍出版社 2003 年版。

[16] 李剑农:《中国古代经济史稿》,武汉大学出版社 2011 年版。
[17] 徐征等主编:《全元曲》,河北教育出版社 1998 年版。
[18] 章有义编:《中国近代农业史资料》,生活·读书·新知三联书店 1957 年版。
[19] 张利民等:《近代环渤海地区经济与社会研究》,天津社会科学院出版社 2003 年版。
[20] 山东省政协文史资料委员会编:《山东工商经济史料集萃》,山东人民出版 1989 年版。
[21] 千家驹、郭彦岗编:《中国货币发展简史和表解》,人民出版社 1982 年版。
[22] 薛暮桥:《薛暮桥文集》,中国金融出版社 2011 年版。
[23] 中国社会科学院考古研究所:《胶县三里河》,文物出版社 1988 年版。
[24] 山东大学历史系考古专业教研室编:《泗水尹家城》,文物出版社 1990 年版。
[25] 山东省博物馆、山东省文物考古研究所编:《邹县野店》,文物出版社 1985 年版。
[26] 于中航、乔甦著,山东省出版总社济南分社编:《济南文物》,山东人民出版社 1986 年版。
[27] 徐基:《商代的山东》,山东文艺出版社 2004 年版。
[28] 山东省文物考古研究所等编:《曲阜鲁国故城》,齐鲁书社 1982 年版。
[29] 安作璋主编:《山东通史》(共 7 卷),山东人民出版社 1993、1994、1995 年版。
[30] 逄振镐、江奔东主编:《山东经济史》(共 3 卷),济南出版社 1998 年版。
[31] 周自强主编:《中国经济通史·先秦经济卷》,中国社会科学出版社 2007 年版。
[32] 林甘泉主编:《中国经济通史·秦汉经济卷》,中国社会科学出版

社 2007 年版。
[33] 方行、经君健、魏金玉主编:《中国经济通史 · 清代经济卷》,中国社会科学出版社 2007 年版。
[34] 路遇、滕泽之编著:《中国人口通史》,山东人民出版社 2000 年版。
[35] 赵文林、谢淑君:《中国人口史》,人民出版社 1988 年版。
[36] 梁方仲编著:《中国历代户口、田地、田赋统计》,中华书局 2008 年版。
[37] 许檀:《明清时期山东商品经济的发展》,中国社会科学出版社 1998 年版。
[38] 唐致卿:《近代山东农村社会经济研究》,人民出版社 2004 年版。
[39] 刘大可:《民国山东财政史》,中华书局 1998 年版。
[40] 山东省财政科学研究所、山东省档案馆合编:《山东革命根据地财政史料选编》,济南印刷八厂,1985 年。
[41] 山东省政协文史资料委员会等编:《周村商埠》,山东人民出版社 1990 年版。
[42] 姜培玉编著:《山东经贸史略》,山东友谊书社 2008 年版。
[43] 交通部烟台港务管理局编:《近代山东沿海通商口岸贸易统计资料》,对外贸易教育出版社 1986 年版。
[44] 彭泽益编:《中国近代手工业史资料》,生活 · 读书 · 新知三联书店 1957 年版。
[45] 庄维民:《近代山东市场经济的变迁》,中华书局 2000 年版。
[46] 中国人民政治协商会议山东省济南市委员会文史资料研究委员会编:《济南文史资料》,山东省出版总社济南分社 1984 年版。
[47] 山东省档案馆、山东社会科学院历史研究所合编:《山东革命历史档案资料选编》,山东人民出版社 1984 年版。
[48] 王守中:《德国侵略山东史》,人民出版社 1988 年版。
[49] 刘大可等:《日本侵略山东史》,山东人民出版社 1991 年版。
[50] 上海社会科学院经济研究所编:《英美烟公司在华企业资料汇编》,中华书局 1983 年版。

[51] 姚贤镐编:《中国近代对外贸易史资料》,中华书局 1962 年版。
[52]《山东航运史》编委会编:《山东航运史》,人民交通出版社 1993 年版。
[53] 庄维民、刘大可:《日本工商资本与近代山东》,社会科学文献出版社 2005 年版。
[54] 山东省钱币学会:《山东近代银行券与根据地货币》,1992 年印刷。
[55] 杜恂诚:《金融制度变迁史的中外比较》,上海社会科学出版社 2004 年版。
[56] 中国银行济南分行行史办公室编著:《济南中国银行史》,1986 年印刷。
[57] 千家驹编:《旧中国公债史资料》,中华书局 1984 年版。
[58] 中国金融学会金融史研究会:《沿海城市旧银行史研究——中国沿海城市旧银行史专题研究会文集》,1985 年印刷。
[59] 王守中、郭大松:《近代山东城市变迁史》,山东教育出版社 2001 年版。
[60] 党明德、林吉玲主编:《济南百年城市发展史:开埠以来的济南》,齐鲁书社 2004 年版。
[61] 济南市社会科学研究所编著:《济南简史》,齐鲁书社 1986 年版。
[62] 中国人民银行金融研究所、中国人民银行山东省分行金融研究所编:《中国革命根据地北海银行史料》,山东人民出版社 1986 年版。
[63] 陆安:《青岛近现代史》,青岛出版社 2001 年版。
[64] 诺思著,陈郁、罗华平等译:《经济史中的结构与变迁》,生活·读书·新知三联书店上海分店,上海人民出版社 1994 年版。
[65] 庄维民主编:《近代鲁商史料集》,山东人民出版社 2010 年版。
[66] 涂可国等主编:《鲁商文化丛书》,山东人民出版社 2010 年版。
[67] 陈冬生、王赛时主编:《山东经济史·古代卷》,济南出版社 1998 年版。
[68] 车吉心总主编:《中华野史》,泰山出版社 2000 年版。

[69] 谷牧:《谷牧回忆录》,中央文献出版社2009年版。
[70] 唐功文等编:《烟台文史资料》,中国文史出版社2004年版。
[71] 李障天、阎象吉主编:《淄博经济史料》,中国文史出版社1990年版。
[72] 青岛市史志办公室编:《青岛市志 · 金融志》,新华出版社1999年版。
[73] 岳海鹰、唐致卿:《山东解放区史稿》(抗日战争卷),中国物资出版社1998年版。
[74] 朱玉湘主编:《山东革命根据地财政史稿》,山东人民出版社1989年版。
[75] 陈新岗、陈强:《山东革命根据地的奇迹与启示:货币、金融与经济政策》,山东人民出版社2014年版。
[76] 张景月、刘新风:《商史通鉴》(上册),九州图书出版社1996年版。
[77] 王孝通:《中国商业史》,团结出版社2007年版。
[78] 陈新岗、张秀娈:《山东经济史》,山东人民出版社2011年版。
[79] 栾丰实:《海岱地区考古研究》,山东大学出版社1997年版。
[80] 韩幸福主编:《青州历史文化通览》,青州历史文化研究会2010年版。
[81] 朱正昌主编:《齐鲁商贾传统》,齐鲁书社2014年版。

二、诸子著作、二十四史和地方志

诸子著作主要包括《孟子》《墨子》《荀子》《韩非子》《管子》等。

二十四史主要包括《史记》《汉书》《后汉书》《旧唐书》《新唐书》《宋史》《元史》《明史》等。

地方志主要包括明代嘉靖、万历等朝的《山东通志》及各府州县志;清代康熙、雍正、乾隆、道光、光绪、宣统等朝的《山东通志》及各府、州县志;民国时期的《中国实业志》及山东各县志;中华人民共和国成立以来的《山东省志》及各地的市志;山东省地方史志办公室主办的山东省情资料库。

后　记

《山东商贸史》是由韩寓群同志任主编，由山东师范大学地方史研究所组织编写的《山东地方史文库》专史系列中的一部。

应安作璋、朱亚非两位先生之约，笔者有幸参加了《山东商贸史》的撰写，在此谨向两位先生表达衷心感谢和良好祝愿。我多年来一直从事经济史方面的教学研究工作，以前经常讲授经济通史之类的课程，《山东商贸史》课题给我提供了一个从事专门史研究的机会，让我能将自己对专门史的认识与理解呈现给大家。

本书主要探讨山东地区商业贸易的历史起源、发展阶段、历史作用以及历代货币金融的演进过程。按照历史时序分为远古时代、夏商西周和春秋时期、战国时期、秦汉时期、魏晋南北朝时期、隋唐时期、宋元时期、明清时期、近代以及山东革命根据地时期。本书的特点是篇幅较小，每个历史时期都是重点问题重点分析，并做出解释，因而可以称为一本简明《山东商贸史》。其中远古时代以商业的产生为重点，夏商西周和春秋时期以独立商人的出现为重点，战国时期以商人群体的崛起为重点，秦汉时期以大商人的出现为重点，魏晋南北朝时期以商业的曲折发展为重点，隋唐时期以陆上丝绸之路为重点，宋元时期以海上丝绸之路为重点，明清时期以运河贸易为重点，近代以对外贸易为重点，山东革命根据地时期以北海银行为重点。

值拙稿付梓之际，谨向省内的山东经济史专家以及全国范围内关注山东经济问题的各位学者致以深深的谢意。在撰写过程中，笔者参考了各位专家学者的研究成果，不仅包括已在文中列出的成果，还包括未在文中列出的成果，在此深表谢意。正是由于诸位先生的不断努力，我们对山东经济乃至商业贸易发展历史的认识才更全面、更深刻，笔者也因为加入这个研究队伍而深感荣幸。在课题研究过程中，王志民先生给予了精心指导，秦铁柱博士也给予了很大帮助，在此一并表示感谢。另外，也向山东人民出版社的马洁女士表示感谢，他们的认真校对与编排，为此书增色不少。

山东商贸史的内容量大、面广，远非这本小书所能包揽，又因笔者学识有限，谬误之处多有。在此，恳请大方之家予以批评指正。

张秀娈　陈新岗
2018 年 6 月于济南

图书在版编目（CIP）数据

山东商贸史/张秀娈，陈新岗著．-- 济南：山东人民出版社，2018.12

ISBN 978-7-209-11713-5

Ⅰ．①山…　Ⅱ．①张…　②陈…　Ⅲ．①商业史—山东　Ⅳ．①F729

中国版本图书馆 CIP 数据核字(2018)第 294440 号

山东商贸史

SHANDONG SHANGMAO SHI

张秀娈　陈新岗　著

主管单位　山东出版传媒股份有限公司
出版发行　山东人民出版社
出 版 人　胡长青
社　　址　济南市英雄山路 165 号
邮　　编　250002
电　　话　总编室（0531）82098914
　　　　　市场部（0531）82098027
网　　址　http：//www.sd-book.com.cn
印　　装　山东临沂新华印刷物流集团有限责任公司
经　　销　新华书店

规　　格　16 开（169mm×239mm）
印　　张　24
插　　页　10
字　　数　350 千字
版　　次　2018 年 12 月第 1 版
印　　次　2018 年 12 月第 1 次
印　　数　1—1000
ISBN 978-7-209-11713-5
定　　价　135.00 元

如有印装质量问题，请与出版社总编室联系调换。